Oskar Niedermayer

Bürger und Politik

Studienbücher Politisches System der Bundesrepublik Deutschland

Herausgegeben von

Frank Brettschneider
Thomas Poguntke
Suzanne S. Schüttemeyer

Oskar Niedermayer

Bürger und Politik

Politische Orientierungen
und Verhaltensweisen
der Deutschen

2., aktualisierte
und erweiterte Auflage

VS VERLAG FÜR SOZIALWISSENSCHAFTEN

Bibliografische Information Der Deutschen Bibliothek
Die Deutsche Bibliothek verzeichnet diese Publikation in der Deutschen Nationalbibliografie;
detaillierte bibliografische Daten sind im Internet über <http://dnb.ddb.de> abrufbar.

1. Auflage November 2001
2., aktualisierte und erweiterte Auflage September 2005

Alle Rechte vorbehalten
© VS Verlag für Sozialwissenschaften/GWV Fachverlage GmbH, Wiesbaden 2005

Lektorat: Frank Schindler

Der VS Verlag für Sozialwissenschaften ist ein Unternehmen von Springer Science+Business Media.
www.vs-verlag.de

Umschlaggestaltung: KünkelLopka Medienentwicklung, Heidelberg

Gedruckt auf säurefreiem und chlorfrei gebleichtem Papier

ISBN-13:978-3-531-14845-8   e-ISBN-13:978-3-322-80815-8
DOI: 10.1007/978-3-322-80815-8

Inhalt

Verzeichnis der Abbildungen und Tabellen

1. Einleitung

Die politischen Orientierungen und Verhaltensweisen der Bevölkerung bilden den zentralen Forschungsgegenstand der empirischen Sozialforschung. Mittlerweile ist die Fülle an theoretischen Ansätzen und empirischen Forschungsergebnissen in diesem Bereich von außen kaum mehr überblickbar und es fehlt an Einführungen, die dem interessierten Leser einen ersten, möglichst breiten Einblick in die Materie geben[1]. Mit dem vorliegenden Band, der sich an ein Publikum ohne theoretisches bzw. methodisches Fachwissen wendet und daher auch bewusst einige Vereinfachungen in Kauf nimmt, soll diese Lücke geschlossen werden.

Zur Strukturierung der Analysen wird bei den Orientierungen zwischen Orientierungsobjekten und Orientierungsarten unterschieden. Die verschiedenen Orientierungsobjekte bilden das Gliederungsprinzip des zweiten Teils. Gegenstand des Bandes sind aus Platzgründen nur die Orientierungen gegenüber dem nationalen politischen System. Eingegangen wird auf das politische Interesse und das staatsbürgerliche Selbstbewusstsein, die Orientierungen gegenüber dem politischen Führungspersonal, den politischen Institutionen, der Idee der Demokratie, der Demokratiekonzeption des Grundgesetzes und der Verfassungswirklichkeit, die Haltung zur Nation und zu den Mitbürgern sowie die Orientierungen gegenüber einzelnen Politikbereichen am Beispiel der Sozialstaatsorientierungen. Innerhalb der einzelnen Kapitel unterscheiden wir, nach dem Kriterium zunehmender Relevanz der Orientierung für politisches Verhalten, drei verschiedene Orientierungsarten: kognitive, evaluative und konative Orientierungen, d.h. die Wahrnehmung der politischen Wirklichkeit, ihre Bewertung und die politischen Verhaltensabsichten. Der dritte Teil des Bandes beschäftigt sich mit den politischen Verhaltensweisen, wobei das kommunikative und entscheidungskonforme Handeln sowie die politische Partizipation in Form der Beteiligung an Wahlen, der parteibezogenen Partizipation und sonstiger Beteiligungsformen behandelt werden.

Alle Kapitel des Bandes sind so gestaltet, dass sie in sich abgeschlossene Analysen darstellen, die von denjenigen, die nur an bestimmten Orientierungen oder Verhaltensweisen interessiert sind, ohne Kenntnis der anderen Kapitel gelesen werden können. Dies bringt einerseits Abstriche an der Kohäsion des Gesamttextes mit sich und führt andererseits in manchen Fällen zur Wiederholung bestimm-

---

1   Zu den wenigen Ausnahmen gehören z.B. Gabriel 2005, Gabriel/Völkl 2005 und – deutlich weniger empirisch-quantitativ orientiert – Greiffenhagen/Greiffenhagen 2002. Forschungsergebnisse zu einzelnen Aspekten politischer Orientierungen und Verhaltensweisen liefern z.B. die Sammelbände von Falter/Gabriel/Rattinger 2000, Gabriel 1997, Klingemann/Fuchs 1995, Niedermayer/Beyme 1996, Niedermayer/Westle 2000 und van Deth/Rattinger/Roller 2000.

ter Argumentationsmuster. Beides wurde in Kauf genommen, um die Verwendbarkeit des Bandes für Leser mit spezifischen Interessen zu erhöhen. Die Kapitel folgen in ihrem inneren Aufbau dem gleichen Schema: Zunächst werden einige grundlegende theoretische Überlegungen zum jeweiligen Thema vorgestellt und mögliche Probleme bei der Operationalisierung – also der Umsetzung der Theorie in geeignete Forschungsinstrumente – diskutiert, dann werden die wichtigsten empirischen Daten zur Verteilung und zeitlichen Entwicklung der jeweiligen Orientierung bzw. Verhaltensweise präsentiert[2]. Den dritten Teil der Analyse bildet die Diskussion ihrer möglichen Bestimmungsfaktoren. Dabei lassen sich allgemein fünf miteinander verwobene Gruppen von Determinanten unterscheiden: (1) der sozio-ökonomische Status, (2) die im Sozialisationsprozess erworbenen Werte und Normen, (3) der Grad an sozialer und politischer Integration, (4) politische Orientierungen, die der betrachteten Orientierung bzw. Verhaltensweise vorgelagert sind, und (5) situative Faktoren, die zur Erklärung eines bestimmten Verhaltens beitragen.

Empirische Studien haben immer wieder gezeigt, dass der sozio-ökonomische Status eines Individuums – d.h. die Ausstattung mit sozio-ökonomischen Ressourcen – seine politischen Orientierungen und vor allem seine politischen Verhaltensweisen beeinflusst. Personen mit höherem sozio-ökonomischem Status weisen eine größere ‚Politiknähe' auf. Insbesondere wird die Wahrscheinlichkeit politischer Partizipation umso größer, je mehr beteiligungsrelevante Ressourcen (Zeit, Information, materielle Mittel) einer Person zur Verfügung stehen. Gemessen wird der sozio-ökonomische Status über die Indikatoren Berufstätigkeit, Bildung und Einkommen.

Mit dem sozio-ökonomischen Status verbunden sind die Sozialisationseinflüsse, denen eine Person ausgesetzt ist. Politische Orientierungen und Verhaltensweisen hängen wesentlich von den im Sozialisationsprozess erworbenen Werten und Normen ab. In der Forschungspraxis werden diese Einflüsse oft nicht direkt, sondern über sozialstrukturelle Stellvertretervariablen gemessen, wozu die Generationszugehörigkeit, das Bildungsniveau und das Geschlecht gehören.

Werte und Normen entfalten ihre Wirkungen auf die politischen Orientierungen und Verhaltensweisen besonders stark, wenn Personen in sozio-politische Netzwerke eingebunden sind, in denen sie in bestimmter Weise politisch sozialisiert werden und der herrschende Gruppendruck ihr Verhalten beeinflusst. Aber auch das allgemeine Ausmaß an sozialer Integration, das mit dem Verlauf des

---

2 Um die Ausführungen nicht mit methodischen Details zu überfrachten, wird bei der Darstellung der Analysen auf die Angabe von Korrelationsmaßen u.a. verzichtet. Die berichteten Verteilungen der Orientierungen und Verhaltensweisen beruhen alle auf genügend großen Fallzahlen, wenn Unterschiede in den Verteilungen berichtet werden, sind diese nicht zufällig, sondern im statistischen Sinne signifikant.

Lebenszyklus in Beziehung steht und über die Indikatoren Alter, Familienstand, Zahl der Kinder und Berufstätigkeit erfasst wird, prägt das Verhältnis zur Politik. Die jeweils untersuchten politischen Orientierungen und Verhaltensweisen eines Individuums werden zudem auch von anderen, vorgelagerten Orientierungen beeinflusst, z.b. hängt die Beteiligung an Wahlen wesentlich vom politischen Interesse ab. Darüber hinaus lässt sich politisches Verhalten nicht nur auf politische Orientierungen und sonstige Prädispositionen zurückführen, sondern wird auch von situativen, ständig wechselnden Faktoren bestimmt.

Die Darstellung der Bestimmungsfaktoren politischer Orientierungen und Verhaltensweisen kann, aus Platzgründen und wegen der Komplexität der Materie, nur selektiv geschehen. Insbesondere werden wir meist keine multivariaten, mehrere Faktoren gleichzeitig berücksichtigenden Analysen vornehmen. Im Rahmen der einzelnen Analysen wird, wenn dies theoretisch begründet und empirisch geboten ist, zwischen Ost- und Westdeutschland unterschieden. Auch wenn regionale Besonderheiten der politischen Orientierungen und Verhaltensweisen aufgrund des schnellen sozialen Wandels und der hohen Mobilität der Bevölkerung allgemein an Bedeutung verlieren und im ersten Jahrzehnt nach der Vereinigung durchaus Angleichungstendenzen zwischen Ost und West zu beobachten waren, existieren immer noch in vielen Bereichen markante Unterschiede, die eine nach Ost- und Westdeutschland getrennte Analyse sinnvoll erscheinen lassen.

Bei der Kommentierung der empirischen Ergebnisse werden entweder die jeweiligen Bewertungsgrundlagen deutlich gemacht oder es wird auf wertende Stellungnahmen verzichtet, da kein allgemein gültiger normativer Maßstab existiert, an dem die vorgefundene Realität gemessen werden kann. Einigkeit besteht nur darüber, dass demokratische politische Systeme zur Sicherung ihrer Überlebensfähigkeit auf eine prinzipielle Übereinstimmung zwischen den politischen Strukturen und den Orientierungen und Verhaltensweisen der Bürger angewiesen sind. Über das unverzichtbare Ausmaß an Akzeptanz und Systemunterstützung gehen die Meinungen allerdings weit auseinander, und noch weniger Einigkeit besteht zwischen den unterschiedlichen demokratietheoretischen Konzeptionen in der Frage, welches Mindestmaß an politischer Partizipation notwendig sei. Sogar für die Ablehnung der grundsätzlichen Annahme, dass sich die Qualität eines konkreten demokratischen Systems u. a. an dem Ausmaß der Bürgerbeteiligung am politischen Prozess zeigt, lassen sich gute Gründe finden: In modernen repräsentativen Demokratien kann es für den Durchschnittsbürger durchaus rational sein, sich politisch nicht zu beteiligen, weil die Kosten einer Beteiligung den individuellen Nutzen übersteigen und die knappe verfügbare Zeit und Energie besser für andere Lebensbereiche verwendet wird. Zudem bedeutet das demokratische Prinzip des gleichen Rechts der freien Teilhabe ein Teilnehmen-Können und kein Teilnehmen-Müssen, sodass eine Nichtbeteiligung als legitim anzusehen ist. Wenn aber einer Nichtbeteiligung von Bürgerinnen und Bürgern am politischen Prozess weder die Rationalität noch die Legitimität abgesprochen werden kann, dann ist es auch unangemessen, ein hohes Ausmaß an Bürgerbeteiligung als ein demokratisches Qualitätskriterium zu betrachten (Fuchs 2000).

Die Datenbasis für die empirische Analyse von politischen Orientierungen und Verhaltensweisen ist relativ breit. Neben einer Vielzahl von Einzelstudien zu bestimmten Bereichen existiert eine Reihe von sozialwissenschaftlichen Datensätzen, die eine Längsschnittanalyse vieler politischer Orientierungen und Verhaltensweisen über einen mehr oder minder großen Zeitraum hinweg erlauben. Die folgende Abbildung gibt einen Überblick über die für dieses Buch verwendeten, bis auf EES1 vom Zentralarchiv für empirische Sozialforschung der Universität zu Köln bereitgestellten Datensätze, wobei das ZA für die Analyse und Interpretation der Daten selbstverständlich keinerlei Verantwortung trägt.

Abb. 1-1: Verwendete sozialwissenschaftliche Datensätze

Anbieter	Bezeichnung	Zeitraum
Forschungsgruppe Wahlen e.V.	Politbarometer[1]	1977-2003
IPOS	Einstellungen zu aktuellen Fragen der Innenpolitik	1984-1995
Kommission der EU	Eurobarometer: Trend File 1970-1999; EB52 bis EB 58[2]	1970-2002
Verschiedene	The International Social Survey Programme (ISSP)	1985-1996
ZUMA/ZA	Allgemeine Bevölkerungsumfrage der Sozialwissenschaften (Allbus)	1980-2002
Verschiedene	Wahlstudien[3]	1949-2002
Verschiedene	European Social Survey 1 (EES1)[4]	2002-2003

1) Die neuesten, noch nicht vom ZA erhältlichen Politbarometerdaten wurden dem Verfasser freundlicherweise direkt von der Forschungsgruppe Wahlen zur Verfügung gestellt.
2) Einschließlich der European Communities Studies. Zusätzlich wurden die neuesten Eurobarometer-Berichte der Kommission der Europäischen Union (Brüssel, div. Jg.) verwendet.
3) Einschließlich der Studie „Politische Einstellungen, politische Partizipation und Wählerverhalten im vereinigten Deutschland 1994, 1998 und 2002 (EPW-Studie).
4) Vom Norwegian Social Science Data Service bereit gestellt.

Zusätzlich wird auf die Ergebnisse von Umfragen zurückgegriffen, die von kommerziellen Meinungsforschungsinstituten durchgeführt und vom jeweiligen Auftraggeber oder den Instituten selbst in Form von Ergebnisberichten publiziert werden[3]. Um die Übereinstimmung mit den durch verschiedene Institute selbst publizierten Daten zu gewährleisten, werden die Datenanalysen mit den üblichen Gewichtungen durchgeführt.

Literatur:

Falter, Jürgen W./Gabriel, Oscar W./Rattinger, Hans (Hrsg.) (2000): Wirklich ein Volk? Die politischen Orientierungen von Ost- und Westdeutschen im Vergleich. Opladen: Leske + Budrich.

Fuchs, Dieter (2000): Demokratie und Beteiligung in der modernen Gesellschaft: einige demokratietheoretische Überlegungen, in: Niedermayer, Oskar/Westle, Bettina (Hrsg.): Demokratie und Partizipation. Opladen: Westdeutscher Verlag, S. 250-280.

Gabriel, Oscar W. (Hrsg.) (1997): Politische Orientierungen und Verhaltensweisen im vereinigten Deutschland. Opladen: Leske + Budrich.

Gabriel, Oscar W. (2005): Politische Einstellungen und politische Kultur, in: Gabriel, Oscar W./Holtmann, Everhard (Hrsg.): Handbuch politisches System der Bundesrepublik Deutschland. München: Oldenbourg (3. Aufl.), S. 459-522.

Gabriel, Oscar W./Völkl, Kerstin (2005): Politische und soziale Partizipation, in: Gabriel, Oscar W./Holtmann, Everhard (Hrsg.): Handbuch politisches System der Bundesrepublik Deutschland. München: Oldenbourg (3. Aufl.), S. 523-573.

Greiffenhagen, Martin/Greiffenhagen, Sylvia (2002): Handwörterbuch zur politischen Kultur der Bundesrepublik Deutschland. Wiesbaden: Westdeutscher Verlag (2., völlig überarb. u. aktual. Aufl.).

Klingemann, Hans-Dieter/Fuchs, Dieter (Hrsg.) (1995): Citizens and the State. Oxford: Oxford University Press.

Niedermayer, Oskar/Beyme, Klaus von (Hrsg.) (1996): Politische Kultur in Ost- und Westdeutschland. Opladen: Leske + Budrich.

Niedermayer, Oskar/Westle, Bettina (Hrsg.) (2000): Demokratie und Partizipation. Wiesbaden: Westdeutscher Verlag.

Van Deth, Jan/Rattinger, Hans/Roller, Edeltraud (Hrsg.) (2000): Die Republik auf dem Weg zur Normalität?. Opladen: Leske + Budrich.

---

3   Emnid (für n-tv und Der Spiegel), Forsa (für RTL/Die Woche), Institut für Demoskopie Allensbach (für die FAZ; zusätzlich div. Allensbacher Jahrbücher der Demoskopie) und Infratest dimap (für die ARD). Zusätzlich wurden dem Verfasser von Forsa, IfD Allensbach und Infratest dimap freundlicherweise weitere Umfrageergebnisse zur Verfügung gestellt.

2. Politische Orientierungen

Politische Orientierungen ermöglichen den Bürgern den Umgang mit der politischen Realität. Sie sind unterschiedlicher Art und beziehen sich auf eine Vielzahl von Objekten[1]. Orientierungsobjekte können sowohl die Strukturen des politischen Systems, d.h. das politische Ordnungsmodell und die politisch handelnden Akteure, als auch die inhaltlichen Handlungsergebnisse in Form konkreter politischer Entscheidungen und deren Folgen sein. Die strukturelle Dimension lässt sich untergliedern in Orientierungen gegenüber
- der eigenen politischen Rolle, wozu insbesondere das politische Interesse und das staatsbürgerliche Selbstbewusstsein gehören;
- dem politischen Führungspersonal, also den individuellen politischen Entscheidungsträgern;
- den politischen Institutionen, also den Verfassungsorganen, intermediären Institutionen und (verfassungs-)rechtlichen Verfahrensregeln;
- der gesamten politischen Ordnung, also der Idee der Demokratie und ihrer Prinzipien, der Demokratiekonzeption des Grundgesetzes und der Verfassungswirklichkeit;
- der politischen Gemeinschaft, wozu die Haltung zur Nation und zu den Mitbürgern zählen.

Die Bürgerorientierungen gegenüber den politischen Inhalten können zunächst nach Politikbereichen getrennt betrachtet werden. Innerhalb einzelner Bereiche lässt sich dann weiter differenzieren in Orientierungen gegenüber
- der Extensität von Politik (welche Bereiche sollen überhaupt durch politische Entscheidungen geregelt werden),
- der durch politische Entscheidungen erfolgenden (Um-)Verteilung von Gütern und Dienstleistungen und
- den durch politische Entscheidungen vorgegebenen Verhaltensregeln.

Die Kapitel 2.1 bis 2.6 behandeln die Orientierungen gegenüber diesen Objekten, wobei die inhaltliche Dimension am Beispiel der Sozialstaatsorientierungen analysiert wird. Innerhalb der einzelnen Kapitel unterscheiden wir, nach dem Kriterium zunehmender Verhaltensrelevanz, drei Arten von Orientierungen:
- kognitive, der Wahrnehmung der politischen Wirklichkeit dienende Orientierungen, d.h. das Interesse und objektive bzw. subjektive Wissen der Bürger;
- evaluative, der Realitätsbewertung dienende Orientierungen, d.h. die Beurteilung politischer Orientierungsobjekte auf einem negativ/positiv-Kontinuum;

---

1   Zum Folgenden vgl. z.B. Almond 1980, Almond/Powell 1988, Almond/Verba 1965, Easton 1965, 1975, Fishbein/Ajzen 1975 und Niedermayer/Westle 1995.

- konative Orientierungen (Verhaltensabsichten), d.h. die Bereitschaft zur Ausführung politischer Aktivitäten.

Die evaluativen Orientierungen werden – in Anlehnung an Eastons (1965) Unterscheidung in „diffuse" und „specivic support" – dort, wo es sich angesichts der Datenlage anbietet, in zwei Unterkategorien eingeteilt: in eher affektivwertbezogene Beurteilungen wie Vertrauen oder Sympathie und eher rationalergebnisbezogene Beurteilungen, wo die Orientierungsobjekte bzw. deren Leistungen nach Kosten/Nutzenerwägungen beurteilt werden.

Abb. 2-1: Objekte und Arten politischer Orientierungen

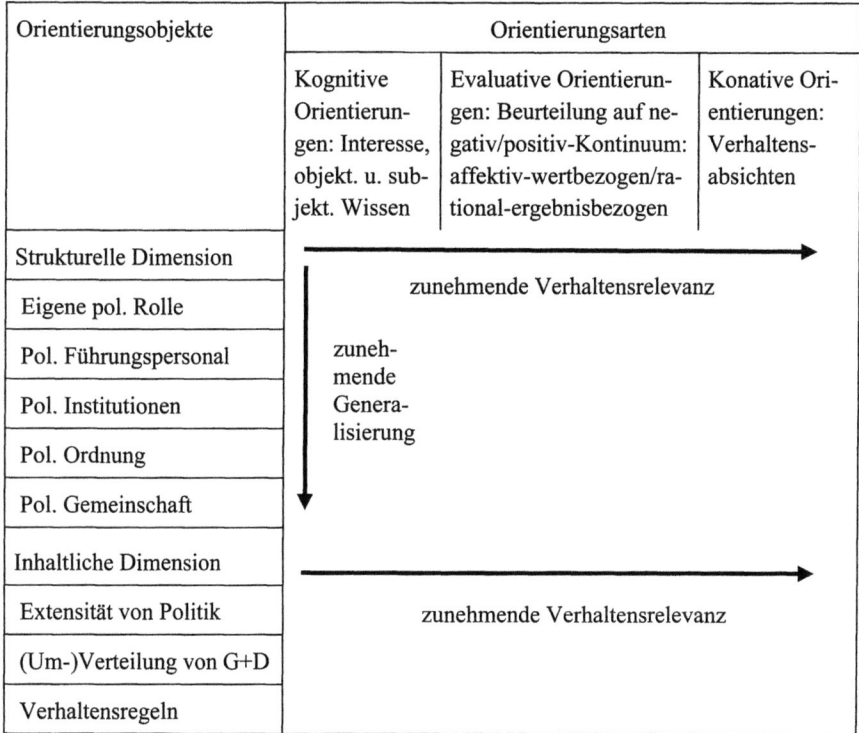

Orientierungsobjekte	Orientierungsarten		
	Kognitive Orientierungen: Interesse, objekt. u. subjekt. Wissen	Evaluative Orientierungen: Beurteilung auf negativ/positiv-Kontinuum: affektiv-wertbezogen/rational-ergebnisbezogen	Konative Orientierungen: Verhaltensabsichten
Strukturelle Dimension			
Eigene pol. Rolle		zunehmende Verhaltensrelevanz	
Pol. Führungspersonal	zunehmende Generalisierung		
Pol. Institutionen			
Pol. Ordnung			
Pol. Gemeinschaft			
Inhaltliche Dimension			
Extensität von Politik		zunehmende Verhaltensrelevanz	
(Um-)Verteilung von G+D			
Verhaltensregeln			

Politische Orientierungen sind Merkmale von Individuen. Geht man von der Mikro- auf die Makroebene über und betrachtet die Verteilung individueller politischer Orientierungen in einem Kollektiv, z.B. einer Nation, dann spricht man von „politischer Kultur" (Almond/Verba 1965: 13), ein Konzept, das sowohl in der sozialwissenschaftlichen Debatte[2] als auch in der öffentlichen Diskussion große Verbreitung gefunden hat und leider allzu oft als diffuser Allerweltsbegriff mit sehr unterschiedlichem Bedeutungsgehalt verwendet wird.

Die Kapitel zu den einzelnen Orientierungsobjekten folgen jeweils dem gleichen Gliederungsschema: Zunächst werden einige grundlegende theoretische Überlegungen vorgestellt und mögliche Probleme bei der Operationalisierung – also der Umsetzung der Theorie in geeignete Forschungsinstrumente – diskutiert, dann werden die wichtigsten empirischen Daten zur Verteilung und zeitlichen Entwicklung der jeweiligen Orientierung präsentiert und ihre möglichen Bestimmungsfaktoren analysiert. Zu betonen ist, dass hierbei angesichts der Fülle von theoretischen Ansätzen und empirischen Forschungsergebnissen kein Anspruch auf Vollständigkeit erhoben wird. Der interessierte Leser sei daher zusätzlich auf die weiterführende Literatur verwiesen, die den Abschluss eines jeden Kapitels bildet.

Weiterführende Literatur:

Almond, Gabriel A. (1980): The Intellectual History of the Civic Culture Concept, in: Almond, Gabriel A./Verba, Sidney (Hrsg.): The Civic Culture Revisited. Boston: Little, Brown, S. 1-36.

Almond, Gabriel A./Powell, G. Bingham Jr. (Hrsg.) (1988): Comparative Politics Today. A World View. Glenview, Ill. u.a.: Scott, Foresman (4. Aufl.).

Almond, Gabriel A./Verba, Sidney (1965): The Civic Culture. Boston: Little, Brown.

Berg-Schlosser, Dirk (2003): Erforschung der Politischen Kultur - Begriffe, Kontroversen, Forschungsstand, in: Politische Bildung, 36, S. 7-20.

Easton, David (1965): A Systems Analysis of Political Life. New York: Wiley (new ed. 1979).

Easton, David (1975): A Re-assessment of the Concept of Political Support, in: British Journal of Political Science, 5, S. 435-457.

Fishbein, Martin/Ajzen, Icek (1975): Belief, Attitude, Intention and Behavior. Reading, Mass.: Addison-Wesley.

Fuchs, Dieter (2002): Das Konzept der politischen Kultur: Die Fortsetzung einer Kontroverse in konstruktiver Absicht, in: Fuchs, Dieter/Roller, Edeltraud/Weßels, Bernhard (Hrsg.): Bürger und Demokratie in Ost und West. Wiesbaden: Westdeutscher Verlag, S. 27-49.

Niedermayer, Oskar/Westle, Bettina (1995): A Typology of Orientations, in: Niedermayer, Oskar/Sinnott, Richard (Hrsg.): Public Opinion and Internationalized Governance. Oxford: Oxford University Press, S. 33-50.

Gabriel, Oscar W. (1996): Politische Kultur aus der Sicht der empirischen Sozialforschung, in: Niedermayer, Oskar/Beyme, Klaus von (Hrsg.): Politische Kultur in Ost- und Westdeutschland. Opladen: Leske + Budrich, S. 22-42.

Gabriel, Oscar W. (2005): Politische Einstellungen und politische Kultur, in: Gabriel, Oscar W./Holtmann, Everhard (Hrsg.): Handbuch politisches System der Bundesrepublik Deutschland. München: Oldenbourg (3. Aufl.), S. 459-522.

Greiffenhagen, Martin/Greiffenhagen, Sylvia (2002): Handwörterbuch zur politischen Kultur der Bundesrepublik Deutschland. Wiesbaden: Westdeutscher Verlag (2., überarb. u. aktual. Aufl.).

---

2   Vgl. z.B. Berg-Schlosser 2003, Fuchs 2002, Gabriel 1996, 2005, Greiffenhagen/ Greiffenhagen 2002, Niedermayer/von Beyme 1994, Rohe 1996, 2003 und Sturm 2004.

Niedermayer, Oskar/Beyme, Klaus von (Hrsg.) (1996): Politische Kultur in Ost- und Westdeutschland. Opladen: Leske + Budrich.

Rohe, Karl (1996): Politische Kultur: Zum Verständnis eines theoretischen Konzepts, in: Niedermayer, Oskar/Beyme, Klaus von (Hrsg.): Politische Kultur in Ost- und Westdeutschland. Opladen: Leske + Budrich, S. 1-21.

Rohe, Karl (2003): Politische Kultur und ihre Analyse, in: Dornheim, Andreas/Greiffenhagen, Sylvia (Hrsg.): Identit und politische Kultur. Stuttgart: Kohlhammer, S. 110-126.

Sturm, Roland (2004): Politische Kultur, in: Helms, Ludger/Jun, Uwe (Hrsg.): Politische Theorie und Regierungslehre. Eine Einführung in die politikwissenschaftliche Institutionenforschung. Frankfurt a. M.: Campus, S. 302-323.

2.1 Orientierungen gegenüber der eigenen politischen Rolle

Die grundlegende Voraussetzung dafür, dass sich die Bürger überhaupt mit politischen Vorgängen beschäftigen und sich am politischen Leben beteiligen, ist ein mehr oder minder stark ausgeprägtes Selbstverständnis als politischer Akteur. Dieses Selbstverständnis wird in der empirischen Sozialforschung anhand von drei Konzepten untersucht: dem politischen Interesse, dem objektiven bzw. subjektiven politischen Wissen und dem politischen Selbstbewusstsein[1]. Zum politischen Wissen der Bürger existiert jedoch in Deutschland keine Forschungstradition mit empirischen Ergebnissen, die eine Längsschnittbetrachtung ermöglichen würden. Wir konzentrieren uns daher im Folgenden auf das politische Interesse und das politische Selbstbewusstsein.

2.1.1 Politisches Interesse

Ein gewisses Interesse der Bürger an Politik gilt gemeinhin als eine notwendige Voraussetzung der Funktionsfähigkeit demokratischer politischer Systeme: Ohne politisches Interesse ist eine politische Beteiligung schlecht vorstellbar, und ohne politische Beteiligung gibt es keine demokratische Mitbestimmung der Bürgerinnen und Bürger im politischen Prozess. Über das in einer Demokratie erforderliche Ausmaß an Politikinteresse der Bevölkerung gibt es jedoch keine Einigkeit. Ob ein empirisch vorhandenes Ausmaß an Interesse als zu niedrig, angemessen oder gar zu hoch anzusehen ist, lässt sich nur über einen normativen Maßstab begründen, der von der zugrunde liegenden Demokratievorstellung abhängt.

Bei der Analyse des politischen Interesses müssen zwei verschiedene Aspekte unterschieden werden (van Deth 2000):
- das subjektive politische Interesse, d.h. das Ausmaß an Neugier, das der Politik entgegengebracht wird, und
- die persönliche Bedeutung von Politik, d.h. das relative Gewicht, das politische Angelegenheiten im Vergleich zu anderen Lebensbereichen haben.

Obwohl politische Neugier in der Regel eher hervorgerufen werden dürfte, wenn die Lebensgestaltung eines Individuums durch politische Aktivitäten stark berührt wird, müssen die beiden Aspekte nicht in jedem Fall positiv miteinander zusammenhängen, d.h. wenn Politik bei einem Individuum Neugier hervorruft, muss sie

---

1 Das politische Interesse und Wissen gehören – unserer Einteilung in verschiedene Orientierungsarten folgend – zu den kognitiven Orientierungen, das politische Selbstbewusstsein zu den evaluativen Orientierungen.

nicht unbedingt auch große Bedeutung in seinem Leben haben. Die Art des Zusammenhangs ist somit eine empirische Frage. Bevor jedoch hierauf eingegangen wird, sollen die beiden Spielarten des politischen Interesses zunächst getrennt behandelt werden.

Daten über das Interesse der Bevölkerung für Politik und die Bereitschaft zur politischen Beteiligung wurden bereits in den ersten, noch während der Besatzungszeit durchgeführten Umfragen erhoben (Merritt/Merritt 1970). Diese Studien verdeutlichten eine beträchtliche Distanz der Deutschen zur Politik, die als „Reaktion auf die erst kurze Zeit zurückliegende Dauermobilisierung durch die Nationalsozialisten und auf die politischen Strukturen des Besatzungsregimes" (Gabriel 1997: 403) angesehen wurde. Auch die Gründung der Bundesrepublik änderte hieran zunächst nichts.

In den Sechzigerjahren stieg das subjektive Interesse jedoch deutlich an (vgl. Abbildung 2.1.1-1)[2]: Bezeichneten sich 1960 nur 27 Prozent der Bundesbürger als politisch interessiert, während 33 Prozent angaben, sich gar nicht für Politik zu interessieren, war der Anteil der politisch Interessierten 1969 auf 45 Prozent angewachsen, und die Nicht-Interessierten machten nur noch 13 Prozent aus. In der Folgezeit setzte sich dieser Entwicklungstrend fort, allerdings weit weniger spektakulär und mit zyklischen Schwankungen, und im europäischen Vergleich erreichte das politische Interesse in Deutschland ein hohes Niveau (Brettschneider u.a. 1994, vgl. auch van Deth 1990, 1996). Das höchste Ausmaß an politischem Interesse wurde im Vereinigungszeitraum 1990/91 erreicht, wo sich 57 Prozent der Westdeutschen für Politik interessierten und nur noch 6 Prozent dies vollständig verneinten. Danach flaute das Interesse wieder ab, bewegte sich bis Ende der Neunzigerjahre auf mehr oder weniger konstantem Niveau und stieg erst in den letzten Jahren wieder an (vgl. Abbildung 2.1.1-2)[3]. Im Jahre 2004 interessierte sich fast die Hälfte der Bürger ‚stark' oder ‚sehr stark' für Politik, zwei Fünftel brachten der Politik ‚etwas' Interesse entgegen und weniger als ein Siebtel der Bevölkerung interessierte sich ‚kaum' oder ‚gar nicht' für das politische Geschehen.

---

2 Das subjektive Interesse wird normalerweise mit einer Frage nach der Selbsteinschätzung des Befragten gemessen. Das IfD Allensbach fragt: „Einmal ganz allgemein gesprochen – interessieren Sie sich für Politik?" und gibt drei Antwortmöglichkeiten vor: „interessiere mich, interessiere mich nicht besonders, interessiere mich gar nicht". In den Politbarometerumfragen der Forschungsgruppe Wahlen e.V. wird gefragt: „Wie stark interessieren Sie sich für Politik?" (Antwortmöglichkeiten: sehr stark, stark, etwas, kaum, gar nicht), die Allbus-Studien variieren die Antwortvorgaben etwas.: „Wie stark interessieren Sie sich für Politik: sehr stark, stark, mittel, wenig oder überhaupt nicht?"

3 Wegen der unterschiedlichen Antwortvorgaben sind die Ergebnisse der Allensbach-Studien (Abbildung 2.1.1-1) und der FGW-Politbarometerumfragen (Abbildung 2.1.1-2) nicht vollständig vergleichbar.

Abb. 2.1.1-1: Subjektives politisches Interesse 1952-1992
(Westdeutschland; Angaben in Prozent)

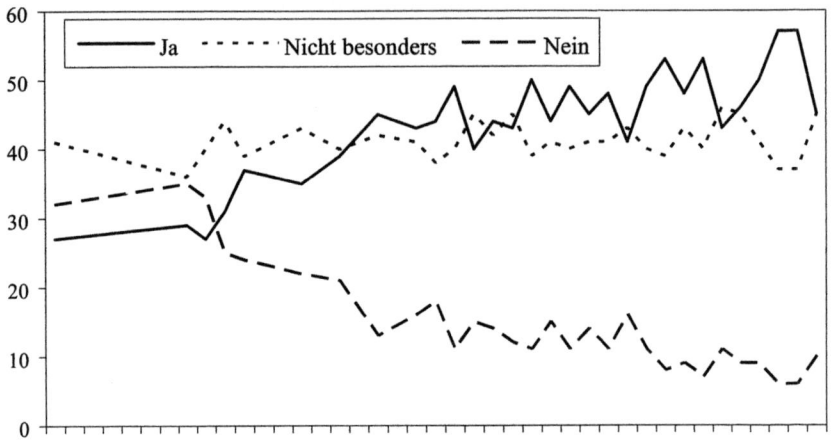

Quelle: Noelle-Neumann/Köcher 1997: 783f. (IfD Allensbach).

Abb. 2.1.1-2: Subjektives politisches Interesse seit 1992
(Angaben in Prozent)

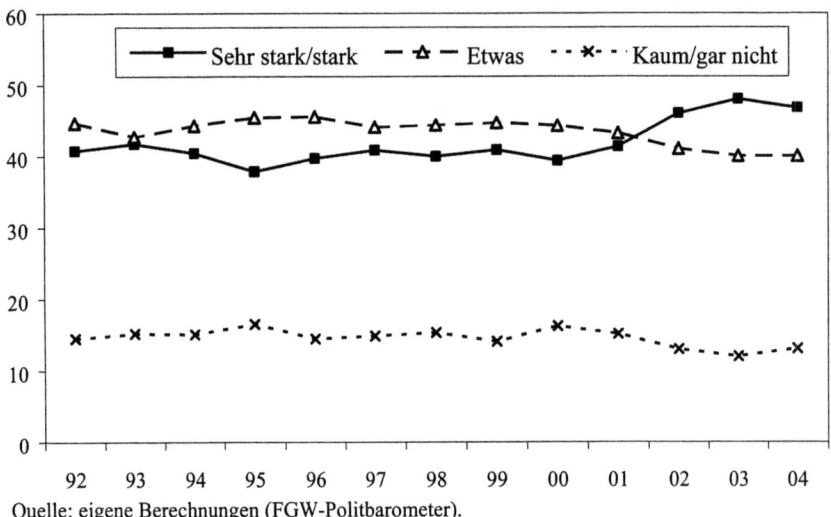

Quelle: eigene Berechnungen (FGW-Politbarometer).

Als wichtigste Ursache des zunehmenden politischen Interesses der Bevölkerung seit den Sechzigerjahren wird die sozio-ökonomische Modernisierung der deutschen Gesellschaft angesehen, die sich in wachsendem Wohlstand, steigendem Bildungsniveau und dem Nachrücken von unter demokratischen Bedingungen aufgewachsenen Alterskohorten in die erwachsene Bevölkerung ausdrückt (Baker/Dalton/Hildebrandt 1981, Hoffmann-Lange 2000). Damit sind schon einige der Faktoren genannt, die einen Einfluss auf die Höhe des politischen Interesses haben. Allgemein wird davon ausgegangen, dass der sozio-ökonomische Status, im primären Sozialisationsprozess erworbene Normen und Werte sowie die soziale Integration eines Individuums sein politisches Interesse beeinflussen, wobei diese Einflussfaktoren vor allem über die Indikatoren Bildung, Beruf, Einkommen, Geschlecht und Alter gemessen werden (vgl. auch Kapitel 1). Die Tabellen 2.1.1-1 bis 2.1.1-3 bestätigen diese Thesen in eindrucksvoller Weise[4].

Tabelle 2.1.1-1 zeigt, dass Frauen sich deutlich weniger für Politik interessieren als Männer. Dies ist keine neue Erkenntnis: Über die letzten Jahrzehnte hinweg blieb „der gender gap ... für Westdeutschland im wesentlichen erhalten" und zeigte sich nach der Vereinigung „in gleicher Weise für Ostdeutschland" (Westle/Schoen 2002: 220). Zur Erklärung des geschlechtsspezifischen Unterschieds im politischen Interesse finden sich in der Sozialwissenschaft traditionell drei Ansätze (ebd.: 216f.): der sozialisationstheoretische Ansatz nimmt an, dass Jungen und Mädchen in ihrer primären Sozialisationsphase unterschiedliche Geschlechtsrollenorientierungen und damit ein unterschiedliches Verhältnis zur Politik vermittelt werden, der situative Ansatz macht die aktuellen Lebensumstände von Männern und Frauen – insbesondere die auf den Privatbereich konzentrierte Lebenssituation der Frauen – für den Unterschied verantwortlich und der strukturelle Ansatz verweist auf Zugangsbarrieren zu politiknahen Sektoren und politisch relevanten Ressourcen, die eine männlich dominierte Gesellschaft aufgebaut habe. In der feministisch orientierten Politikwissenschaft findet sich zudem ein vierter, politischer Erklärungsansatz, der besagt, die Politik komme den Interessen von Frauen weniger entgegen als den von Männern, was letztlich zu größerer Politikverdrossenheit und in deren Folge zu geringerem Politikinteresse der Frauen führe. Für diese Erklärung haben sich „in den empirischen Analysen jedoch kaum Anhaltspunkte ergeben" (ebd. 238).

Noch deutlicher als beim Geschlecht ist die Abhängigkeit des politischen Interesses vom Bildungsniveau eines Individuums: Unter den Höhergebildeten interessieren sich mehr als doppelt so viele stark bzw. sehr stark für Politik wie unter den Personen mit niedriger Bildung. Hier zeigt sich, dass die über Bildung ver-

---

4   Zum Einfluss des Einkommens vgl. van Deth 2000.

mittelten Kenntnisse und Fähigkeiten die Hinwendung zur Politik deutlich fördern bzw. erleichtern.

Tab. 2.1.1-1: Subjektives politisches Interesse nach Geschlecht und Bildung 2003
(Angaben in Prozent)

	Geschlecht		Bildung[1]		
	Frauen	Männer	Niedrig	Mittel	Hoch
Gar nicht/kaum	16	8	19	12	5
Etwas	46	33	47	44	28
Stark/sehr stark	38	59	34	44	66

1) Niedrig = kein Schulabschluss/Volks-/Hauptschulabschluss/8-klassige Schule, mittel = Mittlere Reife/POS, hoch = mindestens Abitur/EOS. Zu 100 Prozent fehlende Werte: keine Antwort.
Quelle: eigene Berechnungen (FGW-Politbarometer).

Dies gilt auch für den – in vielen Bereichen wesentlich vom formalen Bildungsniveau abhängigen – Beruf, wie Tabelle 2.1.1.-2 verdeutlicht: In allen Berufsgruppen weisen Individuen mit höher qualifizierten Berufen auch ein höheres politisches Interesse auf.

Tab. 2.1.1-2: Subjektives politisches Interesse nach Beruf 2003
(Angaben in Prozent)[1]

	UA	FA	ME	EA	GA	LA	EB	MB	GB	HB	LA	SE
Gar nicht/kaum	29	16	7	16	7	5	22	5	1	1	16	6
Etwas	48	50	40	49	37	29	30	33	27	13	42	30
Stark/sehr stark	23	34	53	35	56	66	48	61	72	87	42	64

1) UA = un-/angelernte Arbeiter, FA = Facharbeiter, ME = Meister, EA = einfache Angestellte, GA = gehobene Angestellte, LA = leitende Angestellte, EB = Beamte, einfacher Dienst, MB = Beamte, mittlerer Dienst, GB = Beamte, gehobener Dienst, HB = Beamte, höherer Dienst, LA = Landwirte, SE = Selbstständige. Zu 100 Prozent fehlende Werte: keine Antwort.
Quelle: eigene Berechnungen (FGW-Politbarometer).

Beim Alter als möglichem Erklärungsfaktor für unterschiedliches Politikinteresse zeigt sich eine so genannte kurvilineare Beziehung, d.h. das politische Interesse steigt mit zunehmendem Alter zunächst an und sinkt in den höchsten Altersgruppen wieder ab (vgl. Tabelle 2.1.1-3), was mit der langsamen gesellschaftlichen und politischen Integration der jungen Bürgerinnen und Bürger und der abnehmenden Integration der Ältesten erklärt werden kann[5].

Tab. 2.1.1-3: **Subjektives politisches Interesse nach Alter 2003**
(Angaben in Prozent)

	18 -20	21 -24	25 -29	30 -34	35 -39	40 -44	45 -49	50 -59	60 -69	70 -
Gar nicht/kaum	16	21	15	15	12	12	8	8	11	15
Etwas	51	43	45	40	41	41	41	35	38	36
Stark/sehr stark	33	36	40	45	47	48	51	57	51	49

Quelle: eigene Berechnungen (FGW-Politbarometer).

Neben den sozialstrukturellen Erklärungsansätzen für unterschiedliches politisches Interesse wurden nach der Vereinigung auch mögliche Ost-West-Unterschiede diskutiert. Zur Frage, ob ein unterschiedliches Niveau des politischen Interesses in West- und Ostdeutschland zu erwarten gewesen wäre, existieren unterschiedliche theoretische Hypothesen (Gabriel/Vetter 1999). Geht man von den allgemeinen Theorien der gesellschaftlichen Modernisierung aus, sind keine grundlegenden Unterschiede zu erwarten. Im Vergleich mit der Ausgangslage der alten Bundesrepublik bietet sich jedoch die These an, dass dem Zusammenbruch totalitärer Regime zunächst eine Phase des Rückzugs der Bevölkerung aus dem politischen Leben folgt, sodass in den Anfangsjahren in Ostdeutschland ein geringeres Interesse zu erwarten gewesen wäre. Die empirischen Daten stützen die erste These: Im gesamten Jahrzehnt nach der Vereinigung sind keine wesentlichen und systematischen West/Ost-Unterschiede im politischen Interesse festzustellen (vgl. vor allem die Mittelwerte in Tabelle 2.1.1-4)[6].

Neben dem Ausmaß an Aufmerksamkeit und Neugier gegenüber politischen Dingen existiert ein zweiter Aspekt des politischen Interesses, der vom ersten analytisch getrennt werden muss: die persönliche Bedeutung, die ein Individuum der Politik zumisst, d.h. das relative Gewicht, das politische Angelegenheiten im Vergleich zu anderen Lebensbereichen für ihn haben.

---

5 Vgl. auch die kurvilineare Beziehung zwischen dem Alter eines Individuums und seiner Wahlbeteiligung (Kapitel 3.3.1).
6 Dies wird, mit Daten aus einer anderen Quelle, auch von Maier (2000) bestätigt.

Tab. 2.1.1-4: Subjektives politisches Interesse: West/Ost seit 1992
(Angaben in Prozent)

	1992		1996		2000		2003	
	W	O	W	O	W	O	W	O
Gar nicht/kaum	14	17	15	14	16	19	12	14
Etwas	45	43	46	43	45	46	39	42
Stark/sehr stark	41	41	39	43	40	36	49	44
Mittelwert (5-Punkte-Skala)	3,3	3,3	3,3	3,4	3,3	3,2	3,5	3,4

Quelle: eigene Berechnungen (FGW-Politbarometer).

Die zu diesem Aspekt seit Beginn der Achtzigerjahre vorliegenden Daten belegen eindrucksvoll, dass der Bereich der Politik für die Bevölkerung einen geringen Stellenwert besitzt (vgl. Tabelle 2.1.1-5): Nach der Wichtigkeit von bis zu acht verschiedenen Lebensbereichen gefragt, verweisen die Bürger die Politik seit knapp einem Vierteljahrhundert jedes Mal auf den zweitletzten Platz. Den letzten Platz nimmt immer der Bereich Religion und Kirche ein. Der mit Abstand wichtigste Lebensbereich ist für die Deutschen in Ost und West immer die eigene Familie. Auch in der Relevanzzuschreibung der anderen Lebensbereiche sind sich Ost- und Westdeutsche im Großen und Ganzen einig, mit einer Ausnahme: Der Bereich Religion und Kirche ist den Ostdeutschen noch wesentlich unwichtiger als den Westdeutschen, was nicht verwundert, da der Anteil der Konfessionslosen an der Gesamtbevölkerung in Ostdeutschland wesentlich höher ist als in Westdeutschland.

Die durchschnittliche Bewertung der Wichtigkeit jedes einzelnen Lebensbereichs durch alle Befragten, wie sie in Tabelle 2.1.1-5 wiedergegeben ist, sagt noch nichts über die relative Bedeutung aus, die die Politik für die einzelnen Befragten im Vergleich mit den anderen Lebensbereichen besitzt[7]. Die relative Bedeutung von Politik wird erst deutlich, wenn für jeden Befragten die Einstufung dieses Lebensbereichs zu allen anderen Bereichen in Beziehung gesetzt wird.

---

7 Auch für zwei Befragte, die der Politik auf der Wichtigkeitsskala von 1 bis 7 den gleichen Wert (z.B. 4) gegeben haben, kann ihre relative Bedeutung sich deutlich unterscheiden, z.B. wenn der eine Befragte allen anderen Lebensbereichen einen geringeren Wert gegeben hat, sodass die Politik für ihn den relativ wichtigsten Bereich darstellt, während der andere Befragte allen anderen Bereichen einen höheren Wert gegeben hat, sodass Politik für ihn am wenigsten wichtig ist.

Tab. 2.1.1-5: **Wichtigkeit verschiedener Lebensbereiche seit 1980**
(Mittelwerte)[1]

	80	86	1991			1998			2002/2003		
	W	W	G	W	O	G	W	O	G	W	O
Eigene Familie und Kinder	6,3	6,4	6,5	6,4	6,7	6,2	6,1	6,4	9,2	9,1	9,4
Freunde und Bekannte	5,4	5,5	5,7	5,7	5,5	5,6	5,6	5,5	8,4	8,4	8,5
Freizeit und Erholung	5,8	5,7	5,8	5,8	5,8	5,5	5,5	5,4	7,6	7,5	7,9
Beruf und Arbeit	5,8	5,7	5,8	5,7	6,3	5,4	5,3	5,6	7,4	7,3	7,8
Verwandtschaft	4,6	4,8	5,0	4,9	5,4	5,2	5,1	5,3	-	-	-
Nachbarschaft	-	4,7	4,8	4,8	4,7	4,7	4,7	4,8	-	-	-
Politik/öffentliches Leben	4,3	4,5	4,6	4,7	4,4	4,1	4,2	3,8	5,1	5,2	5,0
Religion und Kirche	3,9	4,0	3,7	3,9	2,6	3,6	3,9	2,4	4,0	4,3	2,4

1) 1980 bis 1998: 7-Punkte-Skala; 1 = unwichtig, 7 = sehr wichtig; 2002/2003: 11-Punkte-Skala: 0 = äußerst unwichtig, 10 = äußerst wichtig). Geordnet nach der Wichtigkeit für die gesamte Bevölkerung 1998 u. 2002/2003; G = Gesamt, W = West, O = Ost.
Quelle: eigene Berechnungen (Allbus, EES1).

In Abbildung 2.1.1-3 wurde dies getan, wobei nur sechs der acht Bereiche aus Tabelle 2.1.1-5 verwendet werden konnten[8]. Die Mittelwerte der somit von 1 (= niedrigste) bis 6 (= höchste Priorität) reichenden Skala schwanken für den Politikbereich im gesamten Untersuchungsbereich um 2,6, d.h. die Politik hat für die Bürgerinnen und Bürger im Schnitt zwar nicht die niedrigste, aber eine durchaus geringe Priorität.

Obwohl die beiden Aspekte des politischen Interesses, das subjektive Interesse im Sinne von Neugier auf Politik und die persönliche Bedeutung dieses Lebensbereichs, positiv miteinander zusammenhängen, handelt es sich um unterschiedliche Merkmale, die zu einer einfachen Typologie kombiniert werden können. Hierdurch lassen sich vier Typen von Bürgerinnen und Bürgern unterscheiden (van Deth 2000):
- Involvierte sind neugierig auf Politik und weisen diesem Bereich einen hohen Stellenwert in ihrem Leben zu,

---

8 Auf die Bereiche ‚Verwandtschaft‘ und ‚Nachbarschaft‘ musste verzichtet werden, da sie nicht zu allen Zeitpunkten erfragt wurden.

- Zuschauer interessieren sich stark für Politik, schätzen ihre Bedeutung für das persönliche Leben jedoch gering ein,
- Betroffene interessieren sich nicht für Politik, erkennen ihr aber einen hohen Stellenwert für das persönliche Leben zu, etwa weil sie aufgrund ihrer Lebenssituation auf die Hilfe der Politik hoffen müssen,
- Distanzierte sind an politischen Dingen nicht interessiert und messen der Politik auch keine Bedeutung für ihr Leben zu.

Abb. 2.1.1-3: **Relative Bedeutung der Politik 1980-1998**
(Mittelwerte; 6 Lebensbereiche, 1 = niedrigste, 6 = höchste Priorität)

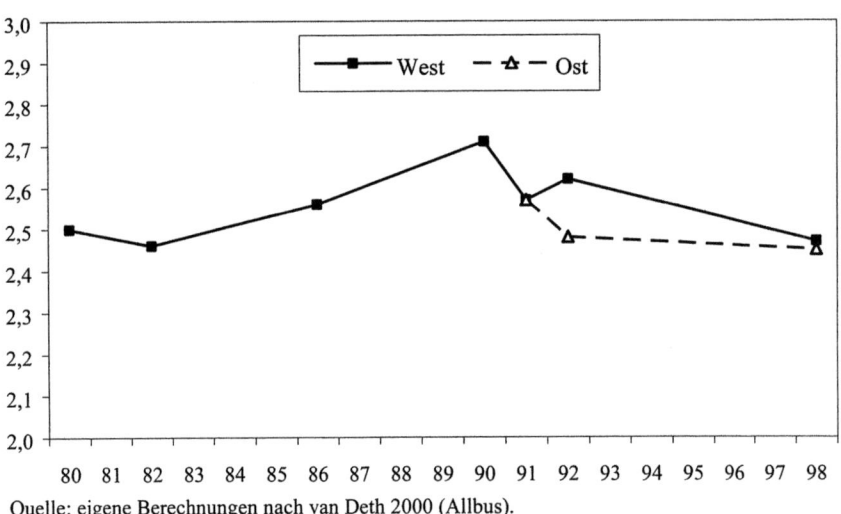

Quelle: eigene Berechnungen nach van Deth 2000 (Allbus).

Im Westen der Republik waren Ende der Neunzigerjahre etwa zwei Fünftel, im Osten ein Drittel der Bürgerinnen und Bürger als Involvierte zu kennzeichnen, etwa ein Viertel waren Zuschauer, die Betroffenen bildeten eine kleine Minderheit, und etwa ein Drittel stand der Politik distanziert gegenüber (vgl. Tabelle 2.1.1-6).

Die sozialen Charakteristika der vier Kategorien unterscheiden sich zwischen den beiden Landesteilen durchaus. Dennoch lassen sich in Ost- und Westdeutschland die Zuschauer als derjenige Teil der Bevölkerung charakterisieren, der über die höchste Ressourcenausstattung verfügt, d.h. die Zuschauer sind relativ jung, hochgebildet, verfügen über das höchste Durchschnittseinkommen und die meisten sozialen Kontakte: „Offensichtlich sind die Zuschauer tatsächlich in der Lage,

Politik als interessant, aber als relativ irrelevant zu betrachten: Ihr Einkommen, ihre Bildung und ihre sozialen Kontakte bieten dazu die Möglichkeit" (van Deth 2000: 127), d.h. ihr hohes Maß an persönlichen Ressourcen macht sie eigenständiger. Umgekehrt ist die Gruppe der Betroffenen dadurch gekennzeichnet, dass sie über die wenigsten persönlichen Ressourcen verfügen, d.h. sie „können sich aus eigener Kraft kaum helfen, die Politik wird so zum Retter in der Not" (ebd.: 128).

Tab. 2.1.1-6: **Typen politisch Interessierter 1980-1998**
(Angaben in Prozent)[1]

	1980	1982	1986	1990	1991		1992		1998	
	W	W	W	W	W	O	W	O	W	O
Involvierte	37	36	42	46	43	38	44	33	37	32
Zuschauer	12	22	23	22	27	23	26	25	23	22
Betroffene	9	9	8	6	7	8	7	8	9	10
Distanzierte	35	33	27	26	23	31	23	34	31	36

1) Zu 100 Prozent fehlende Werte: nicht klassifizierbar; W = West, O = Ost.
Quelle: Daten von J. W. van Deth bereitgestellt (aus van Deth 2000; Allbus).

2.1.2 Staatsbürgerliches Selbstbewusstsein

Mit der Zunahme des politischen Interesses ist ein Wandel in der Beziehung der Bürgerinnen und Bürger zur Politik verbunden, der von Almond/Verba (1965) als Übergang vom ‚Parochialismus' zu einer modernen Staatsbürgerkultur charakterisiert wird, wobei zur modernen Staatsbürgerrolle ein gewisses Maß an staatsbürgerlichem Selbstbewusstsein gehört.

Das Konzept des staatsbürgerlichen Selbstbewusstseins (‚sense of political efficacy') wird in der empirischen Sozialforschung schon seit den Fünfzigerjahren verwendet. Ursprünglich wurde darunter das – in Umfragen anhand der Antworten auf vier Aussagen gemessene[9] – Gefühl verstanden, politische Vorgänge

---

9 Die deutsche Formulierung der vier Aussagen lautet wie folgt: „Neben dem Wählen gibt es keinen anderen Weg, um Einfluss darauf zu nehmen, was die Regierung tut" (Wählen), „Leute wie ich haben so oder so keinen Einfluss darauf, was die Regierung tut" (Einfluss), „Die ganze Politik ist

verstehen und durch eigenes politisches Engagement beeinflussen zu können (Campbell/Gurin/Miller 1954). Bald wurde jedoch darauf hingewiesen, dass das Konzept zwei theoretische Dimensionen beinhalte: Zum einen müsse sich ein Individuum bestimmte Fähigkeiten zuschreiben, um Einfluss ausüben zu können, zum anderen müsse gewährleistet sein, dass das politische System auf Einflüsse auch reagiert (Lane 1959). Balch (1974) bestätigte auch empirisch, dass die vier verwendeten Aussagen tatsächlich zwei Dimensionen messen und bezeichnete die beiden Dimensionen als internal efficacy (politisches Kompetenzgefühl) und external efficacy (politisches Responsivitätsgefühl). Unter dem politischen Kompetenzgefühl wird seither das subjektive Verständnis politischer Probleme und die wahrgenommene Einflussmöglichkeit auf die Politik aufgrund der eigenen Fähigkeiten verstanden, mit dem politischen Responsivitätsgefühl ist die Einschätzung der politischen Akteure als verantwortlich und politischen Einflüssen zugänglich gemeint[10]. Zur Messung des politischen Selbstbewusstseins wurden seit Ende der Sechzigerjahre neben den ursprünglichen vier Aussagen noch zwei weitere verwendet[11]. Es besteht jedoch „keine Einigkeit darüber, welche Zuordnung der Aussagen zu den beiden Dimensionen tatsächlich zu einer theorieadäquaten und zuverlässigen Messung führt" (Vetter 1997a: 54; ausführlich: Vetter 1997b).

Für die Frühzeit der Bundesrepublik liegen keine Daten zum staatsbürgerlichen Selbstbewusstsein vor. Lediglich zur Dimension der politischen Kompetenz lieferte die Civic-Culture-Studie (Almond/Verba 1965) eine Momentaufnahme am Ende der Fünfzigerjahre, die zeigte, dass nur eine sehr kleine Minderheit der Deutschen eigene politische Einflussmöglichkeiten auf die nationale Politik bejahte, was als Nachwirkung der obrigkeitsstaatlichen Tradition Deutschlands, seiner ‚Untertanenkultur', angesehen werden kann. Über die Sechzigerjahre kann nichts ausgesagt werden, danach belegen die verfügbaren Daten für die alte Bundesrepublik bis 1989 einen deutlichen Anstieg des politischen Kompetenzgefühls der Bevölkerung (vgl. Abbildung 2.1.2-1). Dies gilt vor allem für das subjektiv wahrgenommene Verständnis politischer Vorgänge (vgl. die Kurve für die in der Literatur einhellig der politischen Kompetenz zugeordnete ‚Durchschaubarkeit'), aber in abgeschwächter Form auch für die Einschätzung der eigenen Einflussmöglichkeiten auf die Politik (vgl. die überwiegend der Kompetenzdimension zugeordneten Aussagen ‚Wählen' und ‚Einfluss').

---

manchmal so kompliziert, dass jemand wie ich gar nicht versteht, was vorgeht" (Durchschaubarkeit), „Die Politiker kümmern sich nicht viel darum, was Leute wie ich denken" (Responsivität).

10 Vgl. hierzu ausführlich Gabriel 1986.

11 „Die Abgeordneten im (nationalen Parlament) verlieren ziemlich schnell den Kontakt mit dem Volk", „Die Parteien wollen nur die Stimmen der Wähler, ihre Ansichten interessieren sie nicht".

Abb. 2.1.2-1: Staatsbürgerliches Selbstbewusstsein 1969-1989
(Prozent ‚selbstbewusster' Antworten)

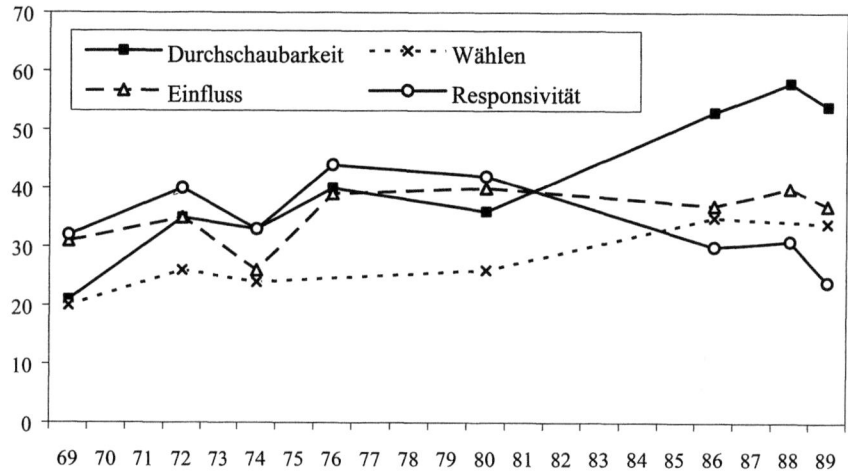

Quelle: Hoffmann-Lange 1997: 218 (versch. Studien); 1988: eig. Ber. (Allbus).

Damit unterschied sich „Deutschland bei weitem nicht mehr so stark von den etablierten Demokratien wie in der unmittelbaren Nachkriegszeit" (Gabriel 1997: 408). Allerdings blieb die Mehrheit der Bürger skeptisch gegenüber den eigenen politischen Einflussmöglichkeiten eher skeptisch.

Das politische Responsivitätsgefühl als zweite Dimension des politischen Selbstbewusstseins, d.h. die Überzeugung, dass die politische Führungsschicht die Anliegen der Bürger ernst nimmt und in ihren Entscheidungen berücksichtigt, ist in der alten Bundesrepublik bis Mitte der Siebzigerjahre angestiegen und ging in der Folgezeit deutlich zurück, wenn diese Dimension durch die Ablehnung der Aussage „die Politiker kümmern sich nicht viel darum, was Leute wie ich denken" (‚Responsivität' in Abbildung 2.1.2-1) sinnvoll gemessen wird, woran allerdings erhebliche Zweifel bestehen (Vetter 1997a, 1997b).

Die Probleme mit der Zuordnung der zur Messung des politischen Selbstbewusstseins verwendeten Aussagen zu den beiden analytisch unterschiedenen Dimensionen politische Kompetenz und politisches Responsivitätsgefühl führten zu Anstrengungen, die Messung des Konzeptes durch die Veränderung des Messinstrumentes zu verbessern (vgl. z.B. Craig/Niemi/Silver 1990). In Deutschland wurde – auf der Basis umfangreicher methodischer Vorarbeiten – von Vetter (1997a, 1997b, 2000) ein neues Messinstrument vorgeschlagen, das auf sechs teilweise neuen Aussagen beruht, zu denen sich die Befragten äußern sollen[12]. Allerdings messen die drei Aussagen zur politischen Kompetenz nur das subjektive Verständnis politischer Probleme und die Möglichkeit, mit ihnen umzugehen. Was sie nicht messen, ist die der Kompetenzdimension ebenfalls zugerechnete „Wahrnehmung von Möglichkeiten zu einer effektiven politischen Einflussnahme" (Vetter 1997a: 70). Es erscheint theoretisch sinnvoll, die Dimension der politischen Kompetenz in diese beiden Komponenten aufzuteilen und sie in Umfragen getrennt zu erheben. Die Umsetzung dieser Überlegung in ein allgemein akzeptiertes Instrument zur Messung der verschiedenen Aspekte des politischen Selbstbewusstseins ist jedoch bisher noch nicht erfolgt.

Tabelle 2.1.2-1 gibt die mit dem neuen Instrument gemessene Entwicklung der beiden Dimensionen des staatsbürgerlichen Selbstbewusstseins im vereinten Deutschland seit 1994 wieder. Theoretische Annahmen über Unterschiede zwischen Ost- und Westdeutschland zu formulieren, ist schwierig, weil die politische Kultur der ehemaligen DDR diesbezüglich durch Widersprüche geprägt war: „Während die offizielle Staatsdoktrin den aktionsbereiten, einsatzfreudigen Staatsbürger als normatives Leitbild vorgab, waren die repressiven politischen Strukturen des real existierenden Sozialismus kaum dazu angetan, ein starkes bürgerschaftliches Selbstbewusstsein entstehen zu lassen" (Gabriel/Vetter 1999: 205). Dementsprechend wurde die politische Kultur der DDR von einigen Autoren in der Tradition des preußischen Obrigkeitsstaates gesehen (z.B. Fuchs/ Klingemann/Schöbel 1991). Andererseits lässt die durch die Bürger erzwungene Systemtransformation der DDR zumindest im zeitlichen Unfeld der Vereinigung ein relativ hohes Selbstbewusstsein vor allem im Bereich des politischen Kompetenzgefühls vermuten.

Um einen Eindruck von der Stärke des politisches Kompetenz- bzw. Responsivitätsgefühls der Ost- und Westdeutschen zu erhalten, wurden die Antworten auf die drei der jeweiligen Dimension des staatsbürgerlichen Selbstbewusstseins zugehörigen Aussagen zu einem Mittelwert zusammengefasst, der von -2 bis +2 (‚keinerlei' bis ‚sehr hohes' politisches Kompetenz- bzw. Responsivitätsgefühl) reicht. Zudem gibt die Tabelle neben den Werten für die einzelnen Aussagen auch den Prozentsatz der Bürger wieder, die jeweils allen drei Aussagen der beiden Dimensionen zustimmen und sich damit durch ein hohes Kompetenz- bzw. Responsivitätsgefühl auszeichnen.

Das politische Kompetenzgefühl der Gesamtbevölkerung bewegt sich durchschnittlich im positiven Bereich und hat sich im Beobachtungszeitraum kaum verändert[13], wobei jeder Fünfte ein hohes Kompetenzgefühl aufweist.

---

12 Zur Formulierung der Aussagen vgl. Tabelle 2.1.2-1.
13 Bei einer gesamten Skalenbreite von -2 bis +2 ist der Mittelwert von 0,22 auf 0,25 angestiegen.

Tab. 2.1.2-1: Staatsbürgerliches Selbstbewusstsein 1994, 1998 und 2002
(Angaben in Prozent)[1]

	1994		1998			2002	
	W	O	W	O	G	W	O
Politisches Kompetenzgefühl:							
Die ganze Politik ist so kompliziert, dass jemand wie ich nicht versteht, was vorgeht (Ablehnung!)	39	44	46	40	46	47	40
Wichtige politische Fragen kann ich gut verstehen und einschätzen	55	61	60	57	58	60	52
Ich traue mir zu, in einer Gruppe, die sich mit politischen Fragen befasst, eine aktive Rolle zu übernehmen	39	30	35	24	31	33	24
Hohes politisches Kompetenzgefühl[2]	19	18	22	15	20	21	14
Mittelwert[3]	0,2	0,2	0,3	0,0	0,3	0,3	0,1
Politisches Responsivitätsgefühl:							
Die Parteien wollen nur die Stimmen der Wähler, ihre Ansichten interessieren sie nicht (Ablehnung!)	14	13	15	11	15	16	9
Politiker kümmern sich darum, was einfache Leute denken	22	16	19	14	14	14	11
Die Bundestagsabgeordneten bemühen sich um einen engen Kontakt zur Bevölkerung	19	18	17	13	13	13	12
Hohes politisches Responsivitätsgefühl[2]	3	3	3	2	2	2	1
Mittelwert[3]	-0,6	-0,7	-0,6	-0,7	-0,6	-0,6	-0,7

1) Ablehnung (stimme überhaupt nicht zu/stimme eher nicht zu) der Aussagen 1 und 4, Zustimmung (stimme eher zu/stimme voll und ganz zu) zu den Aussagen 2, 3, 5 und 6. G = Gesamt, W = West, O = Ost.
2) Befragte, die allen drei Aussagen zustimmen.
3) 5-Punkte-Skala von -2 (= keinerlei politisches Kompetenz- bzw. Responsivitätsgefühl) bis +2 (sehr hohes politisches Kompetenz- bzw. Responsivitätsgefühl).
Quelle: Eigene Berechnungen (EPW-Studien 1994/98/02).

Das politische Responsivitätsgefühl der Deutschen hingegen ist wesentlich geringer als ihr Kompetenzgefühl. Die Durchschnittswerte bewegen sich deutlich im negativen Bereich und haben sich seit 1994 auch nicht verbessert. Nur ein verschwindend geringer Teil der Bürger (2 bis 3 Prozent) hat in hohem Maße das Gefühl, dass die Parteien und Politiker den Interessen der Bürger gegenüber aufgeschlossen sind und sich responsiv verhalten.

Wenn auch die Antworten auf die einzelnen Fragen etwas unterschiedlich ausfielen, bestanden Mitte der Neunzigerjahre im staatsbürgerlichen Selbstbewusstsein insgesamt keine wesentlichen Ost/West-Unterschiede, wie die Mittelwerte und die Prozentsätze für hohes politisches Kompetenz- bzw. Responsivitätsgefühl zeigen[14]. In der Folgezeit haben sich die Werte für das subjektive Kompetenzgefühl jedoch etwas auseinander entwickelt, und 2002 zeichnete sich immer noch jeder Fünfte West- aber nur noch jeder Siebte Ostdeutsche durch ein hohes politisches Kompetenzgefühl aus.

Wesentlichen Einfluss auf die Stärke des politischen Kompetenzgefühls der Bürger besitzt der Faktor Bildung: Unter den Hochgebildeten ist der Anteil der Befragten mit politischem Kompetenzgefühl fast dreimal so hoch wie unter denen mit niedriger Bildung (vgl. Tabelle 2.1.2-2). Erklärt werden kann dies damit, dass ein höheres Bildungsniveau die Fähigkeit zum Verständnis und zur Verarbeitung komplexer Sachverhalte steigert und die Orientierung in der politischen Umwelt erleichtert[15]. Auch das politische Responsivitätsgefühl wird durch die Bildung der Bürger in positiver Weise beeinflusst, allerdings in geringerem Maße.

Analysiert man die Beziehungsstruktur zwischen den beiden Dimensionen des Selbstverständnisses eines Individuums als politischer Akteur, so zeigt sich, dass zwischen dem politischen Interesse und dem staatsbürgerlichen Selbstbewusstsein, insbesondere dem politischen Kompetenzgefühl, ein deutlicher Zusammenhang besteht: Bürger mit starkem politischem Interesse haben ein wesentlich höheres politisches Kompetenzgefühl und auch ein etwas höheres Responsivitätsgefühl als an der Politik nicht Interessierte (vgl. Tabelle 2.1.2-2).

Zusammenfassend kann in Bezug auf die Orientierungen der Bürgerinnen und Bürger gegenüber ihrer politischen Rolle festgestellt werden, dass sich die Deutschen durchaus für Politik interessieren, diesem Bereich jedoch einen relativ geringen Stellenwert in ihrem Leben zumessen. Sie halten sich für einigermaßen politisch kompetent, haben aber nicht das Gefühl, dass die Parteien und Politiker den Bürgerinteressen gegenüber aufgeschlossen sind und sich responsiv verhalten. Ob Letzteres auch bedeutet, dass die Deutschen generell ‚politikerverdrossen‘ sind, wird im nächsten Kapitel untersucht.

---

14 Vgl. z.B. auch Fuchs/Klingemann/Schöbel 1991, Gabriel 1995, 1997 und Gabriel/Vetter 1999.
15 Vgl. hierzu auch Vetter 2005.

Tab. 2.1.2-2: Staatsbürgerliches Selbstbewusstsein nach Bildung und politischem Interesse 2002
(Angaben in Prozent)[1]

	Bildung[2]			Politisches Interesse[3]		
	Nied-rig	Mit-tel	Hoch	Nied-rig	Mit-tel	Hoch
Politisches Kompetenzgefühl						
Nein (Mittelwert <= -1)	18	8	2	30	7	2
Teils/teils (Mittelwert >-1 < 1)	62	61	51	55	69	46
Ja (Mittelwert >= 1)	15	27	43	6	19	50
Politisches Responsivitätsgefühl						
Nein (Mittelwert <= -1)	42	35	30	46	33	31
Teils/teils (Mittelwert >-1 < 1)	50	60	63	42	62	62
Ja (Mittelwert >= 1)	3	2	4	2	2	4

1) Zu 100 Prozent fehlende Werte: w.n./k.A.
2) Niedrig = kein Schulabschluss/Volks-/Hauptschulabschluss o. Ä., mittel = Mittlere Reife o. Ä., hoch = mindestens Abitur o. Ä.
3) Niedrig = gar kein/kaum Interesse, mittel = etwas Interesse, hoch = starkes/sehr starkes Interesse.
Quelle: eigene Berechnungen (EPW-Studie 2002).

Weiterführende Literatur

Almond, Gabriel A./Verba, Sidney (1965): The Civic Culture. Boston: Little, Brown.
Baker, Kendall L./Dalton, Russell J./Hildebrandt, Kai (1981): Germany Transformed: Political Culture and the New Politics. Cambridge, Mass.: Harvard University Press.
Balch, George I. (1974): Multiple Indicators in Survey Research: The Concept 'Sense of Political Efficacy', in: Political Methodology, 1, S. 1-43.
Brettschneider, Frank/Ahlstich, Katja/Klett, Bettina/Vetter, Angelika (1994): Materialien zu Gesellschaft, Wirtschaft und Politik in den Mitgliedstaaten der Europäischen Gemeinschaft, in: Gabriel, Oscar W./Brettschneider, Frank (Hrsg.): Die EU-Staaten im Vergleich. Opladen: Westdeutscher Verlag, S. 441-624.
Campbell, Angus/Gurin, Gerald/Miller, Warren E. (1954): The Voter Decides. Evanston, Ill./White Plains,N.Y.: Row, Peterson and Co.
Craig, Stephen C./Niemi, Richard C./Silver, Glenn E. (1990): Political Efficacy and Trust: A Report on the NES Pilot Study Items, in: Political Behaviour, 12, S. 289-314.
Fuchs, Dieter/Klingemann, Hans-Dieter/Schöbel, Carolin (1991): Perspektiven der politischen Kultur im Vereinigten Deutschland, in: Aus Politik und Zeitgeschichte, B 32, S. 35-46.

Gabriel, Oscar W. (1986): Politische Kultur, Postmaterialismus und Materialismus in der Bundesrepublik Deutschland. Opladen: Westdeutscher Verlag.

Gabriel, Oscar W. (1995): Immer mehr Gemeinsamkeiten? Politische Kultur im vereinigten Deutschland, in: Altenhof, Ralf/Jesse, Eckhard (Hrsg.): Das wiedervereinigte Deutschland - Zwischenbilanz und Perspektiven. Düsseldorf: Droste, S. 243-274.

Gabriel, Oscar W. (1997): Bürger und Politik in Deutschland. Politische Einstellungen und politisches Verhalten, in: Gabriel, Oscar W./Holtmann, Everhard (Hrsg.): Handbuch politisches System der Bundesrepublik Deutschland. München: Oldenbourg, S. 379-497.

Gabriel, Oscar W./Vetter, Angelika (1999): Politische Involvierung und politische Unterstützung im vereinigten Deutschland - Eine Zwischenbilanz, in: Plasser, Fritz/Gabriel, Oscar W./Falter, Jürgen W./Ulram, Peter A. (Hrsg.): Wahlen und politische Einstellungen in Deutschland und Österreich. Frankfurt a.M.: Peter Lang, S. 191-239.

Hoffmann-Lange, Ursula (1997): Einstellungen zur Rolle der Bürger im politischen Prozeß, in: Gabriel, Oscar W. (Hrsg.): Politische Orientierungen und Verhaltensweisen im vereinigten Deutschland. Opladen: Leske + Budrich, S. 211-234.

Hoffmann-Lange, Ursula (2000): Bildungsexpansion, politisches Interesse und politisches Engagement in den alten Bundesländern, in: Niedermayer, Oskar/Westle, Bettina (Hrsg.): Demokratie und Partizipation. Opladen: Westdeutscher Verlag, S. 46-64.

Lane, Robert E. (1959): Political Life. Why People get Involved in Politics. Glencoe: Free Press.

Maier, Jürgen (2000): Politisches Interesse und politisches Wissen in Ost- und Westdeutschland, in: Falter, Jürgen W./Gabriel, Oscar W./Rattinger, Hans (Hrsg.): Wirklich ein Volk? Die politischen Orientierungen von Ost- und Westdeutschen im Vergleich. Opladen: Leske + Budrich, S. 141-171.

Merritt, Anna J./Merritt, Richard L. (Hrsg.) (1970): Public Opinion in Occupied Germany. The OMGUS Surveys 1945-1949. Urbana u.a.: University of Illinois Press.

Noelle-Neumann, Elisabeth/Köcher, Renate (Hrsg.) (1997): Allensbacher Jahrbuch der Demoskopie 1993-1997. München: K. G. Saur.

Van Deth, Jan W. (1990): Interest in Politics, in: Jennings, M. Kent/van Deth, Jan W. et al. (Hrsg.): Continuities in Political Action. Berlin/New York: De Gruyter und Aldine, S. 275-312.

Van Deth, Jan W. (1996): Politisches Interesse und Apathie in Europa, in: König, Thomas/Rieger, Elmar/Schmitt, Hermann (Hrsg.): Das europäische Mehrebenensystem. Frankfurt a.M.: Campus, S. 383-402.

Van Deth, Jan W. (2000): Das Leben, nicht die Politik ist wichtig, in: Niedermayer, Oskar/Westle, Bettina (Hrsg.): Demokratie und Partizipation. Opladen: Westdeutscher Verlag, S. 115-135.

Vetter, Angelika (1997a): Political Efficacy: Alte und neue Meßmodelle im Vergleich, in: Kölner Zeitschrift für Soziologie und Sozialpsychologie, 49, S. 53-73.

Vetter, Angelika (1997b): Political Efficacy - Reliabilität und Validität. Alte und neue Meßmodelle im Vergleich. Wiesbaden: Deutscher Universitätsverlag.

Vetter, Angelika (2000): Frischer Wind in einer alten Beziehung? Political Efficacy und die Bundestagswahl 1998, in: Falter, Jürgen W./Gabriel, Oscar W./Rattinger, Hans (Hrsg.): Wirklich ein Volk? Die politischen Orientierungen von Ost- und Westdeutschen im Vergleich. Opladen: Leske + Budrich, S. 79-109.

Vetter, Angelika (2005): Verliert die Politik ihre Bürger? Politische Effektivität im Generationenvergleich, in: Brettschneider, Frank/van Deth, Jan W./Roller, Edeltraud (Hrsg.): Jugend und Politik: "Voll normal!". Wiesbaden: VS Verlag für Sozialwissenschaften (in Druck).

Westle, Bettina/Schoen, Harald (2002): Ein neues Argument in einer alten Diskussion: "Politikverdrossenheit" als Ursache des gender gap im politischen Interesse, in: Brettschneider, Frank/van Deth, Jan W./Roller, Edeltraud (Hrsg.): Das Ende der politisierten Sozialstruktur?. Opladen: Leske + Budrich, S. 215-244.

2.2 Orientierungen gegenüber dem politischen Führungspersonal

Die Orientierungen der Bevölkerung gegenüber dem politischen Führungspersonal können sich auf drei Objektebenen beziehen: auf die politische Führungsspitze insgesamt, auf einzelne Politikerinnen und Politiker sowie auf deren spezifische Eigenschaften. Wir wenden uns im Rahmen dieses Kapitels zunächst den Orientierungen gegenüber der gesamten politischen Führungsspitze zu, wobei die Frage der allgemeinen „Politikerverdrossenheit" im Mittelpunkt steht. Danach werden die Orientierungen gegenüber einzelnen Politikern bzw. deren Eigenschaften anhand der Haltung der Bürgerinnen und Bürger zu den Kanzlerkandidaten analysiert.

2.2.1 Politische Führungsspitze

Die CDU-Spendenaffäre von 1999/2000 hat der langjährigen Diskussion um das Verhältnis von Bevölkerung und Politikern neue Nahrung gegeben. Der weit verbreiteten Ansicht, dass wir es schon seit Beginn der achtziger Jahre mit einer „durchgängig steigende(n) Verdrossenheit über ‚Politik' im Allgemeinen und über ihre Repräsentanten im Besonderen" (Starke 1993: 70) zu tun haben, fehlt bisher jedoch, zumindest bezüglich der Repräsentanten, weitgehend die wissenschaftliche Untermauerung. Ist die Politikerverdrossenheit somit, wie die Politikverdrossenheit insgesamt, möglicherweise nur ein „demoskopisches Artefakt" (Schedler 1993: 414)? Dieser Frage soll im Folgenden nachgegangen werden.

Wir konzentrieren uns dabei auf die Entwicklung der allgemeinen Beurteilung der gesamten politischen Führungsspitze durch die Bevölkerung[1] und auf die kognitive Basis dieser Bewertungen. Letzteres ist bisher kaum erforscht: Die existierenden empirischen Studien zu den Orientierungen der Bürger gegenüber der politischen Führungsspitze[2] beschäftigen sich ausschließlich mit evaluativen Orientierungen.

Erste Hinweise auf längerfristige Veränderungen des Verhältnisses zwischen Bevölkerung und Politikern liefern die Antworten auf die Frage, ob im Großen und Ganzen die richtigen Leute in den führenden Positionen sind[3]. Zwar stellt die

---

1 D.h. wir beschäftigen uns mit den generellen evaluativen Orientierungen ohne in affektiv-wertbezogene und rational-ergebnisbezogene Orientierungen zu trennen.

2 Vgl. Arzheimer 2002, Kaina 2002, 2004, Krimmel 1999, Maier 2000a, 2000b, Pickel/Walz 1997, Walter 2000, Walter-Rogg 2004.

3 Frageformulierung: „Glauben Sie, dass heute bei uns in Deutschland im Großen und Ganzen die richtigen Leute in den führenden Positionen sind oder glauben Sie das nicht?"

Frage nicht spezifisch auf die Beurteilung des politischen Führungspersonals, sondern auf Führungspositionen generell ab, die deutliche Veränderung der Antwortverteilung insbesondere bei politischen Machtwechseln, aber auch generell zu Wahlzeiten, spricht jedoch dafür, dass die Bürger bei der Beantwortung der Frage primär die politische Elite im Sinn haben:

Anfang 1982, dem letzten Jahr der sozial-liberalen Regierung unter Bundeskanzler Helmut Schmidt, waren noch drei Viertel der SPD-Anhänger der Meinung, dass die richtigen Leute in den führenden Positionen seien, die FDP-Anhänger, von denen viele einen Koalitionswechsel ihrer Partei befürworteten, waren gespalten, bei den Anhängern von CDU/CSU und Grünen bejahte nur gut jeder Siebte die Frage. Mit der sich im Laufe des Jahres verschärfenden Koalitionskrise ging die Zustimmung generell zurück, wobei die Unterschiede zwischen den Parteianhängern erhalten blieben. Das Ende der der sozial-liberalen Koalition mit dem Sturz Helmut Schmidts durch ein Konstruktives Misstrauensvotum und der Wahl von Helmut Kohl zum neuen Bundeskanzler im Oktober führte zu einer Umkehrung der Verhältnisse: Nunmehr bejahten gut drei Fünftel der CDU/CSU-Anhänger aber nur noch ein Fünftel der SPD-Anhänger die Frage. Die gleichen systematischen Veränderungen der Orientierungen der verschiedenen Parteianhängerschaften waren beim Machtwechsel 1998 von der CDU/CSU-FDP-Koalition zur rot-grünen Koalition zu beobachten[4].

Systematische Veränderungen der Antwortverteilung lassen sich nicht nur bei den beiden Machtwechseln, sondern auch generell zu Wahlzeiten feststellen. Wie Abbildung 2.2.1-1 zeigt, werden über den gesamten Untersuchungszeitraum von 1977 bis 2003 hinweg[5] die höchsten Zustimmungswerte in zeitlicher Nähe zu den Bundestagswahlen erreicht. Allerdings fällt die Mobilisierung von Wahl zu Wahl schwerer, wobei die ‚Vereinigungswahl‘ von 1990 eine Ausnahme darstellt. Generell ist über die letzten fünfundzwanzig Jahre hinweg ein negativer Trend festzustellen, d.h.: Die Bevölkerung ist immer weniger der Meinung, dass die richtigen Leute in den führenden Positionen sind. Im Laufe der Zeit ist auch der Anteil derjenigen zurückgegangen, die die Frage nicht beantworten wollen oder können – im letzten Jahrzehnt hat nur noch etwa jeder zehnte Bürger keine klare Haltung zu dieser Frage – und die negativen Antworten sind, mit Ausnahme des Vereinigungszeitraums, deutlich gestiegen. Bis Ende der Achtzigerjahre überwog noch meist die positive Beurteilung der Führungsriege, seit den Neunzigerjahren haben die negativen Antworten die positiven jedoch weit überflügelt.

---

4   Während vor der Wahl z.B. nur ein knappes Fünftel der SPD-Anhänger und etwa ein Sechstel der Grünen-Anhänger der Meinung waren, in den führenden Positionen seien die richtigen Personen, vertraten nach der Wahl drei Fünftel der SPD- und zwei Drittel der Grünen-Anhänger diese Ansicht (alle Angaben: eigene Berechnungen mit Politbarometer-Daten der FGW).

5   Seit dem Jahre 2004 wird diese Frage leider nicht mehr regelmäßig gestellt.

Abb. 2.2.1-1: Die richtigen Leute in den führenden Positionen seit 1977
             (Angaben in Prozent)

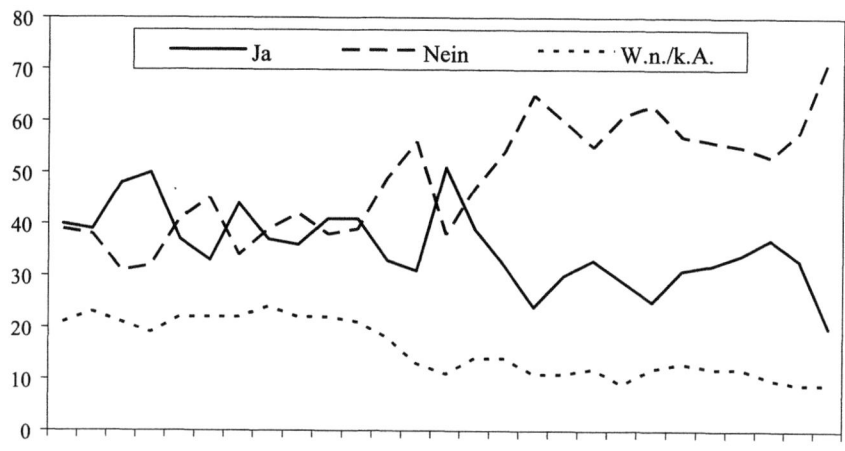

77 78 79 80 81 82 83 84 85 86 87 88 89 90 91 92 93 94 95 96 97 98 99 00 01 02 03
Quelle: eigene Berechnungen (FGW-Politbarometer).

Nachdem sich die Situation Mitte bis Ende der Neunzigerjahre etwas gebessert hatte, ist 2002 und vor allem 2003 ein erneuter Einbruch erfolgt und im Schnitt des Jahres 2003 war nur ein Fünftel der Bürger in West- wie in Ostdeutschland der Ansicht, die richtigen Leute seien in den führenden Positionen. Der gegenteiligen Meinung schlossen sich fast drei Viertel der Bevölkerung an.

Sind dies alles Politikerverdrossene? Für eine solch weit reichende Schlussfolgerung ist der bisher verwendete Indikator wegen seiner zu geringen Spezifiziertheit nicht geeignet. Damit das Konzept der ‚Politikerverdrossenheit' nicht das gleiche Schicksal erleidet wie das der ‚Politikverdrossenheit', nämlich zu einem „medialen Mülleimer" zu verkommen, „in den alles hineingepackt wird, was auch nur entfernt an Kritik, Unzufriedenheit, Ängste, Unbehagen oder auch an antipolitische Vorurteile erinnert" (Thierse 1993: 19), soll es hier im Rahmen einer Orientierungstypologie relativ eng gefasst werden. Wir unterscheiden vier Typen von allgemeinen Beurteilungen der gesamten politischen Führungsspitze durch die Bevölkerung: Begeisterung, Wohlwollen, Skepsis und Verdrossenheit:
-   Begeisterung liegt vor, wenn ausnahmslos alle Mitglieder der politischen Führungsspitze positiv beurteilt werden;
-   Wohlwollen liegt vor, wenn die Beurteilung der politischen Führungsspitze im Durchschnitt positiv ausfällt;

- Skepsis liegt vor, wenn die Beurteilung der politischen Führungsspitze im Durchschnitt nicht positiv ausfällt (d.h. in diese Kategorie wird neben einer negativen auch der Grenzfall einer exakt neutralen Durchschnittsbewertung eingeordnet);
- Verdrossenheit liegt vor, wenn kein einziges Mitglied der politischen Führungsspitze positiv beurteilt wird.

Die Wohlwollenden stehen dem politischen Führungspersonal damit nicht so unkritisch gegenüber wie die Begeisterten, die alle Spitzenpolitiker(innen) über jegliche Parteigrenzen hinweg positiv beurteilen, haben aber doch eine insgesamt eher positive Grundhaltung gegenüber der in den demokratischen Institutionen tätigen Führungsschicht, was sie von den Skeptikern unterscheidet, die das politische Führungspersonal kritischer sehen. Auch die Skeptiker urteilen jedoch differenziert, wohingegen die Verdrossenen keinem Mitglied der Führungsspitze etwas Positives abgewinnen können[6].

Bei der Operationalisierung der allgemeinen Beurteilung der politischen Führungsspitze soll die methodische Kritik aufgegriffen werden, die an der bisherigen Verdrossenheitsforschung geübt wurde (Schedler 1993). Zu vermeiden ist demnach die ausschließliche Orientierungsmessung anhand der Vorlage von negativ besetzten Frageformulierungen sowie die Verwendung zu allgemeiner und unbestimmter Fragen, um Antwortverzerrungen und pauschalisierter Kritik vorzubeugen. Unter die Verwendung zu allgemeiner Formulierungen fallen u.E. insbesondere alle Fragen, die den Bürgern eine Bewertung ‚der Politiker' ohne Nennung konkreter Personen abverlangen, da solche Formulierungen die Befragten zwingen, Pauschalurteile abzugeben[7]. Wenn zur Ermöglichung differenzierter Urteile konkrete Personen erfragt werden, ist zu beachten, dass die Auswahl der zu bewertenden Politiker nicht nach von außen vorgegebenen Auswahlkriterien erfolgt, sondern den Befragten selbst überlassen wird, da nur die Beurteilung der von den Bürgern selbst perzipierten politischen Führungsspitze für ihre sonstigen politischen Orientierungen und Verhaltensweisen relevant ist.

Die hier verwendete Operationalisierung anhand der von der Forschungsgruppe Wahlen e.V. im Rahmen der monatlichen Politbarometer-Umfragen erhobenen

---

6   Aus normativ-demokratietheoretischer, die Notwendigkeit einer gewissen Übereinstimmung zwischen politischen Orientierungen und politischen Strukturen betonender Sicht entspricht der wohlwollende Typ – mit Abstrichen auch noch der Skeptiker – am ehesten dem Idealbild des demokratischen Staatsbürgers, da „ein gewisses Maß an Politikervertrauen für die Stabilität und Funktionsfähigkeit eines politischen Systems und für die Generierung von Systemunterstützung als notwendig betrachtet wird" (Walter 2000: 279), ein vollkommen kritikloser Umgang der Bevölkerung mit den politischen Entscheidungsträgern in Demokratien aber als eher negativ anzusehen ist.

7   Die Verwendung zu allgemeiner Indikatoren ist das Problem fast aller bisherigen Studien (vgl. Anm. 2), auch wenn sie ansonsten zum Teil methodisch sehr elaboriert sind.

Politikerskalometer genügt diesen Anforderungen. Jeweils zum Quartalsbeginn wird dort nach den wichtigsten Politikerinnen und Politikern in Deutschland gefragt, wobei die Befragten ohne Vorgaben bis zu fünf Personen nennen können. Monatlich – bzw. in Wahlkampfzeiten noch öfter – wird dann mit einer neutralen Frageformulierung um eine allgemeine Beurteilung der zehn Politiker mit den meisten Nennungen gebeten[8]. Die Beurteilungen werden somit nicht anhand der Vorgabe negativer Formulierungen vorgenommen und sie beziehen sich weder pauschal auf ‚die Politiker‘ noch auf einen extern vorgegebenen Personenkreis, sondern auf diejenigen Personen, die von den Befragten selbst zur politischen Führungsspitze gezählt werden. Um mit Hilfe dieses Instruments die zeitliche Entwicklung der allgemeinen Beurteilung der gesamten politischen Führungsspitze durch die Bürger abzubilden, wurde zunächst pro Monat der Durchschnitt aus den Beurteilungsmittelwerten der zehn am häufigsten genannten Politikerinnen und Politiker gebildet, dieser wurde für die Darstellung in Abbildung 2.2.1-2 sodann quartalsweise zusammengefasst.

Die Abbildung zeigt, dass die durchschnittliche allgemeine Beurteilung der politischen Führungsspitze[9] durch die Bürgerinnen und Bürger in den Neunzigerjahren von Anfang an nur schwach positiv ausfällt[10] und im Zeitablauf immer schlechter wird. Einen ersten dramatischen Tiefpunkt erreichte sie in den Jahren 1996/97, also der Endphase der CDU/CSU-FDP-Regierung unter Helmut Kohl. Mit dem Machtwechsel zur rot-grünen Koalition Ende 1998 verbesserte sich die Lage zwar, die Beurteilungswerte erreichten aber über die gesamte erste Legislaturperiode der rot-grünen Regierung hinweg nicht mehr die früheren Spitzenwerte und nach dem erneuten Wahlsieg im Herbst 2002 sackten die Werte dramatisch ab und im ersten Quartal 2004 fiel die durchschnittliche Beurteilung der politischen Führungsspitze durch die Bürger erstmals negativ aus.

---

8 Die Frageformulierung lautet: „Stellen Sie sich einmal ein Thermometer vor, das aber lediglich von +5 bis –5 geht, mit einem Nullpunkt dazwischen. Sagen Sie mir bitte mit diesem Thermometer, was Sie von einigen führenden Politikern halten. Plus 5 bedeutet, dass Sie sehr viel von dem Politiker halten, minus 5 bedeutet, dass Sie überhaupt nichts von ihm halten."

9 Maier (2000: 136) operationalisiert Politikerverdrossenheit anhand dieses Indikators. Dies bedeutet aber, dass z.B. ein parteigebundener Befragter, der acht Politiker schwach positiv und zwei Repräsentanten des politischen Gegners sehr negativ beurteilt, als allgemein politikerverdrossen eingestuft wird. Unser Konzept ist enger, indem es als verdrossen nur solche Bürger bezeichnet, die keine(n) der zehn Spitzenpolitikerinnen und Spitzenpolitiker positiv beurteilen. Zudem bezieht Maier nur die Beurteilung der Politiker der etablierten Parteien ein. Das generelle Konzept von Verdrossenheit sollte sich aber auf die politische Führungsspitze insgesamt beziehen. Hinzu kommt, dass die Unterscheidung zwischen etablierten und nicht-etablierten Parteien für eine Analyse über einen längeren Zeitraum hinweg große Probleme aufwirft, wie Maiers Einstufung der heutigen Regierungspartei Bündnis 90/Die Grünen als nicht etablierte Partei zeigt.

10 Zu beachten ist, dass der positive Bereich der Skala bis +5 reicht und der höchste in den Neunzigerjahren erreichte Skalenwert bei 1,2 lag (4. Quartal 1991).

Abb. 2.2.1-2: **Beurteilung der politischen Führungsspitze seit 1991**
(Mittelwertdurchschnitte; 10 wichtigste Politiker(innen); Skala: -5 bis +5)

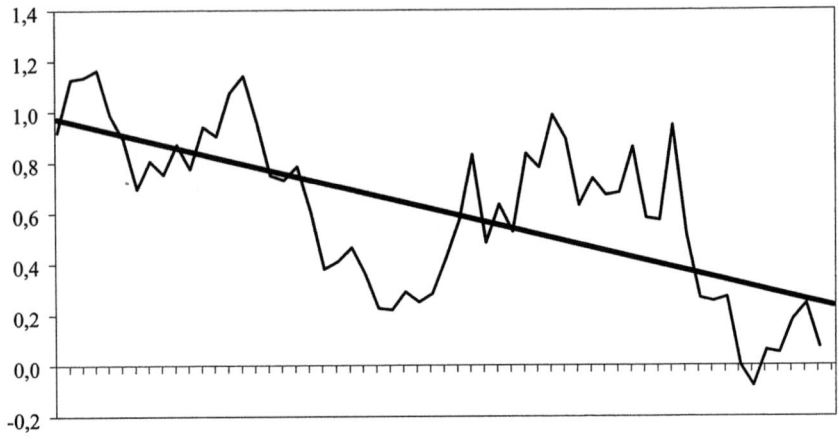

Quelle: eigene Berechnungen (FGW-Politbarometer).

Das Verhältnis der Bürgerinnen und Bürger zur politischen Führungsspitze ist somit durchaus getrübt. Ob allerdings ein hohes Maß an Politikerverdrossenheit in dem von uns definierten Sinne existiert, kann erst durch eine genauere Analyse aufgezeigt werden. Daher wird im Folgenden zunächst untersucht, auf welcher kognitiven Basis die generelle Bewertung der politischen Führungsspitze durch die Bürger erfolgt, danach wird der Anteil an Begeisterten, Wohlwollenden, Skeptikern und Verdrossenen unter den Befragten bestimmt und zum Schluss wird der Frage nach möglichen sozialstrukturell bedingten Unterschieden in den Orientierungen nachgegangen.

Eine Analyse der kognitiven Orientierungen – also der Zurechnung von Personen zur Führungsspitze[11] – ist für unsere Fragestellung deswegen relevant, weil die Aussage, die Beurteilungen bezögen sich auf den von den Befragten selbst als politische Führungsspitze wahrgenommenen Personenkreis, nur zutrifft, wenn die in die Analyse einbezogenen zehn wichtigsten Politiker die von der Bevölkerung perzipierte politische Führungsspitze hinreichend repräsentieren. Wie Tabelle

---

11 Die Zurechnung zur politischen Führungsspitze kann ungestützt oder gestützt erhoben werden. Bei der – hier verwendeten – ungestützten Erhebung wird danach gefragt, welches nach Meinung des Befragten die wichtigsten Politiker(innen) sind, bei der gestützten Erhebung wird eine Reihe von Personen in politischen Führungspositionen vorgegeben und gefragt, ob der Befragte es gerne sehen würde, wenn die jeweilige Person künftig eine wichtige Rolle spielen würde.

2.2.1-1 anhand der Entwicklung über das Jahr 2003 hinweg zeigt, ist dies auch der Fall: Die Zurechnung von Personen zur politischen Führungsspitze durch die Bürger ist bemerkenswert eindeutig und im Zeitablauf stabil. Dies zeigt sich in der Tatsache, dass die zehn meistgenannten Politikerinnen und Politiker die gesamte von der Bevölkerung perzipierte politische Führungsspitze hinreichend repräsentieren, da auf diese zehn Personen zwischen 81 und 88 Prozent aller Nennungen entfallen, die auf die Frage nach den wichtigsten Politikern bei den fünf Befragungszeitpunkten überhaupt geäußert wurden.

Tab. 2.2.1-1: Wahrgenommene politische Führungsspitze 2003
(Rangplätze der zehn wichtigsten Politikerinnen und Politiker)[1]

	3/03	6/03	8/03	10/03	12/03
Schröder	2	1	1	1	2
Fischer	1	2	2	2	1
Merkel	3	3	3	4	3
Stoiber	4	4	4	3	4
Clement	6	6	5	9	6
Eichel	10	5	6	5	8
Westerwelle	5	9	8	7	7
Schmidt		7	7	6	-
Merz	9	-	-	10	5
Koch	-	-	9	8	9
Struck	7	-	-	-	-
Schily	8	-	-	-	-
Seehofer	-	8	-	-	-
Rau	-	10	-	-	10
Trittin	-	-	10	-	-
Anteil[2]	88,1	82,3	84,2	81,3	86,5

1) Nach der Anzahl der Nennungen. Die Reihenfolge in der Tabelle richtet sich nach dem durchschnittlich erreichten Rangplatz.
2) Anteil der 10 wichtigsten Politikerinnen und Politiker an der Gesamtzahl aller Nennungen in Prozent.
Quelle: eigene Berechnungen (FGW-Politbarometer).

Zudem besitzt die Bevölkerung vor allem für die Spitzenleute der Rangliste ein klares Bild von der Relevanz der einzelnen Personen, sodass sich deren Platzierung über die Zeit hinweg kaum veränderte. Über das ganze Jahr 2003 hinweg teilten sich der Bundeskanzler Gerhard Schröder und der Vizekanzler Joschka Fischer die ersten beiden Plätze in der Rangfolge, die nächsten beiden Plätze wurden von den beiden wichtigsten Oppositionsführern, Angela Merkel und Edmund Stoiber, eingenommen. Lediglich am Ende der Rangreihe ergaben sich größere Fluktuationen in der Weise, dass bestimmte Politiker aufgrund bestimmter, mit größerer Medienaufmerksamkeit verbundener Ereignisse kurzzeitig unter den zehn wichtigsten Führungskräften auftauchten.

Über die enge Führungsspitze hinaus ist das Wissen der Bevölkerung über das politische Führungspersonal nicht sehr ausgeprägt, wie die folgende Tabelle zeigt. Dies gilt auch für einige Mitglieder der Bundesregierung, insbesondere dann, wenn ihre Ressorts nicht im Zentrum der Medienaufmerksamkeit stehen, wie es z.B. für die Ressorts Familie und Bildung der Fall ist.

Tab. 2.2.1-2: **Bekanntheit der Mitglieder der Bundesregierung 1998 und 2000**
(Angaben in Prozent)

	98	2000				98	2000		
	G	G	W	O		G	G	W	O
Gerhard Schröder	97	97	97	99	Werner Müller	14	22	24	14
Joschka Fischer	78	81	81	79	Bodo Hombach	10	-	-	-
Oskar Lafontaine	69	-	-	-	Franz Müntefering	10	-	-	-
Hans Eichel	-	59	62	50	Reinhard Klimmt	-	13	15	5
Rudolf Scharping	59	65	66	62	Andrea Fischer	9	38	41	29
Jürgen Trittin	32	49	51	43	H. Wieczorek-Zeul	8	13	15	5
Otto Schily	26	40	41	35	Karl-Heinz Funke	5	10	11	5
Walter Riester	24	32	34	25	Christine Bergmann	4	7	7	9
Herta Däubler-Gmelin	19	37	39	30	Edelgard Bulmahn	2	9	11	5

Quelle: 1998: Infratest dimap (DeutschlandTREND, Dezember 1998); 2000: Forsa im Auftrag des Stern, August 2000.

Auch dieses Ergebnis unterstreicht, dass sich die Analyse der Bewertungen des politischen Führungspersonals durch die Bürgerinnen und Bürger auf die eng definierte politische Führungsspitze beschränken sollte, da nur diese Personen in der Bevölkerung so gut bekannt sind, dass über sie hinreichend valide Bewertungen abgegeben werden.

Selbst die wie beschrieben ermittelte politische Führungsspitze ist nicht jedem Befragten so gut bekannt, dass er über jede einzelne Führungsperson ein bewertendes Urteil abgeben will oder kann, wie die Abbildung 2.2.1-2 zeigt. Immerhin konnten im Jahre 2003 drei Fünftel der Befragten über alle 10 Personen ein Urteil abgeben, weitere 15 Prozent über 9 der 10 und ein weiteres Zehntel über 8 von 10.

Abb. 2.2.1-2: Anzahl der beurteilten Führungspersonen 2003
(von den 10 jeweils erfragten Führungspersonen)

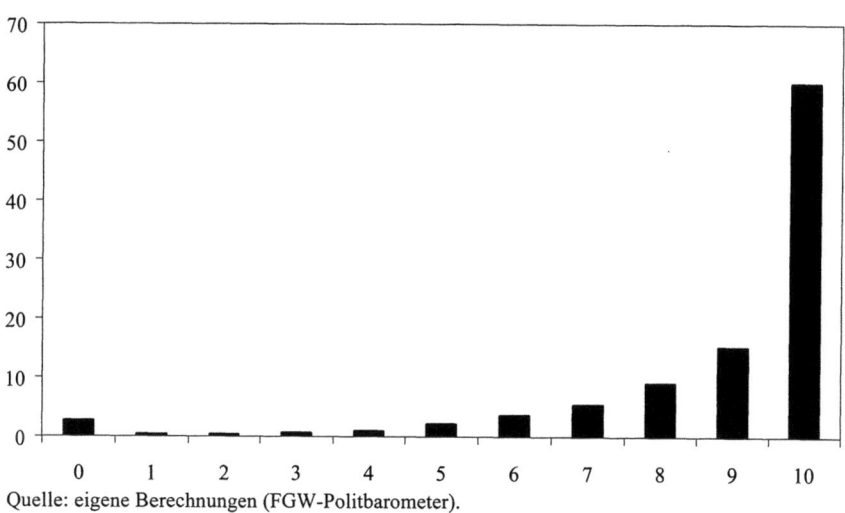

Quelle: eigene Berechnungen (FGW-Politbarometer).

Dies wirft die Frage auf, wie in der Analyse mit den Bürgern verfahren werden soll, die nicht alle erfragten 10 Politiker beurteilen, d.h.: Sollen alle Befragten ausgeschlossen werden, die weniger als 10 Führungspersonen beurteilen, oder soll dies nur mit denjenigen geschehen, die keine der 10 Personen beurteilen? Da die negative Beurteilung der politischen Führungsspitze umso stärker ausfällt, je weniger Personen von den Befragten beurteilt werden (vgl. Tabelle 2.2.1-3), haben wir uns dafür entschieden, die Befragten, die die Führungsschicht nicht vollständig bewerten, in die Berechnungen einzubeziehen, um das Ausmaß an Skepsis bzw. Verdrossenheit der Bevölkerung gegenüber dem politischen Führungspersonal nicht systematisch zu unterschätzen. Damit nehmen wir z.B. in Kauf, dass die – sehr wenigen – Befragten, die weniger als die Hälfte der gesamten Führungsschicht beurteilen[12], in die Analyse mit eingehen.

Tab. 2.2.1-3: **Orientierungstypen nach Anzahl der beurteilten Führungspersonen 2003** (Angaben in Prozent)

	1-6	7-9	alle 10
Verdrossene	11	4	3
Skeptiker	16	6	5
Wohlwollende	39	52	54
Begeisterte	35	38	39

Quelle: eigene Berechnungen (FGW-Politbarometer).

Wie schon deutlich wurde, erreichte die durchschnittliche Beurteilung der politischen Führungsschicht durch die Bevölkerung seit Anfang der Neunzigerjahre zum ersten Mal im Jahre 1997 und zum zweiten Mal in den Jahren 2003 bis 2005 einen Tiefpunkt (vgl. Abbildung 2.2.1-2). Wenn allgemeine Politikerverdrossenheit in wesentlichem Ausmaß existieren würde, müsste sie sich somit vor allem in den genannten Jahren zeigen. Tabelle 2.2.1-4 verdeutlicht, dass dies nicht der Fall ist[13]. Selbst im Jahre 1997 war nur jeder zwanzigste Befragte der Gruppe der Verdrossenen zuzurechnen, im Jahr davor und vor allem danach war diese Gruppe noch kleiner. Das gleiche Muster zeigt sich in neuester Zeit: Auch 2003 waren nur 4 Prozent der Befragten in dem Sinne politikerverdrossen, dass sie kein einziges Mitglied der politischen Führungsschicht positiv beurteilt haben. Auch ihr Gegenpart, die Begeisterten, bilden nur eine kleine Gruppe.

Die weit überwiegende Mehrheit der Bevölkerung zählt zu den Skeptikern bzw. den Wohlwollenden, die die politische Führungsspitze zwar mehr oder weniger kritisch beurteilen, sie aber weder pauschal verdammen noch bejubeln. Dies gilt sowohl für West- als auch für Ostdeutschland. Veränderungen in der Poli-

---

12 Im Jahre 2003 waren dies z.B. ganze 2 Prozent.
13 Für das Jahr 2004 konnten die Werte noch nicht berechnet werden, da der Datensatz für 2004 noch nicht zur Verfügung stand (die in Abbildung 2.2.1-2 verwendeten Daten werden von der Forschungsgruppe Wahlen e.V. zeitnah in den monatlichen Politbarometern veröffentlicht).

tikerbeurteilung zeigen sich daher auch primär in Verschiebungen zwischen den beiden großen Gruppen: In den ‚Krisenjahren'nahm die Gruppe der Skeptiker zu und die Gruppe der Wohlwollenden ab, und zwar 2003 sehr viel deutlicher als 1997. Die Tatsache, dass in der Regel etwa sechs Siebtel der Bürgerinnen und Bürger die politische Führungsspitze differenziert beurteilen, verdeutlicht auch, dass es keinen großen Sinn macht, der Bevölkerung Pauschalurteile über ‚die Politiker' abzuverlangen. Die bisher in Umfragen zur Messung von Politikerverdrossenheit verwendeten Fragen tun jedoch meist genau dies und erscheinen daher wenig geeignet, die Haltung der Deutschen gegenüber ihren politischen Repräsentanten adäquat zu erfassen.

Tab. 2.2.1-4: **Typen von Politikerorientierungen 1996-1998 und 2001-2003**
(Angaben in Prozent)

	1996	1997	1998	2001	2002	2003
Verdrossene	4	5	3	3	2	4
Skeptiker	44	48	42	30	36	51
Wohlwollende	41	37	44	53	50	37
Begeisterte	6	6	7	10	8	6
Keine Antwort[1]	4	4	4	6	3	3

1) Keinen Einzigen der jeweils 10 abgefragten Politiker beurteilt.
Quelle: eigene Berechnungen (FGW-Politbarometer).

Dass die Bevölkerung selbst in Extremsituationen nicht zur Pauschalisierung ihrer allgemeinen Beurteilung der politischen Führungsspitze neigt, zeigt die Reaktion auf den CDU-Spendenskandal, der 1999/2000 die Republik erschütterte. Statt – wie von vielen Kommentatoren behauptet – die Verfehlungen von einigen Politikern zu generalisieren und in eine allgemeine Politikerverdrossenheit zu verfallen, hat die Bevölkerung in dieser Zeit durchaus differenziert geurteilt: Die schon kurz nach dem Machtwechsel 1998 aufkommenden personellen und prozeduralen Probleme auf Regierungs- und Parteiebene (Stöss/Niedermayer 2000)[14] blieben nicht ohne Wirkung auf die Beurteilung des neuen Kanzlers: Gerhard Schröders Popularität nahm daher in den ersten Monaten seiner Regie-

---

14 Im personellen Bereich spielten die schwierigen Beziehungen der Führungs-Troika Gerhard Schröder, Oskar Lafontaine und Rudolf Scharping eine zentrale Rolle, die prozeduralen Probleme zeigten sich in Gestalt von Koordinierungs-, Professionalitäts- und Vermittlungsdefiziten.

rungszeit stetig ab. Das entschlossene Handeln nach dem Rücktritt Oskar Lafontaines brachte einen kurzzeitigen Aufschwung in der Wählergunst, der jedoch in der Phase des ‚Sommertheaters' mit dem anhaltenden parteiinternen Streit um die Regierungspolitik in einen rasanten Sturzflug überging. Joschka Fischer wurde zum beliebtesten Politiker und Altkanzler Helmut Kohl konnte zu Schröder aufschließen und ihn ab Mitte 1999 sogar überholen. Dies änderte sich mit dem Bekanntwerden der CDU-Spendenaffäre schlagartig (vgl. Abbildung 2.2.1-4). Helmut Kohls durchschnittliche Beurteilung durch die Bevölkerung verschlechterte sich von November 1999 bis Februar 2000 von +1,5 auf -2,0 – ein Absturz, wie es ihn seit Beginn der Erhebung solcher Daten bei einem Politiker noch nie gegeben hatte –, und ab April wurde Kohl von den Bürgerinnen und Bürgern nicht mehr zu den zehn wichtigsten Politikern gezählt. Ein ähnliches, wenn auch nicht ganz so dramatisches Schicksal ereilte Wolfgang Schäuble, während sich die Beurteilung Gerhard Schröders zusehends verbesserte. Ab März 2000 erlebte dann Angela Merkel einen kometenhaften Aufstieg, der jedoch schon im Mai wieder sein Ende fand.

Abb. 2.2.1-4: **Allgemeine Beurteilung von Führungspersonen 1999 und 2000**
(Mittelwerte; Skala: -5 bis +5)

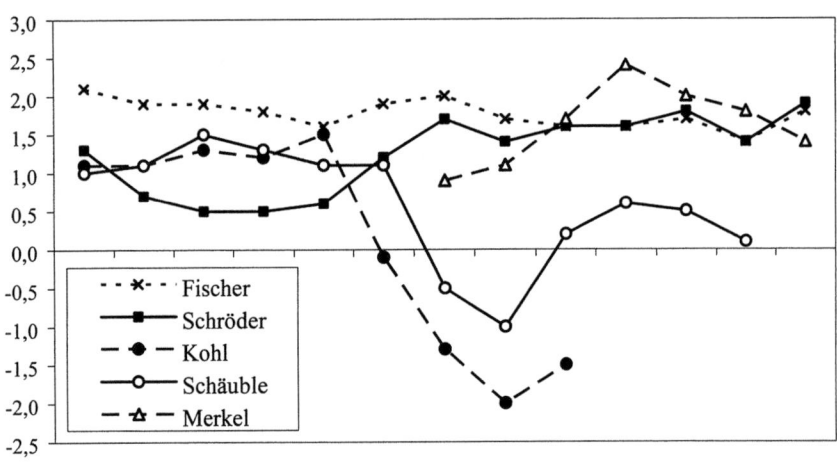

Quelle: FGW-Politbarometer.

In einem zweiten Analyseschritt soll nun untersucht werden, ob die Verteilung der verschiedenen Typen von Politikerorientierungen über alle Bevölkerungsgruppen hinweg in etwa gleich ist oder ob sich deutliche sozialstrukturelle Unterschiede zeigen. Theoretisch spricht einiges für das Bestehen von Unterschieden, da bestimmte gesellschaftliche Gruppen aufgrund ihrer größeren generellen ‚Nähe' zur Politik zu differenzierteren, weniger pauschalisierten Orientierungen gegenüber dem politischen Führungspersonal neigen sollten. Wenn die in der Literatur diskutierten allgemeinen Hypothesen zum Zusammenhang zwischen Sozialstruktur und politischen Orientierungen[15] zutreffen, dann müssten somit die Männer und die höher Gebildeten einen geringeren Anteil sowohl von Verdrossenen als auch von Begeisterten aufweisen als die Frauen und die weniger Gebildeten, während beim Alter eher kein linearer, sondern ein kurvilinearer Zusammenhang zu erwarten ist.

Tabelle 2.2.1-5 zeigt die Verteilung der verschiedenen Orientierungstypen nach Geschlecht und Bildung. Zwischen Männern und Frauen bestehen in Bezug auf den Anteil der Verdrossenen nur geringe Unterschiede, größere jedoch im Anteil der Begeisterten, der bei den Männern deutlich geringer ist als bei den Frauen. Insgesamt ist der Anteil derjenigen, die über Politikerinnen und Politiker in einer pauschalisierten Weise urteilen, bei den Frauen mehr als anderthalbmal so hoch wie bei den Männern. Dafür ist bei den Männern der Anteil der Skeptiker deutlich höher.

Tab. 2.2.1-5: Orientierungstypen nach Geschlecht und Bildung 2003
(Angaben in Prozent)

	Geschlecht		Bildung[1]		
	Frauen	Männer	Niedrig	Mittel	Hoch
Verdrossene	4	3	4	4	3
Skeptiker	47	55	44	52	57
Wohlwollende	38	36	38	37	36
Begeisterte	7	4	9	5	4
Keine Antwort[2]	4	1	5	2	1

1) Niedrig = kein Schulabschluss/Volks-/Hauptschulabschluss/8-klassige Schule, mittel = Mittlere Reife/POS, hoch = mindestens Abitur/EOS.
2) Keinen Einzigen der jeweils 10 abgefragten Politiker beurteilt.
Quelle: eigene Berechnungen (FGW-Politbarometer).

---

15 Vgl. hierzu Kapitel 1.

Auch zwischen der Bildung der Befragten und ihrer Neigung zu pauschalisierter Politikerbeurteilung besteht der postulierte Zusammenhang: Unter den Befragten mit niedriger Bildung neigen fast doppelt so viele zu pauschalisierten Beurteilungen wie unter den Höhergebildeten, was auch hier wieder vor allem auf die Größenunterschiede bei den Begeisterten zurückzuführen ist Verteilungen. Die durch formale Bildung erworbenen Kenntnisse und Fähigkeiten führen bei den Bürgern somit tendenziell zu einer differenzierteren – aber wie die Tabelle zeigt mehrheitlich skeptischen – Beurteilung der politischen Führungsspitze.

Beim Alter lassen sich keine so eindeutigen Aussagen im Sinne der Hypothese eines kurvilinearen Zusammenhangs treffen. Es ist eher so, dass die Älteren generell zu einer etwas positiveren Beurteilung der politischen Führungsspitze neigen (vgl. Tabelle 2.2.1-6).

Tab. 2.2.1-6: **Orientierungstypen nach Alter 2003**
(Angaben in Prozent)

	-20	-24	-29	-34	-39	-44	-49	-59	-69	70-
Verdrossene	3	6	4	5	5	5	4	4	2	3
Skeptiker	48	51	56	59	59	59	55	52	44	35
Wohlwollende	42	37	33	32	31	31	35	39	43	43
Begeisterte	6	4	5	4	3	4	4	4	9	12
Keine Antwort[1]	1	2	2	1	2	2	2	2	3	8

1) Keinen Einzigen der jeweils 10 abgefragten Politiker beurteilt.
Quelle: eigene Berechnungen (FGW-Politbarometer).

Die weitaus größten Unterschiede in den Anteilen an Politikerverdrossenen zeigen sich jedoch nicht bei einer Betrachtung verschiedener sozialstruktureller Gruppen, sondern wenn man nach dem politischen Interesse der Befragten differenziert. Wie Tabelle 2.2.1-7 zeigt, nimmt die Neigung zur Verdrossenheit – und auch Begeisterung – mit zunehmendem politischem Interesse deutlich ab. Die politisch stark Interessierten neigen somit deutlich weniger als die nicht Interessierten zu einer pauschalisierten Beurteilung der politischen Führungsspitze. Damit zeigt sich auch empirisch der theoretisch plausible Zusammenhang zwischen der allgemeinen kognitiven Voraussetzung der Übernahme einer demokratischen Staatsbürgerrolle in Form des politischen Interesses und der Ausfüllung

50

dieser Rolle in Form einer differenzierten Beurteilung des politischen Führungspersonals.

Betrachtet man die Verteilung der verschiedenen Orientierungstypen in West-
und Ostdeutschland, so zeigen sich in Bezug auf die Skeptiker und Begeisterten
keine Unterschiede. Der Anteil der Wohlwollenden ist jedoch im Osten der Republik etwas geringer und der Anteil der Verdrossenen ist doppelt so hoch wie im
Westen, erreicht aber auch dort keine bemerkenswerten Größenordnungen.

Tab. 2.2.1-7: **Orientierungstypen nach politischem Interesse und West/Ost 2003**
(Angaben in Prozent)[1]

| | Politisches Interesse[1] | | | West/Ost | |
	Gering	Mittel	Groß	West	Ost
Verdrossene	10	3	3	3	6
Skeptiker	40	49	56	51	52
Wohlwollende	31	39	37	38	34
Begeisterte	8	6	4	6	6
Keine Antwort[2]	11	2	1	3	3

1) Gering = gar nicht/kaum interessiert; Mittel = etwas interessiert; Groß = stark/sehr stark interessiert.
2) Keinen Einzigen der jeweils 10 abgefragten Politiker beurteilt.
Quelle: eigene Berechnungen (FGW-Politbarometer).

Als Fazit der Analyse bleibt festzuhalten: Die generelle Beurteilung der politischen Führungsspitze durch die Bevölkerung ist längerfristig durch eine deutliche
Verschlechterung gekennzeichnet. Selbst in krisenhaften Zeiten jedoch beurteilt
die überwiegende Mehrheit der Deutschen ihre politische Führungsspitze in einer
differenzierten Weise, wobei bei der einen Hälfte das Wohlwollen, bei der anderen die Skepsis überwiegt. Pauschale Politikerverdrossenheit ist nur bei höchstens
jedem Zwanzigsten zu finden, der Anteil an pauschal Begeisterten ist nicht viel
höher, und gerade bei den politisch Interessierten werden Pauschalurteile am
wenigsten gefällt. Auf diesem Hintergrund erscheint das „Lamentieren" (Lösche
1995: 149) über eine gravierende generelle Politikerverdrossenheit der Bevölkerung daher als ungerechtfertigt.

2.2.2 Kanzlerkandidaten

Im Rahmen der Politikerorientierungen der Bevölkerung wird – vor allem in Wahlkampfzeiten – erwartungsgemäß dem amtierenden Bundeskanzler und seinem Herausforderer die größte Aufmerksamkeit zuteil. Auch die Wahlforschung nimmt die Kanzlerkandidatenorientierungen auf dem Hintergrund eines von einigen Studien konstatierten Trends „in Richtung einer stärkeren Personalisierung des Wahlverhaltens" (Ohr 2000: 298) in neuerer Zeit verstärkt in den Blick[16]. Wir wollen uns daher im zweiten Teil der Analyse, die sich mit den Bevölkerungsorientierungen gegenüber einzelnen Politikerinnen und Politikern beschäftigt, den Spitzenkandidaten zuwenden.

Generelle Orientierungen gegenüber den Spitzenkandidaten werden in der Regel auf zwei Arten gemessen: Zum einen in Form der schon im Abschnitt 2.2.1 verwendeten Politikerskalometer und zum anderen in Form der Kanzlerpräferenz der Befragten[17], wobei zwischen den beiden Operationalisierungsarten ein relativ starker Zusammenhang besteht (Vetter/Brettschneider 1998)[18].

In der Vorphase der Bundestagswahl 2002 zeigte sich dieser Zusammenhang auf der Aggregatebene[19] bei einem Vergleich der allgemeinen Beurteilung von Gerhard Schröder, Angela Merkel und Edmund Stoiber mit der Kanzlerpräferenz, die für die mögliche Unionskandidatin bzw. den möglichen Unionskandidaten getrennt erfragt wurde, wie die Abbildungen 2.2.2-1 und 2.2.2-2 anhand der Entwicklungen vom Januar 2000 bis zum Januar 2002 (vor der Nominierung von Edmund Stoiber zum Kanzlerkandidaten der Union) verdeutlichen.

---

16 Ob es tatsächlich einen systematischen Trend zur zunehmenden Personalisierung des Wahlverhaltens gibt ist umstritten. Vgl. Brettschneider 1998a, 1998b, 2001, 2002, Gabriel/Vetter 1998, Klein/Ohr 2000a, 2000b, 2001, Lass 1995 und Vetter/Brettschneider 1998.

17 Die Kanzlerpräferenz wird von den verschiedenen Instituten unterschiedlich operationalisiert: Forsa und Infratest dimap fragen explizit die konative Orientierung, also eine – fiktive – Verhaltensabsicht, ab: „Wenn man den Bundeskanzler direkt wählen könnte, würden Sie sich für (Name des Kanzlers) oder für (Name des Herausforderers) entscheiden?" (wobei als Antwortkategorie noch „keiner von beiden" hinzu kommt). Die Forschungsgruppe Wahlen ist der Ansicht, dass rein fiktive Verhaltensabsichten nicht erhoben werden sollten, und stellt daher eher auf eine evaluative Orientierung ab: „Wen hätten Sie lieber als Bundeskanzler, (Name des Kanzlers) oder (Name des Herausforderers)?" Die mit den beiden Operationalisierungen gewonnenen Ergebnisse weisen jedoch in der Regel keine großen Unterschiede auf.

18 Die Frage nach der Kanzlerpräferenz enthält allerdings „eine stärkere Entscheidungskomponente, die näher an der tatsächlichen Stimmabgabe zugunsten einer Partei liegt" (Vetter/Brettschneider 1998: 106), und lässt sich daher auf drei Bestimmungsfaktoren zurückführen: die Gesamtbeurteilung des amtierenden Kanzlers, die Gesamtbeurteilung des Herausforderers und die Parteineigung des Befragten.

19 Hier geht es nicht mehr um den Zusammenhang zwischen Kandidatenbewertung und Kanzlerpräferenz beim einzelnen Befragten, sondern um die Ähnlichkeit in der Entwicklung der Meinungsverteilung in der Gesamtheit der Befragten im Zeitverlauf.

Abb. 2.2.2-1: Beurteilung: Kanzler und mögl. Unionskandidat(in) 1999-2002
(Mittelwerte; Skala: -5 bis +5)

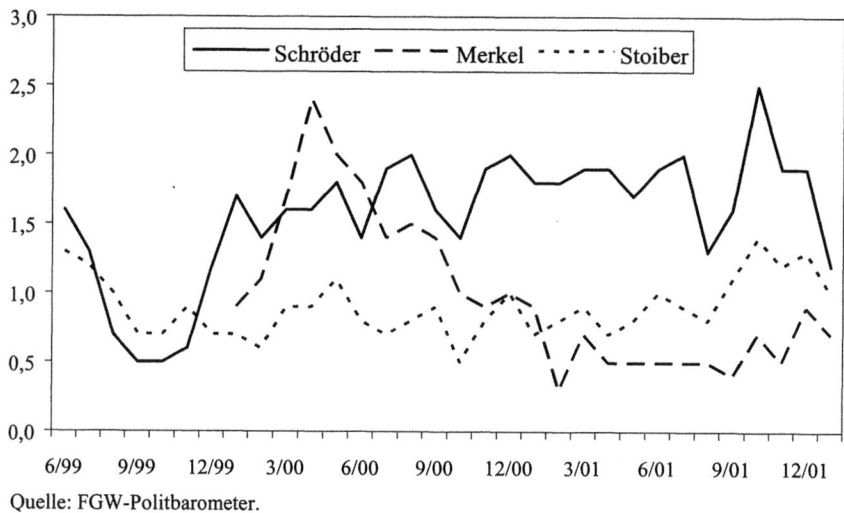

Quelle: FGW-Politbarometer.

Abb. 2.2.2-2: Kanzlerpräferenzen 1999-2002
(Schröder vs. mögl. Unionskandidat(in); Differenz in Prozentpunkten)

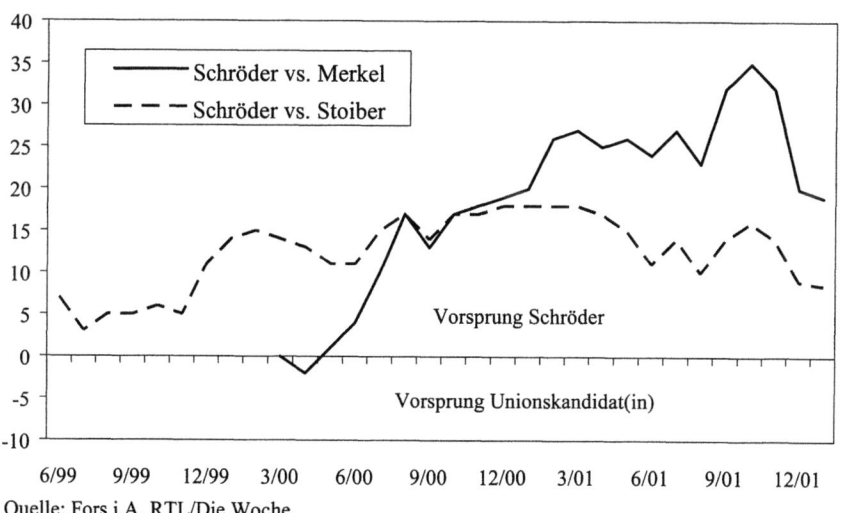

Quelle: Fors i.A. RTL/Die Woche.

53

Auf dem Tiefpunkt seiner Popularität im Herbst 1999[20] war auch der Vorsprung Gerhard Schröders gegenüber dem möglichen Unions-Kanzlerkandidaten Edmund Stoiber bei der Kanzlerpräferenz der Bevölkerung mit etwa 5 Prozentpunkten relativ gering, die Verbesserung seiner allgemeinen Beurteilung durch die Bevölkerung ging mit einer deutlichen Steigerung seines Vorsprungs vor dem relativ gleich bleibend beurteilten Unionskandidaten einher, vom Herbst 2000 bis Mitte 2001 zeigten sich annähernd konstante Unterschiede in der allgemeinen Beurteilung der beiden Politiker bei einem konstanten Vorsprung Gerhard Schröders von etwa 18 Prozentpunkten, was die Frage des von der Bevölkerung gewünschten Kanzlers betrifft, und danach holte Stoiber in der allgemeinen Beurteilung auf, was sich auch im schrumpfenden Vorsprung Schröders in der Kanzlerfrage niederschlug.

Vergleicht man Gerhard Schröder mit der damaligen Rivalin Edmund Stoibers, der möglichen Kanzlerkandidatin Angela Merkel, so zeigt sich ein anderes Bild. Angela Merkel erlangte im Zuge der CDU-Spendenaffäre sehr schnell große Bekanntheit und ein sehr positives Image in der Bevölkerung, wozu die fast einhellig positive Medienberichterstattung über ihre Person sicherlich wesentlich beigetragen hat. Auf dem Höhepunkt ihrer Popularität nach der Wahl zur CDU-Parteivorsitzenden im April 2000 konnte sie Gerhard Schröder in der allgemeinen Beurteilung durch die Bürger deutlich überflügeln (vgl. Abbildung 2.2.2-1). Die „Merkel-Mania"[21] der Medien schlug jedoch schnell in zunehmende Kritik um, und die von eher persönlichkeits- und weniger leistungsbezogenen Beurteilungskriterien getragene Sympathiewelle ebbte rasch ab. Schon im Juli 2000 erreichte Gerhard Schröder wieder höhere Zustimmungswerte als Angela Merkel. Dies schlug sich auch in der Kanzlerpräferenz nieder, wo Schröder einen zunehmenden Vorsprung für sich verbuchen konnte (vgl. Abbildung 2.2.2-2). Dieser Trend setzte sich bis zum Frühjahr 2001 fort, danach stabilisierte sich die allgemeine Beurteilung Angela Merkels und Schröders Vorsprung in der Kanzlerfrage ebbte wieder leicht ab.

Über das ganze Jahr 2001 hinweg besaß der Gerhard Schröder bei der Kanzlerpräferenz der Bevölkerung einen Vorsprung vor beiden möglichen Kanzlerkandidaten der Union, allerdings war sein Vorsprung vor Edmund Stoiber deutlich geringer. Zudem wurde Stoiber von den Wählern insgesamt und in noch wesentlich höherem Maße von den Unionsanhängern Merkel als Kanzlerkandidat vorgezogen, wobei sich der Abstand im Zeitablauf sogar deutlich vergrößerte (vgl. Abbildung 2.2.2-3), sodass Edmund Stoiber in dieser Situation somit durchaus der geeignetere Kandidat war.

---

20 Vgl. hierzu auch den Abschnitt 2.2.1.
21 Die Woche v. 23.6.2000: 3.

Abb. 2.2.2-3: Gewünschter Kanzlerkandidat der Union 2000-2002
(Angaben in Prozent)

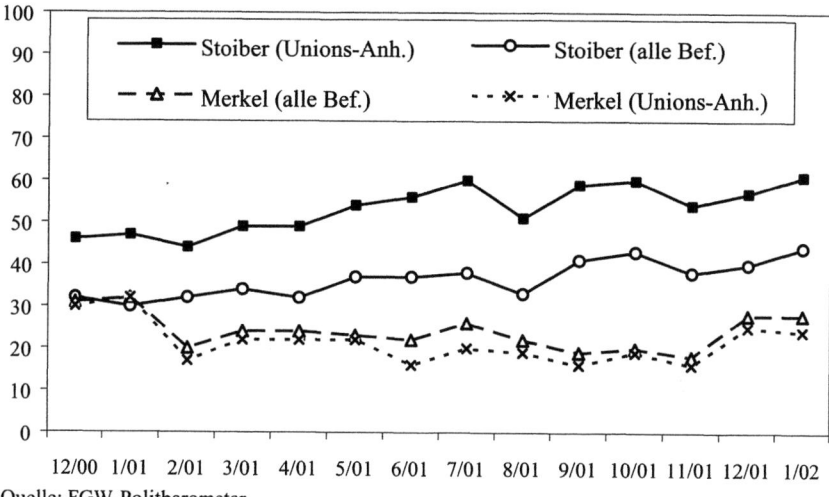

Quelle: FGW-Politbarometer.

Im Wahljahr 2002 lag Gerhard Schröder kurz vor der Nominierung Edmund Stoibers im Januar bei der Kanzlerpräferenz der Bevölkerung noch deutlich vor seinem Herausforderer. Kurz nach der Nominierung verringerte sich der Abstand, wuchs in der Folgezeit jedoch kontinuierlich wieder an (vgl. Abb. 2.2.2-4). In der Schlussphase des Wahlkampfes zog Gerhard Schröder deutlich davon und gut eine Woche vor der Wahl präferierten ihn 48 Prozent der Bevölkerung als Kanzler, während nur 28 Prozent für Edmund Stoiber plädierten.

Zur Erklärung dieser Entwicklung muss die dritte Objektebene herangezogen werden, auf die sich die Orientierungen der Bevölkerung gegenüber dem politischen Führungspersonal beziehen können, nämlich die spezifischen Eigenschaften einzelner Politiker.

Die empirische Forschung zu diesem Thema[22] hat gezeigt, dass zur differenzierten Erfassung der Wahrnehmung und Bewertung der Kanzlerkandidaten durch die Bevölkerung mindestens vier Eigenschaftsdimensionen notwendig sind, nämlich Sachkompetenz, Managerfähigkeiten, Integrität und persönliche Eigenschaften. Sachkompetenz zur Lösung der zentralen Probleme eines Landes und Managerqualitäten zur Steuerung politischer Entscheidungsprozesse sind politische, mit der Rolle als Spitzenpolitiker verbundene Merkmale eines Kandida-

---

22 Vgl. die in Anm. 16 genannten Arbeiten.

ten[23]. Daneben spielen jedoch auch persönliche, rollenferne Qualitäten eine Rolle, zu denen insbesondere die Integrität und damit die allgemeine Vertrauenswürdigkeit des Kandidaten aber auch seine Attraktivität als Mensch und die positive Beurteilung seines Privatlebens gehören. Ordnet man die unterschiedlichen Eigenschaftsdimensionen auf einem Kontinuum an (Gabriel/Vetter 1998), so finden sich an dessen einem Ende die performanzbezogenen Merkmale Sachkompetenz und Managerfähigkeiten und am anderen Ende die genuin nichtpolitischen Eigenschaften wie das Aussehen und Privatleben. Den Zwischenbereich bildet die Integrität, die sich eher auf die Persönlichkeit des Kandidaten als auf die Amtserfordernisse bezieht.

Dieser differenzierten Sichtweise müssen auch die zur Erfassung der Bevölkerungsorientierungen entwickelten Messinstrumente Rechnung tragen. Daher wurden seit längerer Zeit in Wahlstudien neben den generellen Kandidatenorientierungen immer wieder auch die Beurteilungen spezifischer Eigenschaften abgefragt. Ein Standardinstrument für die differenzierte Erfassung von Kandidateneigenschaften existiert bisher jedoch noch nicht. Zum Einsatz kommen offene Fragen[24], semantische Differenziale[25] und geschlossene Fragen mit vorgegebenen Eigenschaftsdimensionen, die allerdings auf unterschiedliche Weise konkretisiert werden. Zudem erfolgt die Datenerhebung auf zwei verschiedene Arten: Zum einen in Form der absoluten Skalierung, bei der hinsichtlich jeder erhobenen Eigenschaft gefragt wird, inwieweit sie auf jeden einzelnen Kandidaten zutrifft[26], zum anderen in Form der differenziellen Skalierung, wo sich der Befragte entscheiden muss, auf welchen der beiden Kandidaten die jeweilige Eigenschaft eher zutrifft[27].

---

23 Hinzu kommt bei Klein/Ohr (2000a, 2000b) als dritte Eigenschaft, dass der Kandidat ein guter Repräsentant seiner Partei sein sollte. Diese Dimension wird hier nicht betrachtet, da sie unserer Meinung nach im Gegensatz zu den anderen Dimensionen keine eindeutig positive Ausrichtung hat. Es kann nämlich für den Kandidaten sowohl negativ als auch positiv sein, als guter Repräsentant seiner Partei angesehen zu werden. Manche Kandidaten gewinnen in den Augen der Bevölkerung dadurch, dass sie ihre Eigenständigkeit gegenüber der Partei demonstrieren.

24 Dabei wird ohne Antwortvorgaben z.B. nach den guten und schlechten Seiten der Kandidaten gefragt. Vgl. z.B. Lass 1995.

25 Dabei werden die Befragten gebeten, die Kandidatenbewertung anhand einer Reihe von Gegensatzpaaren (z.B. stark – schwach) vorzunehmen. Vgl. hierzu z.B. Eltermann 1980.

26 In diesem Fall lautet die Frageformulierung in Bezug auf Helmut Kohl und Gerhard Schröder z.B.: „Ich lese Ihnen nun einige Eigenschaften vor. Sagen Sie mir bitte, in welchem Maße diese Eigenschaften Ihrer Meinung nach auf Helmut Kohl bzw. Gerhard Schröder zutreffen." Ihre Antwort können die Befragten meist im Rahmen einer 5-stufigen Skala von „trifft überhaupt nicht zu" bis „trifft voll und ganz zu" abstufen.

27 Hier lautet die Frageformulierung z.B.: „Wer ist Ihrer Meinung nach (z.B.: tatkräftiger), Helmut Kohl, Gerhard Schröder, oder sehen Sie da keinen großen Unterschied?"

Abb. 2.2.2-4: Kanzlerpräferenzen der Bevölkerung 2002
(Angaben in Prozent)

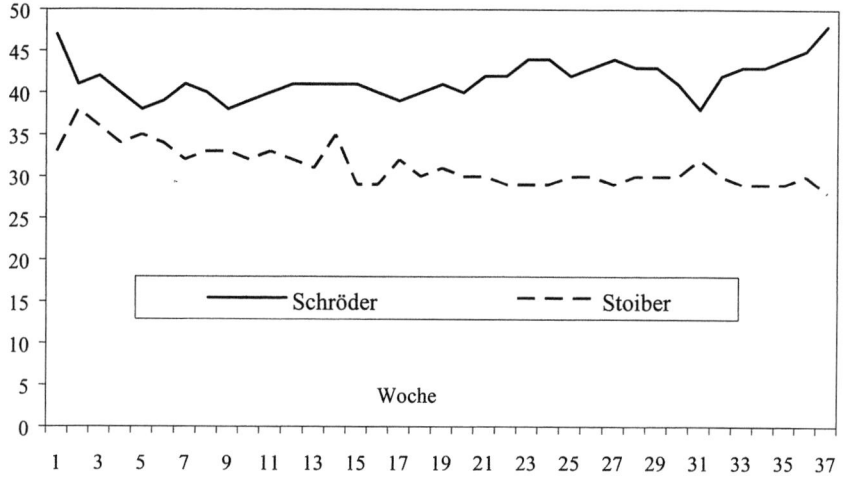

Quelle: forsa i.A. Die Woche/Der Stern

Abbildung 2.2.2-5 dokumentiert die Entwicklung der Beurteilungen von Gerhard Schröder und Edmund Stoiber durch die Wähler in den vier von uns unterschiedenen Dimensionen vom Beginn des Wahljahres bis kurz vor dem Wahltermin[28]. Es wird deutlich, dass Schröder den Leuten von Anfang an wesentlich symphatischer war als Stoiber[29]. In der Integritäts-Dimension hatte Schröder anfangs einen leichten Vorsprung, bei den Managerfähigkeiten war zu Beginn eher Stoiber vorne, und bei der Sachkompetenz lag lange Zeit Stoiber deutlich vor Schröder. Vor der durch das Thema eines möglichen Irak-Krieges und die nationale Flutkatastrophe bestimmten Endphase des Wahlkampfes beruhte der Vorsprung Schröders vor Stoiber somit wesentlich auf der Sympathie, die die Wähler ihm als Mensch entgegengebracht haben, und eher nicht auf seiner Beurteilung als Politiker.

---

28 Die Abbildung gibt die Prozentpunktdifferenzen wieder, d.h. wenn z.B. 40 Prozent eine bestimmte Eigenschaft eher Schröder zuschreiben und 15 Prozent eher Stoiber, dann beträgt der Vorsprung von Schröder 25 Prozentpunkte. Die Frageformulierung lautete: „Wenn Sie jetzt einmal Gerhard Schröder mit Edmund Stoiber vergleichen: Wer von beiden" Die Antwortkategorien waren: „ist sympathischer" (persönliche Eigenschaften), „ist die stärkere Führungspersönlichkeit" (Managerfähigkeiten), „ist glaubwürdiger" (Integrität) und „hat die richtigen Konzepte, um die Zukunftsprobleme zu lösen" (Sachkompetenz).
29 Zum Folgenden vgl. Niedermayer 2003: 50ff.

Abb. 2.2.2-5: Eigenschaftsvergleich: Schröder vs. Stoiber 2002

(Differenz Schröder-Stoiber in Prozentpunkten)

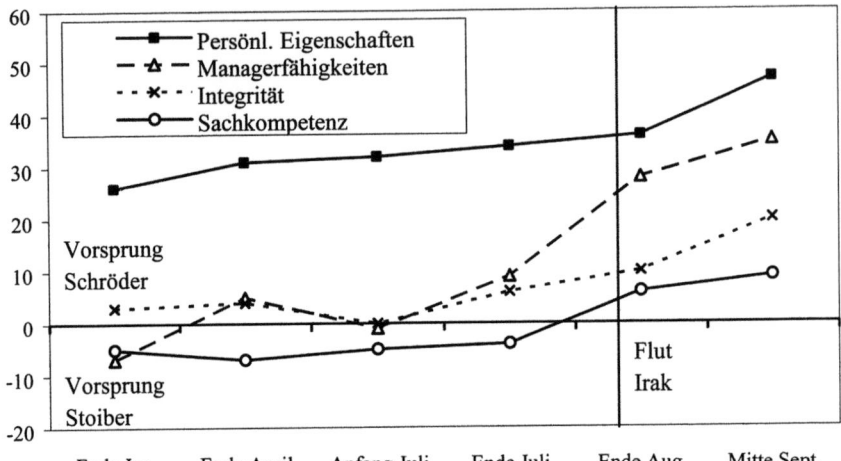

Quelle: eigene Berechnungen (Infratest dimap, Deutschlandtrend und Wahlreport).

Vor allem mit seinem politischen Handeln während der Flut konnte Gerhard Schröder jedoch sein bisheriges Image – das wesentlich von der von ihm propagierten ‚Politik der ruhigen Hand' geprägt wurde – dramatisch verändern: Sein erfolgreiches Krisenmanagement machte ihn in den Augen der Bürger wieder zum Macher-Typ, der schnell die richtigen Entscheidungen traf und sie – auch gegen Widerstände – in konkrete politische Maßnahmen umsetzte. Daher bekam er von den Wählern auch wieder in hohem Maße Managerfähigkeiten und politische Kompetenz zur Lösung der Zukunftsprobleme in Deutschland zugesprochen. Dies zeigte sich auch deutlich in den Antworten auf die Frage, ob in Krisenzeiten wie dem 11. September oder der Flutkatastrophe Schröder oder Stoiber der bessere Krisenmanager sei: mit 55 zu 23 Prozent wurde dies eindeutig Schröder zugeschrieben[30]. Sein Vorsprung vor Stoiber bei den Managerfähigkeiten übertraf am Schluss sogar seinen Sympathievorsprung, und selbst bei der Schaffung von Arbeitsplätzen, demjenigen Thema, dass die Anfangsphase des Wahlkampfes dominiert und die SPD in große Bedrängnis gebracht hatte, wurde Gerhard Schröder nun größere Kompetenz zugeschrieben als seinem Herausforderer (vgl. Tab. 2.2.2-1).

---

30 Infratest dimap, DeutschlandTREND, August 2002 III.

Tab. 2.2.2-1: Eigenschaftsprofil: Schröder vs. Stoiber Mitte September 2002
(Angaben in Prozent)

	Schrö-der	Stoi-ber
Sachkompetenz:		
Hat die richtigen Konzepte, um die Zukunftsprobleme zu lösen	43	34
Ist eher in der Lage, die Wirtschaft voranzubringen	41	47
Setzt sich eher für die Schaffung von Arbeitsplätzen ein	44	40
Ist eher in der Lage, den Aufbau der ostdeutschen Wirtschaft voranzutreiben	50	34
Regelt eher die Zuwanderung von Arbeitskräften	39	51
Setzt sich eher für soziale Gerechtigkeit ein	63	25
Managerfähigkeiten:		
Ist die stärkere Führungspersönlichkeit	63	28
Gibt in der Öffentlichkeit eine bessere Figur ab	79	14
Integrität:		
Ist glaubwürdiger	52	32
Persönliche Eigenschaften:		
Ist sympathischer	69	22

Quelle: Infratest dimap: Wahlreport. Wahl zum 15. Deutschen Bundestag am 22. September 2002.

Vergleicht man das Eigenschaftsprofil von Gerhard Schröder und Edmund Stoi-
ber Ende April 2002 mit dem von Gerhard Schröder und Angela Merkel Anfang
Juni 2005 so ergeben sich interessante Parallelen zwischen der Situation vor der
Bundestagswahl 2002 und vor der vorgezogenen Wahl 2005. In der Sachkompe-
tenz lag der/die Kandidat(in) der Union vor der heißen Wahlkampfphase beide
Male vor Schröder, wobei Angela Merkels Vorsprung 2005 deutlich größer ist.
Bei den Managerfähigkeiten und den persönlichen Eigenschaften lagen beide
sowohl 2002 als auch 2005 hinter Schröder, wobei der Schröder-Vorsprung vor

Angela Merkel in Bezug auf die Managerfähigkeiten größer, aber in Bezug auf die menschliche Sympathie vor der Wahl 2005 deutlich geringer ist als 2002 im Vergleich zu Edmund Stoiber. Angela Merkel wird von den Wählern auch deutlich glaubwürdiger eingeschätzt als Gerhard Schröder, gegenüber Stoiber hatte Schröder hier einen leichten Vorteil. Ob es Gerhard Schröder auch 2005 gelingt, das Blatt im Wahlkampf für sich zu wenden und – wie 2002 an Stoiber – auch 2005 in Bezug auf alle Eigenschaftsdimensionen an Angela Merkel vorbeizuziehen, bleibt abzuwarten.

Tab. 2.2.2-2: Eigenschaftsprofil: Schröder vs. Stoiber Ende April 2002 und Schröder vs. Merkel Anfang Juni 2005 (Angaben in Prozent)

	Schrö-der	Stoi-ber	Schrö-der	Mer-kel
Sachkompetenz: hat die richtigen Konzepte, um die Zukunftsprobleme zu lösen	26	33	16	33
Managerfähigkeiten: ist die stärkere Führungspersönlichkeit	45	40	47	36
Integrität: ist glaubwürdiger	37	33	26	43
Persönliche Eigenschaften: ist sympathischer	58	27	50	31

Quelle: Infratest dimap: DeutschlandTREND.

Weiterführende Literatur:

Arzheimer, Kai (2002): Politikverdrossenheit. Wiesbaden: Westdeutscher Verlag.
Brettschneider, Frank (1998a): Medien als Imagemacher? Bevölkerungsmeinung zu den beiden Spitzenkandidaten und der Einfluss der Massenmedien im Vorfeld der Bundestagswahl 1998, in: Media Perspektiven, 8, S. 392-401.
Brettschneider, Frank (1998b): Kohl oder Schröder: Determinanten der Kanzlerpräferenz gleich Determinanten der Wahlpräferenz?, in: Zeitschrift für Parlamentsfragen, 29, S. 401-421
Brettschneider, Frank (2001): Candidate-Voting. Die Bedeutung von Spitzenkandidaten für das Wählerverhalten in Deutschland, Großbritannien und den USA von 1960 bis 1998, in: Klingemann, Hans-Dieter/Kaase, Max (Hrsg.): Wahlen und Wähler. Analysen aus Anlass der Bundestagswahl 1998. Wiesbaden: Westdeutscher Verlag, S. 351-400.
Brettschneider, Frank (2002): Spitzenkandidaten und Wahlerfolg. Wiesbaden: Westdeutscher Verlag.
Ehrhart, Christof/Sandschneider, Eberhard (1994): Politikverdrossenheit: Kritische Anmerkungen zur Empirie, Wahrnehmung und Interpretation abnehmender politischer Partizipation, in: Zeitschrift für Parlamentsfragen, 25, S. 441-458.

Eltermann, Ludolf K. (1980): Kanzler und Oppositionsführer in der Wählergunst. Bonn: Bonn Aktuell.

Gabriel, Oscar W./Vetter, Angelika (1998): Bundestagswahlen als Kanzlerwahlen? Kandidatenorientierungen und Wahlentscheidungen im parteienstaatlichen Parlamentarismus, in: Kaase, Max/ Klingemann, Hans-Dieter (Hrsg.): Wahlen und Wähler. Analysen aus Anlass der Bundestagswahl 1994. Opladen: Westdeutscher Verlag, S. 505-536.

Kaina, Viktoria (2002): Elitenvertrauen und Demokratie. Wiesbaden: Westdeutscher Verlag.

Kaina, Viktoria (2004): Vertrauen in Eliten und die politische Unterstützung der Demokratie, in: Politische Vierteljahresschrift, 45, S. 519-540.

Klein, Markus/Ohr, Dieter (2000a): Der Kandidat als Politiker, Mensch und Mann. Ein Instrument zur differenzierten Erfassung von Kandidatenorientierungen und seine Anwendung auf die Analyse des Wählerverhaltens bei der Bundestagswahl 1998, in: ZA-Information, Nr. 46, S. 6-25.

Klein, Markus/Ohr, Dieter (2000b): Gerhard oder Helmut? ,Unpolitische' Kandidateneigenschaften und ihr Einfluss auf die Wahlentscheidung bei der Bundestagswahl 1998, in: Politische Vierteljahresschrift, 41, S. 199-224.

Klein, Markus/Ohr, Dieter (2001): Die Wahrnehmung der politischen und persönlichen Eigenschaften von Helmut Kohl und Gerhard Schröder und ihr Einfluß auf die Wahlentscheidung bei der Bundestagswahl 1998, in: Klingemann, Hans-Dieter/Kaase, Max (Hrsg.): Wahlen und Wähler. Analysen aus Anlass der Bundestagswahl 1998. Wiesbaden: Westdeutscher Verlag, S. 91-132.

Krimmel, Iris (1999): Die Beurteilung von Politikern als ein Aspekt von „Politikverdrossenheit", in: Plasser, Fritz/Gabriel, Oscar W./Falter, Jürgen W./Ulram, Peter A. (Hrsg.): Wahlen und politische Einstellungen in Deutschland und Österreich. Frankfurt a.M.: Lang, S. 263-292.

Lass, Jürgen (1995): Vorstellungsbilder über Kanzlerkandidaten. Wiesbaden: Deutscher Universitäts Verlag.

Lösche, Peter (1995): Parteienverdrossenheit ohne Ende? Polemik gegen das Lamentieren deutscher Politiker, Journalisten, Politikwissenschaftler und Staatsrechtler, in: Zeitschrift für Parlamentsfragen, 26, S. 149-159.

Maier, Jürgen (2000a): Die zentralen Dimensionen der Politikverdrossenheit und ihre Bedeutung für die Erklärung von Nichtwahl und ,Protestwahl' in der Bundesrepublik Deutschland, in: van Deth, Jan/Rattinger, Hans/Roller, Edeltraud (Hrsg.): Die Republik auf dem Weg zur Normalität? Opladen: Leske + Budrich, S. 227-249.

Maier, Jürgen (2000b): Politikverdrossenheit in der Bundesrepublik Deutschland. Opladen: Leske + Budrich.

Niedermayer, Oskar (2003): Wandel durch Flut und Irak-Krieg? Wahlkampfverlauf und Wahlkampfstrategien der Parteien, in: Jesse, Eckhard (Hrsg.): Bilanz der Bundestagswahl 2002. Wiesbaden: Westdeutscher Verlag, S. 37-70.

Ohr, Dieter (2000): Wird das Wählerverhalten zunehmend personalisierter, oder: Ist jede Wahl anders? Kandidatenorientierungen und Wahlentscheidung in Deutschland von 1961 bis 1998 , in: Klein, Markus/Jagodzinski, Wolfgang/Mochmann, Ekkehard/Ohr, Dieter (Hrsg.): 50 Jahre Empirische Wahlforschung in Deutschland. Opladen: Westdeutscher Verlag, S. 272-308.

Pickel, Gert/Walz, Dieter (1997): Politikverdrossenheit in Ost- und Westdeutschland: Dimensionen und Ausprägungen, in: Politische Vierteljahresschrift, 38, S. 27-49.

Schedler, Andreas (1993): Die demoskopische Konstruktion von „Politikverdrossenheit", in: Politische Vierteljahresschrift, 34, S. 414-435.

Starke, Frank Christian (1993): Krise ohne Ende? Parteiendemokratie vor neuen Herausforderungen. Köln: Bund.

Stöss, Richard/Niedermayer, Oskar (2000): Zwischen Anpassung und Profilierung. Die SPD an der Schwelle zum neuen Jahrhundert, in: Aus Politik und Zeitgeschichte, B 5, S. 3-11.

Thierse, Wolfgang (1993): Politik- und Parteienverdrossenheit: Modeworte behindern berechtigte Kritik. Zur Notwendigkeit gesellschaftlicher Reformen, in: Aus Politik und Zeitgeschichte, B 31, S. 19-25.

Vetter, Angelika/Brettschneider, Frank (1998): „Idealmaße" für Kanzlerkandidaten, in: ZUMA-Nachrichten, 22, S. 90-115.

Walter, Melanie (2000): Die deutschen Politiker in der Sicht der Bevölkerung - Wert-, Macht- oder Funktionselite?, in: Falter, Jürgen/Gabriel, Oscar W./Rattinger, Hans (Hrsg.): Wirklich ein Volk? Die politischen Orientierungen von Ost- und Westdeutschen im Vergleich. Opladen: Leske + Budrich, S. 275-317.

Walter-Rogg, Melanie (2004): Eliten oder Nieten - Wie denken die Bürger über die (politischen) Führungsgruppen?, in: Gabriel, Oscar W./Neuss, Beate/Rüther, Günther (Hrsg.): Konjunktur der Köpfe? Eliten in der modernen Wissensgesellschaft. Düsseldorf: Droste, S. 101-123.

2.3 Orientierungen gegenüber den politischen Institutionen

Ein modernes politisches System umfasst eine Vielzahl von Institutionen, die unterschiedliche Aufgaben erfüllen, und mit denen die Bürgerinnen und Bürger in unterschiedlicher Weise in Kontakt kommen. Der Begriff ‚Institution' wird in der Politikwissenschaft traditionellerweise verwendet für
- die Organe des Regierungssystems, die dazu legitimiert sind, politische Entscheidungen zu treffen, durchzusetzen und auf ihre Rechtmäßigkeit zu kontrollieren, d.h. in der Bundesrepublik vor allem die Verfassungsorgane Bundestag, Bundesrat, Bundesregierung, Bundespräsident und Bundesverfassungsgericht sowie diejenigen Organisationen, deren Aufgabe darin besteht, getroffene Entscheidungen im politischen Prozess umzusetzen bzw. die Einhaltung der geltenden Regeln zu überwachen (Verwaltung, Gerichte, Polizei, Bundeswehr);
- die ‚intermediären' Strukturen wie Parteien, Verbände, Massenmedien und soziale Bewegungen, die vor allem Vermittlungsfunktionen zwischen den Bürgerinnen und Bürgern und den Akteuren des Regierungssystems übernehmen, wozu auch die Kontrolle der politischen Entscheidungsträger gehört, und
- die durch Verfassung oder Gesetze festgelegten Regelwerke, die die Rahmenbedingungen für das politische Handeln der in den politischen Prozess einbezogenen Akteure bilden.

Schwierigkeiten bereitet die Einordnung der Parteien in diese Systematik. Rechtlich sind die politischen Parteien reine intermediäre Institutionen, da die parlamentarischen Fraktionen formal nicht Teil der Parteiorganisationen sind. Politikwissenschaftlich lässt sich jedoch durchaus ein Parteienbegriff vertreten, der die Mandatsträger in den Parlamenten und Regierungen mit einschließt[1], sodass die Parteien als institutionalisiertes Bindeglied zwischen dem intermediären System und dem Regierungssystem angesehen werden können, wobei sie in der als Parteiendemokratie zu charakterisierenden politischen Ordnung der Bundesrepublik in beiden Subsystemen eine wichtige Rolle spielen.

Von den verschiedenen Arten der Orientierungen[2] der Bevölkerung gegenüber den politischen Institutionen stand bisher vor allem eine im Mittelpunkt des Inte-

---

1 Ein Beispiel für die unterschiedliche Einordnung der Parteien bieten die Analysen von Walz und Weßels: Walz (1997) beschäftigt sich mit den „politischen Institutionen", d.h. denjenigen Einrichtungen, die „bindende Entscheidungen herbei(führen) und (durch)setzen" (ebd.: 150), und bezieht die Parteien in seine Analyse mit ein. Dies tut auch Weßels (1997), der sich allerdings nur mit den intermediären Institutionen beschäftigt.

2 Vgl. hierzu Kapitel 2.

resses: die affektiv-wertbezogene Beurteilung in Form des Institutionenvertrauens. Vor allem im Bereich der intermediären Institutionen wird in neuerer Zeit auch verstärkt die rational-ergebnisbezogene Evaluation, also die Leistungsbeurteilung – insbesondere in Form der Einschätzung der Vertretung der eigenen Interessen durch die jeweilige Institution –, in den Blick genommen. Die Entwicklung der kognitiven Orientierungen, d.h. des Bekanntheitsgrads und der Wichtigkeit der verschiedenen Institutionen in den Augen der Bevölkerung, wurde bisher nicht systematisch untersucht. Wir werden uns daher im Folgenden zunächst dem Institutionenvertrauen zuwenden und danach der Leistungsbeurteilung.

2.3.1 Institutionenvertrauen

Für demokratische politische Systeme wird ein gewisses Maß an Vertrauen der Bürgerinnen und Bürger zu den wichtigen politischen Institutionen sowohl aus normativ-demokratietheoretischer als auch aus systemfunktionaler Sicht für unverzichtbar erachtet: Zum einen „sind weitverbreitete, dauerhafte Zweifel an der Vertrauenswürdigkeit der politischen Ordnung und der sie tragenden Institutionen mit der Idee der Demokratie unvereinbar" (Gabriel 1993: 3), zum anderen kann das politische System seine Aufgaben nur dann effektiv erfüllen, wenn die politischen Institutionen „nicht dauernd einer zutiefst misstrauischen Öffentlichkeit gegenüberstehen" (Gabriel 1999: 203).

Die Rolle des Institutionenvertrauens in der Demokratie wird von den verschiedenen demokratietheoretischen Ansätzen unterschiedlich begründet[3]. Theoretiker in der Tradition des Konzepts demokratischer Elitenherrschaft begründen die Notwendigkeit eines breiten Institutionenvertrauens mit der Erfordernis eines durch Vertrauen geschaffenen Handlungsspielraums, den die Träger staatlicher Hoheitsrechte zur effektiven Erfüllung ihrer Aufgaben benötigen, sowie mit den besonderen Qualitäten des politischen Führungspersonals in seiner Funktion als Hüter des Gemeinwohls. Aus der Sicht des „political culture approach" (Parry 1976: 132ff.) erwächst Vertrauen aus der prinzipiellen Übereinstimmung der Interessen, Wertvorstellungen und politischen Ziele von Regierenden und Regierten. Anders wird dies von der liberal-konstitutionalistischen Staatstheorie gesehen. Hier wird aus praktischen Erwägungen sinnvoller gesellschaftlicher Arbeitsteilung heraus eine Delegation der Regierungsgewalt auf bestimmte Personen der politischen Gemeinschaft befürwortet, deren Herrschaftsausübung jedoch durch

---

3 Vgl. hierzu z.B. Kaase 1988, Parry 1976 und Wright 1976 sowie die Zusammenfassung bei Gabriel 1999.

institutionelle Vorkehrungen (Rechtsstaat, Gewaltenteilung, zeitliche Befristung, Kontrolle durch intermediäre Institutionen) klare Schranken gesetzt sind. Die zu dieser auf Machtbegrenzung und -kontrolle hin ausgelegten politischen Struktur passende politische Kultur einer liberalen Demokratie zeichnet sich „nicht durch blinde Loyalität der Regierten zu den Regierenden, sondern durch ein gehöriges Maß an Wachsamkeit und Misstrauen aus" (Gabriel 1999: 204). Hieraus wird oft abgeleitet, dass ein geringes Institutionenvertrauen im Rahmen dieses Ansatzes als positiv anzusehen sei (Döring 1990), weil „das Zusammenspiel aus grundsätzlicher Bejahung des politischen Systems und begrenztem Vertrauen in seine Institutionen den kritischen Staatsbürger, nicht den hörigen Untertan" (Gluchowski/Zelle 1992: 244) kennzeichne. Gabriel hat jedoch zu Recht darauf verwiesen, dass sich die Befürchtung, Vertrauen impliziere die Gefahr des Machtmissbrauchs, auf das politische Führungspersonal, aber nicht auf die politischen Institutionen richtet: „Die Vorstellung, durch bestimmte institutionelle Arrangements ließe sich der Missbrauch politischer Macht verhindern, setzt das Vertrauen zu diesen Institutionen geradezu voraus" (Gabriel 1999: 205).

Die Beziehung zwischen den Orientierungen gegenüber dem politischen Führungspersonal und den Institutionen steht auch im Mittelpunkt der systemfunktionalen Argumentation, die sich auf Eastons (1965, 1975) Konzept der politischen Unterstützung stützt. Danach ist eine ‚diffuse', affektiv-wertbezogene Unterstützung der politischen Institutionen als Teil der politischen Ordnung für die Stabilität und Funktionsfähigkeit politischer Systeme wichtiger als die ‚spezifische', eher rational-ergebnisbezogene Unterstützung der momentanen Herrschaftsträger in Gestalt des politischen Führungspersonals. Sie dient gewissermaßen als Puffer, der ein Übergreifen der mit Leistungskrisen des Systems verbundenen negativen Bewertungen auf die Haltung zur politischen Ordnung insgesamt verhindern soll.

Nach wie vor gibt es jedoch „kein empirisch bestimmbares Maß dafür, wie viel Vertrauen ein politisches System braucht, um in seiner Stabilität gesichert zu sein" (Krüger 1995: 256). Es lassen sich jedoch Gründe für systematische Unterschiede im Vertrauen zu verschiedenen Institutionen finden. Die wesentliche Trennlinie bei den Institutionen des Regierungssystems besteht dabei zwischen den „parteienstaatlichen" und den „rechtsstaatlichen" Institutionen (Gabriel 1999: 206). Die parteienstaatlichen Institutionen – Regierung und Parlament – sind bei der Rekrutierung ihres Personals und der Erfüllung ihrer Aufgaben in den politischen Wettbewerb einbezogen, sind Gegenstand kontroverser tagespolitischer Diskussionen und treffen politische Entscheidungen, die nahezu immer Befürworter und Gegner finden. Die rechtsstaatlichen Institutionen – Bundesverfassungsgericht, sonstige Gerichte, Verwaltung, Polizei, Bundeswehr – sind als „Generalinstitution der Demokratie" (Pickel/Walz 1995: 146) mit der Ausführung bereits getroffener Entscheidungen bzw. der Sicherstellung der Einhaltung allgemeiner Regelungen befasst und politischen Konflikten weitgehend entzogen. Dementsprechend dürfte das Vertrauen der Bürgerinnen und Bürger in die parteienstaatlichen Institutionen schwächer ausgeprägt sein und müsste stärkeren Schwankungen unterliegen als das Vertrauen in die rechtsstaatlichen Institutionen. Dieser These liegt die Annahme zugrunde, dass es den Befragten gerade in Bezug auf die parteienstaatlichen Institutionen schwer fallen dürfte, klar zwischen der Bewertung der Institution als solcher und ihren momentanen, durch das parteipolitische Kräfteverhältnis bestimmten Repräsentanten zu unterscheiden[4].

Auch die meisten intermediären Institutionen dürften danach – aufgrund ihrer Rolle als Interessenvertretung spezifischer Gruppen – in der Gesamtbevölkerung nicht das gleiche Maß an Vertrauen genießen wie die rechtsstaatlichen Institutionen. Ein weiterer Grund für unterschiedliche Ausprägungen des Vertrauens in Institutionen dürfte in der Unmittelbarkeit eigener Erfahrungen der Bevölkerung mit ihrer Arbeit begründet sein: Während die meisten Bürgerinnen und Bürger mit der Regierung, dem Parlament oder dem Bundesverfassungsgericht nicht in direkten Kontakt kommen und die Basis ihrer Bewertungen daher vor allem die Berichterstattung in den Massenmedien ist, lassen sich z.B. die Orientierungen gegenüber der Verwaltung und Polizei stärker auf eigene Erfahrungen stützen.

In der folgenden empirischen Analyse des Institutionenvertrauens in Deutschland werden die Parteien getrennt von den anderen Institutionen behandelt. Dies geschieht nicht nur wegen der Schwierigkeit ihrer Einordnung in die Institutionensystematik und ihrer dominierenden Rolle im Institutionensystem (vgl. die Argumentation am Anfang dieses Kapitels), sondern auch aus zwei weiteren Gründen: Zum einen ist die übliche Frage nach dem Institutionenvertrauen[5] für die Parteien methodisch deutlich problematischer als für die anderen Institutio-

---

4 Also z.B. zwischen der Bundesregierung als Verfassungsorgan und der momentanen rot-grünen Bundesregierung zu trennen.

5 Die Fragen nach dem Institutionenvertrauen werden in den verschiedenen Untersuchungen ähnlich gestellt; etwa in folgender Weise: „Ich nenne Ihnen jetzt eine Reihe von öffentlichen Einrichtungen und Organisationen. Bitte sagen Sie mir für jede, wie viel Vertrauen Sie in sie haben" (alternativ: „ob sie ihr (eher) vertrauen oder (eher) nicht vertrauen"). Leider verwenden die verschiedenen Studien eine unterschiedliche Anzahl von Antwortkategorien, die von zwei (Eurobarometerstudien), über vier (Infratest dimap) und fünf (DFG-Studie „Politische Einstellungen, politische Partizipation und Wählerverhalten im vereinigten Deutschland") bis zu elf (IPOS) geht, und es existiert kein Datensatz, der einen längeren, mehrere Jahrzehnte umfassenden Zeitraum mit der gleichen Operationalisierung abdeckt. Wir verwenden zwei Datensätze: die IPOS-Studien (1984 bis 1995) mit 11 Antwortkategorien (von –5 = „vertraue überhaupt nicht" bis +5 = „vertraue voll und ganz"), wobei die Ergebnisse in den Abbildungen 2.3.1-1 bis 2.3.1-5 als Mittelwerte wiedergegeben sind, und die Eurobarometerstudien seit 1997, die nur zwischen „vertraue eher" und „vertraue eher nicht" unterscheiden (Abbildungen 2.3.1-6 bis 2.3.1-10). Die Daten bis 1995 und ab 1997 sind damit nicht direkt vergleichbar.

nen: Was soll z.B. ein Befragter auf die Frage nach seinem Vertrauen in ‚die Parteien‘ antworten, der ein vertrauensvoller Anhänger der Grünen ist, den anderen Parteien aber zutiefst misstraut?[6] Da für die Parteien eine andere, besser geeignete Operationalisierung der affektiv-wertbezogenen Orientierung vorliegt, soll hierauf gesondert eingegangen werden. Zum anderen bilden – wie später noch deutlich werden wird – die affektiv-wertbezogenen Orientierungen gegenüber den Parteien eine wesentliche Determinante des Vertrauens in die anderen Institutionen, haben also eine andere Stellung im Orientierungsgefüge der Bürgerinnen und Bürger.

Die empirischen Studien über die politischen Orientierungen der Bevölkerung in den Siebziger- und Achtzigerjahren zeigen, dass sich die parlamentarisch-demokratische politische Ordnung des Grundgesetzes auf eine breite Zustimmung der Bürgerinnen und Bürger stützen konnte[7]. Dies spiegelt sich auch in den Orientierungen gegenüber den Institutionen als wesentlicher Teil dieser Ordnung wider, wie die Abbildungen 2.3.1-1 bis 2.3.1-5 zeigen. Bei sämtlichen erfassten Institutionen überwiegt in der Bevölkerung deutlich das Vertrauen[8]. Allerdings bringen die Bürgerinnen und Bürger den einzelnen Institutionen ein unterschiedliches Maß an Vertrauen entgegen: Es besteht eine klare Vertrauenshierarchie mit den rechtsstaatlichen Institutionen an der Spitze, gefolgt von den parteienstaatlichen Kerninstitutionen und den intermediären Institutionen.

Das hohe Ansehen von Einrichtungen der Judikative und Exekutive auf der einen und das deutlich geringere Vertrauen in die intermediären Institutionen auf der anderen Seite scheint eine in der Literatur weit verbreitete[9] Charakterisierung der politisch-kulturellen Tradition Deutschlands als ‚output-orientiert‘ auch für die Achtzigerjahre zu stützen, nach der die Deutschen die Politik lange Zeit „weniger als Wettbewerb zwischen konkurrierenden Interessen und Wertvorstellungen (betrachteten), sondern als autoritative Durchsetzung eines vorgegebenen Gemeinwohlkonzepts, die vornehmlich im Zuständigkeitsbereich der Exekutive lag" (Gabriel 1995: 258). Allerdings steht einer solchen Interpretation entgegen, dass auch die intermediären Institutionen nun ein hohes Maß an Vertrauen genießen, was mit einer reinen output-Orientierung nicht vereinbar ist.

---

6 Bei den anderen parteienstaatlichen Institutionen wirft dies weit weniger Probleme auf. Selbst wenn die Befragten weniger die Institution an sich bewerten, sondern – parteipolitisch gefärbt – mehr deren momentane Zusammensetzung, so gehören sie ja entweder dem Regierungs- oder dem Oppositionslager (oder keinem von beiden) an, nicht jedoch gleichzeitig beiden Lagern.

7 Vgl. z.B. Baker/Dalton/Hildebrandt 1981, Conradt 1980, 1991, Fuchs 1989 und Gabriel 1986. Betont werden muss, dass die Herausbildung der Unterstützung der neuen politischen Ordnung durch die Bevölkerung nach dem Zweiten Weltkrieg längere Zeit in Anspruch nahm und durch die positive ökonomische Entwicklung (‚Wirtschaftswunder‘) wesentlich befördert wurde.

8 Das Überwiegen des Vertrauens ist an den positiven Mittelwerten abzulesen.

9 Vgl. z.B. Almond/Verba 1965, Dahrendorf 1971, Greiffenhagen/Greiffenhagen 2002.

Abb. 2.3.1-1: Vertrauen zur Justiz 1984-1995

(Mittelwerte: -5 = vertraue überhaupt nicht, +5 = vertraue voll und ganz)

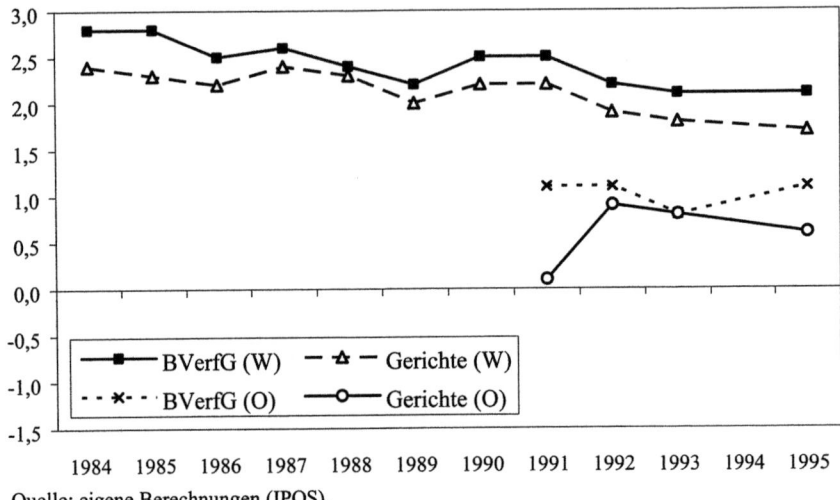

Quelle: eigene Berechnungen (IPOS).

Abb. 2.3.1-2: Vertrauen zur Polizei und zur Bundeswehr 1984-1995

(Mittelwerte: -5 = vertraue überhaupt nicht, +5 = vertraue voll und ganz)

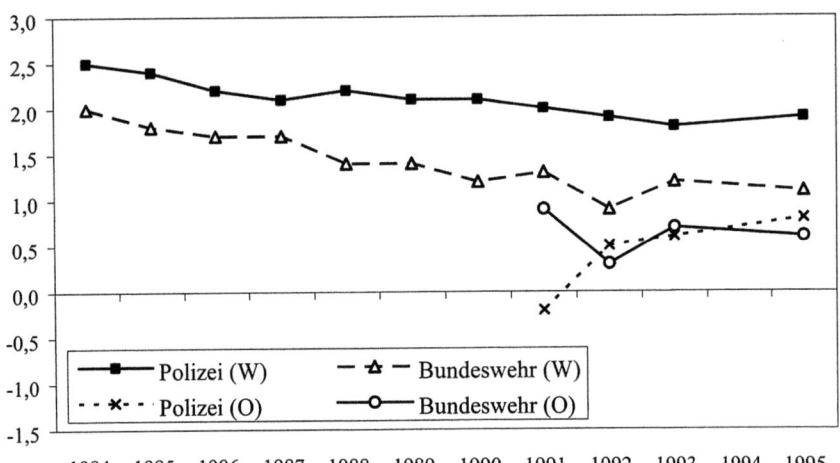

Quelle: eigene Berechnungen (IPOS).

68

Abb. 2.3.1-3: **Vertrauen zum Bundestag und zur Bundesregierung 1984-1995**
(Mittelwerte: -5 = vertraue überhaupt nicht, +5 = vertraue voll und ganz)

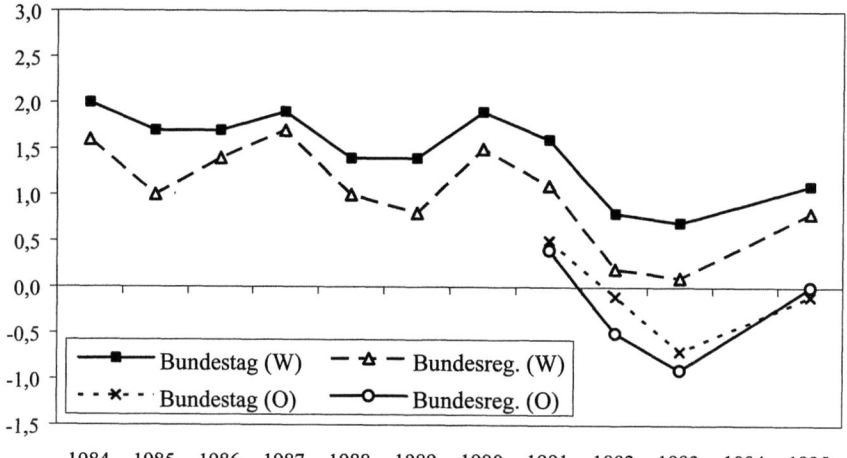

Quelle: eigene Berechnungen (IPOS).

Abb. 2.3.1-4: **Vertrauen zu den Kirchen und zu den Gewerkschaften 1984-1995**
(Mittelwerte: -5 = vertraue überhaupt nicht, +5 = vertraue voll und ganz)

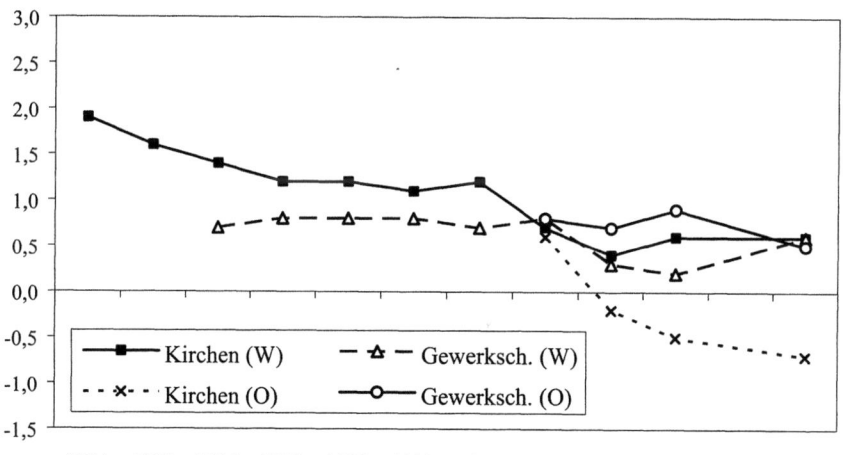

Quelle: eigene Berechnungen (IPOS).

69

Abb. 2.3.1-5: Vertrauen zum Fernsehen und zur Presse 1984-1995
(Mittelwerte: -5 = vertraue überhaupt nicht, +5 = vertraue voll und ganz)

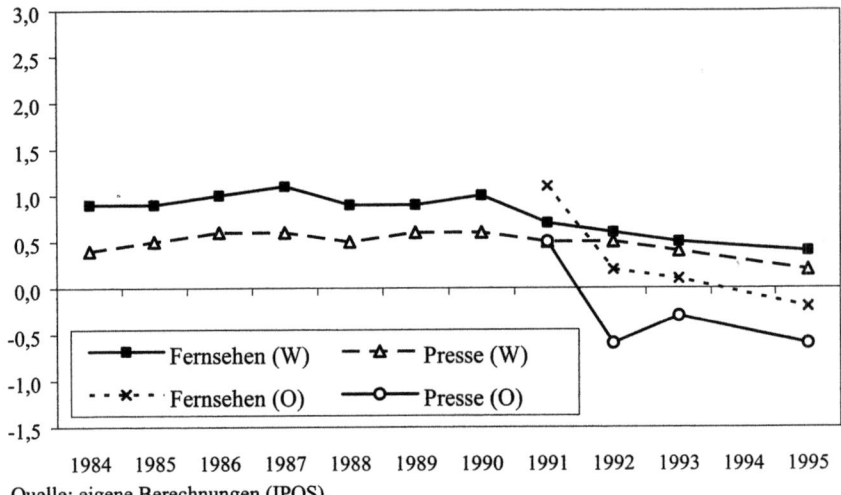

Quelle: eigene Berechnungen (IPOS).

Zudem gehört zu einer solchen Orientierung vor allem ein hohes Vertrauen in die Verwaltung. Die Deutschen zeichneten sich jedoch in den Achtzigerjahren im internationalen Vergleich durch eine außerordentlich kritische Haltung gegenüber der Verwaltung aus (Gabriel 1994).

Im Verlauf der Achtzigerjahre mussten die rechtsstaatlichen Institutionen – vor allem die Bundeswehr – sowie die Kirchen eine leichte Vertrauenseinbuße hinnehmen[10]. Die relativ größten Schwankungen wiesen die parteienstaatlichen Institutionen auf, wobei das Auf und Ab des Ausmaßes an Vertrauen im Zusammenhang mit den Wahlperioden stand, d.h. die höchsten Werte wurden jeweils in den Bundestagswahljahren erreicht. Insgesamt lassen die Daten aus den Achtzigerjahren in der alten Bundesrepublik keine tief greifende Vertrauenskrise der politischen Institutionen erkennen.

Nach der Wiedervereinigung erhielt die Entwicklung des Institutionenvertrauens ein besonderes Gewicht, da nun die politischen und kulturellen Folgen der Teilung bewältigt werden mussten. Die Situation Ostdeutschlands wies gewisse Parallelen zur Entstehungsphase der Bundesrepublik auf, da es auch hier darum

---

10 Zu beachten ist, dass die Abbildungen nur den Bereich zwischen -1,5 und 3 wiedergeben und damit nur etwa zwei Fünftel der gesamten Skalenbreite (-5 bis +5) umfassen, sodass die Schwankungen größer erscheinen als sie sind.

ging, nach einer Periode totalitärer Herrschaft ein demokratisches Institutionensystem und eine damit kompatible politische Kultur zu schaffen. Der Systemwandel in Ostdeutschland markierte jedoch in vieler Hinsicht einen „noch stärkeren Kontinuitätsbruch als er in der jungen Bundesrepublik der 50er-Jahre vorlag" (Gabriel 1999: 200). In der Bundesrepublik konnte an eine „nur kurzfristig und parziell unterbrochene Rechts- und Verwaltungstradition" angeknüpft werden, in der ehemaligen DDR folgte dem Nationalsozialismus „ein weiteres, wesentlich dauerhafteres totalitäres System", das „eine vollständige und tief greifende Umwandlung der Rechts-, Gesellschafts- und Wirtschaftsordnung" vornahm (ebd.).

Vor diesem Hintergrund bedeutete der Beitritt der ehemaligen DDR zur Bundesrepublik nach Art. 23 GG einen radikalen Bruch: Der Einigungsvertrag vom 31. August 1990 „wurde zum Vehikel eines in der Verfassungs- und Rechtsgeschichte beispiellosen Rechtsgestaltungsaktes, durch den die Rechtsordnung eines Staates auf einen anderen Staat fast vollständig erstreckt, ,exportiert' und gleichzeitig die Rechtsordnung des Letzteren beinahe ganz ausgelöscht wurde" (Wollmann 1997: 36). Die spezifische Form des Vollzugs der Vereinigung begründete daher „ein asymmetrisches Verhältnis zwischen den Bürgerinnen und Bürgern in Ost und West" (Rosar 1998: 130): Während für die Westdeutschen der Übergang zum vereinten Deutschland institutionell nahezu bruchlos erfolgte, wurden für die Ostdeutschen quasi über Nacht „völlig neue Institutionen als verbindliche Entscheidungsinstanzen definiert", „wobei vor allem die rechtsstaatlichen und die im engeren Sinn demokratischen staatlichen Institutionen im Gegensatz zu den politischen Vorfeldorganisationen keinen oder nur einen äußerst begrenzten Spielraum zur Wahrung einer spezifisch ostdeutschen Identität und Funktionsdeutung ließen und lassen" (ebd.).

Es kann daher nicht verwundern, dass das Institutionenvertrauen kurz nach der Vereinigung in West und Ost „signifikant unterschiedlich" war und das Bild in Ostdeutschland „von Misstrauen und Ratlosigkeit geprägt" wurde (Feist 1991: 26, vgl. auch Gluchowski/Zelle 1992): Während im Westen das aus den Achtzigerjahren bekannte Muster der Vertrauenshierarchie auch nach der Vereinigung bestehen blieb, setzten die Ostdeutschen anfangs das größte Vertrauen in die intermediären Institutionen – vor allem in die nach der Vereinigung nun nicht mehr staatlich gelenkten Gewerkschaften und elektronischen Medien – und die rechtsstaatlichen Institutionen landeten, mit Ausnahme des Bundesverfassungsgerichts, ganz am Ende der Vertrauenshierarchie. Schon Mitte der Neunzigerjahre jedoch hatte sich in Bezug auf die Struktur des Institutionenvertrauens ein bemerkenswerter Angleichungsprozess vollzogen, sodass in der Struktur des Institutionenvertrauens keine wesentlichen Ost-West-Unterschiede mehr bestanden (vgl. Tabelle 2.3.1-1).

Tab. 2.3.1-1: Struktur des Institutionenvertrauens 1991 und 1995
(Rangplätze der verschiedenen Institutionen)[1]

	1991		1995	
	W	O	W	O
Rechtsstaatliche Institutionen				
Bundesverfassungsgericht	1	1	1	1
Polizei	3	9	2	2
Gerichte	2	8	3	3
Parteienstaatliche Institutionen				
Bundestag	4	6	4	6
Bundesregierung	5	7	5	5
Intermediäre Institutionen				
Gewerkschaften	6	3	6	4
Fernsehen	8	2	8	7
Presse	9	5	9	8
Kirchen	7	4	7	9

1) Institutionen geordnet nach dem gesamtdeutschen Rangplatz 2001, die Rangplätze richten sich nach den Vertrauensmittelwerten; W = West, O = Ost.

Hatte sich in Bezug auf die Struktur des Institutionenvertrauens bis zur Mitte der Neunzigerjahre zwischen Ost und West ein Angleichungsprozess vollzogen, so galt dies nicht für das Vertrauensniveau[11]. Bei ausnahmslos allen hier betrachteten Institutionen war das Vertrauen in Ostdeutschland Mitte der Neunzigerjahre mehr oder minder deutlich geringer als im Westen, wo sich in der ersten Hälfte der Neunzigerjahre der leichte Vertrauensrückgang bei den rechtsstaatlichen Institutionen fortgesetzt hatte und jetzt auch die meisten intermediären Institutionen betraf (vgl. die Abbildungen 2.3-1-1 bis 2.3.1-5).

11 Empirische Analysen des Institutionenvertrauens in der Bundesrepublik nach der Vereinigung – die aufgrund der Verwendung unterschiedlicher Daten zum Teil zu unterschiedlichen Ergebnissen kommen – sind z.B. zu finden in Gabriel 1993, 1999, 2005, Rohrschneider/Schmitt-Beck 2002, Walz 1996a, 1996b, 1997 und Walz/Brunner 2000.

Die Entwicklung des Institutionenvertrauens seit der zweiten Hälfte der Neunzigerjahre bis heute zeigt, dass sich bei den rechtsstaatlichen Institutionen der graduelle Vertrauensverlust nicht weiter fortgesetzt hat. Im Gegenteil: Die – allerdings nicht direkt vergleichbaren – Eurobarometerdaten zeigen für West- wie für Ostdeutschland eine leichten Aufwärtstrend, wobei in beiden Landesteilen der Polizei und der Bundeswehr von der absoluten Mehrheit der Bevölkerung Vertrauen entgegengebracht wird, während dies bei der Justiz nur im Westen der Fall ist. Bei allen drei Institutionen bleibt aber bis heute das Vertrauensniveau im Osten geringer als im Westen (vgl. Abbildung 2.3.1-6).

Abb. 2.3.1-6: Vertrauen zur Justiz seit 1997
(Angaben in Prozent)

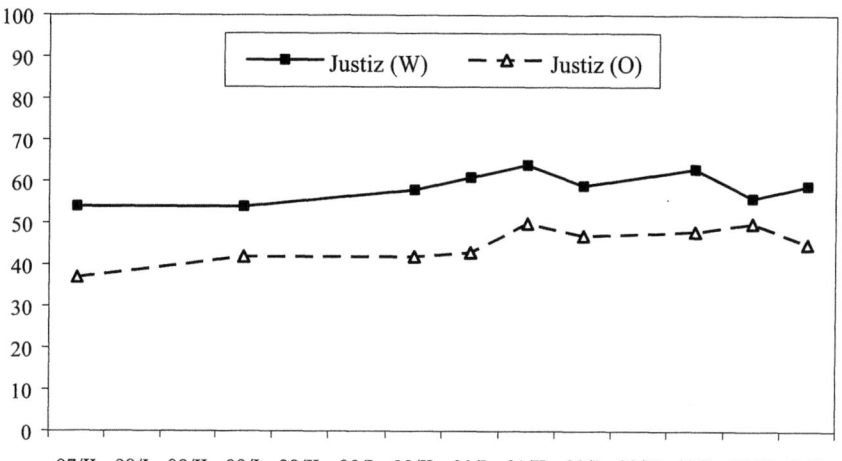

97/II 98/I 98/II 99/I 99/II 00/I 00/II 01/I 01/II 02/I 02/II 03/I 03/II 04/I
Quelle: Eurobarometer.

Bei der Beurteilung der intermediären Institutionen durch die Bevölkerung zeigten sich seit Mitte der Neunzigerjahre unterschiedliche Entwicklungen. Der graduelle Vertrauensverlust der Kirchen und Gewerkschaften setzte sich fort (vgl. Abbildung 2.3.1-7). Berücksichtigt man das relativ hohe Vertrauen, dass den Kirchen in Ostdeutschland – wohl wegen der Rolle der evangelischen Kirche als Hort für die Oppositionsgruppen zu DDR-Zeiten – kurz nach der Wende entgegengebracht wurde (vgl. Abbildung 2.3.1-4), so ist hier über den gesamten Zeitraum nach der Vereinigung hinweg ein hohes Maß an Vertrauensverlust zu konstatieren: 2004 vertraute den Kirchen nur noch knapp ein Viertel der Ostdeutschen.

Abb. 2.3.1-7: Vertrauen zur Polizei und zur Bundeswehr seit 1997
(Angaben in Prozent)

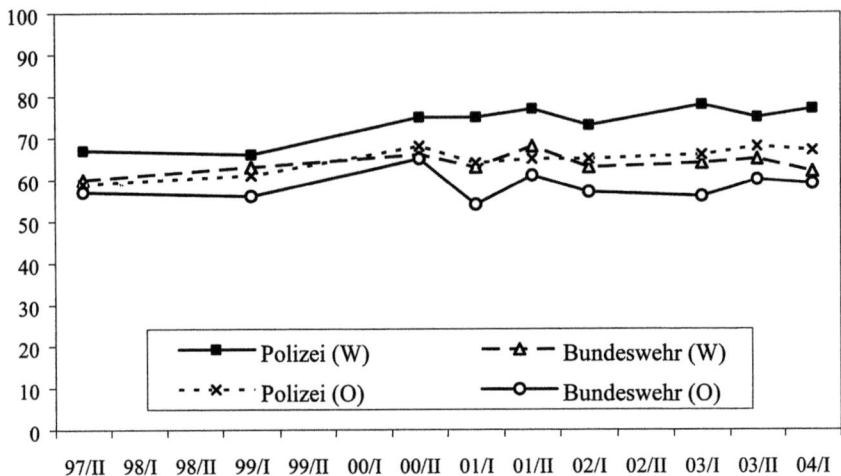

Quelle: Eurobarometer.

Abb. 2.3.1-8: Vertrauen zu den Kirchen und zu den Gewerkschaften seit 1997
(Angaben in Prozent)

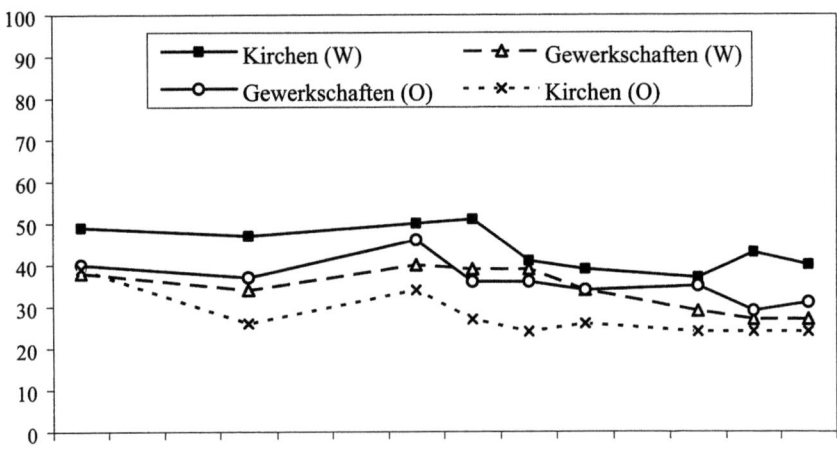

Quelle: Eurobarometer.

Das Vertrauen in die Medien hingegen ist seit Mitte der Neunzigerjahre in etwa
konstant geblieben (vgl. Abbildung 2.3.1-9). In Ostdeutschland haben sich hier –
wie bei den Kirchen – in den ersten Jahren nach der Wende die größten Veränderungen
vollzogen: Während das durchschnittliche Vertrauen der Ostdeutschen
gegenüber dem Fernsehen und der Presse 1991 noch deutlich im positiven Bereich
lag, überwog 1995 gegenüber beiden Institutionen das Misstrauen (vgl.
Abbildung 2.3.1-5). Seit 1997 jedoch, ist dies nur noch für die Presse der Fall.
Dem Fernsehen wird in Ost- wie in Westdeutschland mehrheitlich Vertrauen
entgegengebracht, während in Bezug auf die Presse in Westdeutschland oft und in
Ostdeutschland immer das Misstrauen etwas überwiegt.

Abb. 2.3.1-9: Vertrauen zum Fernsehen und zur Presse seit 1997
(Angaben in Prozent)

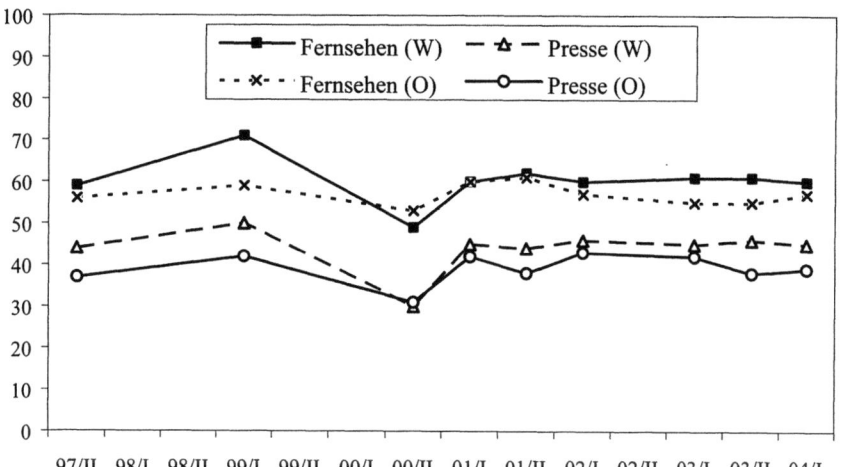

Quelle: Eurobarometer.

Die aus demokratietheoretischer Sicht problematischsten Veränderungen haben
sich jedoch im Bereich der parteienstaatlichen Institutionen ergeben. Während die
Bevölkerung der alten Bundesrepublik der Bundesregierung und dem Bundestag
in der zweiten Hälfte der Achtzigerjahre im Schnitt eindeutig vertraute, ging
danach das Vertrauen in beide Institutionen deutlich zurück und erreichte 1992/93
einen in Ostdeutschland durch ein mehrheitliches Misstrauen gegenüber beiden
Institutionen gekennzeichneten Tiefpunkt, stieg 1995 jedoch gesamtdeutsch wieder
auf positive Durchschnittswerte an (vgl. Abbildung 2.3.1-3).

Seit 1997 jedoch erreichte keine der beiden Institutionen mehr das Vertrauen der absoluten Mehrheit der Bevölkerung (vgl. Abbildung 2.3.1-10).

Abb. 2.3.1-10: Vertrauen zum Bundestag und zur Bundesregierung seit 1997
(Angaben in Prozent)

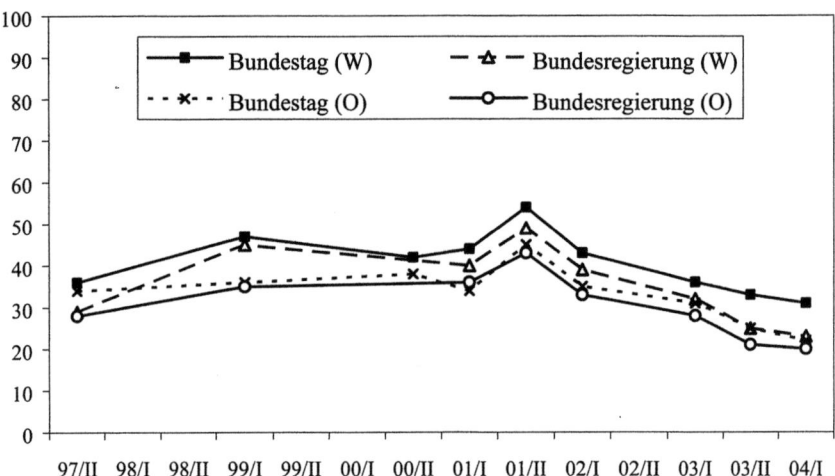

97/II 98/I 98/II 99/I 99/II 00/I 00/II 01/I 01/II 02/I 02/II 03/I 03/II 04/I
Quelle: Eurobarometer.

Es spricht vieles dafür, die Ursachen für diese Entwicklungen weniger in einem allgemeinen Zusammenhang zwischen dem sozialen, interpersonalen Vertrauen und der Unterstützung gemeinschaftsbezogener Normen und Werte auf der einen Seite und dem Vertrauen in politische Institutionen auf der anderen Seite zu suchen, sondern sie eher als Resultat von Performanzdefiziten der Politik in den Augen der Bevölkerung zu deuten[12].

So wurde die erste Welle der Unzufriedenheit über die parteienstaatlichen Institutionen 1992/93 durch eine Kumulation mehrerer Faktoren ausgelöst: „die das politische Personal in Misskredit bringende Häufung von Skandalen und Affären, die sich deutlich verschlechternde Wahrnehmung der ökonomischen Entwicklung, die Unzufriedenheit mit dem Verlauf des Einigungsprozesses – insbesondere die Erwartungsenttäuschung im Osten – und das im Westen dominierende Asylthema. Mit dem aus taktischen Erwägungen und aufgrund SPD-interner Auseinandersetzungen zunächst immer wieder hinausgezögerten Asylkompro-

---

12 Zur kontroversen wissenschaftlichen Diskussion um die Erklärungsfaktoren des Institutionenvertrauens vgl. z.B. Campbell 2004, Fuchs/Gabriel/Völkl 2002 und Gabriel/Kunz 2002.

miss vom Sommer 1993 und einem eklatanten Stimmungsumschwung in der Bevölkerung in Bezug auf die Perzeption der ökonomischen Entwicklung im Frühsommer 1994 kehrte sich die negative Entwicklung jedoch wieder um" (Niedermayer 2003: 34).

Als Erklärung für die Entwicklungen seit Mitte der Neunzigerjahre bietet sich die Tatsache an, dass die Angleichung der politischen Kultur an die politische Struktur im Nachkriegsdeutschland wesentlich über die Kopplung von Wohlfahrtsstaat und Demokratie erfolgte und die wohlfahrtsstaatliche Performanz daher eine große Rolle bei der Beurteilung der parteienstaatlichen Institutionen durch die Bevölkerung spielt. Deutschland sieht sich in jüngerer Zeit einer bisher einzigartigen Kumulation von Veränderungen der Rahmenbedingungen in Gestalt der Globalisierung, des demographischen Wandels und der Vereinigung gegenüber. Diese Veränderungen führen zu einer zunehmenden Ressourcenknappheit der öffentlichen Hand, die die Handlungsmöglichkeiten der politischen Führungsschicht im politischen Prozess immer stärker beeinflusst. Nach einer gewissen Zeitverzögerung wurde dies von der politischen Elite erkannt und in konkretes Handeln umgesetzt, das für die Bevölkerung immer stärkere Einschnitte in das soziale Netz mit sich brachte. Da es der politischen Führungsschicht nicht ausreichend gelang, den Bürgern und Bürgerinnen die Notwendigkeit und soziale Ausgewogenheit ihres Handelns zu vermitteln, setzte zwar ein allmählicher Aufweichungsprozess der tradierten Orientierungsmuster der Bevölkerung gegenüber dem Sozialstaat ein[13], der jedoch zumindest bis Anfang 2004 nicht stark genug war, um ein Ansteigen des Misstrauens gegenüber den parteienstaatlichen Institutionen zu verhindern.

Die Mehrheitsmarke überschritt das Misstrauen in die Institution Bundesregierung in der zweiten Hälfte der Neunzigerjahre erstmals, als die Regierung Kohl 1997 die ersten deutlichen Einschnitte in das soziale Netz vornahm. Nach dem Machtwechsel und der Rücknahme der Sozialleistungskürzungen durch die neue rot-grüne Regierung wurde das Misstrauen gegenüber dieser Institution in der folgende Legislaturperiode wieder etwas geringer, obwohl die konkrete Arbeit der rot-grünen Bundesregierung in den meisten Bereichen von der Bevölkerung sehr kritisch gesehen wurde. Die schlechte konkrete Leistungsbewertung der regierenden politischen Führungsschicht wirkte sich erst wieder negativ auf das generalisierte Institutionenvertrauen aus, als die ökonomischen Probleme immer sichtbarer wurden und die Regierung mit der Agenda 2010 eine deutliche Wende in der Sozial- und Arbeitsmarktpolitik einleitete. Seither ist das Misstrauen gegenüber der Institution Bundesregierung immer stärker gestiegen und das Vertrauen dramatisch gesunken (vgl. Abbildung 2.3.1-11).

---

13 Vgl. hierzu das Kapitel 2.6.

Abb. 2.3.1-11: Haltung zur Bundesregierung seit 1997
(Angaben in Prozent)

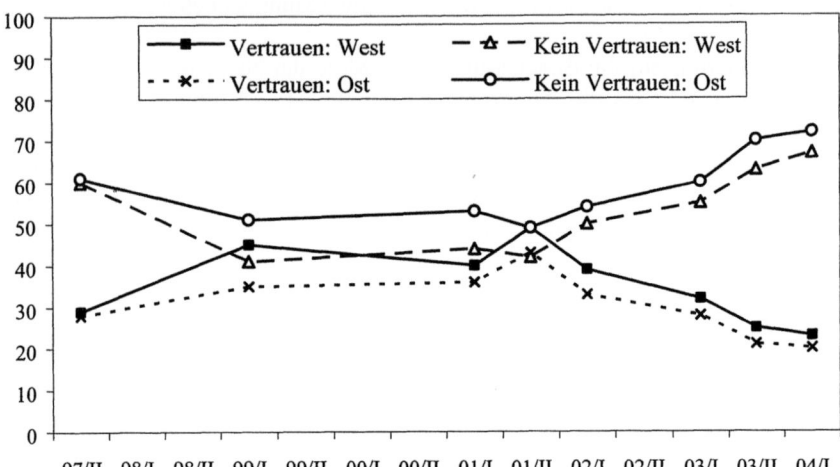

Quelle: Eurobarometer.

Abb. 2.3.1-12: Haltung zum Bundestag seit 1997
(Angaben in Prozent)

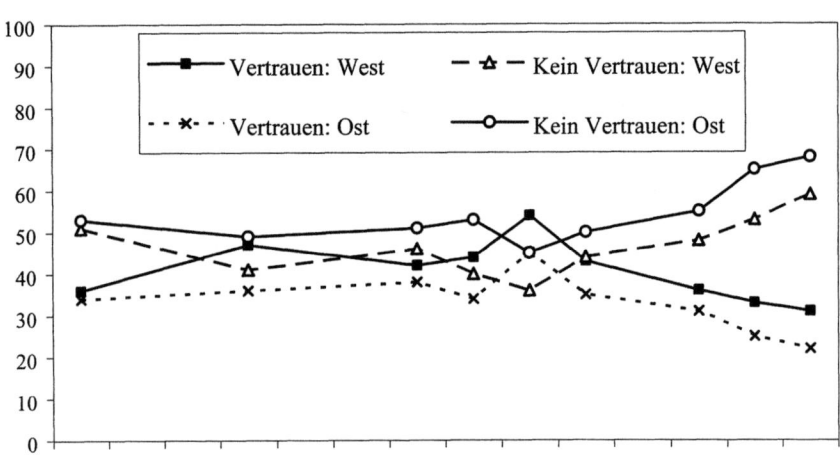

Quelle: Eurobarometer.

Nicht viel anders sieht es mit der Institution Bundestag aus. Auf einem etwas niedrigeren Niveau zeigen sich hier die gleiche zeitliche Entwicklung und der gleiche Unterschied zwischen Ost und West. Im Osten Deutschlands misstraut die Mehrheit der Bevölkerung dem Parlament schon seit Mitte der Neunzigerjahre, die Westdeutschen waren 1999 bis 2002 gespalten, haben sich danach aber mehrheitlich dieser Bewertung angeschlossen.

Im Frühjahr 2004 wurde der bisherige Höhepunkt dieser Entwicklung erreicht: Etwa zwei Drittel der deutschen Bevölkerung misstrauten den parteienstaatlichen Institutionen. Auch den intermediären Institutionen wurde – mit Ausnahme des Fernsehens – mehrheitlich misstraut, während alle rechtsstaatlichen Institutionen mehrheitlich Vertrauen genossen (vgl. Tabelle 2.3.1-2).

Tab. 2.3.1-2: Institutionenvertrauen Frühjahr 2004
(Prozentsätze)[1]

	Gesamt			West			Ost		
	V	kV	wn	V	kV	wn	V	kV	wn
Rechtsstaatliche Institutionen									
Polizei	75	20	5	77	19	4	67	25	8
Bundeswehr	61	25	14	62	25	13	59	25	16
Justiz	56	36	8	59	33	8	45	46	9
Parteienstaatliche Institutionen									
Bundestag	29	60	11	31	59	10	22	68	10
Bundesregierung	23	68	9	23	67	10	20	72	8
Intermediäre Institutionen									
Fernsehen	59	34	7	60	33	7	57	38	5
Presse	44	49	7	45	48	7	39	54	7
Kirchen	37	46	17	40	44	16	24	55	21
Gewerkschaften	28	58	14	27	60	13	31	50	19

1) V = Vertrauen, kV = kein Vertrauen, wn = weiß nicht/keine Angabe.
Quelle: Kommission der EU: Eurobarometer Nr. 61, Brüssel 2004.

Vergleicht man das Institutionenvertrauen in Ost und West, so wird deutlich, dass auch heute noch die Bürgerinnen und Bürger in Ostdeutschland den politischen Institutionen insgesamt skeptischer gegenüberstehen als die Westdeutschen.

Der Ost-West-Unterschied zeigt sich auch in den Orientierungen gegenüber den politischen Parteien, die hier anhand der so genannten Parteiidentifikation sowie einer analog zur Orientierungstypologie gegenüber den Politikern (vgl. Kap. 2.2) entwickelten Typologie untersucht werden sollen.

Das Konzept der Parteiidentifikation wurde in den USA als Kernstück des sozialpsychologischen Modells zur Erklärung von Wahlverhalten entwickelt[14] und bezeichnet eine langfristig relativ stabile[15], affektiv-wertbezogene Bindung an eine Partei im Sinne einer ‚psychologischen Parteimitgliedschaft'.

Abbildung 2.3.1-13 zeigt, dass diese Bindungen im zeitlichen Verlauf durchaus Schwankungen unterliegen, wobei das Ausmaß der Parteiidentifikation in der Regel während der Mobilisierungsphasen im Umfeld der Bundestagswahlen ansteigt. Daneben lässt sich jedoch auch ein eindeutiger Trend feststellen: Unter den Bürgerinnen und Bürgern der alten Bundesrepublik haben die Parteibindungen von Anfang der Achtzigerjahre bis Mitte der Neunzigerjahre deutlich abgenommen: Ende der Siebzigerjahre war etwa jeder Fünfte ohne Parteibindung, Mitte der Neunziger etwa jeder Dritte. Eine starke Bindung an eine der Parteien wiesen Ende der Siebzigerjahre etwa zwei Fünftel der Bevölkerung auf, Mitte der Neunziger nur noch knapp ein Viertel. Seit dieser Zeit ist jedoch festzustellen, dass der Anteil der Bürger ohne Parteibindung in Westdeutschland nicht weiter steigt und der Anteil mit starker Parteibindung wieder etwas zunimmt.

Die erst in neuerer Zeit nicht mehr weiter zunehmende mentale Entkopplung von Bürgern und Parteien durch den Rückgang sowohl des Niveaus als auch der Intensität der Parteiidentifikation[16] kann vor allem auf längerfristige soziokulturelle und ökonomische Wandlungsprozesse zurückgeführt werden (Niedermayer 2000). Die deutschen Parteien entstanden im Rahmen der gesellschaftlichen Umbrüche und Verwerfungen während der Nationalstaatsbildung und Industriellen Revolution des 19. Jahrhunderts als politischer Ausdruck zentraler gesellschaftlicher Konfliktlinien, d.h. von Ungleichheiten zwischen sozialen Gruppen, die als Begünstigungen und Benachteiligungen wahrgenommen, mit der notwen-

---

14 Vgl. Belknap/Campbell 1952, Campbell/Gurin/Miller 1954 und Campbell/Converse/Miller/Stokes 1960. Zur Diskussion vor allem in den Siebzigerjahren über die Übertragbarkeit des Konzepts auf deutsche Verhältnisse vgl. z.B. Berger 1973, 1977, Falter 1977 und Gluchowski 1978, eine Zusammenfassung liefern Falter/Schoen/Caballero 2000.

15 Zur Stabilität der Parteiidentifikation in Deutschland vgl. Falter/Schoen/Caballero 2000 und Schmitt-Beck/Weick 2001. Zur Analyse ihrer Entwicklung vgl. z.B. Dalton/Rohrschneider 1990, Falter/Rattinger 2002, Rattinger 1996 und Zelle 1998.

16 Dieser ‚dealignment'-Prozess zeigte sich auch in anderen westlichen Demokratien (vgl. z.B. Dalton/Beck/Flanagan 1984 und Schmitt/Holmberg 1995).

digen Sinnkomponente unterlegt und kulturell gedeutet wurden. Die Deutungs-
leistung erbrachten vor allem parteipolitische Eliten, sodass enge Bindungen
zwischen den jeweiligen sozialen Gruppen und den sie vertretenden politischen
Parteien entstanden. Diese Bindungen wurden noch verstärkt durch die frühe
Herausbildung sozialer Milieus, d.h. alltagsweltlich begründeter, durch ein umfassendes Gefüge von Verbänden und Vereinen organisatorisch abgestützter
Gesinnungsgemeinschaften. Die Milieuangehörigen wurden durch die bestehenden Gruppennormen im Sinne der das Milieu repräsentierenden Partei einseitig
politisch sozialisiert, entwickelten also relativ stabile, gefühls- und wertmäßig
verankerte Parteibindungen.

Abb. 2.3.1-13: Entwicklung der Parteiidentifikation seit 1977
   (Angaben in Prozent)

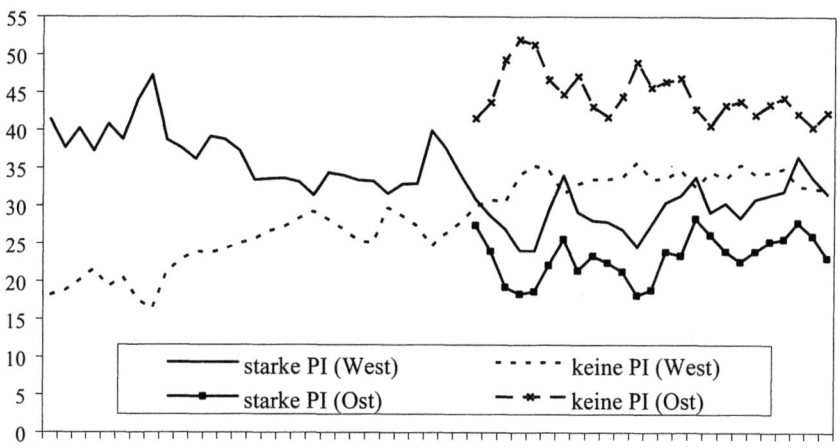

77/I 78/I 80/I 81/I 83/I 84/I 86/I 87/I 89/I 90/I 92/I 93/I 95/I 96/I 98/I 99/I 01/I 02/I

Quelle: eigene Berechnungen (FGW-Politbarometer).

Die Milieuverankerung der deutschen Parteien überdauerte den Wechsel vom
Kaiserreich zur Weimarer Republik und konnte selbst durch die völkische Ideologie und die Unterdrückungsmechanismen des Nationalsozialismus nicht vollständig eingeebnet werden. Traditionelle Milieustrukturen prägten daher in ge-
wissem Umfang auch noch die Nachkriegszeit. Seit den sechziger Jahren ist in
der Bundesrepublik jedoch ein Abschmelzen der traditionell-parteigebundenen
sozialen Gruppen und eine Erosion der traditionellen Milieus aufgrund vielfältiger ökonomischer und sozio-kultureller Wandlungsprozesse zu beobachten. Im

ökonomischen Bereich bildet der Wandel der Erwerbsstruktur die zentrale Größe. Hinzu kommen Milieuerosionsprozesse, die durch den sozio-kulturellen Wandel im Sinne von Wertewandel, Säkularisierung, Mobilitätssteigerung und Individualisierung bedingt sind: Die stärkere Betonung postmaterialistischer gegenüber materialistischen Werten, die Abkehr von gesellschaftlichen Großorganisationen, die gestiegene soziale Mobilität und die Pluralisierung von Lebensstilen bewirkt eine immer stärkere Erosion der traditionellen Sozialmilieus und damit auch ihrer politischen Sozialisationsleistungen in Form einer affektiv-wertbezogenen Parteibindung. Hinzu kommt, dass die – vor allem aufgrund der Bildungsexpansion der Sechzigerjahre – gestiegene kognitive Kompetenz der Bürgerinnen und Bürger „den Bedarf für habituelle Parteibindungen als Orientierungshilfen im politischen Raum reduziert" (Dalton/Rohrschneider 1990: 310)[17].

Das Hinzukommen der ostdeutschen Bevölkerung mit der Vereinigung führte zu einem Absenken des Niveaus der Parteibindung der Gesamtbevölkerung. Über die Frage der Parteibindungen der Ostdeutschen vor der Vereinigung gab es eine kontroverse Diskussion. Der Auffassung, dass „Parteibindungen in der DDR historisch nicht gewachsen sein können" (Roth 1990: 371), stand die durchaus plausible These gegenüber, dass die DDR-Bürger, gefördert durch das Westfernsehen und persönliche Kontakte mit Westdeutschen, schon lang vor der Wende „Quasi-Parteibindungen" (Bluck/Kreikenbom 1991, 1993) gegenüber den Parteien der alten Bundesrepublik entwickelt hätten[18]. Unabhängig von der Existenz solcher virtueller Bindungen vor der Wende macht die Abbildung 2.3.1-13 deutlich, dass der Anteil der ostdeutschen Bürger ohne Parteibindung kurz nach der Vereinigung deutlich höher und der Anteil der stark Parteigebundenen geringer war als in Westdeutschland. In der Folgezeit hat sich der Anteil der Personen mit starker Bindung in etwa parallel zu den Westdeutschen entwickelt, hat sich also seit der zweiten Hälfte der Neunzigerjahre leicht erhöht aber dem westdeutschen Niveau nicht angeglichen, wohingegen der Anteil der Ungebundenen anfänglich anstieg und dann allmählich wieder auf das Ausgangsniveau zurückging.

Insgesamt haben die Entwicklungen in Ost- und Westdeutschland dazu geführt, dass in der zweiten Hälfte des Jahres 2003 ein Drittel der gesamtdeutschen Bevölkerung keine Parteibindung aufwies, wobei der Anteil in Ostdeutschland immer noch deutlich höher war als im Westen. Eine starke Parteibindung wiesen insgesamt 30 Prozent der Bürger auf, wobei die Ostdeutschen gegenüber dem Westen immer noch deutlich zurücklagen (vgl. Tabelle 2.3.1-3).

---

17 Diese Begründungszusammenhänge weisen auch darauf hin, dass ein Rückgang der Parteiidentifikation nicht mit zunehmender ‚Parteienverdrossenheit' gleichgesetzt werden darf, wie im Folgenden noch deutlich werden wird.

18 Vgl. auch Gluchowski/Zelle 1992, Kreikenbom 1996, 1997, Rattinger 1995, 1996 und Schmitt 1992.

Tab. 2.3.1-3: **Parteiidentifikation in der zweiten Jahreshälfte 2003**
(Angaben in Prozent)

	Gesamt	West	Ost
Keine Parteiidentifikation	34	32	42
Schwache Parteiidentifikation	2	3	2
Mäßige Parteiidentifikation	30	31	29
Starke Parteiidentifikation	30	32	23
Weiß nicht/keine Antwort	3	3	3

Quelle: eigene Berechnungen (FGW-Politbarometerdaten).

Das Fehlen einer Parteiidentifikation bei einem Drittel der Bevölkerung kann jedoch auf keinen Fall im Sinne einer weit verbreiteten Parteienverdrossenheit gedeutet werden. Dies zeigt sich, wenn man – wie es im Interesse einer sinnvollen wissenschaftlichen Verwendung des Konzepts geboten ist – eine Operationalisierung von Parteienverdrossenheit wählt, die zum einen differenzierte Urteile über die einzelnen Parteien erlaubt, sodass es zu einer empirisch beantwortbaren Frage wird, ob und in welchem Ausmaß Pauschalurteile über ‚die Parteien' abgeben werden, und zum anderen auf generelle evaluative Orientierungen gegenüber den Parteien abstellt.

Analog zur Vorgehensweise in Bezug auf die Politikerorientierungen im Kapitel 2.2, haben wir daher eine Typologie genereller Orientierungen gegenüber den relevanten – d.h. im Bundestag vertretenen – Parteien gebildet, die vier Orientierungstypen unterscheidet:
- Begeisterung liegt vor, wenn ausnahmslos alle im Bundestag vertretenen politischen Parteien positiv beurteilt werden;
- Wohlwollen liegt vor, wenn die Beurteilung im Durchschnitt positiv ausfällt;
- Skepsis liegt vor, wenn die Beurteilung der Parteien im Durchschnitt nicht positiv ausfällt (d.h. in diese Kategorie wird neben einer negativen auch der Grenzfall einer exakt neutralen Durchschnittsbewertung eingeordnet);
- Verdrossenheit liegt vor, wenn keine einzige der im Bundestag vertretenen Parteien positiv beurteilt wird.

Als Datenbasis dienen die von der Forschungsgruppe Wahlen e.V. im Rahmen der monatlichen Politbarometerumfragen erhobenen Parteiskalometer. Dort werden die Befragten gebeten, eine allgemeine Beurteilung jeder Partei abzugeben, wobei sie ihre Meinung in Form einer 11-Punkte-Skala von –5 bis +5 sehr fein abstufen können.[19] Die Abbildung 2.3.1-14 verdeutlicht, dass von einer weit verbreiteten Parteienverdrossenheit der deutschen Bevölkerung nicht gesprochen werden kann. Wie schon bei den Politikerorientierungen, so zeigt sich auch in Bezug auf die Parteien, dass die Bürger in ihrer übergroßen Mehrheit keine Pauschalurteile über die relevanten Parteien fällen, sondern differenziert urteilen.

Abb. 2.3.1-14: Typen von Parteiorientierungen seit 1977
(Angaben in Prozent)

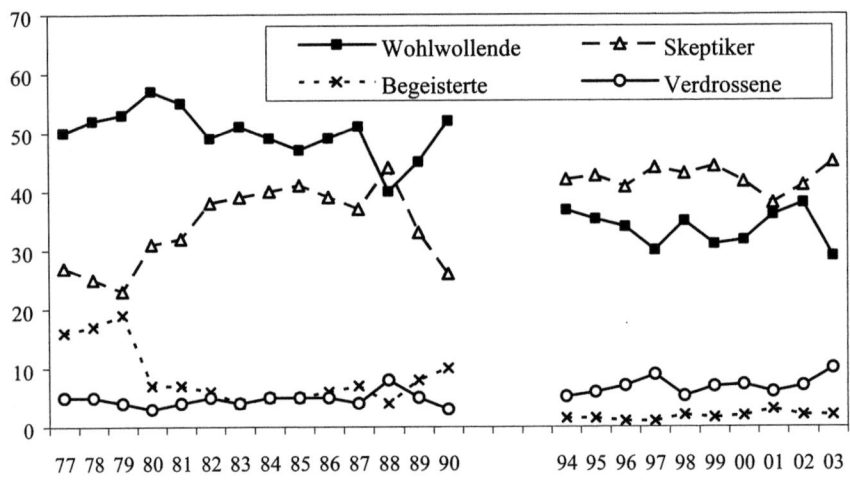

Quelle: eigene Berechnungen (FGW-Politbarometer).

Von Ende der Siebzigerjahre bis zur Wiedervereinigung war im Schnitt etwa ein Zwanzigstel der Bevölkerung parteiverdrossen, der Anteil der pauschal Begeisterten lag in den Achtzigerjahren in der gleichen Größenordnung[20]. Allerdings erhöhte sich im Lauf der Achtzigerjahre der Anteil der Skeptiker und übertraf 1988 die Gruppe der Wohlwollenden, bevor er im Zuge der Vereinigungseuphorie wieder deutlich absank. Im vereinigten Deutschland jedoch werden die Parteien

---

19 Die Frageformulierung lautet: „Und nun noch etwas genauer zu den Parteien. Stellen Sie sich einmal ein Thermometer vor, das aber lediglich von plus 5 bis minus 5 geht, mit einem Nullpunkt dazwischen. Sagen Sie es bitte mit diesem Thermometer, was Sie von den einzelnen Parteien halten: +5 bedeutet, dass Sie sehr viel von der Partei halten, -5 bedeutet, dass Sie überhaupt nichts von der Partei halten. Mit den Werten dazwischen können Sie Ihre Meinung abgestuft sagen."

20 Das deutliche Absinken des Anteils der Begeisterten von 1979 auf 1980 ist der Tatsache zuzuschreiben, dass 1980 die Grünen auf der Bildfläche erschienen, die zunächst von vielen Bürgern negativ beurteilt wurden, sodass sich der Anteil derjenigen, die alle relevanten Parteien positiv beurteilten, deutlich verringerte.

von der Bevölkerung deutlich kritischer beurteilt als dies in der alten Bundesrepublik der Fall war[21]. Die Skeptiker bilden jetzt die größte Gruppe, der Anteil der Wohlwollenden ist um etwa ein Drittel geringer als früher, Begeisterte gibt es kaum mehr und der Anteil der Verdrossenen hat sich bis 2003 nahezu verdoppelt. Dennoch kann man auch heute nicht von einer weit verbreiteten Parteienverdrossenheit sprechen, da nur jeder zehnte Bundesbürger keiner der im Bundestag vertretenen Parteien etwas Positives abgewinnen kann.

Die Bindungen der Bürgerinnen und Bürger an die Parteien gelten als ein wichtiger Einflussfaktor für das Vertrauen in die anderen politischen Institutionen: Zum einen stehen Anhänger der jeweiligen Regierungsparteien den parteienstaatlichen Institutionen positiver gegenüber, zum anderen kann Personen mit einer Parteiidentifikation eine stärkere generelle Bindung an das politische System zugeschrieben werden[22]. Es lassen sich jedoch – zusätzlich zu dem schon angesprochenen sozialen Vertrauen und den Performanzdefiziten der Politik – noch eine ganze Reihe anderer möglicher Determinanten des Institutionenvertrauens finden (Gabriel 1999, 2005, Walz/ Brunner 2000): Nach Easton (1965, 1975) entsteht Vertrauen bereits in der primären Phase der Sozialisation eines Individuums. Mangels besserer Indikatoren versucht man diese Einflüsse in der empirischen Forschung über das Geschlecht, das Alter und die Bildung einer Person zu erfassen. Für die Ost/West-Unterschiede im Institutionenvertrauen sind zudem die politische Sozialisation im Rahmen der DDR und die fortbestehende DDR-Bindung wichtig. Ein weiterer Bereich möglicher Einflussfaktoren wird in der Mediennutzung gesehen, da die Massenmedien durch ihre negative Tendenz in der Berichterstattung über Politik zum Vertrauensverlust beitragen könnten[23]. Aufgrund der Verwendung moralischer Standards bei der Bewertung politischer Sachverhalte hängt das Institutionenvertrauen möglicherweise auch von den in einer Gesellschaft vorherrschenden Wertvorstellungen ab. Schließlich dürften sich die rational-ergebnisbezogenen Orientierungen gegenüber den verschiedenen Institutionen auf das Institutionenvertrauen auswirken, da Vertrauensbeziehungen zu bestimmten Institutionen durch eine Generalisierung positiver Erfahrungen mit ihren Leistungen entstehen können[24].

Untersucht man die Auswirkung dieser Faktoren auf das Institutionenvertrauen nicht isoliert für jeden einzelnen Faktor, sondern bezieht alle möglichen Faktoren

---

21 Da die Beurteilung der PDS gesamtdeutsch erst ab 1994 erfragt wurde, liegen für den Zeitraum 1991 bis 1993 keine vollständigen Daten vor.
22 Vgl. hierzu auch die Ausführungen in Kapitel 3.3.1.
23 Vgl. hierzu auch Kapitel 3.1.
24 Ein weiterer wichtiger Faktor zur Erklärung von Unterschieden im Vertrauen zu verschiedenen Institutionen in Ostdeutschland einbezogen werden konnte, ist das Ausmaß an Personalaustausch nach der Wende (Derlien 1997, Gabriel 1996)

gleichzeitig in die Analyse ein, so wird deutlich, dass durch ein solches Modell „die Einstellungen zu den Institutionen des Parteienstaats besser erklärt werden können als das Verhältnis zu den rechtsstaatlichen Einrichtungen" (Gabriel 1999: 221). Das Vertrauen in die parteienstaatlichen Institutionen wird vom Vertrauen in die Parteien und – im Osten noch stärker als im Westen – von den Einstellungen zu den Leistungen des politischen Systems und seiner Elemente beeinflusst, d.h. „die Bewertung der Systemperformanz (spielt) eine wichtige Rolle für den Aufbau politischer Unterstützung" (ebd.: 226). Die intermediären Institutionen konnten mangels vorhandener Daten nicht in diese Zusammenhangsanalyse einbezogen werden. Sie stehen jedoch im nächsten Abschnitt im Mittelpunkt, wo es um die rational-ergebnisbezogene Bewertung von Institutionen durch die Bürgerinnen und Bürger geht.

2.3.2 Leistungsbeurteilung

Im Vergleich zur affektiv-wertbezogenen Orientierung gegenüber politischen Institutionen ist ihre rational-ergebnisbezogene Beurteilung durch die Bevölkerung größeren Schwankungen unterworfen, da sie sich direkt am tagespolitischen Geschehen orientiert. Auch hier zeigen sich jedoch über die Zeit hinweg Regelmäßigkeiten, wie die in Abbildung 2.3.2-1 wiedergegebene Entwicklung der Leistungsbewertung der Regierung verdeutlicht: Die Zufriedenheit mit der Arbeit der jeweiligen Bundesregierung unterliegt einem klaren Zyklus: Nach der jeweiligen Bundestagswahl ist sie kurzzeitig relativ hoch, geht dann deutlich zurück, erreicht nach der Mitte der Legislaturperiode ihren Tiefpunkt und steigt vor der nächsten Wahl wieder an[25]. Unterbrochen wurde dieser Zyklus bisher nur durch die Auswirkungen des CDU-Spendenskandals 1999/2000[26], der der amtierenden rot-grünen Bundesregierung zu besseren Performanzwerten verhalf.

Die Ursachen der systematischen zeitlichen Schwankungen der Leistungsbewertung liegen sowohl auf der Nachfrage- als auch auf der Angebotsseite des politischen Wettbewerbs: Im Rahmen des Wahlkampfes zu den Bundestagswahlen werden durch die Parteien und Kandidaten Erwartungen geweckt, die die Regierungen nach der Wahl durch ihre konkrete politische Arbeit in den Augen eines Teils der Regierungswähler nicht erfüllen, sodass die rational-ergebnisbezogene Unterstützung der Regierung – nach einer kurzen Zeit der Nachwahleu-

---

25 Dieser Zyklus lässt sich nicht nur in den Orientierungen der Bevölkerung nachweisen, sondern auch in ihrem Wahlverhalten: Die Regierungsparteien auf Bundesebene verlieren bei den zwischen den Bundestagswahlterminen liegenden Landtagswahlen relativ an Stimmen (Dinkel 1977, 1989).

26 Vgl. hierzu Kapitel 2.2.

phorie – deutlich zurückgeht. Befördert wird dies zusätzlich durch die Neigung der Regierenden, für die Bürger unbequeme politische Entscheidungen möglichst am Anfang der Legislaturperiode zu treffen, damit sie bis zur nächsten Wahl wieder vergessen sind. Nähert sich die nächste Wahl, dann gewinnt – verstärkt durch die Mobilisierungsanstrengungen der Parteien und Politiker – bei vielen anfangs enttäuschten Regierungswählern die langfristige Parteibindung wieder die Oberhand, die die Regierungsaktivitäten in günstigerem Licht erscheinen lässt, und zudem ist die Responsivität der Regierenden gegenüber den Interessen der Regierten vor den Wahlen wieder deutlich größer, mit anderen Worten: Es werden Wahlgeschenke an die potenziellen Wähler verteilt, sodass deren Zufriedenheit mit der Arbeit der Bundesregierung wieder ansteigt.

Allerdings ist diese zyklische Entwicklung mit einem klaren langfristigen Trend verbunden: Im Zeitablauf beurteilt Bevölkerung die Performanz der jeweiligen Bundesregierung immer negativer und der rot-grünen Regierung schlug im Verlauf ihrer zweiten Legislaturperiode ein bisher noch nie gemessenes Ausmaß an Unzufriedenheit entgegen.

Abb. 2.3.2-1: **Zufriedenheit mit der Arbeit der Bundesregierung seit 1977**
(Mittelwerte; Skala: -5 bis +5)

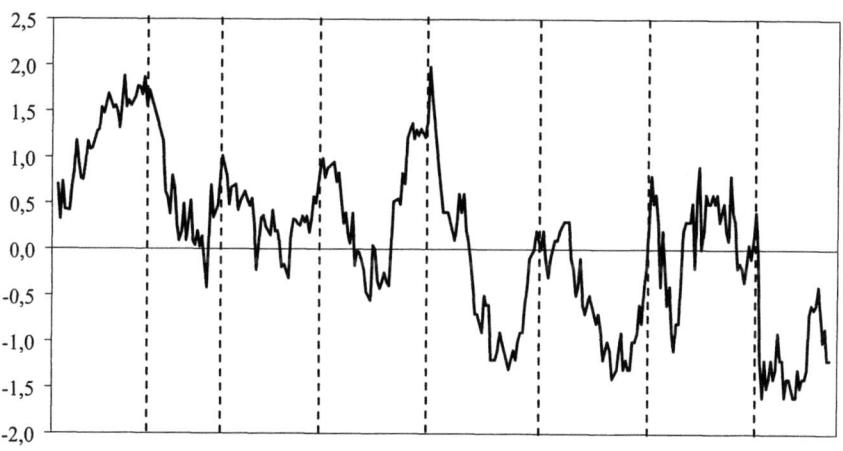

77 78 79 80 81 82 83 84 85 86 87 88 89 90 91 92 93 94 95 96 97 98 99 00 01 02 03 04 05
Quelle: eigene Berechnungen (FGW-Daten).

Ein wesentlicher Bestimmungsfaktor für die Leistungsbewertung der Regierung ist somit das Gefühl der Bürger, im politischen Handeln der Regierenden die eigenen Interessen gewahrt zu sehen. Die von den Bürgern perzipierte Interessen-vertretung durch politische Institutionen steht im Mittelpunkt eines weiteren Forschungsfeldes, das sich allerdings nicht mit den Regierungssysteminstitutionen beschäftigt, sondern diejenigen Institutionen in den Blick nimmt, die Vermittlungsleistungen zwischen Bürgern und Regierungssystem erbringen sollen. Diese Vermittlungsleistungen bestehen zum einen darin, den Interessen der Bürgerinnen und Bürger im politischen Prozess Ausdruck zu verleihen, unterschiedliche Interessen in einem Auswahl- und Hierarchiebildungsprozess zu bündeln und in Form politischer Handlungsalternativen in den politischen Diskussions- und Entscheidungsprozess einzubringen. Zum anderen müssen die von den Institutionen des Regierungssystems getroffenen politischen Entscheidungen an die Bürger rückvermittelt werden. Neben den Massenmedien und sozialen Bewegungen kommen diese Aufgaben vor allem den – außerparlamentarischen[27] – Parteiorganisationen und den Verbänden zu (Niedermayer 1996)[28].

Die rational-ergebnisbezogenen Orientierungen der Bevölkerung gegenüber den Vermittlungsinstitutionen sind auf die genannten Leistungen bezogen, wobei in der Forschung die Interessenvermittlung im Mittelpunkt steht[29]. Für die Legitimität und Stabilität politischer Systeme spielen die Interessenvermittlungsleistungen und die daraus folgende Einbeziehung der Bürger in den politischen Prozess eine zentrale Rolle, wobei die Integration nur dann erfolgen kann, wenn die Bürger eine oder mehrere der intermediären Institutionen auch tatsächlich als Vertreter ihrer Interessen wahrnehmen (Thaidigsmann 2000). Das Vertretenheitsgefühl stellt eine psychologische Bindung der Bürger an Parteien und Verbände dar, die vor allem durch die Bewertung der Effektivität der Interessenvertretung bestimmt wird und daher als instrumentelle, rational-ergebnisbezogene Orientierung anzusehen ist (Weßels 1997), obwohl sie durchaus auch eine affektive bzw. expressive Komponente enthält (Fuchs 1989)[30].

---

27 Vgl. hierzu die Ausführungen am Anfang dieses Kapitels.
28 Zusätzlich nehmen diese Institutionen die Aufgaben der Rekrutierung und Kontrolle der politischen Entscheidungsträger wahr. Die Personalrekrutierungsfunktion bildet auch das wesentliche funktionale Unterscheidungsmerkmal von Parteien und Verbänden. Von der lokalen Politikebene abgesehen, monopolisieren die Parteien durch die allein von ihnen vorgenommene Nominierung von Kandidaten für öffentliche Wahlämter die Rekrutierung der politischen Entscheidungsträger.
29 Vgl. vor allem die Arbeiten von Weßels (1991, 1992, 1993, 1997) und Thaidigsmann 2000.
30 Damit sich ein Individuum überhaupt durch eine Partei oder einen Verband vertreten fühlen kann, müssen sich die vom Individuum wahrgenommenen grundlegenden Zielsetzungen der Organisation – unabhängig von ihrer tagespolitischen Performanz – mit seinen Interessen decken. Gemessen wird das Vertretenheitsgefühl z.B. durch folgende Frageformulierung: „Ich lese Ihnen jetzt einige Gruppen, Organisationen und Parteien vor. Sagen Sie mir bitte anhand dieser Liste für jede davon – egal, ob Sie darin Mitglied sind oder nicht – ob sie Ihrer Meinung nach Ihre Interessen vertritt oder Ihren Interessen entgegensteht" (EPW-Sudie 1998).

Tabelle 2.3.2-1 zeigt, wie gut sich die Bürger in West- und Ostdeutschland in den Neunzigerjahren durch Parteien und Verbände vertreten fühlten (Thaidigsmann 2000: 244ff.)[31]: Die Westdeutschen wiesen 1990 keiner Partei als Vertreterin ihrer Interessen einen besonderen Bonus zu, 1998 lag jedoch die SPD klar vorne, was sich später auch in der Wahlentscheidung widerspiegelte. In den neuen Bundesländern besaß die ‚Einheitspartei' CDU 1990 hingegen einen deutlichen Vorsprung vor der SPD, und auch die FDP konnte vom Vereinigungsbonus profitieren. Im Jahre 1998 hat sich das Bild umgekehrt: Für die CDU und FDP ist ein deutlicher Rückgang des Vertretenheitsgefühls zu verzeichnen, die SPD konnte wesentlich zulegen, und die PDS hat sich hinter ihr an die zweite Stelle geschoben, wird somit in relativ hohem Maß als Vertreterin spezifisch ostdeutscher Interessen wahrgenommen.

Bei den Verbänden erwiesen sich für die Westdeutschen die Umweltschutzgruppen zu allen drei Befragungszeitpunkten als die besten Interessenvertreter, gefolgt von den Gewerkschaften. Kirchen[32] und Wirtschaftsverbände wurden von einem Sechstel bis einem Fünftel der Bürger als Vertreter ihrer Interessen angesehen. Insgesamt ergibt sich für den Westen ein relativ konstantes Bild mit einer leichten Zunahme des Vertretenheitsgefühls über die Neunzigerjahre hinweg. In Ostdeutschland spielen Wirtschaftsverbände und Kirchen als Interessenvertreter eine noch geringere Rolle als im Westen, auch hier liegen Umweltschutzgruppen und Gewerkschaften vorne. Während im Westen das Vertretenheitsgefühl eher zugenommen hat, zeigt sich bei den Ostdeutschen jedoch im Zeitverlauf ein tendenziell abnehmendes Gefühl der Vertretenheit.

Die zeitliche Entwicklung der rational-ergebnisorientierten Orientierungen gegenüber den intermediären Institutionen in Ostdeutschland korrespondiert somit durchaus mit der Veränderung der Struktur der affektiv-wertbezogenen Orientierungen, also mit dem im Zeitablauf geringer werdenden Stellenwert intermediärer Institutionen im Rahmen des Institutionenvertrauens.

---

31 Ein alternativer Weg zur Messung der Interessenvertretung durch intermediäre Institutionen – insbesondere in Bezug auf Parteien – ist die Frage danach, welche Bevölkerungsgruppen die jeweilige Institution in den Augen der Bürger vorrangig vertritt. Diese Art der Operationalisierung führt zu empirischen Ergebnissen, die sich von Anfang der Siebziger- bis Anfang der Neunzigerjahre kaum verändert haben: In den Augen der Bevölkerung vertritt die CDU/CSU an erster Stelle die Interessen der Unternehmer, gefolgt von denen der Landwirte und Beamten. Die SPD wird vor allem als die Partei der Arbeiter angesehen, die FDP gilt als Partei des selbstständigen Mittelstands und die Grünen vor allem als Interessenvertretung der Jüngeren (vgl. Dittrich 1992 und Dittrich/Zelle 1992).
32 Über die Charakterisierung der Kirchen als Verbände besteht in der Literatur wegen der besonderen Art der von ihnen vertretenen Interessen und ihrer privilegierten Rechtsstellung keine Einigkeit (Niedermayer 1996: 159f.).

Tab. 2.3.2-1: Vertretenheitsgefühl durch Parteien und Verbände 1990-1998
(Angaben in Prozent)[1]

	1990		1994		1998	
	W	O	W	O	W	O
Parteien						
CDU/CSU[2]	33	42	-	-	40	30
SPD	31	33	-	-	53	53
FDP	14	25	-	-	17	12
GRÜNE	26	32	-	-	34	28
REP/DVU	3	3	-	-	4	6
PDS	1	11	-	-	6	38
Verbände						
Gewerkschaften	36	49	42	53	43	40
Wirtschaftsverbände	16	17	17	19	20	12
Kirchen	20	16	22	14	30	17
Umweltschutzgruppen	58	56	64	53	54	41

1) W= West, O = Ost.
2) Ost: nur CDU.
Quelle: Thaidigsmann 2000: 245ff.

Zusammenfassend kann „man davon ausgehen, dass sich zu jedem Punkt des Betrachtungszeitraums ein Großteil der Bevölkerung durch eine oder mehrere der hier betrachteten intermediären Organisationen vertreten sah. Demnach kann das Vertretenheitsgefühl die Funktionen, die politische Entfremdung der Bürger zu verhindern und ihre Integration in den politischen Prozess zu fördern, für viele Bürger erfüllen. Vor allem im Bereich des Vertretenheitsgefühls durch politische Verbände ist dies aber im Osten der Bundesrepublik in sinkendem und oft geringerem Maße möglich als im Westen" (Thaidigsmann 2000: 267).

Weder die Entwicklung des Vertrauens in die verschiedenen Institutionen noch die Beurteilung ihrer Leistungen gibt somit Anlass, undifferenziert von einer generellen Krise im Verhältnis der Bürger zu den politischen Institutionen zu sprechen, wie dies in der politischen Debatte oft geschieht. Dort wird eines allzu leicht vergessen: „Die Erwartung, dass alle Bevölkerungsgruppen allen Institutionen zu jeder Zeit das gleiche Maß an Vertrauen entgegen bringen, ist unrealistisch" (Gabriel 1999: 207), da vielfältig bedingte Unterschiede im Institutionenvertrauen den Funktionsprinzipien pluralistischer Demokratien entsprechen. Zu demokratietheoretisch begründeter Sorge gibt jedoch die Entwicklung in Bezug auf das Vertrauen zu den parteienstaatlichen Institutionen Anlass, da dies in neuester Zeit in hohem Maße erodiert ist. Es stellt sich die Frage, ob das zunehmende Misstrauen der Bevölkerung gegenüber den parteienstaatlichen Institutionen möglicherweise schon die generelle Haltung der Bevölkerung gegenüber der bundesrepublikanischen politischen Ordnung negativ beeinflusst, sodass die Deutschen ihrer spezifischen Form von Demokratie zunehmend die Unterstützung entziehen. Dieser Frage wird im nächsten Kapitel nachgegangen.

Weiterführende Literatur

Almond, Gabriel A./Verba, Sidney (1965): The Civic Culture. Boston: Little, Brown.
Baker, Kendall L./Dalton, Russell J./Hildebrandt, Kai (1981): Germany Transformed: Political Culture and the New Politics. Cambridge, Mass.: Harvard University Press.
Belknap, George/Campbell, Angus (1952): Political Party Identification and Attitudes Towards Foreign Policy, in: Public Opinion Quarterly, 15, S. 601-623.
Berger, Manfred (1973): Parteiidentifikation in der Bundesrepublik, in: Politische Vierteljahresschrift, 14, S. 215-225.
Berger, Manfred (1977): Stabilität und Intensität von Parteineigungen, in: Politische Vierteljahresschrift, 18, S. 501-509.
Bluck, Carsten/Kreikenbohm, Henry (1991): Die Wähler in der DDR: nur issue-orientiert oder auch parteigebunden?, in: Zeitschrift für Parlamentsfragen, 22, S. 495-502.
Bluck, Carsten/Kreikenbom, Henry (1993): Quasiparteibindung und Issues, in: Gabriel, Oscar W./Troitzsch, Klaus G. (Hrsg.): Wahlen in Zeiten des Umbruchs. Frankfurt a.M.: Peter Lang, S. 455-470.
Campbell, Angus/Converse, Philiph E./Miller, Warren E./Stokes, Donald E. (1960): The American Voter. New York: Wiley.
Campbell, Angus/Gurin, Gerald/Miller, Warren E. (1954): The Voter Decides. Evanston, Ill./White Plains,N.Y.: Row, Peterson and Co.
Campell, William Ross (2004): The Sources of Institutional Trust in East and West Germany: Civic Culture or Economic Performance?, in: German Politics, 13, S. 401-418.
Conradt, David P. (1980): Changing German Political Culture, in: Almond, Gabriel A./Verba, Sidney (Hrsg.): The Civic Culture Revisited. Boston: Little, Brown, S. 212-272.
Conradt, David P. (1991): From Output Orientation to Regime Support: Changing German Political Culture, in: Hoffmann-Lange, Ursula (Hrsg.): Social and Political Structures in West Germany. From Authoritarism to Postindustrial Democracy. Boulder, Col.: Westview Press, S. 127-142.
Dahrendorf, Ralf (1971): Gesellschaft und Demokratie in Deutschland. München: Piper.
Dalton, Russell J./Beck, Paul A./Flanagan, Scott C. (Hrsg.) (1984): Electoral Change in Advanced Industrial Democracies: Realignment or Dealignment?. Princeton: Princeton University Press.
Dalton, Russell J./Rohrschneider, Robert (1990): Wählerwandel und die Abschwächung der Parteineigungen von 1972 bis 1987, in: Kaase, Max/Klingemann, Hans-Dieter (Hrsg.): Wahlen und

Wähler. Analysen aus Anlaß der Bundestagswahl 1987. Opladen: Westdeutscher Verlag, S. 297-324.

Derlien, Hans-Ulrich (1997): Elitezirkulation und Institutionenvertrauen, in: Berliner Journal für Soziologie, 7, S. 539-556.

Dinkel, Reiner (1977): Der Zusammenhang zwischen Bundes- und Landtagswahlergebnissen, in: Politische Vierteljahresschrift, 18, S. 348-359.

Dinkel, Reiner H. (1989): Landtagswahlen unter dem Einfluß der Bundespolitik: Die Erfahrung der letzten Legislaturperioden, in: Falter, Jürgen W./Rattinger, Hans/Troitzsch, Klaus G. (Hrsg.): Wahlen und politische Einstellungen in der Bundesrepublik Deutschland. Frankfurt a. M.: Peter Lang, S. 253-262.

Dittrich, Karl-Heinz (1992): Das Bild der Parteien im vereinten Deutschland. Für welche Bevölkerungsgruppen setzen sie sich ein?, in: Aus Politik und Zeitgeschichte, B 34-35, S. 26-35.

Dittrich, Karl-Heinz/Zelle, Carsten (1992): Politische Befindlichkeiten sozialer Gruppen in West- und Ostdeutschland. Kompetenz der Parteien für soziale Interessengruppen. Interne Studien, Nr. 37. Sankt Augustin: Konrad-Adenauer-Stiftung.

Döring, Herbert (1990): Aspekte des Vertrauens in Institutionen. Westeuropa im Querschnitt der Internationalen Wertestudie 1981, in: Zeitschrift für Soziologie, 19, S. 73-89.

Easton, David (1965): A Systems Analysis of Political Life. New York: Wiley (new ed. 1979).

Easton, David (1975): A Re-assessment of the Concept of Political Support, in: British Journal of Political Science, 5, S. 435-457.

Falter, Jürgen W. (1977): Einmal mehr: Läßt sich das Konzept der Parteiidentifikation auf deutsche Verhältnisse übertragen?, in: Politische Vierteljahresschrift, 18, S. 476-500.

Falter, Jürgen W./Rattinger, Hans (2002): Die deutschen Parteien im Urteil der öffentlichen Meinung 1977 bis 1999, in: Gabriel, Oscar W./Niedermayer, Oskar/Stöss, Richard (Hrsg.): Parteiendemokratie in Deutschland. Wiesbaden: Westdeutscher Verlag (2., akt. u. erw. Aufl.), S. 484-503.

Falter, Jürgen W./Schoen, Harald/Caballero, Claudio (2000): Dreißig Jahre danach: Zur Validierung des Konzepts ‚Parteiidentifikation' in der Bundesrepublik, in: Klein, Markus/Jagodzinski, Wolfgang/Mochmann, Ekkehard/Ohr, Dieter (Hrsg.): 50 Jahre Empirische Wahlforschung in Deutschland. Opladen: Westdeutscher Verlag, S. 235-271.

Feist, Ursula (1991): Zur politischen Akkulturation der vereinten Deutschen. Eine Analyse aus Anlaß der ersten gesamtdeutschen Bundestagswahl, in: Aus Politik und Zeitgeschichte, B 11-12, S. 21-32.

Fuchs, Dieter (1989): Die Unterstützung des politischen Systems der Bundesrepublik Deutschland. Opladen: Westdeutscher Verlag.

Fuchs, Dieter/Gabriel, Oscar W./Völkl, Kerstin (2002): Vertrauen in politische Institutionen und politische Unterstützung, in: Österreichische Zeitschrift für Politikwissenschaft, 31, S. 427-450.

Gabriel, Oscar W. (1986): Politische Kultur, Postmaterialismus und Materialismus in der Bundesrepublik Deutschland. Opladen: Westdeutscher Verlag.

Gabriel, Oscar W. (1993): Institutionenvertrauen im vereinigten Deutschland, in: Aus Politik und Zeitgeschichte, B 43, S. 3-12.

Gabriel, Oscar W. (1994): Politische Einstellungen und politische Kultur, in: Gabriel, Oscar W. /Brettschneider, Frank (Hrsg.): Die EU-Staaten im Vergleich. Strukturen, Prozesse, Politikinhalte. Opladen: Westdeutscher Verlag (2., erw. u. überarb. Aufl.), S. 96-133.

Gabriel, Oscar W. (1995): Immer mehr Gemeinsamkeiten? Politische Kultur im vereinigten Deutschland, in: Altenhof, Ralf/Jesse, Eckhard (Hrsg.): Das wiedervereinigte Deutschland - Zwischenbilanz und Perspektiven. Düsseldorf: Droste, S. 243-274.

Gabriel, Oscar W. (1996): Politische Orientierungen und Verhaltensweisen, in: Kaase, Max/Eisen, Andreas/Gabriel, Oscar W./Niedermayer, Oskar/Wollmann, Hellmut (Hrsg.): Politisches System. Opladen: Leske + Budrich, S. 231-319.

Gabriel, Oscar W. (1999): Integration durch Institutionenvertrauen? Struktur und Entwicklung des Verhältnisses der Bevölkerung zum Parteienstaat und zum Rechtsstaat im vereinigten Deutschland, in: Friedrichs, Jürgen/Jagodzinski, Wolfgang (Hrsg.): Soziale Integration (Sonderheft 39 der

Kölner Zeitschrift für Soziologie und Sozialpsychologie). Opladen: Westdeutscher Verlag, S. 199-235.

Gabriel, Oscar W. (2005): Politische Einstellungen und politische Kultur, in: Gabriel, Oscar W./Holtmann, Everhard (Hrsg.): Handbuch politisches System der Bundesrepublik Deutschland. München: Oldenbourg (3. Aufl.), S. 459-522.

Gabriel, Oscar W./Kunz, Volker (2002): Die Bedeutung des Sozialkapital-Ansatzes für die Erklärung politischen Vertrauens, in: Schmalz-Bruns, Rainer/Zintl, Reinhard (Hrsg.): Politisches Vertrauen. Soziale Grundlagen reflexiver Kooperation. Baden-Baden: Nomos, S. 255-274.

Gluchowski, Peter (1978): Parteiidentifikation im politischen System der Bundesrepublik Deutschland, in: Oberndörfer, Dieter (Hrsg.): Wählerverhalten in der Bundesrepublik Deutschland. Berlin: Duncker und Humblot, S. 265-323.

Gluchowski, Peter/Zelle, Carsten (1992): Demokratisierung in Ostdeutschland. Aspekte der politischen Kultur in der Periode des Systemwechsels, in: Gerlich, Peter/Plasser, Fritz/Ulram Peter A. (Hrsg.): Regimewechsel: Demokratisierung und politische Kultur in Ost-Mitteleuropa. Wien: Böhlau, S. 231-274.

Greiffenhagen, Martin/Greiffenhagen, Sylvia (2002): Handwörterbuch zur politischen Kultur der Bundesrepublik Deutschland. Wiesbaden: Westdeutscher Verlag (2., völlig überarb. u. aktual. Aufl.).

Kaase, Max (1988): Political Alienation and Protest, in: Dogan, Mattei (Hrsg.): Comparing Pluralist Democracies. Strains on Legitimacy. Boulder, Col.: Westview, S. 114-141.

Kreikenbom, Henry (1996): Parteiorientierungen ostdeutscher Bürger im Transformationsprozeß, in: Gabriel, Oscar W./Falter, Jürgen W. (Hrsg.): Wahlen und politische Einstellungen in westlichen Demokratien. Frankfurt a.M.: Peter Lang, S. 223-243.

Kreikenbom, Henry (1997): Einstellungen der Bürger zu den Parteien, in: Gabriel, Oscar W. (Hrsg.): Politische Orientierungen und Verhaltensweisen im vereinigten Deutschland. Opladen: Leske + Budrich, S. 167-187.

Krüger, Winfried (1995): Vertrauen in Institutionen, in: Hoffmann-Lange, Ursula (Hrsg.): Jugend und Demokratie in Deutschland. DJI Jugendsurvey 1. Opladen: Leske + Budrich, S. 247-274.

Niedermayer, Oskar (1996): Das intermediäre System, in: Kaase, Max/Eisen, Andreas/Gabriel, Oskar W./Niedermayer, Oskar/Wollmann, Hellmut: Politisches System. KSPW-Berichte zum sozialen und politischen Wandel in Ostdeutschland, Bd. 3. Opladen: Leske + Budrich, S. 155-230.

Niedermayer, Oskar (2000): Die Entwicklung des deutschen Parteiensystems: eine quantitative Analyse, in: Klein, Markus/Jagodzinski, Wolfgang/Mochmann, Ekkehard/Ohr, Dieter (Hrsg.): 50 Jahre Empirische Wahlforschung in Deutschland. Opladen: Westdeutscher Verlag, S. 106-125.

Niedermayer, Oskar (2003): Die Entwicklung des deutschen Parteiensystems bis nach der Bundestagswahl 2002, in: Niedermayer, Oskar (Hrsg.): Die Parteien nach der Bundestagswahl 2002. Opladen: Leske + Budrich, S. 9-41.

Parry, Geraint (1976): Trust, Distrust, and Consensus, in: British Journal of Political Science, 6, S. 129-142.

Pickel, Gerd/Walz, Dieter (1995): Politisches Institutionenvertrauen in der Bundesrepublik Deutschland in zeitlicher Perspektive, in: Journal für Sozialforschung, 35, S. 145-155.

Rattinger, Hans (1995): Parteieigungen in Ostdeutschland vor und nach der Wende, in: Bertram, Hans (Hrsg.): Ostdeutschland im Wandel: Lebensverhältnisse - politische Einstellungen. Opladen: Leske + Budrich, S. 213-253.

Rattinger, Hans (1996): Parteiidentifikationen in Ost- und Westdeutschland nach der Vereinigung, in: Niedermayer, Oskar/Beyme, Klaus von (Hrsg.): Politische Kultur in Ost- und Westdeutschland. Opladen: Leske + Budrich (unveränd. Nachdr. d. 1. Aufl. (Akademie Verlag 1994)), S. 77-104.

Rohrschneider, Robert/Schmitt-Beck, Rüdiger (2002): Trust in Democratic Institutions in Germany: Theory and Evidence Ten Years After Unification, in: German Politics, 11, S. 35-58.

Rosar, Ulrich (1998): Policy-Orientierung und Systemunterstützung 1991-1995. Die Bedeutung der politischen Agenda für das Vertrauen in rechtsstaatliche und demokratische Institutionen, in: Meulemann, Heiner (Hrsg.): Werte und nationale Identität im vereinten Deutschland - Erklärungsansätze der Umfrageforschung. Opladen: Leske + Budrich, S. 129-154.

Roth, Dieter (1990): Die Wahlen zur Volkskammer in der DDR. Der Versuch einer Erklärung, in: Politische Vierteljahresschrift, 31, S. 369-393.

Schmitt, Hermann (1992): So dicht war die Mauer nicht! Über Parteibindungen und cleavages im Osten Deutschlands, in: Eisenmann, Peter/Hirscher, Gerhard (Hrsg.): Die Entwicklung der Volksparteien im vereinten Deutschland. München: mvg, S. 229-252.

Schmitt, Hermann/Holmberg, Sören (1995): Political Parties in Decline?, in: Klingemann, Hans-Dieter/Fuchs, Dieter (Hrsg.): Citizens and the State. Oxford: Oxford University Press, S. 95-133.

Schmitt-Beck, Rüdiger/Weick, Stefan (2001): Die dauerhafte Parteiidentifikation - nur noch ein Mythos?, in: Informationsdienst Soziale Indikatoren, 26, S. 1-5.

Thaidigsmann, S. Isabell (2000): Parteien und Verbände als Vertreter von Bürgerinteressen, in: Falter, Jürgen W./Gabriel, Oscar W./Rattinger, Hans (Hrsg.): Wirklich ein Volk? Die politischen Orientierungen von Ost- und Westdeutschen im Vergleich. Opladen: Leske + Budrich, S. 241-273.

Walz, Dieter (1996a): Demokratievertrauen im vereinigten Deutschland 1991-1995, in: Zeitschrift für Parlamentsfragen, 27, S. 61-74.

Walz, Dieter (1996b): Vertrauen in politische Institutionen im vereinten Deutschland, in: Deutschland-Archiv, 29, S. 240-248.

Walz, Dieter (1997): Einstellungen zu den politischen Institutionen, in: Gabriel, Oscar W. (Hrsg.): Politische Orientierungen und Verhaltensweisen im vereinigten Deutschland. Opladen: Leske + Budrich, S. 147-165.

Walz, Dieter/Brunner, Wolfram (2000): Das politische Institutionenvertrauen in den 90er Jahren, in: Falter, Jürgen W./Gabriel, Oscar W./Rattinger, Hans (Hrsg.): Wirklich ein Volk? Die politischen Orientierungen von Ost- und Westdeutschen im Vergleich. Opladen: Leske + Budrich, S. 175-208.

Weßels, Bernhard (1991): Vielfalt oder strukturierte Komplexität? Zur Institutionalisierung politischer Spannungslinien im Verbände- und Parteiensystem in der Bundesrepublik, in: Kölner Zeitschrift für Soziologie und Sozialpsychologie, 43, S. 454-475.

Weßels, Bernhard (1992): Bürger und Organisationen in Ost- und Westdeutschland: vereint und doch verschieden?, in: Eichener, Volker/Kleinfeld, Ralf/Pollack, Detlef/Schmid, Josef/Schubert, Klaus/Voelzkow, Helmut (Hrsg.): Organisierte Interessen in Ostdeutschland. Marburg: Metropolis Verlag, S. 509-543.

Weßels, Bernhard (1993): Politische Repräsentation als Prozeß gesellschaftlich-parlamentarischer Kommunikation, in: Herzog, Dietrich/Rebenstorf, Hilke/Weßels, Bernhard (Hrsg.): Parlament und Gesellschaft. Opladen: Westdeutscher Verlag, S. 99-137.

Weßels, Bernhard (1997): Einstellungen zu den Institutionen der Interessenvermittlung, in: Gabriel, Oscar W. (Hrsg.): Politische Orientierungen und Verhaltensweisen im vereinigten Deutschland. Opladen: Leske + Budrich, S. 189-210.

Wollmann, Hellmut (1997): Entwicklung des Verfassungs- und Rechtsstaates in Ostdeutschland als Institutionen- und Personaltransfer, in: Wollmann, Hellmut/Derlien, Hans-Ulrich/König, Klaus/Renzsch, Wolfgang/Seibel, Wolfgang (Hrsg.): Transformation der politisch-administrativen Strukturen in Ostdeutschland. Opladen: Leske + Budrich, S. 25-48.

Wright, James D. (1976): The Dissent of the Governed. Alienation and Democracy in America. New York u.a.: Academic Press.

Zelle, Carsten (1998): A Third Face of Dealignment? An Update on Party Identification in Germany, 1971-94, in: Anderson, Cristopher J./Zelle, Carsten (Hrsg.): Stability and Change in German Elections. Westport, CT: VERLAG???, S. 55-70.

2.4 Orientierungen gegenüber der politischen Ordnung

In der empirischen Demokratieforschung besteht grundsätzliche Übereinstimmung darüber, dass ein Mangel an politischer Unterstützung der politischen Ordnung durch die Bevölkerung erstens dem normativen Selbstverständnis der Demokratie als einer durch die Zustimmung der Bürger legitimierten Herrschaftsordnung widerspricht und zweitens die Stabilität und Leistungsfähigkeit des politischen Systems gefährdet (Gabriel 1999). Über das konkrete Ausmaß an positiven Orientierungen, das einer Demokratie angemessen bzw. für ihren Fortbestand notwendig ist, gibt es allerdings keinen Konsens. Die Beurteilung wird zudem dadurch erschwert, dass es für eine umfassende Analyse der Orientierungen der Bürgerinnen und Bürger gegenüber der demokratischen politischen Ordnung sinnvoll erscheint, drei verschiedene Objektebenen zu unterscheiden: die Werte-, die Struktur- und die Performanzebene (Fuchs 1997, vgl. auch Westle 1989):

- Die Werteebene bezieht sich auf die Idee der Demokratie als politische Ordnungsform im Allgemeinen und auf normative Vorstellungen darüber, wie eine Demokratie im Einzelnen aussehen sollte. Angesichts der Vielfalt normativer Prinzipien, die mit dem Demokratiebegriff verbunden werden, können diese Vorstellungen sehr unterschiedlich ausfallen, sie lassen sich jedoch zu einer begrenzten Zahl von unterschiedlichen normativen Modellen der Demokratie zusammenfassen.

- Die Strukturebene bezieht sich auf die durch die jeweiligen Verfassungsnormen festgelegte konkrete Ausformung der demokratischen Regierungsform eines Landes, also in Deutschland auf die durch das Grundgesetz festgelegte spezifische Form von Demokratie.

- Die Performanzebene bezieht sich auf den alltäglichen demokratischen Prozess, auf das Funktionieren der Demokratie und ihren aktuellen Zustand, also auf die Verfassungswirklichkeit. Für ein Auseinanderfallen von Verfassungsnorm und -wirklichkeit lassen sich verschiedene Gründe denken: Erstens verhält sich das politische Führungspersonal immer nur mehr oder weniger rollen- und normenkonform, zweitens können die politischen Institutionen anders funktionieren als durch das Grundgesetz eigentlich vorgesehen, und drittens wird die Beurteilung der Verfassungswirklichkeit auch von nichtpolitischen – z.B. von ökonomischen – Entwicklungen beeinflusst.

Die für die Stabilität eines demokratischen Systems relativ wichtigste Bevölkerungsorientierung ist die Haltung gegenüber der durch die Verfassungsnormen festgelegten konkreten Regierungsform (Fuchs/Roller/Weßels 1997). Diese Orientierung wird durch die Beurteilung der beiden anderen Objektebenen beein-

flusst: Wenn man die Demokratie grundsätzlich ablehnt oder ein anderes normatives Demokratiemodell bevorzugt, dann ist eine negative Orientierung gegenüber
der im eigenen Land bestehenden demokratischen Regierungsform zu erwarten,
und wenn man mit dem Funktionieren der Demokratie, also mit der Verfassungswirklichkeit, dauerhaft und gravierend unzufrieden ist, dann ist ein Übergreifen dieser Unzufriedenheit auf die Orientierung gegenüber der durch die
Verfassung festgelegten Regierungsform längerfristig kaum vermeidbar.

Für die alte Bundesrepublik kommen zahlreiche empirische Studien zu den
Demokratieorientierungen der Bevölkerung zu dem Ergebnis, dass sich nach und
nach ein auf die Idee, konkrete Form und Praxis der Demokratie bezogener demokratischer Grundkonsens entwickelt hat[1], der vor der Vereinigung im Vergleich mit der Bevölkerung anderer demokratischer Staaten weit überdurchschnittlich stark ausgeprägt war, wie Abbildung 2.4-1 am Beispiel der Zufriedenheit mit dem Funktionieren der Demokratie zeigt.

Abb. 2.4-1: Zufriedenheit mit dem Funktionieren der Demokratie 1976-1989
(Angaben in Prozent; ziemlich/sehr zufrieden)

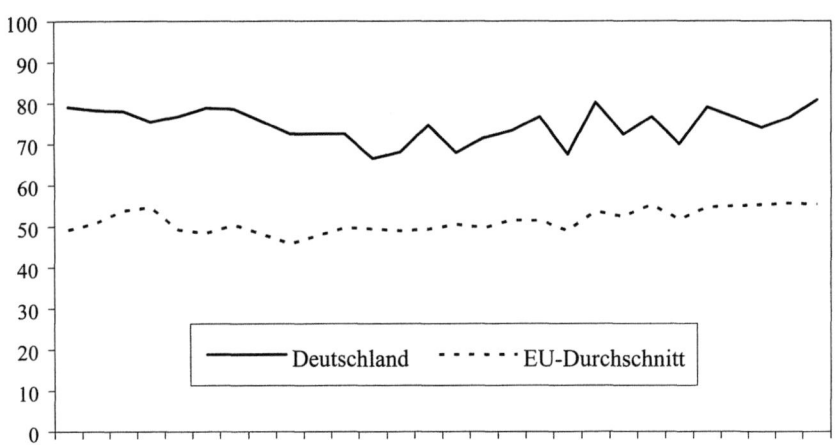

76/II 77/II 78/II 79/II 80/II 81/II 82/II 83/II 84/II 85/II 86/II 87/II 88/II 89/II

Quelle: eigene Berechnungen (Eurobarometer).

Da das Demokratieprinzip das zentrale konstitutive Merkmal des politischen
Systems der Bundesrepublik darstellt, spielen die Orientierungen der Bürger

---

1 Vgl. Baker/Dalton/Hildebrandt 1981, Conradt 1980, Fuchs 1989, Gabriel 1987 und Rohrschneider
  1999.

gegenüber den drei Objektebenen der Demokratie auch beim politisch-kulturellen Zusammenwachsen des vereinigten Deutschland nach 1990 eine Schlüsselrolle. Die folgende Analyse stellt daher den Ost-West-Vergleich in den Mittelpunkt und fragt danach, ob sich im ersten Jahrzehnt nach der Vereinigung ein demokratischer Grundkonsens zwischen Ost und West herausgebildet hat. Wir betrachten dabei zunächst die Orientierungen gegenüber der Idee und den Prinzipien der Demokratie und wenden uns danach der Beurteilung der konkreten Regierungsform und ihrem Funktionieren zu[2].

2.4.1 Idee und Prinzipien der Demokratie

In allen Umfragen seit 1990 bekundet die überwiegende Mehrheit der Deutschen in West und Ost ihre Zustimmung zur Idee der Demokratie im Allgemeinen und zu den sie tragenden grundlegenden Werten (vgl. die Abbildungen 2.4.1-1 und 2.4.1-2). Bei näherem Hinsehen zeigen sich jedoch durchaus Schwankungen und Ost-West-Unterschiede.

In der alten Bundesrepublik war die Unterstützung für die Idee der Demokratie bis zur Vereinigung auf hohem Niveau stabil. Seit der Vereinigung war die Demokratieunterstützung in West- wie in Ostdeutschland jedoch durchaus Schwankungen unterworfen und in den Jahren vor dem Machtwechsel 1998 ging die Systemunterstützung deutlich zurück (vgl. Abbildung 2.4.1-1)[3]. Die neueste Entwicklung des Jahres 2002 lässt vermuten, dass sich in der Endphase der rot/grünen Regierung 2004 das gleiche Schema wiederholen wird. In Ostdeutschland findet die Idee der Demokratie über den gesamten Untersuchungszeitraum hinweg weniger Zustimmung als im Westen, wobei sich die Unterschiede mit der Zeit deutlich verstärkt haben.

Zusammenfassend lässt sich daher feststellen, dass die Deutschen in ihrer großen Mehrheit die Idee der Demokratie als Ordnungsmodell akzeptieren, wobei die generelle Unterstützung der demokratischen Ordnungsform vor allem in neuerer Zeit im Westen wesentlich stärker ist als im Osten.

Betrachtet man statt der generellen Unterstützung der Idee der Demokratie die Befürwortung einzelner zentraler Prinzipien, die eine Demokratie ausmachen, so zeigte die erste detaillierte empirische Studie Ende der Sechzigerjahre (Kaase

---

2 Neuere Analysen zu den Orientierungen der Deutschen gegenüber der politischen Ordnung sind zu finden in Arzheimer/Klein 2000, Edinger/Hallermann 2004, Finkel/Humphries/Opp 2001, Fuchs/Roller 2003, Gabriel 2001, 2003, 2005, Hofferbert/Klingemann 2001 und Scheuer 2005.

3 Fragetext: „Zunächst geht es nicht um tatsächlich bestehende Demokratien, sondern um die Idee der Demokratie. Bitte sagen Sie mir anhand der Skala, wie sehr Sie grundsätzlich für oder gegen die Idee der Demokratie sind".

1971), dass unter den Bürgern der alten Bundesrepublik über abstrakte demokratische Prinzipien wie das Recht auf freie Meinungsäußerung, die Möglichkeit einer alternierenden Parteienregierung und die Notwendigkeit einer Opposition praktisch Konsens bestand und auch das Demonstrationsrecht und der Gewaltverzicht bei der politischen Konfliktaustragung noch breite Zustimmung fanden. Andere Merkmale einer demokratischen Regierungsform wie die Aufgabe der Opposition, die Regierung zu kritisieren, die Befürwortung von Interessenpluralismus und das Primat der Meinungsfreiheit gegenüber der öffentlichen Ordnung waren jedoch stark umstritten bzw. wurden sogar mehrheitlich abgelehnt.

Abb. 2.4.1-1: **Unterstützung der Idee der Demokratie seit 1985**
(Mittelwerte; -2 = „sehr gegen", +2 = „sehr für die Idee der Demokratie")

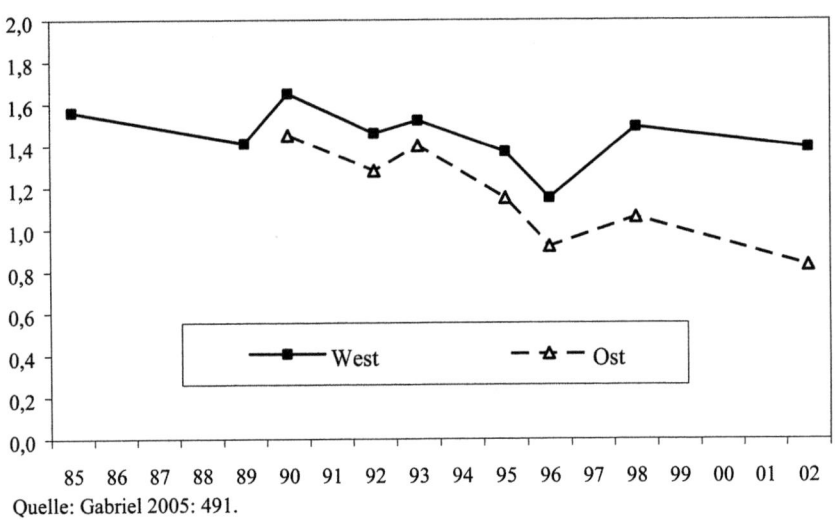

Quelle: Gabriel 2005: 491.

In der Folgezeit ließen „alle seit 1979 durchgeführten Untersuchungen ... die bereits 1968 festgestellte Spannung zwischen einer breiten Akzeptanz allgemeiner demokratischer Grundwerte und einer überwiegend negativen Einstellung zur Rolle von Konflikt, Kritik und Wettbewerb in der Demokratie erkennen" (Gabriel 2005: 491; vgl. auch Westle 1998). Zunächst wurde dies im Sinne des Fortwirkens obrigkeitsstaatlicher Traditionen interpretiert (Adrian 1977, Kaase 1971). Diese Position ist allerdings problematisch, „weil sie ein linksliberales Demokratieverständnis mit demokratischen Überzeugungen gleichsetzt" (Gabriel 2005: 492). Die Tatsache, dass die Orientierungen gegenüber allgemeinen demokratischen Prinzipien und die Bewertung von Konflikt weitgehend unabhängig voneinander sind (Weste 1997), deutet darauf hin, „dass bestimmte Bevölkerungsgruppen in Deutschland ein konfliktäres, andere aber ein konsensorientiertes Demokratiemodell favorisieren. Beide stehen aber – wenn nach mit divergierenden Vorstellungen – auf dem Boden der Demokratie" (Gabriel 2005: 492).

Für Ostdeutschland war kurz nach der Wende nicht mit einer ähnlich breiten Zustimmung zu demokratischen Prinzipien und Werten zu rechnen wie in Westdeutschland, da die DDR demokratische Werte der herrschenden Staatsdoktrin des demokratischen Sozialismus angepasst und sich von der bürgerlich-liberalen Demokratie des Westen deutlich abgegrenzt hatte. Umso erstaunlicher waren die Ergebnisse der ersten, noch in der DDR durchgeführten Umfrage zu diesem Bereich (Bauer 1991a, 1991b), nach denen sich die demokratischen Orientierungen in West- und Ostdeutschland nur graduell unterschieden. Beschränkt man sich auf die Untersuchung der allgemeinen demokratischen Prinzipien, so zeigt die Abbildung 2.4.1-2[4], dass die Unterschiede zwischen Ost- und Westdeutschen – mit Ausnahme der Werte für 2002 – auch -in der Folgezeit gering blieben.

Zur Erklärung dieser Tatsache wurden mehrere Hypothesen angeboten (Dalton 1994, Gabriel 2000a): Die während der Zeit der Teilung fortbestehenden Kommunikationsbeziehungen zwischen Ost und West könnten die DDR-Bevölkerung zu einer Übernahme westlicher Ordnungsvorstellungen veranlasst haben, die demokratische Revolution in der DDR könnte zu jenen einschneidenden Ereignissen in der Geschichte eines Volkes gehört haben, die einen dramatischen, längerfristigen Wandel politischer Wertorientierungen mit sich bringen, oder die im Wertesystem des Sozialismus angelegten demokratischen Potenziale könnten durch die repressive Praxis des DDR-Regimes nicht gänzlich neutralisiert worden sein und sich daher nach dem Kollaps dieses Systems wieder Geltung verschafft haben[5]. Wegen des Fehlens verlässlicher Erkenntnisse über die Erfolge der DDR-Sozialisation und mangelnder Umfragedaten aus der DDR-Zeit lassen sich die Gründe heute allerdings nicht mehr eindeutig feststellen.

Alle diese Erklärungsversuche implizieren, „dass sich bereits kurz nach der Vereinigung ein demokratischer Grundkonsens zwischen den Ost- und den Westdeutschen entwickelt" hat. „Allerdings gibt es auch Anhaltspunkte für eine weniger optimistische Interpretation" (Gabriel 2005: 493f.).

---

4 In der Abbildung werden drei Prinzipien kombiniert. Fragetexte: „Jeder sollte das Recht haben, für seine Meinung einzutreten, auch wenn die Mehrheit anderer Meinung ist"; „eine lebensfähige Demokratie ist ohne politische Opposition nicht denkbar" und zusätzlich 1994, 1998, 2000 und 2002: Unter bestimmten Umständen ist eine Diktatur die bessere Staatsform" (Ablehnung).

5 Für die letzte Argumentation spricht z.B., dass für die ostdeutsche Bevölkerung eine Befürwortung der Idee des Sozialismus keine Abwendung von der Idee der Demokratie einschließt: 60-70 Prozent befürworten gleichzeitig beide Ordnungsideen (Westle 1994).

Abb. 2.4.1-2: Unterstützung demokratischer Werte seit 1990
(Mittelwerte; -2 = „stimme überhaupt nicht", +2 = „st. voll und ganz zu")

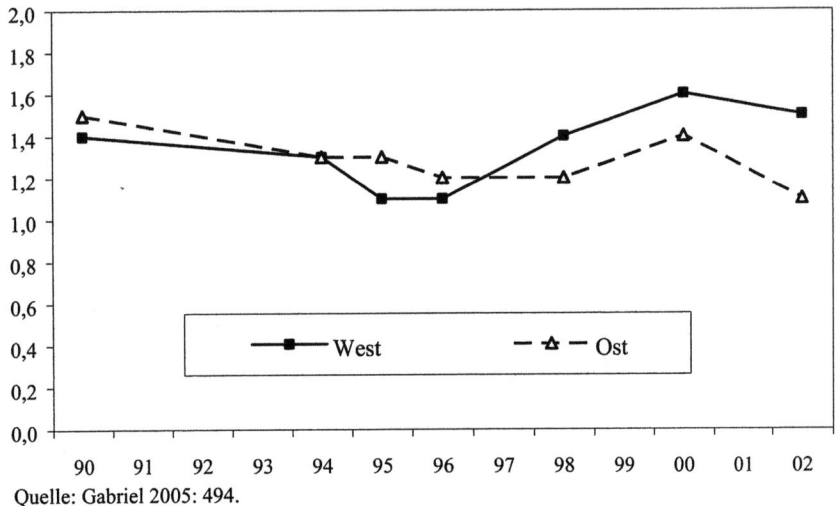

Quelle: Gabriel 2005: 494.

Zum einen zeigen die Ergebnisse einer Untersuchung der Stabilität und Kohärenz demokratischer Orientierungen der Ost- und Westdeutschen (Gabriel 2000b), dass „das Verhältnis der Ostdeutschen zur Demokratie ... weniger gefestigt und weniger widerspruchsfrei ist als das ihrer Landsleute im Westen" (Gabriel 2005: 494). Zum anderen deutet Vieles darauf hin, dass die Bürger in Ost- und West- deutschland mit dem Demokratiebegriff sehr unterschiedliche Vorstellungen verbinden. Eine Untersuchung des Demokratieverständnisses in Ost und West kurz nach der Vereinigung (Fuchs 1997) zeigte, dass die Westdeutschen ein liberales bzw. sozialdemokratisches Demokratiemodell befürworteten, während in Ostdeutschland die Synthese von Demokratie und Sozialismus zahlreiche Anhänger fand. Vor die Wahl zwischen den beiden Grundwerten Freiheit und Gleichheit gestellt, sprachen sich die Westdeutschen mehrheitlich für die Freiheit, die Ost- deutschen dagegen für die Gleichheit aus. Zudem sahen die ostdeutschen Bürger auch einen größeren Bedarf an Verfassungsänderungen in Richtung einer Stär- kung des Sozialstaates und der direkten Demokratie.

Die Abbildung 2.4.1-3 und die Tabelle 2.4.1-1 zeigen, dass sich an diesen un- terschiedlichen Vorstellungen bis heute wenig verändert hat: Für die Mehrheit der ostdeutschen Bevölkerung besitzt der Wert der Gleichheit nach wie vor Priorität vor dem Wert der Freiheit, während für die Westdeutschen das Gegenteil gilt.

Abb. 2.4.1-3: Priorität für Freiheit oder Gleichheit seit 1992
(Angaben in Prozent)

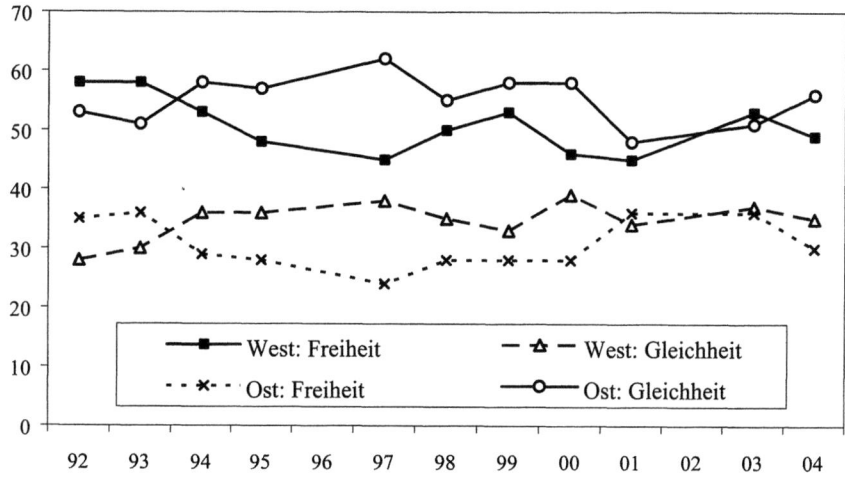

Quelle: Noelle 2004: Tabellen A6 a-c.

Zudem sehen die Westdeutschen in deutlich höherem Maße als die Ostdeutschen die liberalen Grundrechte der Presse-, Meinungs-, Religions-, und Reisefreiheit sowie der freien Berufswahl als unverzichtbares Merkmal einer Demokratie an (vgl. Tabelle 2.4.1-1). Dasselbe gilt für die Prinzipien des pluralistischen Partei-enwettbewerbs in Form der Existenz mehrerer Parteien, der Garantie freier und geheimer Wahlen und der Kontrolle der Regierung durch eine starke Opposition, sowie für das rechtsstaatliche Prinzip unabhängiger, nur nach den Gesetzen urteilender Gerichte.

Selbst bei den verschiedenen Formen umfassender und direkter Bürgerbeteili-gung – der Mitwirkung der Bürger an politischen Entscheidungen, der Existenz von Volksabstimmungen und der betrieblichen Mitbestimmung –, die 1990 in Ostdeutschland im Vergleich zum Westen noch stärker als unverzichtbares Ele-ment einer Demokratie angesehen wurden[6], sind die Zustimmungsraten im Jahre 2000 bei den Ostdeutschen geringer als bei den Westdeutschen. Ein starker Sozi-alstaat, in dem bei begrenzten Einkommensunterschieden niemand Not leidet, wird dagegen im Osten stärker als unverzichtbares Merkmal der Demokratie angesehen als im Westen. Inwieweit diese unterschiedlichen generellen Demo-kratievorstellungen zu Ost-West-Unterschieden in den Orientierungen gegenüber

---

6   Vgl. hierzu Noelle-Neumann/Köcher 1997: 658.

der konkreten bundesrepublikanischen Demokratie führen, soll im nächsten Abschnitt analysiert werden.

Tab. 2.4.1-1: **Zuordnung von Prinzipien zur Demokratie 2000**
(Angaben in Prozent; gehört unbedingt zu einer Demokratie)[1]

	West	Ost
Liberale Grundrechte (MW)	73	55
Presse und Meinungsfreiheit	87	72
Religionsfreiheit	67	54
Reisefreiheit	70	53
Freie Berufswahl	66	40
Pluralistischer Parteienwettbewerb (MW)	69	55
Mehrere Parteien	80	62
Freie und geheime Wahlen	73	60
Kontrolle der Regierung durch starke Opposition	55	43
Rechtsstaat		
Unabhängige Gerichte, die nur nach den Gesetzen urteilen	66	51
Umfass. u. direkte Bürgerbeteiligung (MW)	51	47
Mitwirkung der Bürger an vielen Entscheidungen	54	47
Volksabstimmungen bei wichtigen Fragen	56	55
Mitbestimmung in den Betrieben	44	38
Soziale Gerechtigkeit (MW)	32	39
Niemand leidet Not	42	48
Begrenzte Einkommensunterschiede	21	29

1) W = West, O = Ost, MW = Mittelwerte der Zustimmung zu den jeweils folgenden Aussagen.
Quelle: Daten vom IfD zur Verfügung gestellt.

2.4.2 Regierungsform und Funktionieren der Demokratie

Wie anfangs schon deutlich gemacht wurde, ist es sinnvoll, die Orientierungen gegenüber der Idee der Demokratie als politische Ordnungsform im Allgemeinen bzw. ihren zentralen normativen Prinzipien von den Orientierungen gegenüber der in einem bestimmten politischen System durch die Verfassung festgelegten konkreten Ausformung der demokratischen Regierungsform zu unterscheiden. Wir betrachten daher in einem zweiten Analyseschritt die Orientierungen der Bürger gegenüber der Demokratie des Grundgesetzes[7].

Auf dieser Ebene der Orientierungen gegenüber der politischen Ordnung – der Strukturebene – sind die Ost-West-Unterschiede noch deutlicher als auf der Werteebene: Im Schnitt halten fast drei Viertel der Westdeutschen die im Grundgesetz festgelegte konkrete politische Ordnung für die beste Staatsform, in Ostdeutschland ist nur ungefähr ein Drittel der Bürger dieser Meinung (vgl. Abbildung 2.4.2-1)[8]. In beiden Landesteilen sind die positiven Orientierungen im Zeitverlauf etwas zurückgegangen, der Abstand zwischen Ost und West hat sich jedoch nicht verringert.

Die deutlichen Ost-West-Unterschiede zeigen sich auch, wenn – ohne Vergleich mit anderen Staatsformen – nach der Zufriedenheit mit der im Grundgesetz festgelegten Demokratie gefragt wird (vgl. Tabelle 2.4.2-1)[9]: Mit 43 Prozent waren 2002 in Ostdeutschland fast zweieinhalbmal so viele Bürger mit der Demokratiekonzeption des Grundgesetzes unzufrieden als in Westdeutschland mit 18 Prozent.

Die dritte Objektebene der Orientierungen gegenüber der demokratischen politischen Ordnung, die Performanzebene, bezieht sich auf ihr Funktionieren, d.h. die Verfassungswirklichkeit. Diese Orientierungsebene stellt auf die Wahrnehmung und Bewertung der Systemperformanz ab, wird also im Positiven wie im Negativen durch die vorherrschende politische Lage, den alltäglichen politischen Prozess bestimmt[10], sodass die Orientierungen auch stärker schwanken.

---

7 Zur Demokratiekonzeption des Grundgesetzes vgl. Di Fabio 2004.
8 Der Fragetext lautet: „Glauben Sie, die Demokratie, die wir in der Bundesrepublik haben, ist die beste Staatsform, oder gibt es eine andere Staatsform, die besser ist?"
9 Fragetext: „Was würden Sie allgemein zu der Demokratie in der Bundesrepublik Deutschland, also zu unserem ganzen politischen System sagen, so wie es in der Verfassung festgelegt ist? Sind Sie damit sehr zufrieden, eher zufrieden, eher unzufrieden oder sehr unzufrieden?" Die Frage wurde im Rahmen einer Studie gestellt, deren Ziel die Analyse rechtsextremer Einstellungsmuster in Deutschland war. Zu den Ergebnissen der Studie vgl. Decker/Niedermayer/Brähler 2003.
10 Die Operationalisierung dieser Orientierungsebene sollte daher auch eindeutig auf eine Leistungsbewertung abstellen. Daher wird den Eurobarometer-Umfragen vor anderen Datensätzen (z.B. der Forschungsgruppe Wahlen) der Vorzug gegeben, da hier explizit danach gefragt wird, wie zufrieden der Befragte alles in allem gesehen „mit der Art und Weise, wie die Demokratie in Deutschland funktioniert", ist.

Abb. 2.4.2-1: Haltung zur Staatsform in Deutschland seit 1990
(Angaben in Prozent)

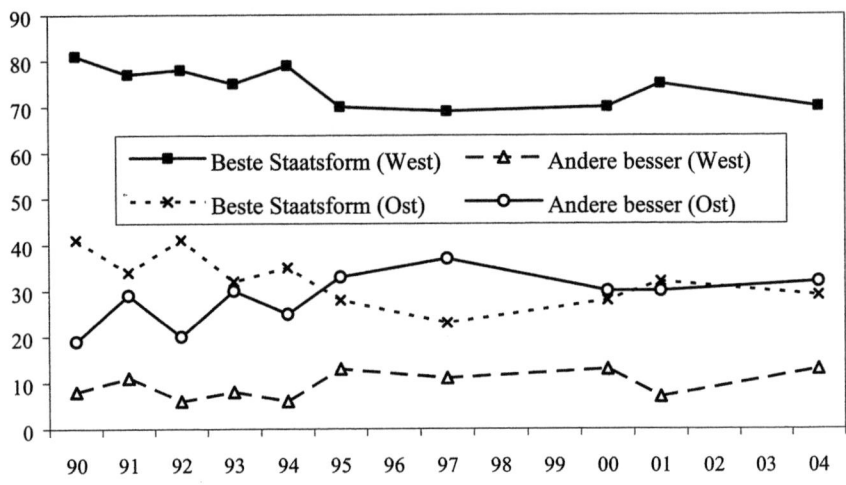

Quelle: 1990-97: Noelle-Neumann/Köcher 1997: 657; ab 2000: Daten von IfD zur Verf. gestellt.

Tab. 2.4.2-1: Zufriedenheit mit der Demokratiekonzeption des Grundgesetzes 2002
(Angaben in Prozent)

	Gesamt	West	Ost
Sehr zufrieden	20	23	8
Eher zufrieden	53	54	48
Eher unzufrieden	18	15	30
Sehr unzufrieden	5	3	13
Weiß nicht/keine Antwort	4	5	0

Quelle: eigene Berechnungen (Rechtsextremismusstudie 2002).

So ist es sicherlich der beginnenden Einigungseuphorie zuzuschreiben, dass sich die Demokratiezufriedenheit in Westdeutschland in der ersten Hälfte des Jahres 1990 mit 81 Prozent auf dem höchsten jemals gemessenen Niveau befand (vgl.

Abbildung 2.4-1)[11]. Da „das politische System der Bundesrepublik seit der Vereinigung unbestreitbar einer ernsten Belastungsprobe unterworfen ist" (Gabriel/Vetter 1999: 214), verwundert es auch nicht, dass die Zufriedenheit der Westdeutschen mit dem Funktionieren der Demokratie nach dem Abklingen der Vereinigungseuphorie die hohen Werte der Zeit vor der Vereinigung – wo im Schnitt etwa drei Viertel der Bürger mit der Systemperformanz zufrieden waren – nicht mehr erreichte (vgl. Abbildung 2.4.2-2): Das Niveau ging in den ersten Jahren deutlich zurück und Gabriel (1999: 836) spracht für diesen Zeitraum sogar von der „schwerste(n) Akzeptanzkrise des politischen Systems seit dem Beginn der 70er-Jahre"[12]. Danach erholte sich das Vertrauen in das Funktionieren der Demokratie jedoch wieder, stürzte jedoch in der Phase vor dem Machtwechsel 1998 noch tiefer ab und in der Folgezeit setzten sich die zyklischen Schwankungen in Abhängigkeit fort.

Betrachtet man den gesamten Untersuchungszeitraum seit dem Abklingen der Vereinigungseuphorie, so ist über die Schwankungen hinweg kein eindeutiger negativer oder positiver Trend festzustellen. Dies gilt auch für die Zufriedenheitswerte in Ostdeutschland, die allerdings deutlich unter denen des Westens liegen: Im Schnitt waren in den letzten eineinhalb Jahrzehnten etwa drei Fünftel der Westdeutschen und nur etwa zwei Fünftel der Ostdeutschen mit dem Funktionieren der Demokratie zufrieden. Zudem gibt es keinerlei Anzeichen für eine Verringerung des West-Ost-Gefälles über die Zeit hinweg[13].

Dies bedeutet nicht nur einen quantitativen, sondern auch einen qualitativen Unterschied, da die Systemperformanz über fast den gesamten Zeitraum hinweg von der absoluten Mehrheit der Westdeutschen positiv beurteilt wurde, während dies in Ostdeutschland niemals der Fall war.

Auf allen drei analytisch unterschiedenen Ebenen der Orientierungen gegenüber der politischen Ordnung lassen sich somit deutliche Unterschiede zwischen den Bürgern der alten und der neuen Bundesländer feststellen und es gibt keine Anzeichen dafür, dass sich diese Unterschiede systematisch verringern. Zudem ist das West-Ost-Gefälle bei den Orientierungen gegenüber der spezifischen Demokratiekonzeption des Grundgesetzes am größten, also gerade bei derjenigen Orientierungsebene, die theoretisch als die für die Stabilität der Demokratie des vereinigten Deutschland wichtigste angesehen wurde. Insgesamt kann somit von der Herausbildung eines demokratischen Grundkonsenses zwischen Ost- und Westdeutschen noch nicht gesprochen werden.

---

11 Vgl. mit anderen Daten auch Gabriel 1995.

12 Zu den Gründen vgl. auch Kapitel 2.3.

13 In den letzten beiden Eurobarometerberichten der Europäischen Kommission wurden die Werte für Ost- und Westdeutschland nicht mehr getrennt ausgewiesen, sodass die Abbildung 2.4.2-2 für 2004/II und 2005/I nur den gesamtdeutschen Wert enthält.

Abb. 2.4.2-2: **Zufriedenheit mit dem Funktionieren der Demokratie seit 1991**
(Angaben in Prozent; ziemlich/sehr zufrieden)

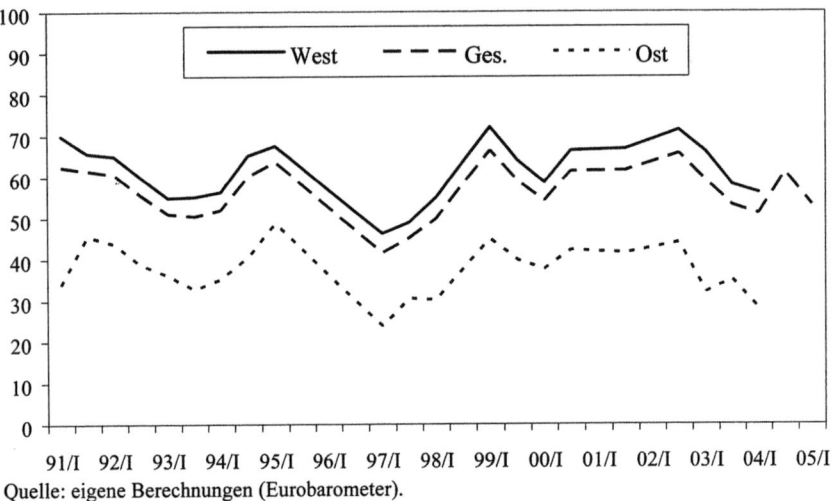

Quelle: eigene Berechnungen (Eurobarometer).

Für die Beurteilung des Verhältnisses der Bevölkerung zur demokratischen Ordnung genügt es jedoch nicht, die Haltung gegenüber den einzelnen Objektebenen
getrennt zu betrachten. Ebenso wichtig sind die Wechselbeziehungen zwischen
den Orientierungen, also die Stimmigkeit bzw. Widersprüchlichkeit der einzelnen
Elemente eines demokratischen Überzeugungssystems. In der Literatur wird
davon ausgegangen, dass „demokratische Orientierungen in einer konsolidierten
Demokratie widerspruchsfreier sind als in einer jungen Demokratie, weil Prozesse der Primär- und Sekundärsozialisation mit dem Alter der Demokratie wirksa-
mer werden" (Gabriel 2000a: 199). Zusammenhangsanalysen der verschiedenen
demokratischen Orientierungen zeigen, dass diese These auch für den Vergleich
von West- und Ostdeutschland zutrifft, d.h., dass „die Demokratie als Ordnungsmodell im Osten nicht so fest verankert ist wie im Westen" (ebd.).

Bei der Bewertung all dieser Ergebnisse darf nicht vergessen werden, das eine
demokratische politische Ordnung – im Gegensatz zu allen anderen Herrschafts-
ordnungen – Kritik und Opposition zulässt und ihren Bürgern auch das Recht
einräumt, ihre Unzufriedenheit in vielfältiger Form zum Ausdruck zu bringen.
Insbesondere ist die Kritik an den realen politischen Verhältnissen bzw. der jeweiligen konkreten Demokratiekonzeption eines politischen Systems nicht von
vornherein als antidemokratisch zu werten, denn sie kann auch von demokrati-

schen Wertvorstellungen getragen sein und als Antriebskraft demokratischer politischer Reformen dienen. Das einer Demokratie angemessene Muster von Orientierungen gegenüber der politischen Ordnung besteht daher aus einer Verbindung von Loyalität und Kritikbereitschaft[14]. Um die festgestellten West/Ost-Differenzen klar herauszuarbeiten und ihre politische Relevanz beurteilen zu können, ist es daher notwendig, zwischen verschiedenen Typen demokratischer Orientierungen zu unterscheiden. Bezieht man alle drei Objektebenen in die Typologie ein, so bietet sich eine Unterteilung in vier Typen an (vgl. Abbildung 2.4.2-3):

- zufriedene Demokraten, die der Idee der Demokratie positiv gegenüberstehen, die konkrete demokratische Regierungsform ihres Landes befürworten und mit der Performanz des Systems zufrieden sind,
- politikkritische Demokraten, die allein die Performanz des demokratischen Systems im konkreten politischen Prozess negativ beurteilen,
- systemkritische Demokraten, die zusätzlich auch die in ihrem Land realisierte spezifische Form der Demokratie ablehnen, die abstrakte Idee der Demokratie jedoch befürworten, und schließlich
- Antidemokraten, die auch von der Demokratie als Idee nichts halten.

Abb. 2.4.2-3: Typologie demokratischer Orientierungen

	Positive Orientierung gegenüber		
	dem Funktionieren der Demokratie	der konkreten demokratischen Regierungsform	der Idee der Demokratie
Zufriedene Demokraten	+	+	+
Politikkritische Demokraten	-	+	+
Systemkritische Demokraten	-	-	+
Antidemokraten	-	-	-

Diese Typologie konnte sehr lange nicht empirisch umgesetzt werden, da keine Studien existierten, die alle drei Orientierungsebenen enthielten. In unserer eigenen Rechtsextremismusstudie von 1998 haben wir die Haltungen zur konkreten Regierungsform und zu ihrem Funktionieren erfragt. Die Ergebnisse zeigten, dass

---

14 Vgl. hierzu auch die Ausführungen in Kapitel 2.3.

der Anteil der zufriedenen Demokraten im Westen deutlich höher war als im Osten, die politikkritischen Demokraten hielten sich in etwa die Waage und die beiden anderen Gruppen waren in Ostdeutschland weit stärker vertreten als im Westen, wobei allerdings zwischen systemkritischen Demokraten und Antidemokraten nicht unterschieden werden konnte.

In den meisten anderen Untersuchungen der letzten Jahre wurden jedoch die Werte- und die Performanzebene einbezogen, also die Beziehung zwischen Ideal und Realität der Demokratie analysiert. Norris (1999) und Klingemann (1999) führten auf dieser Basis das Konzept des unzufriedenen oder kritischen Demokraten ein, der eine positive Orientierung gegenüber der Idee der Demokratie mit Kritik an ihrem realen Zustand verbindet.

In unserer Rechtsextremismusstudie von 2002 (Decker/Niedermayer/Brähler 2003) haben wir jedoch alle drei Orientierungsebenen erfragt, sodass die von uns gebildete Typologie demokratischer Orientierungen empirisch abgebildet werden kann (vgl. Tabelle 2.4.2-3)[15].

Tab. 2.4.2-2: **Typologie demokratischer Orientierungen 2002**
(Angaben in Prozent)

	Ges.	West	Ost
Zufriedene Demokraten	45	50	24
Politikkritische Demokraten	24	23	31
Systemkritische Demokraten	15	11	35
Antidemokraten	3	3	5
Nicht klassifizierbar	6	7	3
Weiß nicht/keine Antwort	6	7	2

Quelle: eigene Berechnungen (Rechtsextremismusstudie 2002).

---

15 Frageformulierungen: „Was würden Sie, im Vergleich zu anderen Staatsideen, zur Idee der Demokratie sagen. Nehmen Sie dazu bitte die folgende Skala. Sind Sie ..." (1 = sehr dagegen bis 6 = sehr dafür). „Was würden Sie allgemein zu der Demokratie in der Bundesrepublik Deutschland, also zu unserem ganzen politischen System sagen, so wie es in der Verfassung festgelegt ist? Sind Sie damit ..." (1 = sehr unzufrieden bis 4 = sehr zufrieden). „Und was würden Sie allgemein zu der Demokratie in der Bundesrepublik Deutschland, also zu unserem ganzen politischen System sagen, so wie es tatsächlich funktioniert? Sind Sie damit ..." (1 = sehr unzufrieden bis 4 = sehr zufrieden).

Zunächst wird deutlich, dass die Befragten durchaus in der Lage sind, die drei Objektebenen der Orientierungen gegenüber der demokratischen Ordnung analytisch zu trennen und auf diesbezügliche Fragen in einer konsistenten Weise zu antworten, wie der geringe Anteil von Nichtantwortenden und Nichtklassifizierbaren zeigt.

Inhaltlich gehörte im Jahre 2002 die Hälfte der Westdeutschen zu den zufriedenen Demokraten, ein knappes Viertel beurteilte die Performanz des Systems negativ, gut jeder Zehnte lehnte die spezifische Regierungsform der Bundesrepublik ab und 3 Prozent zählten zu den Antidemokraten. In Ostdeutschland hingegen machten die zufriedenen Demokraten nur ein knappes Viertel der Bevölkerung aus, fast ein Drittel war politikkritisch eingestellt, ein gutes Drittel lehnte die bundesrepublikanische Regierungsform ab und 5 Prozent zählten zu den Antidemokraten. Damit wird einerseits klar, dass eine konsistente, generell antidemokratische Haltung in keinem der beiden Landesteile eine starke Verbreitung aufweist. Andererseits hatte, fasst man die systemkritischen Demokraten und die Antidemokraten zusammen, im Jahre 2002 ein Siebtel der westdeutschen Bevölkerung der bundesrepublikanischen Demokratie ihre Unterstützung entzogen, während es in Ostdeutschland zwei Fünftel waren.

Über die Gründe dieser Kluft zwischen West und Ost besteht in der Forschung keine Einigkeit[16]. Insbesondere zwei Erklärungsansätze stehen sich gegenüber: die Sozialisations- und die Situationshypothese, d.h. einerseits die Auffassung, dass die Unterschiede auf die differierenden Sozialisationserfahrungen der Bürgerinnen und Bürger in den verschiedenen Gesellschaftsordnungen zurückgeführt werden können, und andererseits die These, dass die Unterschiede durch differierende situative Erfahrungen im vereinigten Deutschland – insbesondere durch die ungleichen Lebensbedingungen – bedingt sind. Folgt man jedoch Eastons (1975) Systemtheorie, so muss beides gleichermaßen berücksichtigt werden, da die Unterstützung des politischen Systems auf die politische Sozialisation und eine positive Bewertung der Systemleistungen zurückgeführt werden kann. Gabriel (2000b) fasst die Erklärungsansätze für Übereinstimmungen und Unterschiede zwischen den demokratischen Orientierungen in West und Ost in vier Gruppen zusammen:

-   Modernisierungsmodell: Hier gilt der Anstieg der kognitiven Kompetenz und Involvierung der Bevölkerung sowie der Übergang von traditionellen zu modernen Wertvorstellungen als entscheidende Größe, und die aus diesem Modell abgeleitete Hypothese lautet, dass mit der Unterstützung ‚moderner'

---

16 Vgl. z.B. Dalton 1994, Edinger/Hallermann 2004, Finkel/Humphries/Opp 2001, Fuchs/Roller 2003, Fuchs/Roller/Weßels 1997, Gabriel 1999, 2000b, Gabriel/Neller 2000, Holtmann 2000, Pollack/Pickel 1998, Rohrschneider 1999 und Westle 1994.

Werte und dem Grad politischer Involvierung die Unterstützung demokratischer Prinzipien, aber zugleich die Neigung zur Kritik am faktischen Zustand der Demokratie steigt.

- Performanzmodell: Hier werden wahrgenommene soziale und ökonomische Leistungsdefizite für die Akzeptanzprobleme der politischen Ordnung verantwortlich gemacht. Dies betrifft vor allem die Zufriedenheit mit dem Funktionieren der Demokratie. Lange andauernde Performanzkrisen können jedoch durchaus auch auf die Orientierungen der Bevölkerung zur Demokratie als Ordnungsmodell übergreifen, und zwar insbesondere dann, wenn die systemtragenden Werte und Orientierungen noch nicht gefestigt sind. Die Hypothese lautet somit: Die kritischeren Orientierungen der Ostdeutschen insbesondere gegenüber dem Funktionieren aber auch gegenüber der Idee der Demokratie resultieren aus einer negativeren Wahrnehmung und Bewertung der wirtschaftlichen und gesellschaftlichen Verhältnisse.

- Institutioneller Ansatz: Hier wird das Verhältnis zwischen den Orientierungen gegenüber den politischen Institutionen und gegenüber der politischen Ordnung in den Mittelpunkt gestellt und davon ausgegangen, dass die Unterstützung der Demokratie umso größer ist, je positiver die Bürger die einzelnen politischen Institutionen beurteilen, wobei dieser Zusammenhang für die Demokratiezufriedenheit stärker sein dürfte als für die anderen Objektebenen.

- Sozialisationstheoretischer Ansatz: Hier wird postuliert, dass die Orientierungen gegenüber dem zuvor bestehenden Regime einen großen Einfluss auf die Unterstützung einer neu installierten politischen Ordnung haben. Zu den Faktoren, die eine Übernahme der für das demokratische Ordnungsmodell der Bundesrepublik typischen Orientierungen erschweren, müssten daher vor allem der Fortbestand von Bindungen an die ehemalige DDR und die Unterstützung der Leitidee des Sozialismus gehören.

Eine isolierte empirische Überprüfung der einzelnen Modelle ergab, dass

- die demokratischen Orientierungen durch die Modernisierungsthese nicht überzeugend erklärt werden können;

- die Bewertung der sozio-ökonomischen Verhältnisse und der Leistungen von Staat und Politik sich stark auf die Zufriedenheit mit dem Funktionieren der Demokratie auswirkt, für die Unterstützung demokratischer Prinzipien jedoch irrelevant ist;

- die Orientierungen gegenüber den politischen Institutionen eine große Rolle für die Demokratiezufriedenheit spielen, während sich für die Unterstützung demokratischer Prinzipien keine konsistenten Muster ergaben;

- fortbestehende DDR-Bindungen für das Verhältnis der Ostdeutschen zur Demokratie wichtig sind, wobei sie die Demokratiezufriedenheit stärker beeinflussen als die Unterstützung demokratischer Prinzipien.

Die Verknüpfung der Elemente aller Modelle in einer umfassenden Analyse führte zu dem Resultat, dass „weder die Bewertung der sozio-ökonomischen Rahmenbedingungen noch die Einstellungen zu politischen Institutionen und Akteuren ... irgendeine Rolle für die Unterstützung demokratischer Prinzipien" spielen (Gabriel 2000b: 59f.), wohl aber die psychische Distanz zur DDR-Vergangenheit. Die Zufriedenheit mit dem Funktionieren der Demokratie unterliegt demgegenüber „wesentlich stärker dem Einfluss sich verändernder Rahmenbedingungen" (ebd.: 61), also der Wahrnehmung der sozialen und wirtschaftlichen Lage sowie dem Vertrauen in die politischen Institutionen, während fortbestehende DDR-Bindungen „in keinem über die Zeit hinweg konsistenten Zusammenhang mit der Demokratiezufriedenheit der Ostdeutschen stehen" (ebd.: 64). Damit wird deutlich, dass bei der Erklärung von Orientierungen der Bürgerinnen und Bürger gegenüber der politischen Ordnung differenziert vorgegangen werden muss, da die Orientierungen gegenüber der Idee und gegenüber der Realität der Demokratie ganz unterschiedlich begründet sind.

Für ein dramatisches Krisenszenario in Bezug auf die demokratisch-politische Stabilität Gesamtdeutschlands besteht dennoch trotz der vorgestellten Ergebnisse wenig Anlass, denn zum einen ist das gegen die bundesrepublikanische Demokratie mobilisierbare Potenzial in Ostdeutschland zwar viel größer als im Westen, aber auch in Ostdeutschland noch in der Minderheit, zum anderen macht die ostdeutsche Bevölkerung nur rund ein Fünftel der gesamtdeutschen Bevölkerung aus. Zudem gilt: „Demokratiekritische Einstellungen bei einem Teil der Bevölkerung reichen, für sich genommen, noch nicht aus, um eine demokratische politische Ordnung zu destabilisieren" (Kaase/Bauer-Kaase 1998: 254).

Weiterführende Literatur:

Adrian, Wolfgang (Hrsg.) (1977): Demokratie als Partizipation. Meisenheim a.Gl.: Anton Hain.
Arzheimer, Kai/Klein, Markus (2000): Gesellschaftspolitische Wertorientierungen und Staatszielvorstellungen im Ost-West-Vergleich, in: Falter, Jürgen W./Gabriel, Oscar W./Rattinger, Hans (Hrsg.): Wirklich ein Volk? Die politischen Orientierungen von Ost- und Westdeutschen im Vergleich. Opladen: Leske + Budrich, S. 363-402.
Baker, Kendall L./Dalton, Russell J./Hildebrandt, Kai (1981): Germany Transformed: Political Culture and the New Politics. Cambridge, Mass.: Harvard University Press.
Bauer, Petra (1991a): Freiheit und Demokratie in der Wahrnehmung der Bürger in der Bundesrepublik und der ehemaligen DDR, in: Wildenmann, Rudolf (Hrsg.): Nation und Demokratie - Politisch-strukturelle Gestaltungsprobleme im neuen Deutschland. Baden Baden: Nomos, S. 99-124.

Bauer, Petra (1991b): Politische Orientierungen im Übergang. Eine Analyse politischer Einstellungen in West- und Ostdeutschland 1990/91, in: Kölner Zeitschrift für Soziologie und Sozialpsychologie, 43, S. 433-453.

Conradt, David P. (1980): Changing German Political Culture, in: Almond, Gabriel A./Verba, Sidney (Hrsg.): The Civic Culture Revisited. Boston: Little, Brown, S. 212-272.

Dalton, Russell J. (1994): Communists and Democrats: Democratic Attitudes in the Two Germanies, in: Brititsh Journal of Political Science, 24, S. 469-493.

Decker, Oliver/Niedermayer, Oskar/Brähler, Elmar (2003): Rechtsextreme Einstellungen in Deutschland. Ergebnisse einer repäsentativen Erhebung im April 2002, in: Zeitschrift für Psychotraumatologie und Psychologische Medizin, 1, S. 65-77.

Di Fabio, Udo (2004): Demokratie im System des Grundgesetzes, in: Brenner, Michael (Hrsg.): Der Staat des Grundgesetzes - Kontinuität und Wandel. Festschrift für Peter Badura zum siebzigsten Geburtstag. Tübingen: Mohr Siebeck, S. 77-95.

Edinger, Michael/Hallermann, Andreas (2004): Politische Kultur in Ostdeutschland. Die Unterstützung des politischen Systems am Beispiel Thüringens. Frankfurt a.M. u.a.: Peter Lang.

Easton, David (1975): A Re-assessment of the Concept of Political Support, in: British Journal of Political Science, 5, S. 435-457.

Finkel, Steven/Humphries, Stan/Opp, Karl-Dieter (2001): Socialist Values and the Development of Democratic Support in the Former East Germany, in: International Political Science Review, 22, S. 339-361.

Fuchs, Dieter (1989): Die Unterstützung des politischen Systems der Bundesrepublik Deutschland. Opladen: Westdeutscher Verlag.

Fuchs, Dieter (1997): Welche Demokratie wollen die Deutschen? Einstellungen zur Demokratie im vereinten Deutschland, in: Gabriel, Oscar W. (Hrsg.): Politische Orientierungen und Verhaltensweisen im vereinigten Deutschland. Opladen: Leske + Budrich, S. 81-113.

Fuchs, Dieter/Roller, Edeltraud (2003): Die Einstellung zur Demokratie in Deutschland, in: Politische Bildung, 36, S. 21-26.

Fuchs, Dieter/Roller, Edeltraud/Weßels, Bernhard (1997): Die Akzeptanz der Demokratie des vereinigten Deutschlands, in: Aus Politik und Zeitgeschichte, B 51, S. 3-12.

Gabriel, Oscar W. (1987): Demokratiezufriedenheit und demokratische Einstellungen in der Bundesrepublik Deutschland, in: Aus Politik und Zeitgeschichte, B 22, S. 32-45.

Gabriel, Oscar W. (1995): Immer mehr Gemeinsamkeiten? Politische Kultur im vereinten Deutschland, in: Altenhof, Ralf/Jesse, Eckhard (Hrsg.): Das wiedervereinigte Deutschland - Zwischenbilanz und Perspektiven. Düsseldorf: Droste, S. 243-274.

Gabriel, Oscar W. (1999): Demokratie in der Vereinigungskrise? Struktur, Entwicklung und Bestimmungsfaktoren der Einstellungen zur Demokratie im vereinigten Deutschland, in: Zeitschrift für Politikwissenschaft, 9, S. 827-861.

Gabriel, Oscar W. (2000a): Ein demokratischer Konsens in Ost und West?, in: Der Bürger im Staat, 50, S. 196-202.

Gabriel, Oscar W. (2000b): Demokratische Einstellungen in einem Land ohne demokratische Traditionen? Die Unterstützung der Demokratie in den neuen Bundesländern im Ost-West-Vergleich, in: Falter, Jürgen W./Gabriel, Oscar W./Rattinger, Hans (Hrsg.): Wirklich ein Volk? Die politischen Orientierungen von Ost- und Westdeutschen im Vergleich. Opladen: Leske + Budrich, S. 41-77.

Gabriel, Oscar W. (2001): Neue Köpfe - bessere Stimmung? Eine Analyse der Implikationen des Regierungswechsels 1998 für die Einstellungen der Bevölkerung zum politischen System der Bundesrepublik, in: Klingemann, Hans-Dieter/Kaase, Max (Hrsg.): Wahlen und Wähler. Analysen aus Anlass der Bundestagswahl 1998. Wiesbaden: Westdeutscher Verlag, S. 163-203.

Gabriel, Oscar W. (2003): Die Hypothek der DDR-Vergangenheit und die Unterstützung der Demokratie im vereinigten Deutschland, in: Fromm, Martin/Haase, Frank/Schlottke, Peter F. (Hrsg.): Erfindung der Vergangenheit. München: kopaed, S. 63-92.

112

Gabriel, Oscar W. (2005): Politische Einstellungen und politische Kultur, in: Gabriel, Oscar W./Holtmann, Everhard (Hrsg.): Handbuch politisches System der Bundesrepublik Deutschland. München: Oldenbourg (3. Aufl.), S. 459-522.

Gabriel, Oscar W./Neller, Katja (2000): Stabilität und Wandel politischer Unterstützung im vereinigten Deutschland, in: Esser, Hartmut (Hrsg.): Der Wandel nach der Wende - Gesellschaft, Wirtschaft, Politik in Ostdeutschland. Wiesbaden: Westdeutscher Verlag, S. 67-89.

Gabriel, Oscar W./Vetter, Angelika (1999): Politische Involvierung und politische Unterstützung im vereinigten Deutschland - Eine Zwischenbilanz, in: Plasser, Fritz/Gabriel, Oscar W./Falter, Jürgen W./Ulram, Peter A. (Hrsg.): Wahlen und politische Einstellungen in Deutschland und Österreich. Frankfurt a.M.: Peter Lang, S. 191-239.

Hofferbert, Richard I./Klingemann, Hans-Dieter (2001): Democracy and Its Discontents in Post-Wall Germany, in: International Political Science Review, 22, S. 363-378.

Holtmann, Everhard (2000): Das Demokratieverständnis in seinen unterschiedlichen Dimensionen, in: Gegenwartskunde, 49, S. 49-70.

Kaase, Max (1971): Demokratische Einstellungen in der Bundesrepublik Deutschland, in: Wildenmann, Rudolf et al. (Hrsg.): Sozialwissenschaftliches Jahrbuch für Politik, Bd. 2. München: Olzog, S. 119-326.

Kaase, Max/Bauer-Kaase, Petra (1998): Deutsche Vereinigung und innere Einheit 1990-1997, in: Meulemann, Heiner (Hrsg.): Werte und nationale Identität im vereinigten Deutschland – Erklärungsansätze der Umfrageforschung. Opladen: Leske + Budrich, S. 251-267.

Klingemann, Hans-Dieter (1999): Mapping political Support in the 1990s: A Global Analysis, in: Norris, Pippa (Hrsg.): Critical Citizens. Global Support for Democratic Governance. Oxford: Oxford University Press, S. 31-56.

Noelle, Elisabeth (2004): Eine Aufgabe der Geschichte. Das Zusammenwachsen der Deutschen macht keine wirklichen Fortschritte. Dokumentation des Beitrags in der Frankfurter Allgemeinen Zeitung Nr. 167 vom 21. Juli 2004. Allensbach: IfD Allensbach.

Noelle-Neumann, Elisabeth/Köcher, Renate (Hrsg.) (1997): Allensbacher Jahrbuch der Demoskopie 1993-1997. München: K. G. Saur.

Norris, Pippa (1999): Introduction: The Growth of Critical Citizens?, in: Norris, Pippa/Critical Citizens. Global Support for Democratic Governance (Hrsg.): . Oxford: Oxford University Press, S. 1-27.

Pollack, Detlef/Pickel, Gert (1998): Die ostdeutsche Identität - Erbe des DDR-Sozialismus oder Produkt der Wiedervereinigung? Die Einstellungen der Ostdeutschen zu sozialer Ungleichheit und Demokratie, in: Aus Politik und Zeitgeschichte, B 41-42, S. 9-23.

Rohrschneider, Robert (1999): Learning Democracy. Democratic and Economic Values in Unified Germany. Oxford: Oxford University Press.

Scheuer, Angelika (2005): Demokratiezufriedenheit in Deutschland sinkt unter EU-Niveau. Eine europäisch-vergleichende Analyse, in: Informationsdienst Soziale Indikatoren, 33, S. 8-11.

Westle, Bettina (1989): Politische Legitimität - Theorien, Konzepte, empirische Befunde. Baden Baden: Nomos.

Westle, Bettina (1994): Demokratie und Sozialismus. Politische Ordnungsvorstellungen im vereinten Deutschland zwischen Ideologie, Protest und Nostalgie, in: Kölner Zeitschrift für Soziologie, 46, S. 571-596.

Westle, Bettina (1997): Politische Folge- und Kritikbereitschaft der Deutschen, in: ZUMA-Nachrichten, 41, S. 100-126.

Westle, Bettina (1998): Konsens und Konflikt als Elemente der pluralistischen Demokratie. Zum Demokratieverständnis von West- und Ostdeutschen, in: ZUMA-Nachrichten, 22, S. 116-133.

2.5 Orientierungen gegenüber der politischen Gemeinschaft

Die politische Gemeinschaft in Gestalt des Nationalstaates umfasst zum einen ein bestimmtes Territorium und besteht zum anderen aus einer Gruppe von Individuen (Westle 1989, 1997). Die Orientierungen der Bürgerinnen und Bürger gegenüber der politischen Gemeinschaft, ihre nationalen Identitätsmuster, können daher unterteilt werden in die Haltung zur Nation und zu den Mitbürgern. Gerade in Deutschland mit seiner nationalsozialistischen Vergangenheit wird den affektiv-wertbezogenen Bindungen der Bevölkerung an die Nation in Form des Nationalstolzes[1] hohe Aufmerksamkeit zuteil, und auch die Orientierungen gegenüber den Mitbürgern stehen im Rahmen der Diskussion um die ‚innere Einheit' des vereinten Deutschlands im Blickpunkt des Interesses. Diese beiden Bereiche sollen daher im Folgenden näher betrachtet werden.

2.5.1 Nationalstolz

In der über die gesamte Nachkriegszeit hinweg immer wieder aufflammenden Debatte um die (gesamt)deutsche Identität[2] – insbesondere in Form der affektiven Bindung an die Nation – lassen sich zwei normative Positionen unterscheiden: Einerseits werden, angesichts der nationalsozialistischen Vergangenheit, affektive Bindungen der Bürger an die Nation als amoralisch abgelehnt, weil eine Tendenz der Deutschen zur Übertreibung und Pervertierung nationaler Gefühle befürchtet wird (z.B. Mommsen 1979), andererseits werden sie zur Stabilisierung des demokratischen politischen Systems für notwendig gehalten (z.B. Weidenfeld 1993). Gerade an der Frage des Nationalstolzes scheiden sich die Geister, da dieses Konzept sowohl in Richtung einer demokratiegefährdenden, ethnisch bestimmten nationalistischen Orientierung, also einer „Überbewertung des eigenen Kollektivs, die mit der Abwertung von Fremdgruppen verbunden ist", als auch in Richtung eines demokratieadäquaten Patriotismus, also einer „positiven Bewertung des eigenen Kollektivs ohne die Abwertung von Fremdgruppen" (Blank/Schmidt 1993: 393) interpretiert werden kann. Welche der beiden Interpretationen zutrifft, ist jedoch keine normative, sondern eine empirische Frage. So schwer es gerade

---

1 Dieses Verständnis von Nationalstolz als sozial erworbene, kontextabhängig veränderliche, evaluative Orientierung affektiv-wertbezogener Art wird in der Forschung nicht von allen geteilt. Zu den unterschiedlichen Konzeptionen vgl. Westle 1999a: 177ff.

2 Vgl. hierzu zusammenfassend Westle 1999b und die Analyse der verschiedenen Deutungsmuster der politischen Gemeinschaft in Stachura 2005.

in Deutschland aufgrund der historischen Belastung des Begriffes und seiner Instrumentalisierung durch rechtsextreme Gruppen fällt: Eine Einordnung des Nationalstolzes „als demokratieadäquat oder -gefährdend ist erst aus der Analyse seiner Zusammenhänge mit anderen politischen Orientierungen sinnvoll" (Westle 1999a: 181).

Wendet man sich der realen Entwicklung des allgemeinen Nationalstolzes in der alten Bundesrepublik zu, so zeigt sich über das Jahrzehnt vor der Vereinigung hinweg eine im europäischen Vergleich sehr geringe Verbreitung intensiver nationaler Gefühle (vgl. Abbildung 2.5.1-1)[3], was in der Literatur „zumeist auf eine empfundene Ambivalenz solcher Gefühle im Bewusstsein ihres nationalsozialistischen Missbrauchs und/oder auf die deutsche Teilung zurückgeführt wurde" (Westle 1992a: 71f.).

Abb. 2.5.1-1: Allgemeiner Nationalstolz 1982-1988

(Angaben in Prozent: sehr/ziemlich stolz)

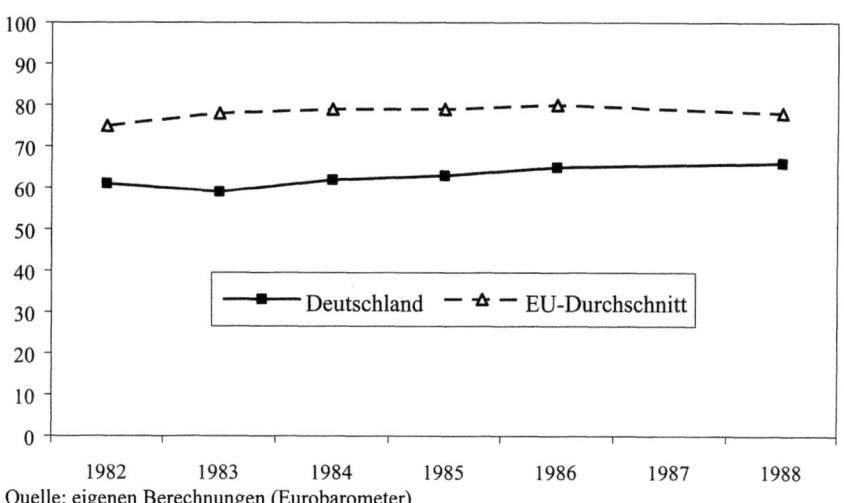

Quelle: eigenen Berechnungen (Eurobarometer).

---

3 Frageformulierung: „Würden Sie sagen, dass Sie sehr stolz, ziemlich stolz, nicht sehr stolz oder überhaupt nicht stolz darauf sind, ein Deutscher zu sein?" Die Fragen zum Nationalstolz, die alle in ähnlicher Form gestellt werden, weisen ein nicht lösbares methodisches Problem auf: Die Operationalisierung einer evaluativen Orientierung sollte ein Positiv-Negativ-Kontinuum abfragen (vgl. Kap. 2), sprachlich ist dies jedoch nicht möglich. Daher ist offen, ob die Abwesenheit von Nationalstolz lediglich eine Indifferenz oder aber eine ablehnende Haltung gegenüber dem Orientierungsobjekt ausdrückt. Zum internationalen Vergleich der Entwicklung des Nationalstolzes vgl. auch Rose 1985.

Als Folge der Vereinigung wurden deutliche Veränderungen der affektiven Bindungen der Deutschen an ihre Nation erwartet: Auf der einen Seite hoffte man auf eine Steigerung des nationalen Selbstwertgefühls, auf der anderen Seite befürchtete man die Entwicklung eines übersteigerten Nationalismus. So sind in der Literatur anfänglich durchaus widersprüchliche Diagnosen der Gefühlslage der Deutschen zu finden, die einerseits von einem positiv bewerteten Ansteigen des Nationalbewusstseins (Gensicke 1994) bzw. einem sich verbreitenden übersteigerten Nationalismus (Weissbrod 1994) bis hin zum Vorwurf des „Nationalrauschs" (Herles 1990) reichten und andererseits eine Abnahme des Selbstwertgefühls und eine nationale Identitätskrise (Herdegen/Schultz 1993) konstatierten. Überwiegend kamen die empirischen Analysen[4] jedoch zu dem Schluss, dass sich in Westdeutschland weder kurz vor noch nach der Vereinigung ein wesentliches Ansteigen des Nationalstolzes feststellen ließ und der Anteil der Stolzen in der ersten Hälfte der Neunzigerjahre sogar noch etwas abnahm. In Ostdeutschland war der Nationalstolz anfangs etwas stärker verbreitet, reduzierte sich jedoch schnell auf das westdeutsche Niveau, und die Werte in beiden Teilen Deutschlands blieben weit unter dem europäischen Durchschnitt.

Auch in der Folgezeit hat sich hieran nichts Wesentliches geändert, wie Abbildung 2.5.1-2 zeigt. Zwar stieg der Nationalstolz gegen Ende der Neunzigerjahre in beiden Teilen Deutschlands an, der – ebenfalls gestiegene – EU-Durchschnitt wurde jedoch noch immer nicht erreicht und seither gab es weder größere Niveauveränderungen noch bemerkenswerte Ost-West-Unterschiede. Im Herbst 2003 waren zwei Drittel der Deutschen stolz darauf, Deutsche zu sein. Dies war unter allen 15 EU-Mitgliedsländern der mit Abstand niedrigste Wert. Von den Bürgern der anderen Staaten waren im Schnitt fünf von sechs stolz auf ihre jeweilige Nation. Noch deutlicher unterscheidet sich Deutschland vom Durchschnitt der EU, wenn man nur diejenigen betrachtet, die ein sehr hohes Maß an Nationalstolz aufweisen: In beiden Teilen Deutschlands war weniger als ein Fünftel der Bevölkerung „sehr stolz", im EU-Durchschnitt waren es mehr als zwei Fünftel (vgl. Tabelle 2.5.1-1). Damit sind Befürchtungen eines nationalistischen ‚Vereinigungstaumels' der Bevölkerung gegenstandslos. Auch die vor der Vereinigung häufig vertretene These, dass das geringe Niveau des westdeutschen Nationalstolzes auf eine Verletzung des nationalen Selbstwertgefühls durch die deutsche Teilung zurückzuführen sei (Noelle-Neumann/Köcher 1987, Rose 1985), muss angesichts dieser Entwicklungen in Frage gestellt werden, da eine solche Verletzung nach dreizehn Jahren Einheit eigentlich geheilt sein müsste. Als Erklärung für das nach wie vor im europäischen Vergleich unterdurchschnittliche Niveau des Nationalstolzes in beiden Teilen Deutschlands bietet sich somit eher die Prä-

---

4 Vgl. z.B. Gluchowski/Plasser/Ulram 1991, Scheuch 1991, Weidenfeld/Korte 1991, Westle 1992b.

gung des Verhältnisses der Deutschen zu ihrer Nation durch die Erfahrung bzw.
die Auseinandersetzung mit dem übersteigerten Nationalismus der NS-Zeit an.

Abb. 2.5.1-2: Allgemeiner Nationalstolz seit 1994
              (Angaben in Prozent: sehr/ziemlich stolz)

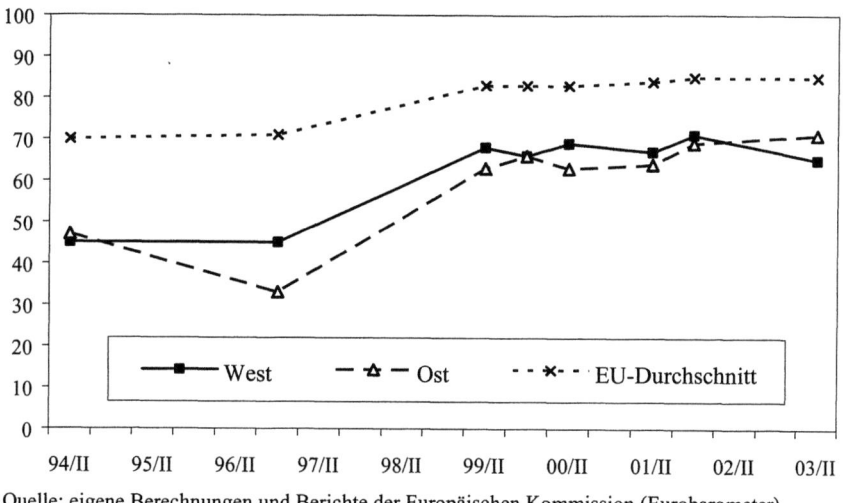

Quelle: eigene Berechnungen und Berichte der Europäischen Kommission (Eurobarometer).

Tab. 2.5.1-1: Allgemeiner Nationalstolz: Herbst 2003
               (Angaben in Prozent)

	Deutschland			EU-
	Gesamt	West	Ost	Durch.
Sehr stolz	19	19	18	41
Ziemlich stolz	47	46	53	44
Nicht sehr stolz	17	16	18	8
Überhaupt nicht stolz	8	8	6	3
Weiß nicht/keine Antwort	10	11	5	5

Quelle: Kommission der EU (Hrsg.): Eurobarometer 60, Brüssel 2004, B 34.

Dieser Hintergrund kann auch empirisch unterfüttert werden, wie Tabelle 2.5.1-2 zeigt. Während nationaler Stolz von den Bürgerinnen und Bürgern der anderen EU-Staaten mehrheitlich als selbstverständlich und von einem Viertel sogar als Pflicht angesehen wird, verbietet sich vor allem Letzteres für die Deutschen in West und Ost in hohem Maße. Dagegen sind, insbesondere bei den nicht-stolzen Deutschen, Auffassungen weit stärker verbreitet, die Nationalstolz als sinnlos, überheblich und gefährlich ansehen[5].

Tab. 2.5.1-2: Meinungen zum allgemeinen Nationalstolz 1994
(Angaben in Prozent)[1]

	West			Ost			EU-Durchschnitt ohne Deutsche		
	Alle	St.	N-St.	Alle	St.	N-St.	Alle	St.	N-St.
Pflicht	10	18	1	10	18	1	24	27	10
Selbstverständlich	40	68	13	45	65	22	50	56	26
Zufall/Unsinn	19	4	33	18	5	33	9	5	24
Jeder anders/Unsinn	10	2	17	6	4	9	7	5	15
Überheblich	8	2	11	10	4	18	3	1	8
Gefährlich	14	5	25	12	5	18	8	5	17

1) St. = Stolze, N-St. = Nicht-Stolze.
Quelle: Westle 1998: 97 (EB 42, Prozentangaben gerundet).

Die allgemeine Frage nach dem Stolz auf die eigene Nation ist somit gerade in Deutschland sehr problembeladen. Wir wenden uns daher im Folgenden den Versuchen zu, nationale Identität inhaltlich durch den Stolz auf bestimmte Bereiche zu ermitteln. Dies geschah schon seit Ende der Fünfzigerjahre durch offene Fragen danach, worauf man als Deutscher am meisten stolz sei. Seit 1988 existiert ein geschlossenes Erhebungsinstrument, wo die Befragten sieben Objekte

---

5 Gefragt wurde, welcher der folgenden Meinungen die Befragten persönlich am ehesten zustimmen: Nationalstolz ist eine Pflicht für jeden guten Bürger, Nationalstolz ist eine Selbstverständlichkeit; Nationalstolz ist Unsinn, weil die Nationalität Zufall ist; Nationalstolz ist Unsinn, weil jeder Mensch anders ist; Nationalstolz ist überheblich, er richtet sich gegen Menschen anderer Nationalität; Nationalstolz ist gefährlich, er führt zu extremem Nationalismus und sogar zu Kriegen. Prozentuiert wurde in der Tabelle auf die Gesamtheit derjenigen, die einer der Meinungen zugestimmt haben.

vorgelegt bekommen und darum gebeten werden, diejenigen drei Bereiche auszuwählen, auf die Sie am meisten stolz sind[6]. Tabelle 2.5.1-3 fasst die Ergebnisse der beiden Typen von Operationalisierungen des objektspezifischen Stolzes der Deutschen von 1959 bis 2000 zusammen.

Tab. 2.5.1-3: Objekte des Stolzes seit 1959
(Mehrfachnennungen; Angaben in Prozent)

	offen; keine Beschränkungen				7 Antwortvorgaben; bis 3 Nennungen									
Jahr	59	78	1991		88	90	1991		1992		1996		2000	
	W	W	W	O	W	O	W	O	W	O	W	O	W	O
Polit. Sys./Grundgesetz	7	31	32	20	52	23	53	21	51	18	53	24	50	27
Sozialstaatl. Leistungen	6	18	15	4	39	31	50	24	46	15	49	23	43	25
Parlament/Bundestag	-	-	-	-	10	11	5	7	4	3	6	3	5	1
Nation/Stärke d. Landes	5	9	7	8										
Dt. Einheit/Wende	-	-	6	14										
Ökon. System/Erfolge	33	40	33	60	51	60	65	61	61	55	44	41	51	45
Wissensch. Leistungen	11	13	5	8	38	56	40	52	38	48	41	57	48	52
Kunst und Literatur	10	16	8	17	21	47	23	41	22	43	31	53	33	55
Leistungen der Sportler	2	10	3	8	22	41	20	43	20	50	23	54	20	39
Charaktereigenschaften	36	25	16	19										
Landschaftsmerkmale	16	14	7	11										
Sonstiges	4	7	4	5										
Nichts davon/k.A.	15	21	28	31	19	6	10	11	10	11	13	10	9	8

1) W = West, O = Ost.
Quelle: 1959-1991 (keine Beschränkung), Ost 1990: Westle 1998: 104; 1988-2000: eigene Berechnungen (Allbus).

---

6 Antwortvorgaben: Das Grundgesetz, der Bundestag, die Leistungen der deutschen Sportler, die wirtschaftlichen Erfolge, die deutsche Kunst und Literatur, die wissenschaftlichen Leistungen, die sozialstaatlichen Leistungen. Zur Kritik an diesem Instrument vgl. z.B. Richter 1994.

Nach diesen Ergebnissen waren die Westdeutschen noch Ende der Fünfzigerjahre fast ausschließlich auf politikferne Bereiche stolz. Bis Ende der Siebzigerjahre wuchs jedoch der Stolz auf das politische System – symbolisiert vor allem durch das Grundgesetz aber auch durch den Sozialstaat – „auf ein mit anderen etablierten Demokratien vergleichbares Niveau an und ist seither recht stabil. Abgenommen hat dagegen der Stolz auf deutsche Charaktereigenschaften und Landschaftsmerkmale, die von den unterschiedenen politikfernen Identitätsobjekten am ehesten als Merkmale eines traditionalen und ethnischen Selbstverständnisses angesehen werden können" (Westle 1998: 102). Die Ursachen für diese Veränderungen werden vor allem in einem Nachwachsen jüngerer Generationen in die Demokratie, demokratischen Sozialisationserfolgen und einer – auch auf ökonomischen Erfolgen und Sozialstaatsentwicklungen beruhenden – zunehmenden Bewährung des demokratischen Systems in den Augen der Bürger gesehen (ebd.: 105). Im Vergleich zu den Westdeutschen gründen die Ostdeutschen über die gesamte Untersuchungszeit der Neunzigerjahre hinweg ihren Stolz deutlich stärker auf politikferne Bereiche. Im Vordergrund stand schon kurz nach der Vereinigung nicht etwa die Systemtransformation durch Wende und Einheit, sondern die Wirtschaftsleistung.

Setzt man den Stolz auf einzelne Bereiche mit dem allgemeinen Nationalstolz in Beziehung, so zeigt sich zum einen, dass nicht-nationalstolze Bürgerinnen und Bürger zu 80-90 Prozent doch Stolz auf einzelne Bereiche äußern, und zum anderen wird deutlich, dass es „unzulässig ist, allgemeinen Nationalstolz heute pauschal als Anzeichen für Nationalismus zu qualifizieren, da die Nationalstolzen in gleichem bzw. sogar etwas stärkerem Ausmaß als die Nicht-Nationalstolzen solche Objekte als Grund für nationales Selbstbewusstsein anführen, die im Allgemeinen als Indikatoren für eine demokratische oder verfassungspatriotische Identität betrachtet werden" (ebd.: 107). Die sich im politischen – insbesondere im auf das Grundgesetz gerichteten – Stolz ausdrückende verfassungspatriotische nationale Identität[7] ist bei den Westdeutschen mittlerweile recht fest verankert, während, wie zusätzliche empirische Analysen zeigen, bei den Ostdeutschen „in dem mäßigen demokratiebezogenen Stolz auch eine explizite Distanzierung gegenüber dem politischen System des vereinten Deutschland zum Ausdruck" (ebd.: 105) kommt[8]. Hinter dem gleichen Niveau von allgemeinem Nationalstolz in West und Ost verbergen sich somit deutliche Unterschiede in den Objekten, auf die sich der Stolz richtet. Im Folgenden soll nun untersucht werden, ob sich West-Ost-Unterschiede auch in den Orientierungen gegenüber den Mitbürgern zeigen.

---

7 Vgl. Topf/Mohler/Heath/Trometer 1990. Zum Konzept des Verfassungspatriotismus vgl. Sternberger 1990 und Westle 1996.
8 Vgl. hierzu auch Kapitel 2.4.

2.5.2   Innere Einheit

In beiden Teilen Deutschlands steht die übergroße Mehrheit der Bürger der Wiedervereinigung positiv gegenüber. Allerdings ist die Zustimmung im Westen der Republik etwas geringer und stärker von aktuellen gesellschaftlichen Debatten – wie z.b. der Diskussion um die finanziellen Belastungen des Aufbaus Ost 2004 – abhängig als im Osten (vgl. Tabelle 2.5.2-1).

Tab. 2.5.2-1:   Beurteilung der Wiedervereinigung seit 1999
(Angaben in Prozent)

	1999			2000			2004		
	G	W	O	G	W	O	G	W	O
Wiedervereinigung war ...									
richtig	84	83	92	88	88	90	83	81	91
nicht richtig	13	14	7	9	10	8	15	17	8
weiß nicht/keine Antwort	3	3	1	3	3	2	2	2	1

Quelle: FGW-Politbarometer 10/1999; 9/2000 und Extra 09/2004.

Bedeutet dies, dass neben der durch den Beitritt der ehemaligen DDR zur Bundesrepublik unter die Geltung des Grundgesetzes geschaffenen einheitlichen politischen Ordnung nun auch das Ziel der ‚inneren Einheit' im Sinne einer Nähe und/oder Annäherung individueller Befindlichkeiten von West- und Ostdeutschen (Kaase 1993, 1995) erreicht ist? Einige Kommentatoren sahen dies schon Mitte der Neunzigerjahre durchaus so[9] und warfen denjenigen sozialwissenschaftlichen Analysen, die sich der Frage der Unterschiedlichkeit von Orientierungen zwischen West- und Ostdeutschen widmen, eine Tendenz zum antipluralistischen Gemeinschaftsmythos vor. Insbesondere wurde darauf verwiesen, dass es in der alten Bundesrepublik seit jeher regionale Unterschiede – vor allem zwischen Nord- und Süddeutschen – gegeben hätte, und West-Ost-Unterschiede auch keine andere Qualität hätten. Die Bevölkerung selbst sieht dies über den gesamten Zeitraum seit der Vereinigung hinweg etwas anders: Tabelle 2.5.2-2 verdeutlicht, dass „die Westdeutschen die Ostdeutschen während der Wendezeit zunächst überwiegend als Landsleute betrachteten, jedoch schon im Frühjahr 1990 eine

---

9   Vgl. z.B. Gebhardt/Kamphausen 1994, Jäger 1991 und Veen 1997a, 1997b und 1997c.

massive Distanzierung auftrat, d.h. ein zunehmender Teil der Westdeutschen die Ostdeutschen nun primär als DDR-Bürger ansah, wie auch umgekehrt die Haltung der Ostdeutschen gegenüber den Westdeutschen im Jahr 1990 in dieser Frage gespalten war" (Westle 1999a: 251).

Tab. 2.5.2-2: **Generalisierte Fremdheitsgefühle: West-Ost seit 1989**
(Angaben in Prozent)[1]

	89	1990		1992		2000		2003		2004	
	W	W	O	W	O	W	O	W	O	W	O
Menschen aus der DDR (West) bzw. der Bundesrepublik (Ost) werden betrachtet als..											
Deutsche	80	63	61	-	-	-	-	-	-	-	-
DDR/BRD-Bürger	20	37	39	-	-	-	-	-	-	-	-
Unterschiede zwischen Ost- und Westdeutschen											
gering	-	-	-	25	11	-	-	-	-	-	-
mittel	-	-	-	47	41	-	-	-	-	-	-
groß	-	-	-	28	48	-	-	-	-	-	-
Die Bürger im anderen Teil Deutschlands sind mir in vielem fremder als die Bürger anderer Staaten											
stimme nicht zu	-	-	-	-	-	67	69	-	-	-	-
stimme zu	-	-	-	-	-	25	26	-	-	-	-
weiß nicht/keine Antwort	-	-	-	-	-	8	4	-	-	-	-
Die Menschen in Ost- und Westdeutschland sind mittlerweile weitgehend zu einem Volk zusammengewachsen											
ja	-	-	-	-	-	-	-	34	15	23	14
nein, es überwiegt das Trennende	-	-	-	-	-	-	-	62	85	74	85
weiß nicht/keine Antwort	-	-	-	-	-	-	-	4	0	3	1

1) W = West, O = Ost.
Quellen: 1989-1992: Westle 1999a: 250; 2000: eigene Berechnungen (Allbus), 2003, 2004: forsa i.A. RTL.

Zwei Jahre später empfand ein gutes Viertel der Westdeutschen und fast die Hälfte der Ostdeutschen starke Unterschiede zwischen den Menschen in den beiden Landesteilen, ein Jahrzehnt nach der Vereinigung waren einem Viertel der Befragten die Bürger aus dem jeweils anderen Teil Deutschlands in vielem fremder als die Bürger anderer Staaten und in neuester Zeit verneint die übergroße Mehrheit der Bevölkerung in beiden Teilen Deutschlands die Auffassung, dass die Menschen in Ost- und Westdeutschland weitgehend zu einem Volk zusammengewachsen wären und gibt an, dass auch heute noch das Trennende überwiegt. Im Osten ist dieses Gefühl noch deutlich verbreiteter als im Westen, wenn auch der Wert für Westdeutschland im Zuge der Finanzierungsdiskussion um den Aufbau Ost 2004 gestiegen ist.

Das Gefühl der gemeinsamen Identität hat in beiden Landesteilen im Zeitablauf auch eher ab- als zugenommen, wie Abbildung 2.5.2-1 anhand der Zustimmung zu der Aussage „Wir sind ein Volk" zeigt. Auch die Antworten auf diese Frage zeigen, dass das Gefühl einer gemeinsamen Identität bei den Ostdeutschen geringer ausgeprägt ist als im Westen.

Abbildung 2.5.2-1: Zustimmung zur Aussage „Wir sind ein Volk" seit 1990
(Angaben in Prozent)

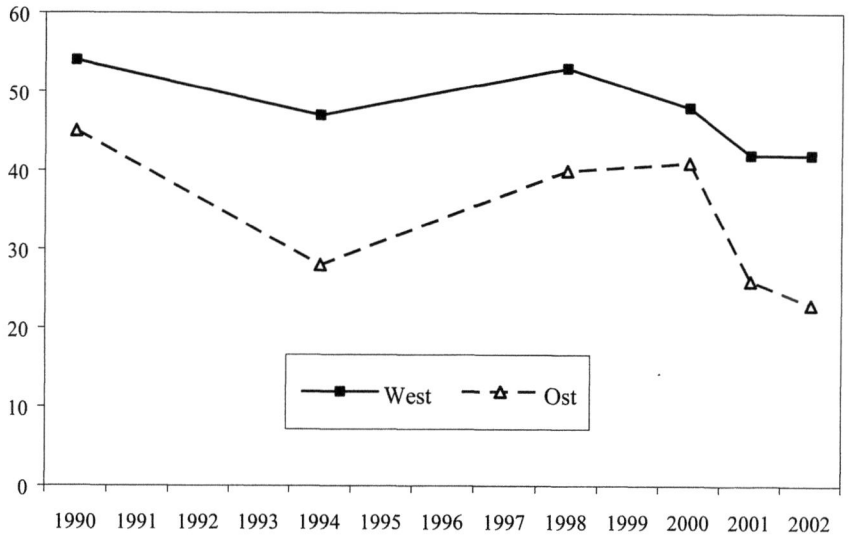

Quelle: Noelle-Neumann 2002: Tabelle A 6.

Es verwundert daher auch nicht, dass sich etwa die Hälfte der Bürger aus den neuen Bundesländern im Allgemeinen mehr als Ostdeutsche denn als Deutsche fühlen, während sich im Westen nur etwa ein Viertel eher als Westdeutsche sehen (vgl. Abbildung 2.5.2-2).

Abbildung 2.5.2-2: Gemeinsame Identität seit 1992
(Angaben in Prozent)

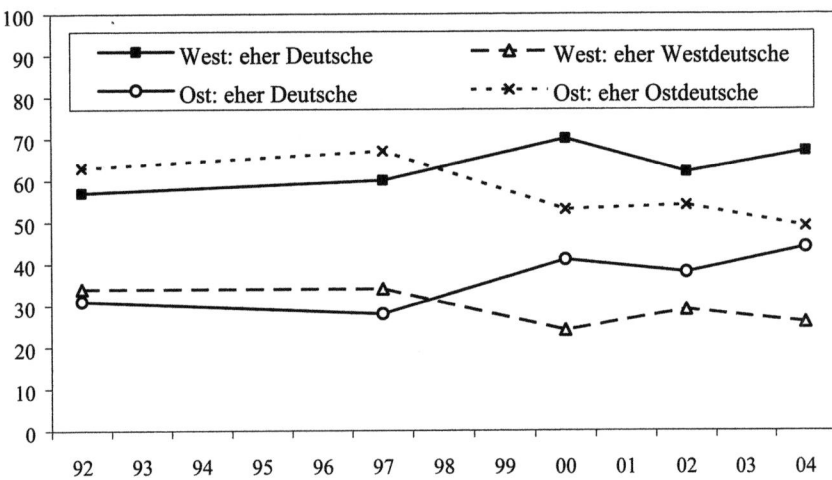

Quelle: 1992-2000: Noelle-Neumann/Köcher 2002: 525; ab 2002: Daten vom IfD zur Verf.

Ein beträchtlicher Teil der Deutschen ist daher auch für die Zukunft pessimistisch: Im Jahre 2004 war ein gutes Drittel der Ostdeutschen und ein gutes Viertel der Westdeutschen der Auffassung, dass Ost und West im Grunde immer wie zwei getrennte Staaten bleiben werden (vgl. Abbildung 2.5.2-3).

Um die Frage zu beantworten, auf welche Ursachen diese generalisierten Fremdheitsgefühle zurückzuführen sind, sollen nun die gegenseitigen Orientierungen der Bürger beider Landesteile auf das Vorliegen von Ost-West-Stereotypisierungen hin untersucht werden, die als gravierender Störfaktor für ein gesamtdeutsches ‚Wir-Gefühl' angesehen werden können, das einen wesentlichen Bestandteil der inneren Einheit darstellt (Neller 2000).

Welche Charaktereigenschaften und Merkmale schreiben die West- und Ostdeutschen sich gegenseitig zu, und wie sehen sie sich im Vergleich dazu selbst? Hinweise auf die gegenseitigen Orientierungen Mitte der Neunzigerjahre liefert Tabelle 2.5.2-3, in der die Ergebnisse der Gegenüberstellung einer Reihe gegensätzlicher Eigenschaften präsentiert werden[10]. Vergleicht man zunächst die Selbstbilder in West und Ost, so wird deutlich, dass die Westdeutschen sich selbst als überheblicher, selbstbewusster, selbstständiger, weltoffener und geschäftstüchtiger einstuften. Die Ostdeutschen hingegen hielten sich für etwas flexibler als es die Westdeutschen taten.

Abbildung 2.5.2-3: Zukünftiges Zusammenwachsen Deutschlands seit 1993
(Angaben in Prozent)

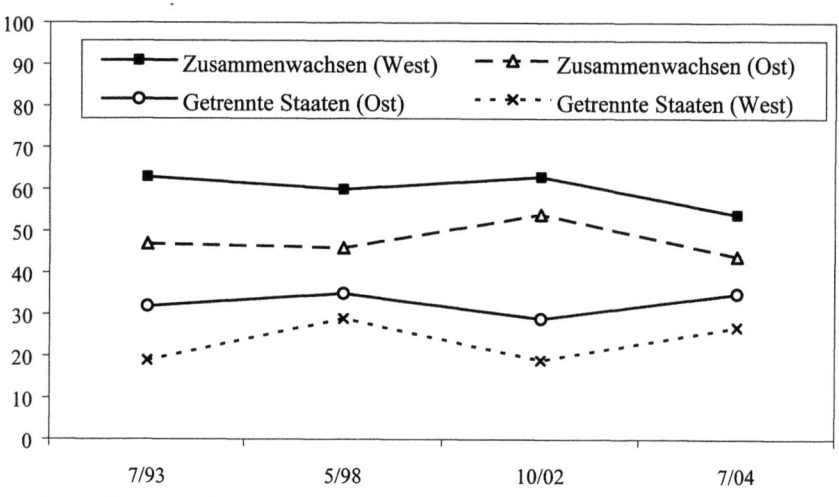

Quelle: Noelle 2004: Tabelle A 2.

Betrachtet man die Fremdbilder, also die gegenseitige Einschätzung, dann zeigt sich, dass die Bürger der alten Bundesländer diejenigen der neuen Bundesländer für bescheidener, aber auch für unsicherer, unselbstständiger, provinzieller, starrer und weniger geschäftstüchtig hielten. Im Gegenzug schätzten die Ostdeutschen die Westdeutschen als deutlich überheblicher, selbstbewusster, selbstständiger, weltoffener, flexibler und geschäftstüchtiger ein. Die niedrigsten bzw. höchsten Mittelwerte und damit die deutlichste Annäherung an die beiden Pole,

---

10 Frageformulierung: „Wir haben hier einige Eigenschaften aufgeschrieben, die ein Mensch haben kann. Rechts und links von den Kästchen stehen immer genau gegensätzliche Eigenschaften. Bitte beschreiben Sie einmal, welche Eigenschaften Ihrer Meinung nach auf die Ostdeutschen (Westdeutschen) zutreffen. Je mehr die linke oder rechte Eigenschaft zutrifft, desto mehr gehen Sie mit Ihrem Kreuz nach links oder rechts." Die Mittelwerte reichen jeweils von 1 (Bezeichnung der Eigenschaft, z.B. „bescheiden") bis 5 (Bezeichnung der gegensätzlichen Eigenschaft, z.B. „überheblich").

die durch die jeweiligen Eigenschaftspaare aufgespannt werden, fanden sich bei der Einschätzung der Ostdeutschen durch die Westdeutschen als unselbstständig und bei der Beurteilung der Westdeutschen durch die Ostdeutschen als geschäftstüchtig und selbstbewusst.

Damit bestätigt sich in diesen Ergebnissen, dass die in der öffentlichen Diskussion immer wieder auftauchenden Klischees der ‚Jammer-Ossis‘ und ‚Besser-Wessis‘ Mitte der Neunzigerjahre tendenziell auch in den Köpfen der Bürgerinnen und Bürger wiederzufinden waren. Auch das in früheren Analysen (Doll/Mielke/Mentz 1994) gefundene Muster der schwerpunktmäßigen Zuweisung von Kompetenzmerkmalen an die Westdeutschen und von eher moralischen Merkmalen an die Ostdeutschen fand hier seinen Widerhall.

Tab. 2.5.2-3: **Selbst- und Fremdbilder: West-Ost 1994**
(Mittelwerte; Skala: 1 bis 5)

	Selbstbild		Fremdbild	
	West über West	Ost über Ost	West über Ost	Ost über West
Bescheiden (1) – überheblich (5)	3,7	2,1	3,0	3,9
Unsicher (1) – selbstbewusst (5)	3,9	2,8	2,7	4,3
Unselbstständig (1) – selbstständig (5)	3,5	3,3	2,5	3,4
Provinziell (1) – weltoffen (5)	3,7	3,3	2,6	3,5
Starr (1) – flexibel (5)	3,3	3,4	2,6	3,1
Nicht geschäftstüchtig (1) – geschäftstüchtig (5)	4,1	3,5	3,1	4,5

Quelle: Neller 2000: 589 (Mittelwerte gerundet).

Ein Jahrzehnt später hat sich an der gegenseitigen Einschätzung nicht viel geändert, wie Tabelle 2.5.2-4 zeigt. Die Hälfte der Westdeutschen hält die Ostdeutschen für unzufrieden, knapp die Hälfte hält sie für misstrauisch, während der größte Teil der Ostdeutschen die Westdeutschen für arrogant hält und ihnen bescheinigt, sie seien aufs Geld aus. Bemerkenswert ist zudem, dass sich die gegenseitigen Vorurteile, die bei dem Fremdbild der Ostdeutschen noch stärker ausfallen als bei dem Fremdbild der Westdeutschen, zwischen 2002 und 2004 noch verstärkt haben.

Tab. 2.5.2-4: Fremdbilder: West-Ost 2002 und 2004
(Angaben in Prozent)

	2002		2004	
	West über Ost	Ost über West	West über Ost	Ost über West
Unzufrieden	49	-	54	-
Misstrauisch	46	-	46	-
Ängstlich	27	-	34	-
Bequem	27	-	32	-
Arrogant	-	69	-	77
Aufs Geld aus	-	61	-	64
Selbstbewusst	-	50	-	55
Bürokratisch	-	47	-	49
Oberflächlich	-	38	-	44

Quelle: Noelle 2004: Tabelle 1.

Akzentuiert werden die Konturen der gegenseitigen Wahrnehmung, wenn man statt allgemeiner Persönlichkeitscharakteristika generalisierte Einschätzungen abfragt, die direkt mit dem Vereinigungsprozess verbunden sind. Tabelle 2.5.2-5 fasst die Entwicklung der Zustimmung zu fünf ,westkritischen' und drei ,ostkritischen' Pauschalurteilen bei den West- und Ostdeutschen von 1992 bis 1997 zusammen. Es zeigen sich im Zeitverlauf konsistente und deutliche Unterschiede darin, wie die West- und Ostdeutschen sich selber und ihre Landsleute im anderen Teil Deutschlands beurteilen: Keine der beiden Gruppen akzeptiert mehrheitlich die Kritik, die an ihr geübt wird, beide Gruppen stimmen aber den negativen Äußerungen über die jeweils andere Gruppe mehrheitlich zu.

Tab. 2.5.2-5: **Generalisierte Einschätzungen: West-Ost 1992-1997**
(Zustimmung in Prozent)

	1992		1993		1994		1995		1997	
	W	O	W	O	W	O	W	O	W	O
Die Westdeutschen haben die ehemalige DDR im Kolonialstil erobert	30	64	34	72	33	63	29	62	26	62
Die Deutschen im Westen haben trotz ihres Wohlstands nicht gelernt zu teilen	44	71	49	78	47	67	34	62	33	67
Ostdeutschland wird fast nur als Absatzgebiet für Westwaren angesehen, viel zu wenig wird getan, um Ostdeutschland als Produktionsland zu erhalten	56	92	51	91	49	86	35	84	38	91
Im Westen gibt es Leute, die am liebsten so leben möchten, als hätte es gar keine Wiedervereinigung gegeben	66	78	70	85	63	72	54	72	62	79
Die Bonner Regierung tut zu wenig, um die Arbeitsplätze in der Ex-DDR zu retten	47	88	48	92	44	84	35	84	36	92
Viele frühere DDR-Bürger machen es sich zu einfach; sie wollen leben wie im Westen und nur so arbeiten wie früher im Osten	70	29	68	30	64	33	59	25	65	21
Die Ostdeutschen neigen dazu, sich selbst zu bemitleiden	62	26	63	30	60	26	58	21	61	19
Viele Arbeiter und Angestellte sind westlichem Leistungsdruck nicht gewachsen	72	23	68	23	64	25	58	22	58	14

1) W = West, O = Ost.
Quelle: Kaase/Bauer-Kaase 1998: 258.

Fasst man die Ergebnisse in der Weise zusammen, dass jeweils der Durchschnitt über alle Anti-West- bzw. Anti-Ost-Aussagen ausgewiesen wird, treten Entwicklungen über die Zeit hinweg noch deutlicher zutage. Wie Tabelle 2.5.2-6 zeigt, schätzen sowohl die Westdeutschen als auch die Ostdeutschen ihre eigene Gruppe im Zeitablauf zunehmend weniger kritisch ein, d.h. im Westen sinkt die Zustimmung zu Anti-West-Aussagen und im Osten die Zustimmung zu Anti-Ost-Aussagen. Die Westdeutschen sehen auch ihre Landsleute im Osten mit der Zeit etwas weniger kritisch, während das Niveau der West-Kritik im Osten fast gleich bleibt. Zudem ist die Kritik der Ostdeutschen an den Westdeutschen deutlich ausgeprägter als dies umgekehrt der Fall ist: Den Anti-West-Aussagen stimmen im Schnitt mehr als drei Viertel der Ostdeutschen zu, den Anti-Ost-Aussagen im Schnitt weniger als zwei Drittel der Westdeutschen.

Tab. 2.5.2-6:   Durchschnittliche Kritik: West-Ost 1992-1997
(Angaben in Prozent)

	1992	1993	1994	1995	1997
Zustimmung zu den „Anti-West"-Aussagen in:					
West	49	50	47	37	39
Ost	79	84	74	73	78
Zustimmung zu den „Anti-Ost"-Aussagen in:					
West	68	66	63	58	61
Ost	26	28	28	23	18
Prozentpunktdifferenzen					
„Anti-West" (West) - „Anti West" (Ost)	-30	-34	-27	-36	-39
„Anti-Ost" (West) - „Anti-Ost" (Ost)	42	38	35	35	43
„Anti-Ost" (West) - „Anti-West" (Ost)	-11	-18	-11	-15	-17
„Anti-West" (West) - „Anti Ost" (Ost)	23	22	19	14	21

Quelle: Kaase/Bauer-Kaase 1998: 259.

Durch eine Kombination der Selbst- und Fremdbilder der beiden Bevölkerungsgruppen lässt sich eine Typologie von West-Ost-Stereotypisierungen entwickeln, die vier Typen von Bürgerinnen und Bürgern unterschieden: Positivisten, Externalisierer, Internalisierer und Negativisten (Kaase/Bauer-Kaase 1998: 259ff.)[11]:

- Positivisten stehen Negativstereotypisierungen beider Bevölkerungsgruppen eher ablehnend gegenüber, stimmen also den kritischen Aussagen sowohl über die Westdeutschen als auch über die Ostdeutschen nicht oder nur in geringem Maße zu;
- Externalisierer schreiben die vereinigungsbedingten Probleme eher der jeweils anderen Seite zu, stimmen also den kritischen Aussagen über die eigene Gruppe nicht oder nur in geringem Maße, den kritischen Aussagen über die andere Gruppe aber in hohem Maße zu;
- Internalisierer machen für die vereinigungsbedingten Probleme eher die eigene Gruppe verantwortlich, stimmen also den kritischen Aussagen über die eigene Bevölkerungsgruppe in hohem Maße, den kritischen Aussagen über die andere Gruppe aber nicht oder nur in geringem Maße zu;
- Negativisten sehen die Schuld sowohl bei den Westdeutschen als auch bei den Ostdeutschen, stimmen also den kritischen Aussagen über beiden Bevölkerungsgruppen in hohem Maße zu.

Man hätte vermuten können, dass das bessere gegenseitige Kennenlernen der Bürger aus West und Ost oder die Verbesserung des Informationsstandes mit der Zeit dazu führt, dass die Neigung zu negativen Pauschalurteilen insgesamt abnimmt und somit der Anteil der Positivisten im Zeitablauf zunimmt. Dies trifft jedoch nur für den Westen, nicht aber für den Osten zu (vgl. Tabelle 2.5.2-7). Die Gruppe der Internalisierer, die vereinigungsbedingte Schwierigkeiten vor allem der eigenen Gruppe zuschreiben, ist in beiden Teilen Deutschlands sehr klein, im Osten sogar fast zu vernachlässigen, die Negativisten nehmen nach 1994 in beiden Landesteilen ab.

Von größtem Interesse für die Frage der inneren Einheit sind die Externalisierer, da die Orientierungen dieser Gruppe – die wechselseitige Zuschreibung von Verantwortung für die Vereinigungsprobleme – zur Verschärfung von Ost-West-

---

11 Hierzu wurden zunächst für die beiden Landesteile getrennt so genannte additive Indices gebildet, indem jeweils die Anzahl der Aussagen, denen die Befragten zustimmten, gezählt wurde. Die Indices reichten, entsprechend der Anzahl der Anti-West-Aussagen (= 5) und der Anti-Ost-Aussagen (= 3), für die Anti-West-Dimension von 0 (keiner der Aussagen wird zugestimmt) bis 5 (allen Aussagen wird zugestimmt) und für die Anti-Ost-Dimension von 0 bis 3. Für die Typologie wurde dann die Position des jeweiligen Befragten sowohl auf dem Anti-West-Index als auch auf dem Anti-Ost-Index berücksichtigt, wobei beide Indices jeweils in die Kategorien niedrig und hoch zusammengefasst wurden (Anti-West-Index: niedrig = Zustimmung zu 0 bis 2 Anti-West-Aussagen, hoch = Zustimmung zu 3-5 Anti-West-Aussagen; Anti-Ost-Index: niedrig = Zustimmung zu 0-1 Anti-Ost-Aussagen, hoch = Zustimmung zu 2-3 Anti-Ost-Aussagen). So zeichnet sich z.B. der Positivist dadurch aus, dass er auf beiden Indices den Wert „niedrig" aufweist, also keiner bis höchstens zwei der Anti-West-Aussagen und gleichzeitig auch keiner oder allenfalls einer der Anti-Ost-Aussagen zustimmt.

Gegensätzen beiträgt. Dieser Typ dominiert in beiden Landesteilen eindeutig, allerdings in Ostdeutschland noch in weit stärkerem Maße als in Westdeutschland: Im Westen sind etwa zwei Fünftel der Bürger dem Typ des Externalisierers zuzurechnen, im Osten zwei Drittel bis drei Viertel[12].

Tab. 2.5.2-7: **Typologie von West-Ost-Orientierungen 1992-1997**
(Angaben in Prozent)

	1992	1993	1994	1995	1997
West					
Positivist	14	14	17	29	25
Externalisierer	39	37	37	40	41
Internalisierer	15	17	17	11	12
Negativist	32	32	29	20	22
Ost					
Positivist	10	6	13	19	11
Externalisierer	68	68	62	62	76
Internalisierer	4	3	5	4	3
Negativist	18	23	20	15	11

Quelle: Kaase/Bauer-Kaase 1998: 260.

Auf dem Hintergrund dieser Ergebnisse lässt sich daher konstatieren: „Von einer wachsenden ‚inneren Einheit' ist Deutschland ... zumindest auf der Dimension der Eigen- und Fremdwahrnehmungen weit entfernt" (Kaase/Bauer-Kaase 1998: 261)[13] und unsere Analyse der generalisierten Fremdheitsgefühle in beiden Teilen

---

12 Zur Erklärung der Typzugehörigkeit tragen sozialstrukturelle Variablen in der Regel fast nichts bei, insbesondere richtet sich die Zugehörigkeit zum Typ des Externalisierers nicht nach dem Alter. Es ist daher nicht so, dass unter den Jüngeren die Externalisierer weniger vertreten wären als unter den Älteren und man von daher eine Entspannung des gegenseitigen Verhältnisses erwarten könnte.

13 Auch die Befunde von mit ganz anderen Indikatoren vorgenommenen empirischen Analysen der nationalen Identität der Deutschen deuten darauf hin, dass „die innere Einheit weder vollzogen ist noch in absehbarer Zeit vollständig vollzogen werden wird" (Blank/Heinrich/Schmidt 2000: 273; vgl. auch Schmidt 1998: 279).

Deutschlands zu Beginn dieses Kapitels verdeutlicht, dass dies von der Bevölkerung selbst überwiegend auch so gesehen wird[14].

Warum ist die aus der deutschen Teilung resultierende Distanz zwischen beiden Bevölkerungsgruppen nach wie vor vorhanden, und zwar in Ostdeutschland deutlich stärker als im Westen? Vor allem für die Westdeutschen erleichtert schon das quantitative Ungleichgewicht zwischen den beiden Bevölkerungen und die daraus resultierenden unterschiedlichen Kontaktchancen eine Distanz. Bei der ostdeutschen Bevölkerung scheint sich eine Ostidentität herauszubilden, „in der eine distanzierende Haltung zu den Westdeutschen eine wichtige Rolle spielt" (Kaase/Bauer-Kaase 1998: 265).

Die Gründe hierfür sind vor allem in den Asymmetrien des Einigungsprozesses zu suchen. Die deutsche Vereinigung vollzog sich als Beitritt der ehemaligen DDR zur Bundesrepublik, d.h. als Ausdehnung der politischen Ordnung der alten Bundesrepublik auf das ostdeutsche Territorium, und wurde durch einen „Institutionen- und Personaltransfer" (Wollmann 1997: 25) von West nach Ost bewerkstelligt[15], der bei der ostdeutschen Bevölkerung dem Gefühl Vorschub leistete, Fremde im eigenen Lande zu sein (Schneider 1998). Zumindest aber waren und sind die Ostdeutschen vom Vereinigungsprozess viel unmittelbarer und in einer für ihre soziale, kulturelle und politische Identität viel folgenreicheren Weise betroffen als die Westdeutschen. Hinzu kommen die strukturellen Ungleichgewichte zwischen West und Ost und die – vor allem durch die westdeutsche politische Führungsschicht geweckten – hohen Erwartungen in Bezug auf die ökonomische Entwicklung Ostdeutschlands, die eine schnelle Angleichung zwischen West und Ost in das Blickfeld rückten[16], wobei die Diskrepanz zwischen den Erwartungen und der insbesondere durch hohe Arbeitslosigkeit gekennzeichneten Realität in den Augen der ostdeutschen Bürgerinnen und Bürger auch die erreichten Erfolge relativieren dürfte.

Insgesamt wird durch die asymmetrische Vereinigungssituation „insbesondere aus ostdeutscher Perspektive die Kategorisierung in Ost und West immer wieder sichtbar und bedeutsam" und verschiedene „soziale Vergleiche mit Westdeutschen führen aus ostdeutscher Perspektive zu negativen Ergebnissen" (Mummendey/Kessler 2000: 280) mit der Quintessenz, ‚Bürger zweiter Klasse' zu sein.

---

14 Dabei wird die problembeladene Beziehung zwischen den Bürgern Ost- und Westdeutschlands durch aktuelle Ereignisse immer wieder akzentuiert, wie das Jahr 2004 mit den Anti-Hartz-IV-Protesten und der damit verbundenen Diskussion um die Finanzierung des Aufbaus Ost zeigt: „Der Osten will mehr Hilfe. Der Westen sagt: Es reicht. 15 Jahre nach dem Mauerfall beäugen die Brüder und Schwestern einander missmutig" (Deutsche Einheit. Jeder Fünfte will die Mauer zurück, in: stern.de vom 10. September 2004).

15 Vgl. auch Kapitel 2.3.

16 Erinnert sei hier z.B. an das Versprechen „blühender Landschaften" durch den damaligen Bundeskanzler Helmut Kohl.

Dieses Gefühl war in den ersten Jahren nach der Vereinigung bei den ostdeutschen Bürgerinnen und Bürgern weit verbreitet (Brunner/Walz 1998, Walz/Brunner 1997), und auch ein Jahrzehnt später hat sich daran nichts geändert, wie Tabelle 2.5.2-8 zeigt.

Tab. 2.5.2-8: **Ostdeutsche als Bürger zweiter Klasse seit 2000**
(Angaben in Prozent)[1]

	Sept. 2000			Febr. 2001			Nov. 2001		
	G	W	O	G	W	O	G	W	O
Bürger zweiter Klasse	34	24	73	35	26	74	47	38	80
Gleichberechtigte Bürger	65	75	26	64	73	25	50	58	17
Keine Antwort	1	1	0	1	1	0	4	4	3

1) G = gesamt, W = West, O = Ost.
Quelle: EMNID i.A.v. n-tv.

Auf diesem Hintergrund lässt sich die Wiedergeburt des ostdeutschen Wir-Gefühls (Misselwitz 1996) in Form einer Abgrenzungsidentität gegenüber den Westdeutschen (Ritter 1996) als Ausdruck der Schwierigkeiten deuten, die sich bei der Zusammenführung von Partnern mit ungleichem Status ergeben, als „Akt der Selbstbehauptung" der Ostdeutschen gegenüber dem Westen, hinter dem „ein starkes Gefühl der Unterlegenheit und Minderwertigkeit steht" (Pollack 1998: 311). Das Zusammenwachsen von West und Ost, die Herstellung der inneren Einheit, erscheint somit als langwieriger und mühsamer Prozess, der noch einige Zeit dauern wird.

Weiterführende Literatur:

Blank, Thomas/Heinrich, Horst-Alfred/Schmidt, Peter (2000): Nationale Identität und kollektive Erinnerung der Deutschen: Messung, Erklärung und Veränderungen über die Zeit, in: Esser, Hartmut (Hrsg.): Der Wandel nach der Wende - Gesellschaft, Wirtschaft, Politik in Ostdeutschland. Opladen: Westdeutscher Verlag, S. 251-276.
Blank, Thomas/Schmidt, Peter (1993): Verletzte oder verletzende Nation?, in: Journal für Sozialforschung, 33, S. 391-415.
Brunner, Wolfram/Walz, Dieter (1998): Selbstidentifikation der Ostdeutschen 1990-1997, in: Meulemann, Heiner (Hrsg.): Werte und nationale Identität im vereinten Deutschland – Erklärungsansätze der Umfrageforschung. Opladen: Leske + Budrich, S. 229-250.

Doll, Jörg/Mielke, Rosemarie/Mentz, Michael (1994): Formen und Veränderungen wechselseitiger ost- und westdeutscher Stereotypisierungen in den Jahren 1990, 1991 und 1992, in: Kölner Zeitschrift für Soziologie und Sozialpsychologie, 46, S. 501-514.

Europäische Kommission (Hrsg.) (div. Jahre): Eurobarometer. Die öffentliche Meinung in der Europäischen Union. Brüssel.

Gebhardt, Winfried/Kamphausen, Georg (1994): Mentalitätsunterschiede im wiedervereinigten Deutschland?, in: Aus Politik und Zeitgeschichte, B 16, S. 29-39.

Gensicke, Thomas (1994): Wertewandel und Nationalbewußtsein, in: Estel, Bernd/Mayer, Tilmann (Hrsg.): Das Prinzip der Nation in modernen Gesellschaften. Opladen: Leske + Budrich, S. 197-218.

Gluchowsky, Peter/Plasser, Fritz/Uram, Peter A. (1991): Politisch kultureller Wandel in Deutschland, in: Gluchowsky, Peter/Plasser, Fritz/Ulram, Peter A. (Hrsg.): Staatsbürger oder Untertanen? Frankfurt a. M.: Peter Lang, S. 157-213.

Herdegen, Gerhard/Schultz, Martin (1993): Einstellungen zur deutschen Einheit, in: Weidenfeld, Werner./Korte, Karl-Rudolf (Hrsg.): Handbuch zur deutschen Einheit. Frankfurt a.M.: Campus, S. 252-269.

Herles, Wolfgang (1990): Nationalrausch. München: Kindler.

Jäger, Manfred (1991): Verdeckte Gemeinsamkeiten, in: Deutschland Archiv, 24, S. 1287-1294.

Kaase, Max (1993): Innere Einheit, in: Weidenfeld, Werner/Korte, Karl-Rudolf (Hrsg.): Handbuch zur deutschen Einheit. Frankfurt a.M./New York: Campus, S. 372-383.

Kaase, Max (1995): Die Deutschen auf dem Weg zur inneren Einheit? Eine Längsschnittanalyse von Selbst- und Fremdwahrnehmungen bei Ost- und Westdeutschen, in: Rudolph, Hedwig (Hrsg.): Geplanter Wandel, ungeplante Wirkungen, Handlungslogiken und -ressourcen im Prozeß der Transformation. WZB Jahrbuch 1995. Berlin: edition sigma, S. 160-181.

Kaase, Max/Bauer-Kaase, Petra (1998): Deutsche Vereinigung und innere Einheit 1990-1997, in: Meulemann, Heiner (Hrsg.): Werte und nationale Identität im vereinigten Deutschland – Erklärungsansätze der Umfrageforschung. Opladen: Leske + Budrich, S. 251-267.

Misselwitz, Hans-Jürgen (1996): Nicht länger mit dem Gesicht nach Westen. Das neue Selbstbewußtsein der Ostdeutschen. Bonn: Dietz.

Mommsen, Hans (1979): Zum Problem des deutschen Nationalbewußtseins in der Gegenwart, in: Der Monat, 31, S. 75-83.

Mummendey, Amélie/Kessler, Thomas (2000): Deutsch-deutsche Fusion und soziale Identität: Sozialpsychologische Perspektiven auf das Verhältnis von Ost- zu Westdeutschen, in: Esser, Hartmut (Hrsg.): Der Wandel nach der Wende – Gesellschaft, Wirtschaft, Politik in Ostdeutschland. Opladen: Westdeutscher Verlag, S. 277-307.

Neller, Katja (2000): DDR-Nostalgie? Analysen zur Identifikation der Ostdeutschen mit ihrer politischen Vergangenheit, zur ostdeutschen Identität und zur Ost-West-Stereotypisierung, in: Falter, Jürgen W./Gabriel, Oscar W./Rattinger, Hans (Hrsg.): Wirklich ein Volk? Die politischen Orientierungen von Ost- und Westdeutschen im Vergleich. Opladen: Leske + Budrich, S. 571-607.

Noelle, Elisabeth (2004): Eine Aufgabe der Geschichte. Das Zusammenwachsen der Deutschen macht keine wirklichen Fortschritte. Dokumentation des Beitrags in der Frankfurter Allgemeinen Zeitung Nr. 167 vom 21. Juli 2004. Allensbach: IfD Allensbach.

Noelle-Neumann, Elisabeth (2002): Zweimal Deutschland. Unterschiedliche Prioritäten. Freiheit im Westen, Gleichheit im Osten. Dokumentation des Beitrags in der Frankfurter Allgemeinen Zeitung Nr. 276 vom 27. November 2002. Allensbach: IfD Allensbach

Noelle-Neumann, Elisabeth/Köcher, Renate (Hrsg.) (1987): Die verletzte Nation – Über den Versuch der Deutschen, ihren Charakter zu ändern. Stuttgart: Deutsche Verlagsanstalt.

Noelle-Neumann, Elisabeth/Köcher, Renate (Hrsg.) (2002): Allensbacher Jahrbuch der Demoskopie 1998-2002. München: K. G. Saur.

Pollack, Detlef (1998): Ostdeutsche Identität – ein multidimensionales Phänomen, in: Meulemann, Heiner (Hrsg.): Werte und nationale Identität im vereinten Deutschland – Erklärungsansätze der Umfrageforschung. Opladen: Leske + Budrich, S. 301-318.

Richter, Dirk (1994): Der "Mythos" der "guten" Nation - Zum theoriegeschichtlichen Hintergrund eines folgenschweren Mißverständnisses, in: Soziale Welt, 45, S. 304-321

Ritter, Claudia (1996): Politische Identitäten in den neuen Bundesländern. Distinktionsbedarfe und kulturelle Differenzen nach der Wiedervereinigung, in: Wiesenthal, Helmut (Hrsg.): Einheit als Privileg. Vergleichende Perspektiven auf die Transformation Ostdeutschlands. Frankfurt a.M./ New York: Campus, S. 141-187.

Rose, Richard (1985): National pride in cross-national perspective, in: International Social Science Journal, 37, S. 85-96.

Scheuch, Erwin K. (1991): Wie deutsch sind die Deutschen? Eine Nation wandelt ihr Gesicht. Bergisch-Gladbach: Bastei Lübbe.

Schmidt, Peter (1998): Nationale Identität, Nationalismus und Patriotismus in einer Panelstudie 1993, 1995 und 1996, in: Meulemann, Heiner (Hrsg.): Werte und nationale Identität im vereinten Deutschland - Erklärungsansätze der Umfrageforschung. Opladen: Leske + Budrich, S. 269-281.

Schneider, Wolfgang Ludwig (1998): Ossis, Wessis, Besserwessis: zur Codierung der Ost-West-Differenz in der öffentlichen Kommunikation, in: Soziale Welt, 49, S. 133-150.

Stachura, Mateusz (2005): Zwischen nationaler Identität und Verfassungspatriotismus: Deutungsmuster der politischen Gemeinschaft in der Bundesrepublik Deutschland 1972-1989, in: Politische Vierteljahresschrift, 46, S. 288-312.

Sternberger, Dolf (1990): Verfassungspatriotismus. Frankfurt a. M.: Insel.

Topf, Richard/Mohler, Peter Ph./Heath, Anthony/Trometer, Rainer (1990): Nationalstolz in Großbritannien und der Bundesrepublik Deutschland, in: Müller, Walter/Mohler, Peter Ph./Erbslöh, Barbara/Wasmer, Martina (Hrsg.): Blickpunkt Gesellschaft 1 – Einstellungen und Verhalten der Bundesbürger. Opladen: Leske + Budrich, S. 172-190.

Veen, Hans-Joachim (1997a): Die innere Einheit ist schon da. Die Politik sollte nicht einem falschen Gemeinschaftsmythos folgen, in: Frankfurter Allgemeine Zeitung, Nr. 167 vom 22.7.1997, S. 11.

Veen, Hans-Joachim (1997b): „Inner Unity" – Back to the Community Myth? A Plea for a Basic Consensus, in: German Politics, 6, S. 1-15.

Veen, Hans-Joachim (1997c): Innere Einheit – aber wo liegt sie?, in: Aus Politik und Zeitgeschichte, B 51, S. 19-28.

Walz, Dieter/Brunner, Wolfram (1997): Das Sein bestimmt das Bewußtsein. Oder: Warum sich die Ostdeutschen als Bürger 2. Klasse fühlen, in: Aus Politik und Zeitgeschichte, B 51, S. 13-19.

Weidenfeld, Werner (1993): Deutschland nach der Vereinigung, in: Weidenfeld, Werner (Hrsg.): Deutschland: Eine Nation, doppelte Geschichte. Köln: Verlag Wissenschaft und Politik, S. 13-26.

Weidenfeld, Werner/Korte, Karl-Rudolf (1991): Die pragmatischen Deutschen. Zum Staats- und Nationalbewusstsein in Deutschland, in: Aus Politik und Zeitgeschichte, B 32, S. 3-12.

Weissbrod, Lilly (1994): Nationalism in Reunified Germany, in: German Politics, 3, S. 222-232.

Westle, Bettina (1989): Politische Legitimität - Theorien, Konzepte, empirische Befunde. Baden Baden: Nomos.

Westle, Bettina (1992a): Nationale Identität im Umbruch, in: Politische Bildung, 25, S. 66-80.

Westle, Bettina (1992b): Strukturen nationaler Identität in Ost- und Westdeutschland, in: Kölner Zeitschrift für Soziologie und Sozialpsychologie, 44, S. 461-499.

Westle, Bettina (1996): Traditionalismus, Verfassungspatriotismus und Postnationalismus im vereinigten Deutschland, in: Niedermayer, Oskar/Beyme, Klaus von (Hrsg.): Politische Kultur in Ost- und Westdeutschland. Opladen: Leske + Budrich, S. 43-76.

Westle, Bettina (1997): Einstellungen zur Nation und zu den Mitbürgern, in: Gabriel, Oscar W. (Hrsg.): Politische Orientierungen und Verhaltensweisen im vereinigten Deutschland. Opladen: Leske + Budrich, S. 61-80.

Westle, Bettina (1998): Aspekte kollektiver Identifikation der Deutschen – Wandel oder Stabilität?, in: Voigt, Rüdiger (Hrsg.): Der neue Nationalstaat. Baden Baden: Nomos, S. 93-115.

Westle, Bettina (1999a): Kollektive Identität im vereinten Deutschland. Opladen: Leske + Budrich.

Westle, Bettina (1999b): Vom Verfassungspatriotismus zur Einigung, in: Ellwein, Thomas/Holtmann, Everhard (Hrsg.): 50 Jahre Bundesrepublik Deutschland (Sonderheft 30 der PVS). Opladen: Westdeutscher Verlag, S. 567-582.

Wollmann, Hellmut (1997): Entwicklung des Verfassungs- und Rechtsstaates in Ostdeutschland als Institutionen- und Personaltransfer, in: Wollmann, Hellmut/Derlien, Hans-Ulrich/König, Klaus/ Renzsch, Wolfgang/Seibel, Wolfgang (Hrsg.): Transformation der politisch-administrativen Strukturen in Ostdeutschland. Opladen: Leske + Budrich, S. 25-48.

2.6 Orientierungen gegenüber politischen Inhalten

Die bisherigen Kapitel beschäftigten sich mit den Orientierungen der Bürger gegenüber den Strukturen des politischen Systems, d.h. gegenüber dem politischen Ordnungsmodell und den in diesem Rahmen politisch handelnden Akteuren. Eine weitere Klasse von Orientierungsobjekten bilden die inhaltlichen Handlungsergebnisse der politischen Akteure in Form konkreter politischer Entscheidungen und deren Folgen. Die Bürgerorientierungen gegenüber den politischen Inhalten können zunächst nach Politikbereichen getrennt betrachtet werden. Innerhalb einzelner Bereiche lässt sich dann weiter differenzieren in Orientierungen gegenüber:

- der Extensität von Politik, d.h. gegenüber der Frage, welche Bereiche überhaupt durch politische Entscheidungen geregelt werden sollen,
- der durch politische Entscheidungen erfolgenden (Um-)Verteilung von Gütern und Dienstleistungen und
- den durch politische Entscheidungen vorgegebenen Verhaltensregeln.

Eine Analyse der Bürgerorientierungen gegenüber jedem einzelnen Bereich, der durch staatliches Handeln (mit)geprägt wird, würde den Rahmen dieses Bandes sprengen. Wir werden daher im Folgenden – nach einer kurzen Beschäftigung mit der Frage, welche inhaltlichen Probleme die Bürger überhaupt als wichtig einstufen – einen zentralen Bereich exemplarisch herausgreifen: die Orientierungen gegenüber dem Sozialstaat.

2.6.1 Relevanz politischer Probleme

Welche Probleme auf der politischen Tagesordnung auftauchen und welche Bedeutung ihnen die Bürger zumessen, wird von ihren eigenen Präferenzen, der Medienberichterstattung und dem Handeln der politischen Entscheidungsträger bestimmt[1]. Abbildung 2.6.1-1 zeigt die von der Bevölkerung zwischen Anfang 1999 und Anfang 2005 als wichtig perzipierten Probleme[2]. Wie schon in den

---

1 In der Publizistikwissenschaft wird unter dem Stichwort ‚Agenda-Setting' (McCombs/Shaw 1972) – mit dem Schwergewicht auf Medienwirkungen im Wahlkampf – vor allem die Frage analysiert, inwieweit die Massenmedien die politische Diskussion (mit)bestimmen (vgl. z.B. den Überblick bei Eichhorn 1996).
2 Die Frage wurde offen gestellt („Was ist Ihrer Meinung nach gegenwärtig das wichtigste Problem in Deutschland? Und was ist ein weiteres wichtiges Problem?"), d.h. die Befragten konnten ohne Antwortvorgaben bis zu zwei Probleme nennen. Die Abbildung 2.6.1-1 enthält alle Probleme aus den zehn meistgenannten, auf die mindestens einmal mehr als 30% der Nennungen entfielen.

Jahren davor, stand das Thema Arbeitslosigkeit über den gesamten Untersuchungszeitraum hinweg mit weitem Abstand vor allen anderen Problemen an der Spitze der Bedeutungshierarchie.

Abb. 2.6.1-1: **Wichtigste Probleme seit 1999**
(Angaben in Prozent der Nennungen)

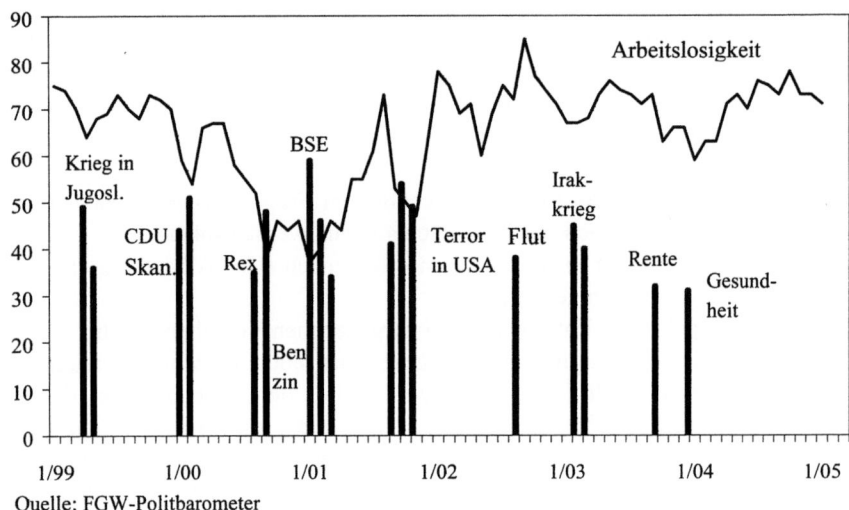

Quelle: FGW-Politbarometer

Allerdings sorgten immer wieder herausragende Ereignisse dafür, dass die Bürger auch anderen Problemen eine hohe Relevanz zuschrieben: Im Frühjahr 1999 erregte der Krieg in Jugoslawien hohe Aufmerksamkeit, die Jahreswende 1999/2000 wurde vom Politikverdruss wegen des CDU-Spendenskandals beherrscht, der jedoch schon im Mai 2000 für die Bevölkerung keine herausragende Bedeutung mehr hatte, und im Sommer 2000 erfuhr das Problem des Rechtsextremismus einen massiven Bedeutungszuwachs. Dieses Thema wurde gleich darauf durch die Ökosteuer und Benzinpreiserhöhung abgelöst, die die Bürger im Herbst 2000 kurzzeitig so stark bewegte, dass das Dauerthema Arbeitslosigkeit vom Spitzenplatz verdrängt wurde.

Kaum war die Benzinpreisdiskussion abgeebbt, erschütterte die BSE-Krise die Republik, die die Bürger drei Monate lang in Atem hielt und auf ihrem Höhepunkt im Januar 2001 59 Prozent der Nennungen auf sich vereinigte, während das Arbeitslosigkeitsthema mit 37 Prozent seinen Tiefpunkt erreichte. Im Herbst des gleichen Jahres sorgte dann der Terroranschlag auf die USA vom 11. September

138

erneut dafür, dass die Arbeitslosigkeit von Platz eins verdrängt wurde. Danach behauptete jedoch das Zentralthema der Deutschen wieder unangefochten seinen Spitzenplatz, auch wenn weiteren Themen immer wieder für kurze Zeit eine hohe Relevanz zugeschrieben wurde: Im August 2002 beanspruchte die Flutkatastrophe an der Oder die Aufmerksamkeit der Bevölkerung[3] und Anfang 2003 war es der Irak-Krieg.

Zu ‚normalen' Zeiten ohne gravierende Ereignisse, die die öffentliche Diskussion für kurze Zeit dominieren, wird die politische Agenda der Bevölkerung sehr stark durch Sozialstaatsthemen bestimmt. Hierzu gehören neben der Arbeitslosigkeit auch die Alterssicherung, die permanent unter den wichtigsten Themen zu finden ist, und die Gesundheitspolitik, die in den letzten Jahren wesentlich an Bedeutung gewonnen hat. Durch die Renten- und Gesundheitsreform der Bundesregierung wurden diese beiden Themen im Herbst 2003 und Frühjahr 2004 in den Mittelpunkt gerückt (vgl. Abbildung 2.6.1-1). Die Arbeitsmarktreform, die in Gestalt des ‚Hartz IV'-Gesetzes vor allem in Ostdeutschland für eine Welle von Demonstrationen sorgte, war in den Augen der Gesamtbevölkerung von deutlich geringerer Relevanz: Auf dem Höhepunkt der Protestaktionen, im August 2004, wurde dieses Thema von siebzehn Prozent als eines der wichtigsten Themen angesehen, bei der Renten- und Gesundheitsreform waren es jeweils über dreißig Prozent der Bürger, die diese Themen als vorrangig ansahen.

Angesichts der hohen Bedeutung, die die Bürger den verschiedenen Bereichen der sozialen Sicherung zumessen, sollen die Bevölkerungsorientierungen gegenüber dem Sozialstaat im Folgenden näher beleuchtet werden.

2.6.2 Sozialstaatsorientierungen

Der Sozial- oder Wohlfahrtsstaat mit seiner „staatlichen Verantwortung für sozioökonomische Sicherheit und Gleichheit der Bürger" verkörpert „eine Art Kompromiss zwischen Kapitalismus und Sozialismus" und „steht somit zwangsläufig im Schnittpunkt politischer Auseinandersetzungen" (Roller 2000: 88)[4]. In Deutschland war die Errichtung des Sozialstaates historisch eine Streitfrage in der traditionellen Konfliktlinie zwischen Arbeit und Kapital. Die Phase seiner Ausweitung in den Fünfziger- und Sechzigerjahren war jedoch durch einen sozial-

---

3 Die Flutkatastrophe in Asien zur Jahreswende 2004/05 erreichte keine vergleichbare Größenordnung, was wohl vor allem auf die Tatsache zurückzuführen ist, dass die Bürger nicht nach den wichtigsten Themen generell, sondern in Deutschland gefragt wurden.
4 Die Ausführungen zu den Wohlfahrtsstaatsmodellen stützen sich weitgehend auf die Arbeiten Rollers (vgl. Roller 1992, 1997, 1999a, 1999b, 1999c, 2000, 2002a, 2002b und Fuchs/Roller/Weßels 1997).

staatlichen Konsens – d.h. eine allgemeine Befürwortung umfangreicher Sozialleistungen – geprägt, dessen Ende erst mit der Wirtschaftskrise Mitte der Siebzigerjahre eingeleitet wurde. Aufgrund immer stärkerer Finanzierungsprobleme wurde der erreichte Umfang des Sozialstaats auf der Elitenebene in Frage gestellt (Frerich/Frey 1993) und eine Wende hin zu einer restriktiveren Sozialpolitik vollzogen (Schmidt 1998, Merkel 2001). Seither ist auf der Ebene des Führungspersonals in Politik, Wirtschaft und Wissenschaft „der sozialstaatliche Konsens weiter aufgebrochen" (Roller 2000: 89). In den letzten Jahren wurde der Problemdruck – zum einen wegen der sich infolge hoher Arbeitslosigkeit, demographischer Ungleichgewichte und der Folgekosten der deutschen Einheit verschärfenden Finanzierungsprobleme, zum anderen wegen der Auswirkungen hoher Lohnnebenkosten auf die internationale Wettbewerbsfähigkeit in Zeiten der Globalisierung – immer größer. Die Politik reagierte mit der Einleitung von Sozialreformen, die unter dem Stichwort ‚Agenda 2010' diskutiert werden.

Im Folgenden soll die Frage im Mittelpunkt stehen, ob der traditionelle sozialstaatliche Konsens auch auf der Bevölkerungsebene nachzuweisen ist und ob er auch auf dieser Ebene in neuerer Zeit schwindet. Letzteres könnte auf zwei unterschiedliche Arten der Fall sein: Zum einen aufgrund eines erneuten Aufbrechens des traditionellen Klassenkonflikts, zum anderen durch das Entstehen neuer, durch den Sozialstaat selbst geschaffener Konfliktlinien (Roller 1992). Bei einem Aufbrechen der traditionellen Konfliktlinie zwischen Arbeit und Kapital müssten sich auf der sozialstrukturellen Ebene Orientierungsunterschiede zwischen den Angehörigen verschiedener Klassen finden, und auf der Parteienebene sollten die Anhängerschaften linker und rechter Parteien differieren. Wenn der Wohlfahrtsstaat und seine jeweilige Ausgestaltung selbst neue Konflikte zwischen verschiedenen sozialen Gruppen schafft, so müssten generell die Nutznießer des Sozialstaats, die ein Interesse an seiner Aufrechterhaltung bzw. Ausdehnung haben, denjenigen gegenüberstehen, die ihn entweder finanzieren oder nur in geringem Maße von ihm profitieren. Im Einzelnen könnten hierdurch folgende Konfliktlinien entstehen (Alber 1984, Esping-Andersen 1990):

-   Konflikte zwischen den Empfängern von Sozialleistungen (Arbeitslose, Rentner und Pensionäre) und denjenigen, die sie finanzieren (Erwerbstätige);
-   Konflikte zwischen Beschäftigten im öffentlichen Dienst und im privaten Sektor;
-   Konflikte zwischen Frauen, die z.B. durch Bereitstellung von Kinderbetreuungseinrichtungen vom Wohlfahrtsstaat profitieren, und Männern;
-   Ein ‚Krieg zwischen den Generationen' (Bräuninger/Lange/Lüscher 1998, Rinne/Wagner 1995) im Zusammenhang mit der umlagefinanzierten Rentenversicherung.

Um die Gemeinsamkeiten und Unterschiede in den sozialstaatlichen Orientierungen einzelner Bevölkerungsgruppen deutlich zu machen, wird danach gefragt, welches allgemeine Wohlfahrtsstaatsmodell die verschiedenen Gruppen präferieren. Dazu wird Rollers (1999a, 2000) Konzept zur Identifikation von Wohlfahrtsstaatsmodellen auf der Einstellungsebene verwendet, das Wohlfahrtsstaaten nach dem Kriterium der Extensität von Politik unterscheidet, d.h. danach, für wie viele und welche Aufgabenbündel der Staat die Verantwortung übernimmt. Roller (2000) unterscheidet vier Modelle, die sich hierarchisch nach der Anzahl der Bereiche ordnen lassen, in die der Staat interveniert (vgl. Abbildung 2.6.2-1):

Abb. 2.6.2-1: Wohlfahrtsstaatsmodelle

Staatliche Verantwortung für ...	Wohlfahrtsstaatsmodell			
	Liberal	Christdemo-kratisch	Sozialdemo-kratisch	Sozialistisch
(Einkommens-) Sicherheit in Risikofällen	Ja (minimal)	Ja (umfassend)	Ja	Ja
Chancengleichheit	Nein	Ja	Ja	Ja
Ergebnisgleichheit	Nein	Nein	Ja	Ja
Vollbeschäftigung	Nein	Nein	Ja	Ja
Sonstige ökonomische Bereiche	Nein	Nein	Nein	Ja

Quelle: Roller 2000: 92.

- Das liberale Modell ist durch eine begrenzte Rolle des Staates mit einer minimalen Staatsverantwortung für (Einkommens)Sicherheit in Risikofällen charakterisiert.
- Im christdemokratischen Modell übernimmt der Staat die umfassende Verantwortung für (Einkommens)Sicherheit in Risikofällen. Zudem ist er – vor allem durch entsprechende Maßnahmen im Bereich der Bildung – für Chancengleichheit verantwortlich.
- Das sozialdemokratische Modell ist durch eine zusätzliche Staatsverantwortung für Ergebnisgleichheit und Vollbeschäftigung gekennzeichnet.
- Das sozialistische Modell umfasst zusätzliche Eingriffe in die Wirtschaft, wie z.B. die Kontrolle von Löhnen und Gehältern.

Tabelle 2.6.2-1 zeigt die Zustimmung der Bürgerinnen und Bürger zu diesen Modellen zwischen 1985 und 1996[5]. Mitte der Achtzigerjahre sprach sich eine klare Mehrheit der Westdeutschen für ein sozialdemokratisches Wohlfahrtsstaatsmodell aus, und nur eine Minderheit von 12 Prozent präferierte eine geringere Rolle des Staates. Im Zeitverlauf zeichnet sich jedoch eine leichte Zunahme der Präferenz für eine geringere Staatsrolle ab. Die Unterschiede zu Ostdeutschland sind beträchtlich: „In der Bevölkerung der ostdeutschen Bundesländer sind die wohlfahrtsstaatlichen Orientierungen als Erbe des Sozialismus von Anbeginn signifikant stärker ausgeprägt als im Westen der Bundesrepublik, und die Schwierigkeiten der wirtschaftlichen Transformation, insbesondere die über Jahre hinweg anhaltende hohe Arbeitslosigkeit, konservieren diese Unterschiede zwischen Ost und West" (Eith/Mielke 2000: 97). In Ostdeutschland dominiert – wenn auch mit leicht rückläufiger Tendenz – das sozialistische Wohlfahrtsstaatsmodell eindeutig, und nur jeder zwanzigste Befragte präferiert eine relativ geringe Rolle des Staates.

Tab. 2.6.2-1: **Wohlfahrtsstaatsmodelle 1985-1996**
(Angaben in Prozent der Klassifizierbaren)[1]

	1985	1990		1996	
	W	W	O	W	O
Kein Wohlfahrtsstaat	2	2	3	2	1
Christdemokratisch	10	14	1	15	4
Sozialdemokratisch	61	56	20	57	27
Sozialistisch	27	29	76	26	68

1) Nicht klassifizierbar waren zwischen 3 und 7 Prozent.
Quelle: Roller 2000: 98 (ISSP-Studien).

---

5   Die (Einkommens)Sicherheit in Risikofällen wurde durch drei Fragen zur staatlichen Verantwortung für alte Menschen, Kranke und Arbeitslose operationalisiert, die Ergebnisgleichheit durch den Abbau von Einkommensunterschieden zwischen Arm und Reich, die Vollbeschäftigung durch die Bereitstellung von Arbeitsplätzen für jeden, der arbeiten will, und die Intervention in sonstige ökonomische Bereiche durch die gesetzliche Kontrolle von Löhnen und Gehältern. Da in der Umfrage von 1985 ein Indikator für die Chancengleichheit fehlt, kann nicht zwischen einem liberalen und einem christdemokratischen Wohlfahrtsstaat unterschieden werden.

In den folgenden Tabellen sind die Wohlfahrtsstaatspräferenzen verschiedener Bevölkerungsgruppen angegeben[6]. Bei der Analyse der Orientierungen nach Klassenzugehörigkeit wurde von Roller nicht die traditionelle Grobeinteilung in Arbeiter, Selbstständige und neuen Mittelstand aus Angestellten und Beamten vorgenommen[7], sondern die in neueren Studien zur Klassenstruktur moderner Gesellschaften (Müller 1998) unter Verwendung spezifischer Charakteristika der jeweiligen Beschäftigungsverhältnisse entwickelte Differenzierung von Berufsklassen. Mitte der Achtzigerjahre spricht sich die überwiegende Mehrheit aller Klassen für das sozialdemokratische Wohlfahrtsstaatsmodell aus (vgl. Tabelle 2.6.2-2). Unterschiede bestehen in Bezug auf das christdemokratische und das sozialistische Modell, wobei – wie zu erwarten – die Arbeiter, die Beschäftigten mit nichtmanuellen Routinetätigkeiten und die sozialen Dienste einen limitierten Wohlfahrtsstaat am wenigsten und das umfassende sozialistische Modell am stärksten befürworten[8]. Mitte der Neunzigerjahre ist in Westdeutschland die Präferenz für ein christdemokratisches Modell in fast allen Klassen gestiegen und insgesamt hat der Klassenkonflikt in Bezug auf das angemessene Wohlfahrtsstaatsmodell eher abgenommen.

In Ostdeutschland zeigen sich die Differenzen in den Orientierungen in erster Linie in einer unterschiedlich starken Zustimmung zum sozialistischen Modell. Obwohl – bis auf das Kleinbürgertum – die absolute Mehrheit aller Klassen für dieses Modell eintritt, haben sich somit in Ostdeutschland durchaus unterschiedliche Interessen herausgebildet.

Auch auf der Ebene der Parteianhängerschaften (vgl. Tabelle 2.6.2-3) erweist sich in Westdeutschland der sozialdemokratische Wohlfahrtsstaat als das Mehrheitsmodell, und es existieren deutliche Unterschiede in Bezug auf die konkurrierenden Modelle eines limitierten und umfassenden Wohlfahrtsstaats. Die FDP- und CDU/CSU-Anhänger bevorzugen überdurchschnittlich das christdemokratische Modell, beim sozialistischen stehen die FDP-Anhänger mit unterdurchschnittlichen Werten allen anderen entgegen. Mitte der Neunzigerjahre hat sich die Präferenz der FDP-Anhänger für das christdemokratische Modell deutlich erhöht, sodass sich in Bezug auf die Befürwortung eines limitierten Wohlfahrtsstaats nun drei Gruppen gegenüberstehen: die FDP-Anhänger auf der einen, die

---

6 Wegen der geringen Fallzahlen für die Kategorie ‚kein Wohlfahrtsstaat' wurde diese der Kategorie ‚christdemokratischer Wohlfahrtsstaat' zugeschlagen. Zum Folgenden vgl. Roller 2000: 99ff.

7 In älteren Analysen wurde eine Differenz zwischen den Wohlfahrtsstaatsorientierungen der Arbeiter und der Selbstständigen als Indiz für das Vorliegen des Klassenkonflikts interpretiert (Alber 1989, Pappi 1977).

8 Die soziale Dienstklasse zeichnet sich einerseits durch eine starke Fürsorgenorm aus und ist andererseits der Hauptträger der ‚neuen Politik', deren Anhänger einen umfassenden Wohlfahrtsstaat präferieren (Roller 1992).

SPD- und Grünen-Anhänger auf der anderen Seite und die CDU/CSU-Anhänger in der Mitte. Insgesamt zeichnet sich damit eine leichte Zunahme des Klassenkonflikts auf der Ebene der Parteipräferenzen ab. In Ostdeutschland hingegen, wo – wie zu erwarten – die Anhänger der PDS die größte Affinität zu einem umfassenden Wohlfahrtsstaatsmodell aufweisen, sind auch die FDP-Anhänger starke Befürworter des sozialistischen Modells, und die Zustimmung ist bei den Grünen-Anhängern am geringsten.

Tab. 2.6.2-2: **Wohlfahrtsstaatsmodelle nach Klassenzugehörigkeit 1985 und 1996** (Angaben in Prozent)[1]

	UA		GA		NR		SD		KL		ED		AD	
	W	O	W	O	W	O	W	O	W	O	W	O	W	O
1985														
CD	5		8		12		12		22		25		25	
SD	62		62		63		65		54		71		69	
SOZ	33		30		25		23		25		4		6	
1996														
CD	12	4	16	5	18	2	19	7	23	11	25	12	31	4
SD	59	27	57	23	58	34	57	23	50	43	64	36	59	30
SOZ	29	69	28	72	24	65	25	70	27	46	11	52	9	65

1) nur gegenwärtig Erwerbstätige; UA = ungelernte Arbeiter, GA = gelernte Arbeiter, NR = Beschäftigte mit nicht-manuellen (Routine-)Tätigkeiten, SD = soziale u. kult. Dienstklasse (mediz. Versorgung, Bildung, Sozialarbeit, kulturelle Aktivitäten), KL = Kleinbürgertum (kleine Selbstständige), ED = Experten-Dienstklasse (profess. Berufe in Technik, Natur- u. Wirtschaftswissenschaft); AD = administrative Dienstklasse (Manager u. andere Beschäftigte in höheren Verwaltungsfunktionen). Wohlfahrtsstaatsmodelle: CD = christdemokratisch, SD = sozialdemokratisch, SOZ = sozialistisch.
Quelle: Roller 2000: 100 (ISSP-Studien).

Sowohl auf der sozialstrukturellen als auch auf der Parteianhängerebene weist der Konflikt über das angemessene Wohlfahrtsstaatsmodell im Osten Deutschlands somit eine etwas andere Struktur auf als im Westen.

Tab. 2.6.2-3: Wohlfahrtsstaatsmodelle nach Parteipräferenz 1985 und 1996 (Angaben in Prozent)[1]

	CDU/CSU		SPD		FDP		GRÜNE		PDS	
	W	O	W	O	W	O	W	O	W	O
1985										
CD	18		6		18		11			
SD	54		67		65		56			
SOZ	28		27		18		33			
1996										
CD	22	6	12	2	33	0	11	11		1
SD	53	34	62	27	50	27	64	32		21
SOZ	25	60	26	71	17	73	26	57		78

1) Wohlfahrtsstaatsmodelle: CD = christdemokratisch, SD = sozialdemokratisch, SOZ = sozialistisch.
Quelle: Roller 2000: 102 (ISSP-Studien).

Im Vergleich zum traditionellen Klassenkonflikt sind die von vielen Beobachtern angenommenen neuen Konfliktlinien – Arbeitslose, Rentner und Pensionäre vs. Erwerbstätige, Beschäftigte im öffentlichen Dienst vs. Beschäftigte im privaten Sektor, Frauen vs. Männer und Jüngere vs. Ältere – in Westdeutschland nur schwach ausgeprägt, und eine Zunahme zwischen 1985 und 1996 ist nicht festzustellen (vgl. die Tabellen 2.6.2-4 und 2.6.2-5). In allen Bevölkerungsgruppen spricht sich die Mehrheit für ein sozialdemokratisches Wohlfahrtsstaatsmodell aus. Wenn überhaupt relevante Unterschiede vorliegen, so konzentrieren sie sich auf das sozialistische Modell, also einseitig nur auf die Frage eines noch umfassenderen Wohlfahrtsstaats. In Ostdeutschland kommt den neuen Konfliktstrukturen insgesamt eine etwas größere Bedeutung zu, die Unterschiede zwischen den Gruppen beziehen sich aber auch hier primär auf ein Modell, und zwar das sozialistische. Hier gibt es vor allem Differenzen zwischen den Erwerbstätigen und den Leistungsempfängern, aber auch die theoretisch prognostizierten Unterschiede zwischen den Alterskohorten, die jedoch nach Ansicht Rollers (2000) weniger den ‚Krieg zwischen den Generationen‘ als vielmehr wiederum den Konflikt zwischen Erwerbstätigen Erwerbslosen widerspiegeln, da viele ältere Arbeitnehmer ihren Arbeitsplatz verloren haben und diese Alterskohorte daher überproportional von Sozialleistungen abhängig ist.

Tab. 2.6.2-4: **Wohlfahrtsstaatsmodelle nach Erwerbstätigkeit/-sektor 1985 und 1996** (Angaben in Prozent)[1]

	Erwerbs-tätig		Arbeits-los		Rentner/ Pensionär		Sonst. Nich-terw.		Privater Sektor		Öffentl. Sektor	
	W	O	W	O	W	O	W	O	W	O	W	O
1985												
CD	13		12		9		13		14		11	
SD	63		60		56		61		62		68	
SOZ	24		28		36		26		24		22	
1996												
CD	19	6	11	2	17	2	12	9	18	5	19	6
SD	58	30	61	23	54	23	61	24	59	28	58	29
SOZ	23	64	28	75	29	75	28	67	23	66	23	65

1) Wohlfahrtsstaatsmodelle: CD = christdemokratisch, SD = sozialdemokratisch, SOZ = sozialistisch.
Quelle: Roller 2000: 103ff. (ISSP-Studien).

Zu betonen ist, dass die hier aufgezeigten Unterschiede zwischen den verschiedenen Bevölkerungsgruppen sowohl in Bezug auf den Klassenkonflikt als auch in Bezug auf die neuen Konfliktlinien in West- und Ostdeutschland jeweils auf dem Hintergrund der Befürwortung eines einzigen Wohlfahrtsstaatsmodells – des sozialdemokratischen im Westen und des sozialistischen im Osten – durch die absolute Mehrheit der Bürger in allen Gruppen zu sehen sind. Zusammenfassend kann daher festgestellt werden, dass auch Mitte der Neunzigerjahre „der Konsens über das wohlfahrtsstaatliche Modell in den alten Ländern weiterhin dominiert. Dies gilt auch für die neuen Länder, obgleich es sich hier weniger um einen sozialstaatlichen als um einen sozialistisch-wohlfahrtsstaatlichen Konsens handelt" (Roller 2000: 107).

Tab. 2.6.2-5: **Wohlfahrtsstaatsmodelle nach Geschlecht und Alter 1985 und 1996**
(Angaben in Prozent)

	Männer		Frauen		18-24 J.		25-34 J.		35-54 J.		55-64 J.		65 J +	
	W	O	W	O	W	O	W	O	W	O	W	O	W	O
1985														
CD	13		11		6		13		14		11		11	
SD	64		58		54		72		65		58		53	
SOZ	23		31		40		15		21		32		36	
1996														
CD	19	5	15	4	12	8	18	8	19	4	16	3	17	3
SD	58	30	57	25	53	29	57	33	60	28	58	21	54	26
SOZ	23	65	29	72	35	63	25	59	22	68	26	76	30	71

1) Wohlfahrtsstaatsmodelle: CD = christdemokratisch, SD = sozialdemokratisch, SOZ = sozialistisch.
Quelle: Roller 2000: 103ff. (ISSP-Studien).

Diese Feststellung muss jedoch für die neuere Zeit etwas relativiert werden, zumindest was die Orientierungen der Bevölkerung gegenüber dem „institutionellen Kern des deutschen Sozialstaats" (ebd.), der Einkommenssicherheit in verschiedenen Risikofällen, betrifft.

Betrachtet man zunächst die Dimension der Extensität der Sozialpolitik in diesen Bereichen, also die Frage der staatlichen Zuständigkeit, so zeigt sich zunächst, dass in beiden Landesteilen die Zustimmung der Bevölkerung zur Notwendigkeit staatlicher Einkommenssicherung bei Krankheit, Not, Arbeitslosigkeit und Alter sehr hoch ist (vgl. Abbildung 2.6.2-2). Ein deutliches Ost-West-Gefälle besteht allerdings in der Stärke der Zustimmung. Vor allem aber nimmt die uneingeschränkte Zustimmung zur Staatsverantwortung für Einkommenssicherheit in Risikofällen („stimme voll zu") im Zeitverlauf in beiden Landesteilen ab: Im Westen sind die uneingeschränkten Befürworter in der zweiten Hälfte der Neunzigerjahre in der Minderheit, im Osten verringerte sich der Anteil dieser Gruppe von 79 Prozent (1991) auf 58 Prozent (2000).

Abb. 2.6.2-2: Zustimmung zur Staatsverantwortung für Einkommenssicherheit in Risikofällen seit 1984 (Angaben in Prozent)

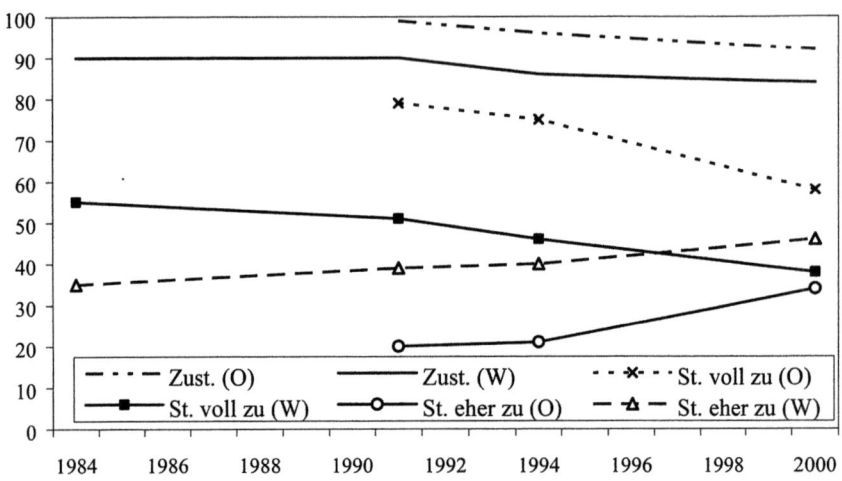

Quelle: eigene Berechnungen (Allbus).

Auch in Bezug auf die Orientierungen gegenüber der Intensität der Sozialpolitik, also dem Ausmaß der durch staatliche Sozialleistungen erfolgenden Umverteilung, zeigt sich eine analoge Struktur und zeitliche Entwicklung: Zwar war über die letzten zehn Jahre hinweg die relative Mehrheit der Deutschen der Meinung, dass der Umfang der staatlichen Sozialleistungen gerade richtig ist; unter denen, die nicht dieser Ansicht waren, haben sich die Gewichte jedoch deutlich verschoben (vgl. Abbildung 2.6.2-3): Hielt 1994 noch mehr als ein Drittel der Bevölkerung die staatlichen Sozialleistungen für zu gering, so vertritt heute nur noch knapp ein Viertel diese Auffassung, und der Anteil der Bürger, denen der gegebene Umfang der Sozialleistungen als zu groß erscheint, ist von 13 Prozent (1994) auf 29 Prozent (2004) gestiegen und hat damit seit einigen Jahren die zweite Gruppe überholt.

Die neueren Daten deuten somit darauf hin, dass im Zuge der Krisendiskussion auf der Elitenebene und der restriktiveren konkreten Sozialpolitik ein allmählicher Aufweichungsprozess des wohlfahrtsstaatlichen Konsenses auch auf der Bevölkerungsebene im Gange ist.

Abb. 2.6.2-3: Haltung zum Umfang der Sozialleistungen seit 1994
(Angaben in Prozent)

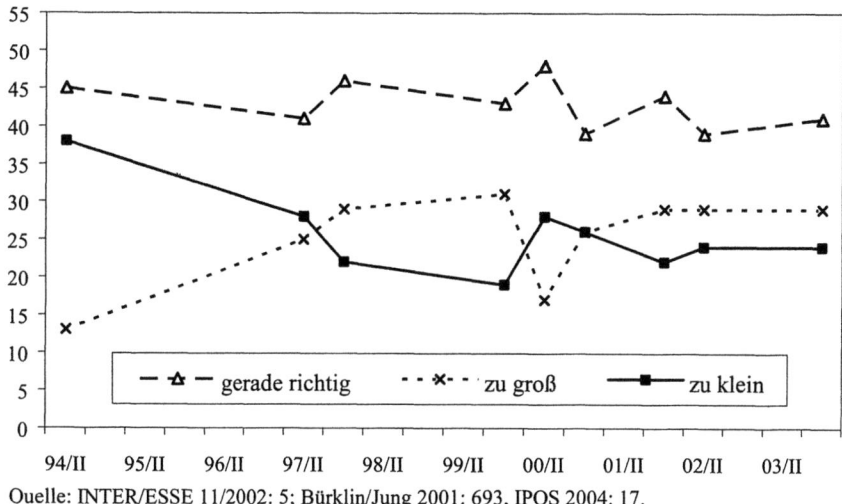

Quelle: INTER/ESSE 11/2002: 5: Bürklin/Jung 2001: 693. IPOS 2004: 17.

Ob dieser Aufweichungsprozess schon so weit fortgeschritten ist, dass die Bevölkerung einen Abbau des Sozialstaates durch Kürzungen in verschiedenen Bereichen akzeptiert, soll nun anhand der Orientierungen gegenüber der als Agenda 2010 bekannten Sozialstaatsreform untersucht werden, die am 14. März 2003 von Bundeskanzler Gerhard Schröder in einer Regierungserklärung verkündet wurde.

Zumindest das Bewusstsein, dass sich der tradierte Sozialstaat in einer Krise befindet, war zu diesem Zeitpunkt in der Bevölkerung vorhanden: Über ihre Meinung zum Zustand der sozialen Sicherungssysteme befragt, gaben nur 5 Prozent der Befragten an, es sei alles in Ordnung, 55 Prozent sahen größere Probleme und für 39 Prozent standen die Arbeitslosen-, Renten- und Krankenversicherung gar vor dem Zusammenbruch[9]. Die Ansichten der Bürger zu den Vorschlägen des Bundeskanzlers zur Reform der sozialen Sicherungssysteme gingen jedoch weit auseinander: Nur ein Fünftel hielt sie für gerade richtig, einem guten Drittel gingen sie nicht weit genug und einem Viertel schon zu weit (vgl. Tabelle 2.6.2-6). Die Bevölkerung war somit in ihrer anfänglichen generellen Beurteilung der Reformagenda gespalten, wobei beachtet werden muss, dass die konkrete Ausformung der Reformen zu diesem Zeitpunkt noch unklar war.

---

9   inter/esse 5/2003: 1 (FGW-Daten vom März 2003).

Tab. 2.6.2-6: Haltung zur Agenda 2010 im Frühjahr 2003
(Angaben in Prozent)[1]

Die Vorschläge des Kanzlers zur Reform der sozialen Sicherungssysteme ...	
gehen zu weit	25
sind gerade richtig	21
gehen nicht weit genug	35

1) Zu 100 Prozent fehlende Werte: weiß nicht/k. A.
Quelle: FGW-Politbarometer April 2003.

Nachdem die konkreten Vorschläge zur Umsetzung der Agenda 2010 auf dem Tisch waren, zeigte sich, dass die Bevölkerung die einzelnen möglichen Maßnahmen jedoch mit mehr oder minder großer Mehrheit ablehnte: Bei der Alterssicherung fand im Juni 2003 der Verzicht auf die nächste Rentenerhöhung keine Mehrheit, drei Viertel der Bürger lehnten eine Erhöhung der Kassenbeiträge für die Rentner ab und eine Erhöhung des Rentenalters wurde nur von einm guten Sechstel der Bevölkerung gutgeheißen. Es verwundert daher nicht, dass die beschlossene Rentenreform im Oktober 2003 von fast zwei Dritteln der Bürger abgelehnt wurde (vgl. Tabelle 2.6.2-7).

Tab. 2.6.2-7: Haltung zur Rentenreform 2003
(Angaben in Prozent)[1]

	Ja	Nein
Juni 2003: Zustimmung zu den folgenden Maßnahmen:		
Verzicht auf die nächste Rentenerhöhung	42	56
Erhöhung der Krankenkassenbeiträge für Rentner	23	73
Erhöhung des Rentenalters auf 67 Jahre	16	82
Oktober 2003: Sind die beschlossenen Einschnitte den Rentnern zuzumuten?	32	62

1) Zu 100 Prozent fehlende Werte: weiß nicht/k.A.
Quelle: Infratest dimap: DeutschlandTREND Juni 2003 und Oktober 2003.

Noch weniger Zustimmung fanden die anfänglichen Vorschläge zur Gesundheitsreform: Die Finanzierung des Krankengelds allein durch die Arbeitnehmer wurde
im Juni 2003 von vier Fünfteln der Befragten abgelehnt, eine Pflichtversicherung
für Zahnersatz von drei Vierteln, eine Selbstbeteiligung in Höhe von 10 Prozent
an allen Krankheitskosten von über zwei Dritteln und eine Praxisgebühr von drei
Fünfteln der Befragten (vgl. Tabelle 2.6.2-8).

Tab. 2.6.2-8: **Haltung zur Gesundheitsreform 2003 und 2004**
(Angaben in Prozent)[1]

	Gut	Nicht gut
Mai 2003: Haltung zur Aussage: Die Krankenkassenbeiträge sollen sinken und mehr Leistungen selbst bezahlt werden	25	71
Juni 2003: Haltung zu den folgenden Vorschlägen:		
Krankengeldfinanzierung ausschließlich durch Arbeitnehmer	17	80
Pflichtversicherung für Zahnersatz	23	75
Selbstbeteiligung in Höhe von 10% an allen Krankheitskosten	28	68
Praxisgebühr bei direktem Gang zum Facharzt	37	61
August 2003: Meinung zu den Schmidt-Seehofer-Vorschlägen zur Reform des Gesundheitswesens allgemein	7	61
August 2003: Sind die folgenden Maßnahmen zumutbar?	Ja	Nein
Praxisgebühr	23	
Zuzahlungen	25	
Zahnersatz	21	
Januar 2004: Ist die am 1. Januar in Kraft getretene Gesundheits-reform gut?	17	79

1) Zu 100 Prozent fehlende Werte: weiß nicht/k.A. (August 2003: unentschieden, weiß nichts davon).
Quelle: FGW-Politbarometer, Mai/2003 und Juni II/2003, IfD-Bericht Nr. 20/2003, emnid i.A. n-tv,
Januar 2004.

Nachdem die konkreten Reformvorschläge – ein Kompromiss zwischen Regierung und Opposition unter Federführung der Gesundheitsministerin Ulla Schmidt

und des Gesundheitsexperten der Union, Horst Seehofer, – bekannt geworden waren, wurden sie im August 2003 von drei Fünfteln der Bevölkerung abgelehnt, nur ein Fünftel bis ein Viertel der Befragten fanden die Vorschläge zur Praxisgebühr, zu Zuzahlungen oder zum Zahnersatz zumutbar. Dies änderte sich in den folgenden Monaten nicht, so dass die Gesundheitsreform nach ihrem Inkrafttreten im Januar 2004 von vier Fünfteln der Bevölkerung abgelehnt wurde (vgl. Tabelle 2.6.2-8).

In ihrer Meinung zu dem arbeitsmarktpolitischen Reformvorschlag, die Arbeitslosen- und Sozialhilfe auf Sozialhilfeniveau zusammenzulegen, war die westdeutsche Bevölkerung im Frühjahr 2003 gespalten, im Osten wurde die Maßnahme von der überwiegenden Mehrheit der Bürger abgelehnt. Im Herbst 2003 waren sich West und Ost einig: jeweils zwei Drittel hielten von diesem Vorschlag nichts (vgl. Tabelle 2.6.2-9). Nach der Verabschiedung der unter dem Stichwort ‚Hartz IV' diskutierten Arbeitsmarktreform zeigte sich im August 2004 jedoch wieder der Ost-West-Unterschied: im Westen fand das Gesetz mehrheitlich Zustimmung, im Osten wurde es mehrheitlich abgelehnt. In der Bevölkerung insgesamt überwogen die Befürworter, obwohl in vielen Städten vor allem Ostdeutschlands die Bürger gegen das Gesetz auf die Straße gingen.

Tab. 2.6.2-9: Haltung zu Hartz IV 2003 und 2004
(Angaben in Prozent)[1]

	Ges.		West		Ost	
Zustimmung zu dem Vorhaben, die Arbeitslosen- und Sozialhilfe auf Sozialhilfeniveau zusammenzulegen						
	Ja	Nein	Ja	Nein	Ja	Nein
April 2003	44	52	49	48	26	70
Oktober 2003	25	66	25	66	26	64
Haltung zur Hartz IV-Reform nach der Verabschiedung						
	eher richtig	eher falsch	eher richtig	eher falsch	eher richtig	eher falsch
August 2004	47	40	49	38	39	49

1) Zu 100 Prozent fehlende Werte: weiß nicht/k. A.
Quelle: emnid i.A. n-tv, Sendung v. 24.4.2003 und 2.10.2003; forsa (stern.de vom 31.8.2004).

Es stellt sich die Frage, ob die größere Zustimmung zur Arbeitsmarktreform im Sommer 2004 gegenüber der Haltung der Bürger zu den anderen Sozialreformen von Mitte 2003 bis Anfang 2004 ein erstes Signal dafür darstellt, dass in der Bevölkerung ein Umdenkungsprozess einsetzt, der in Zukunft zu einer größeren Akzeptanz der beschlossenen Sozialreformen führt. Dass dies tatsächlich der Fall sein könnte, zeigt die Entwicklung der generellen Einschätzung der im Rahmen der Agenda 2010 verabschiedeten Reformen durch die Bevölkerung im Verlauf des Jahres 2004: Hatten in der ersten Hälfte des Jahres noch bis zu zwei Drittel die Reformen abgelehnt und nur etwa ein Drittel generelle Zustimmung geäußert, so überwog im September 2004 erstmals knapp die Zustimmung (vgl. Abbildung 2.6.2-4).

Abb. 2.6.2-4: Generelle Akzeptanz der Sozialreformen 2004
(Angaben in Prozent)

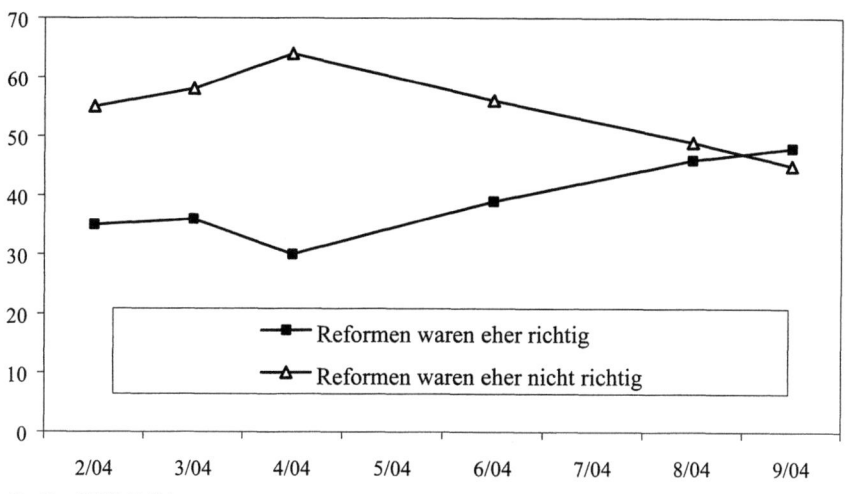

Quelle: FGW-Politbarometer.

Allerdings sind diesem Prozess noch deutliche Grenzen gesetzt, wie die neuesten Daten zeigen: Mitte 2005 lehnten fast drei Viertel der Bevölkerung weitere Kürzungen der Sozialleistungen ab. Bis auf die FDP-Anhängerschaft, die in dieser Frage gespalten war, zog sich die Ablehnungsfront durch alle Parteianhängergruppen. Am stärksten war sie erwartungsgemäß in der Anhängerschaft der in „Die Linke" umbenannten PDS (vgl. Tabelle 2.6.2-10).

Tab. 2.6.2-10: Haltung zu weiteren Kürzungen im Sozialsystem Juni 2005
(Angaben in Prozent)

	Ja	Nein	w.n./k.A.
Alle Befragten	26	70	4
SPD-Anhänger	22	75	3
CDU/CSU-Anhänger	40	56	4
Grüne-Anhänger	19	74	7
FDP-Anhänger	45	44	10
PDS(Linksp.)-Anhänger	9	89	2

Quelle: FGW-Politbarometer Juni II 2005.

Weiterführende Literatur

Alber, Jens (1984): Versorgungsklassen im Wohlfahrtsstaat. Überlegungen und Daten zur Situation in der Bundesrepublik, in: Kölner Zeitschrift für Soziologie und Sozialpsychologie, 36, S. 225-251.

Alber, Jens (1989): Der Sozialstaat in der Bundesrepublik 1950-1983. Frankfurt a.M.: Campus.

Bräuninger, Bettina/Lange, Andreas/Lüscher, Kurt (1998): "Alterslast" und "Krieg zwischen den Generationen"?, in: Zeitschrift für Bevölkerungswissenschaft, 23, S. 3-17.

Bürklin, Wilhelm P./Jung, Christian (2001): Deutschland im Wandel. Ergebnisse einer repräsentativen Meinungsumfrage, in: Korte, Karl-Rudolf/Weidenfeld, Werner (Hrsg.): Deutschland-TrendBuch. Bonn: Bundeszentrale für politische Bildung, S. 675-711.

Eichhorn, Wolfgang (1996): Agenda-Setting-Prozesse: eine theoretische Analyse individueller und gesellschaftlicher Themenstrukturierung. München: R. Fischer.

Eith, Ulrich/Mielke, Gerd (2000): Die soziale Frage als "neue" Konfliktlinie? Einstellungen zum Wohlfahrtsstaat und zur sozialen Gerechtigkeit und Wahlverhalten bei der Bundestagswahl 1998, in: van Deth, Jan W./Rattinger, Hans/Roller, Edeltraud (Hrsg.): Die Republik auf dem Weg zur Normalität?. Opladen: Leske + Budrich, S. 93-115.

Esping-Andersen, Gösta (1990): The Three Worlds of Welfare Capitalism. Cambridge: Polity Press.

Frerich, Johannes/Frey, Martin (1993): Handbuch der Geschichte der Sozialpolitik in Deutschland. Band 3. München: Oldenbourg.

Fuchs, Dieter/Roller, Edeltraud/Weßels, Bernhard (1997): Die Akzeptanz der Demokratie des vereinigten Deutschland, in: Aus Politik und Zeitgeschichte, B 51, S. 3-12.

IPOS (2004): Wirtschaftsstandort Deutschland. Ergebnisse einer repräsentativen Bevölkerungsumfrage im Auftrag des Bundesverbandes deutscher Banken. Mannheim: ipos.

McCombs, Maxwell E./Shaw, Donald L. (1972): The Agenda-Setting Function of Mass Media, in: Public Opinion Quarterly, 36, S. 176-187.

Merkel, Wolfgang (2001): Sozialpolitik, in: Korte, Karl-Rudolf/Weidenfeld, Werner (Hrsg.): Deutschland-TrendBuch. Bonn: Bundeszentrale für politische Bildung, S. 289-326.

Müller, Walter (1998): Klassenstruktur und Parteiensystem. Zum Wandel der Klassenspaltung im Wahlverhalten, in: Kölner Zeitschrift für Soziologie und Sozialpsychologie, 40, S. 3-46.

Pappi, Franz U. (1977): Einstellungen zum Wohlfahrtsstaat, in: Zapf, Wolfgang (Hrsg.): Probleme der Modernisierungspolitik. Meisenheim a.Gl.: Anton Hain, S. 221-226.

Rinne, Karin/Wagner, Gerd (1995): Droht ein 'Krieg der Generationen'? Empirische Evidenz zur Zufriedenheit mit der sozialen Sicherung, in: Sozialer Fortschritt, 44, S. 289-295.

Roller, Edeltraud (1992): Einstellungen der Bürger zum Wohlfahrtsstaat der Bundesrepublik Deutschland. Opladen: Westdeutscher Verlag.

Roller, Edeltraud (1997): Sozialpolitische Orientierung nach der deutschen Vereinigung, in: Gabriel, Oscar W. (Hrsg.): Politische Orientierungen und Verhaltensweisen im vereinigten Deutschland. Opladen: Leske + Budrich, S. 115-146.

Roller, Edeltraud (1999a): Staatsbezug und Individualismus: Dimensionen des sozialkulturellen Wertwandels, in: Ellwein, Thomas/Holtmann, Everhard (Hrsg.): 50 Jahre Bundesrepublik Deutschland (Sonderheft 30 der PVS). Opladen: Westdeutscher Verlag, S. 229-246.

Roller, Edeltraud (1999b): Sozialpolitik und demokratische Konsolidierung. Eine empirische Analyse für die neuen Bundesländer, in: Plasser, Fritz/Gabriel, Oscar W./Falter, Jürgen W./Ulram, Peter A. (Hrsg.): Wahlen und politische Einstellungen in Deutschland und Österreich. Frankfurt a.M.: Peter Lang, S. 313-346.

Roller, Edeltraud (1999c): Shrinking the Welfare State: Citizens' Attitudes towards Cuts in Social Spending in Germany in the 1990s, in: German Politics, 8, S. 21-39.

Roller, Edeltraud (2000): Ende des sozialstaatlichen Konsenses? Zum Aufbrechen traditioneller und zur Entstehung neuer Konfliktstrukturen in Deutschland, in: Niedermayer, Oskar/Westle, Bettina (Hrsg.): Demokratie und Partizipation. Opladen: Westdeutscher Verlag.

Roller, Edeltraud (2002a): Die Entwicklung der Akzeptanz des Sozialstaats und der Alterssicherung in Deutschland seit Mitte der siebziger Jahre, in: Deutsche Rentenversicherung, 57, S. 510-522.

Roller, Edeltraud (2002b): Erosion des sozialstaatlichen Konsenses einer neuen Konfliktlinie in Deutschland?, in: Aus Politik und Zeitgeschichte, B 29-30, S. 13-19.

Schmidt, Manfred G. (1998): Sozialpolitik in Deutschland. Historische Entwicklung und internationaler Vergleich. Opladen: Leske + Budrich (2., vollst. überarb. u. erw. Ausg.).

3. Politische Verhaltensweisen

Politische Verhaltensweisen stellen die manifesten Formen der Auseinandersetzung der Bürger mit dem politischen System dar. Sie umfassen alle unmittelbar beobachtbaren Reaktionen auf politische Ereignisse oder Objekte (Kavanagh 1983). Die Analyse dieses Bereichs ist in drei Kapitel gegliedert: Das erste Kapitel beschäftigt sich mit dem kommunikativen Handeln, also der Aufnahme politischer Informationen und deren Verwendung in Gesprächen über Politik, das zweite Kapitel widmet sich dem entscheidungskonformen Handeln, d.h. dem Befolgen von Verhaltensregeln, die von politischen Entscheidungen gesetzt wurden, und das dritte Kapitel behandelt die politische Partizipation, d.h. es analysiert diejenigen Handlungen der Bürger, die die Beeinflussung politischer Entscheidungen zum Ziel haben, wobei zwischen der Teilnahme an Wahlen[1], parteibezogenen Aktivitäten und sonstigen Partizipationsformen unterschieden wird. Eine vierte Form politischen Verhaltens, das Handeln in Entscheidungsrollen, wird hier nicht mit einbezogen, da nur das Verhalten der Bürger, nicht das der politischen Entscheidungsträger, Gegenstand der Analyse ist.

Abb. 3-1: Arten politischer Verhaltensweisen

Kommunikatives Handeln	Aufnahme und diskursive Verwendung politischer Informationen
Entscheidungskonformes Handeln	Befolgen von durch politische Entscheidungen festgelegten Verhaltensregeln
Partizipatives Handeln	freiwillige Handlungen mit dem Ziel der Beeinflussung politischer Entscheidungen
Handeln in Entscheidungsrollen	Treffen und Durchsetzen politischer Entscheidungen in eigener Kompetenz

In ihrem inneren Aufbau folgen auch die Kapitel dieses Teils dem gleichen Schema, d.h. zunächst werden einige grundlegende theoretische Überlegungen zum jeweiligen Thema angestellt und mögliche Probleme bei der Umsetzung der Theorie in geeignete Forschungsinstrumente diskutiert, dann werden die empiri-

---

1 In diesem Band wird nur die Wahlbeteiligung, nicht das Wahlverhalten in Bezug auf die Wahl der Partei behandelt. Eine Auswahl wahlsoziologischer Literatur findet sich in Kapitel 3.3 (Fußnote 6).

schen Daten zur Verteilung und zeitlichen Entwicklung der jeweiligen Orientierung bzw. Verhaltensweise präsentiert und ihre möglichen Bestimmungsgründe analysiert[2]. Den Abschluss eines jeden Kapitels bildet eine Auswahl relevanter weiterführender Literatur.

Weiterführende Literatur:

Bertelsmann Stiftung (Hrsg.) (2004): Politische Partizipation in Deutschland. Ergebnisse einer repräsentativen Umfrage. Gütersloh: Verlag Bertelsmann Stiftung.

Gabriel, Oscar W. (Hrsg.) (1997): Politische Orientierungen und Verhaltensweisen im vereinigten Deutschland. Opladen: Leske + Budrich.

Gabriel, Oscar W./Völkl, Kerstin (2005): Politische und soziale Partizipation, in: Gabriel, Oscar W./Holtmann, Everhard (Hrsg.): Handbuch politisches System der Bundesrepublik Deutschland. München: Oldenbourg (3. Aufl.), S. 523-573.

Kavanagh, Dennis (1983): Political Science and Political Behaviour. London: Allen and Unwin.

Koch, Achim/Wasmer, Martina/Schmidt, Peter (Hrsg.) (2001): Politische Partizipation in der Bundesrepublik Deutschland. Opladen: Leske + Budrich.

Klingemann, Hans-Dieter/Fuchs, Dieter (Hrsg.) (1995): Citizens and the State. Oxford: Oxford University Press.

Niedermayer, Oskar/Westle, Bettina (Hrsg.) (2000): Demokratie und Partizipation. Opladen: Westdeutscher Verlag.

---

2 Vgl. hierzu auch die Ausführungen in der Einleitung.

3.1 Kommunikatives Handeln

Die Teilnahme der Bürgerinnen und Bürger am politischen Kommunikationsprozess[1] erfolgt in zwei unterschiedlichen Formen: durch interpersonale Kommunikation und durch Massenkommunikation, d.h. durch persönlichen Austausch über Politik im Rahmen des sozialen Umfeldes und durch die Nutzung der politischen Berichterstattung der Massenmedien[2]. Beide Kommunikationsformen tragen „für das Individuum jeweils durch Information zu Wissenserwerb und durch Interpretation zur Meinungsbildung und damit ... zur Reduktion von Unsicherheit über eine komplexe, nicht unmittelbar erfahrbare politische Umwelt bei" (Voltmer/Schabedoth/Schrott 1995: 239). In ihrem Verhältnis zueinander wird von der Kommunikationsforschung ein wesentlicher Wandel konstatiert: „Während die frühen Studien die Zentralität der interpersonalen Kommunikation zeigten, wird in neuerer Zeit meist die Dominanz der Massenkommunikation behauptet" (ebd.: 231), was sich auf die immer stärkere Ausbreitung der Massenmedien und die zunehmende Vereinzelung des Individuums in der modernen Gesellschaft zurückführen lässt. Im Folgenden werden wir uns zunächst kurz der interpersonalen Kommunikation zuwenden, die Mediennutzung und ihre Wirkungen bilden den Gegenstand des darauf folgenden Abschnitts.

3.1.1 Interpersonale Kommunikation

„Im Mittelpunkt der Untersuchung interpersonaler Kommunikation stehen die Teilnahme an Gesprächen über Politik und der Versuch, andere von der eigenen Meinung zu überzeugen" (Brettschneider 1997: 275). Die Abbildungen 3.1.1-1 und 3.1.1-2 zeigen die Entwicklung dieser beiden Verhaltensweisen in den Siebziger- und Achtzigerjahren[3]: Die große Mehrheit der Deutschen ordnet sich – mit noch leicht steigender Tendenz – in die mittlere Kategorie ein, d.h. sie sprechen in ihrem sozialen Umfeld gelegentlich über Politik und versuchen auch gelegentlich, ihre Gesprächspartner von der eigenen Meinung zu überzeugen, während sowohl die sehr Aktiven als auch die Inaktiven eine relativ kleine Gruppe bilden.

---

1 Zur Analyse politischer Kommunikation vgl. z.B. Jarren/Donges 2002 und Jarren/Sarcinelli/Saxer 1998.
2 Durch die Entwicklung der neuen Kommunikationstechniken (Internet) wird die traditionelle Trennung von interpersonaler und massenmedialer Kommunikation erschwert.
3 Frage: „Würden Sie sagen, dass Sie, wenn Sie mit Freunden zusammen sind, politische Dinge häufig, gelegentlich oder niemals diskutieren?" „Kommt es vor, dass Sie Freunde, Ihre Arbeitskollegen oder Ihre Bekannten von einer Meinung überzeugen, auf die Sie großen Wert legen?"

Abb. 3.1.1-1: **Häufigkeit der Gespräche über Politik 1973-1990**
(Angaben in Prozent)

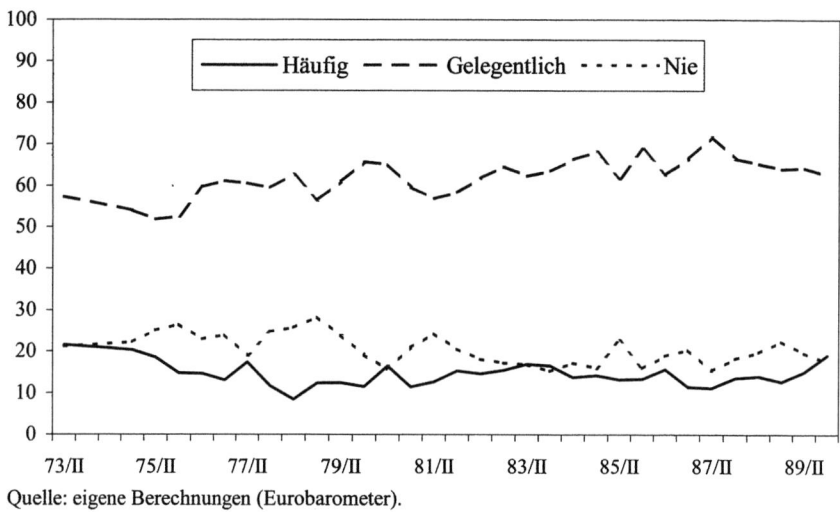

Quelle: eigene Berechnungen (Eurobarometer).

Abb. 3.1.1-2: **Überzeugen anderer von der eigenen Meinung 1971-1990**
(Angaben in Prozent)

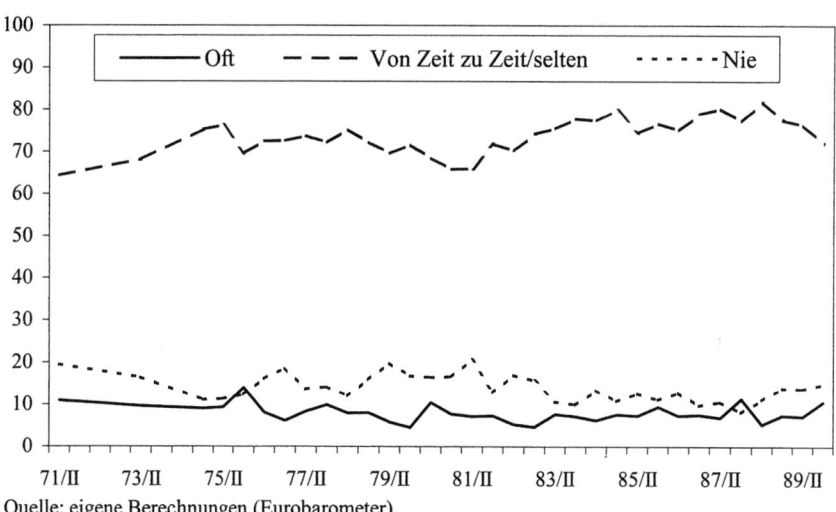

Quelle: eigene Berechnungen (Eurobarometer).

159

Im Jahr der Vereinigung 1990 traten zwischen West- und Ostdeutschen in Bezug auf die interpersonale Kommunikation deutliche Unterschiede zutage: „In den neuen Bundesländern wurde nach der ‚Wende' sehr viel häufiger über Politik diskutiert und es ging dabei kontroverser zu als im Westen" (Brettschneider 1997: 275). Die Politisierung der Ostdeutschen im Rahmen dieser Mobilisierungsphase hielt jedoch nicht lange an: Mitte der Neunzigerjahre hatte sich das Muster der interpersonalen Kommunikation über Politik zwischen West und Ost weitgehend angeglichen und seither gibt es weder in Bezug auf die Häufigkeit der Gespräche über Politik noch in Bezug auf den Anteil derer, die in diesen Gesprächen eine Meinungsführerschaft übernehmen, wesentliche Ost-West-Unterschiede (vgl. die Abbildungen 3.1.1-3 und 3.1.1-4): Etwa zwei Drittel der Deutschen sprechen in ihrem sozialen Umfeld gelegentlich über Politik, jeweils etwa ein Sechstel tut dies häufig bzw. nie[4]. Den Versuch, ihre Gesprächspartner von der eigenen Meinung zu überzeugen, unternimmt etwa die Hälfte von Zeit zu Zeit, nur ein Zwanzigstel häufig, ein gutes Drittel selten und etwa ein Siebtel der Bevölkerung tut dies nie.

Abb. 3.1.1-3: **Häufigkeit der Gespräche über Politik: West/Ost seit 1990**
(Angaben in Prozent)

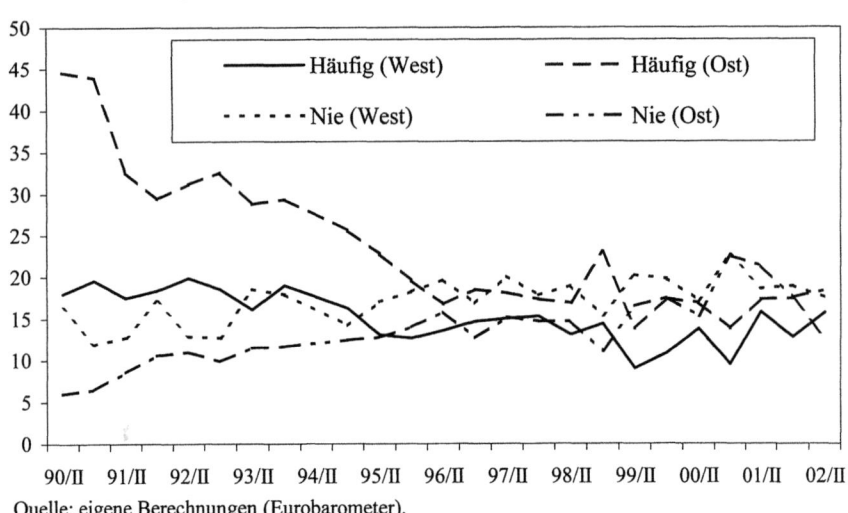

Quelle: eigene Berechnungen (Eurobarometer).

---

4 Damit nehmen die Deutschen im internationalen Vergleich einen Platz im Mittelfeld ein (vgl. van Deth/Elff 2004).

Abb. 3.1.1-4: Überzeugen anderer von der eigenen Meinung: West/Ost seit 1990
(Angaben in Prozent)

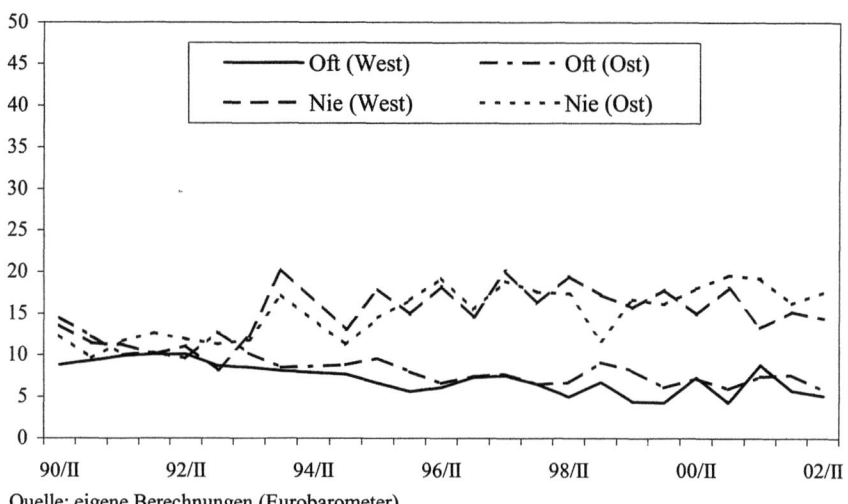

Quelle: eigene Berechnungen (Eurobarometer).

3.1.2 Mediennutzung

Die Massenmedien prägen sehr stark das Bild, das sich die Bürger vom politi-
schen Geschehen machen, da sie die „Brücke zur Welt der Politik" darstellen
(Klingemann/Voltmer 1989: 221). Im Vergleich von Fernsehen, Radio und
Printmedien kommt dabei dem Fernsehen eine besondere Rolle zu: Nach seiner
Einführung in den Fünfzigerjahren[5] entwickelte es sich schnell zum wichtigsten
Medium für politische Information, wie Tabelle 3.1.2-1 für die Sechziger- bis
Achtzigerjahre zeigt[6].

---

5 Im Jahre 1950 wurde die ARD gegründet, 1952 begann der NWDR als erste Anstalt mit täglichem
   Fernsehen, 1953 startete das Gemeinschaftsprogramm des Deutschen Fernsehens, 1961 gründeten
   die Ministerpräsidenten der Länder das ZDF, das 1963 seinen Sendebetrieb aufnahm.
6 Die gesonderte Betrachtung der Haushalte mit Fernsehgerät ist für die Sechziger- und eingeschränkt auch noch für die Siebzigerjahre relevant, da Mitte der Sechziger erst 55 Prozent und Anfang der Siebziger 85 Prozent der Haushalte ein Fernsehgerät besaßen (Berg/Kiefer 1996). Bei der
   Beurteilung des Radios als Quelle politischer Information muss seine ausgeprägte „Funktion als
   Begleitmedium anderer Tätigkeiten" (ebd.: 185) beachtet werden. Für eine bestimmte Personengruppe ist das Radio als Informationsquelle gleichwohl nicht zu unterschätzen: Die Jugendlichen
   „kommen, wenn überhaupt, fast ausschließlich über dieses Medium mit der politischen ‚world out-
   side' in Berührung" (Brettschneider 1997: 269).

Tab. 3.1.2-1: **Reichweite der politischen Information durch Medien 1964-1985**
(Angaben in Prozent)

	Personen in HH mit Fernsehgerät			Gesamtbevölkerung				
	1964	1970	1974	1964	1970	1974	1980	1985
Fernsehen	69	72	71	42	63	68	68	62
Hörfunk	43	55	60	47	55	59	63	73
Tageszeitung	47	50	54	46	49	54	57	54

Quelle: Berg/Kiefer 1996: 183.

Auch in den Neunzigerjahren hat sich hieran nichts geändert: Die wichtigste Quelle der Bürgerinnen und Bürger für Nachrichten ist das Fernsehen, als zweit-wichtigste Quelle behauptet sich bis Ende der Neunzigerjahre permanent die Tageszeitung, seither kämpfen die Printmedien mit dem Radio um Platz zwei (vgl. Abbildung 3.1.2-1). Bei allen drei Medien ist im Zeitverlauf ein leichter Rückgang der Nutzungshäufigkeit festzustellen.

Betrachtet man nicht die Nutzungshäufigkeit, sondern den feineren Indikator der Nutzungszeit an einem durchschnittlichen Werktag, so liegt in neuester Zeit der Hörfunk auf Platz zwei, wobei zu beachten ist, dass gerade das Radiohören oft zusammen mit anderen Tätigkeiten ausgeübt wird, sodass die Aufmerksamkeit geringer sein dürfte als beim Zeitungslesen. Zwischen West- und Ostdeutschland bestehen in der Mediennutzung heutzutage keine Unterschiede, wie Tabelle 3.1.2-2 zeigt.

Die besondere Rolle des Fernsehens zeigt sich nicht nur in der Nutzungshäu-figkeit, sondern auch in dem Meinungsbild, das sich die Bürger von den ver-schiedenen Medien machen: Über Jahrzehnte hinweg erhält das Fernsehen immer die höchsten Zustimmungsraten aller Medien in der Beurteilung der politischen Informationsfunktion (vgl. Tabelle 3.1.2-3)[7]. Allerdings mussten alle Medien im Zeitverlauf eine Verringerung der Zustimmungsraten hinnehmen, d.h. die Deut-schen sind immer weniger davon überzeugt, dass die Massenmedien insgesamt die zentrale Aufgabe der Politikvermittlung erfüllen.

---

7 Die Tabelle enthält den Durchschnitt der Zustimmung zu vier Aussagen: „Bringt die neuesten Nachrichten besonders schnell", „gibt einen vollständigen Überblick über alle wichtigen Entwick-lungen in Politik und Zeitgeschehen", „berichtet wahrheitsgetreu und gibt die Dinge immer so wieder, wie sie wirklich sind", „berichtet klar und verständlich über politische Ereignisse".

Abb. 3.1.2-1: Mediennutzung in Bezug auf Nachrichten seit 1991
(Mittelwerte; Skala: 0 = nie, 4 = jeden Tag)

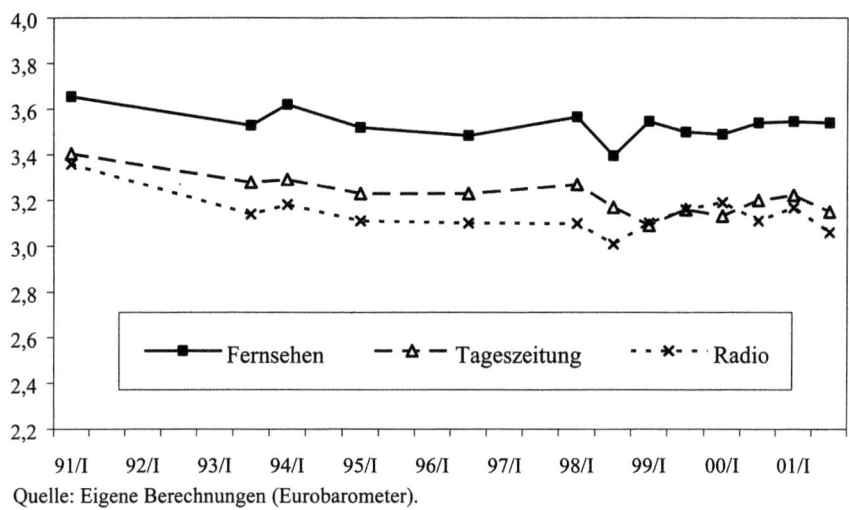

Quelle: Eigene Berechnungen (Eurobarometer).

Tab. 3.1.2-2: Mediennutzung in Bezug auf Politik: West-Ost 2002/2003
(Nutzungszeit an einem durchschnittlichen Werktag; Mittelwert: Skala von 1 = keine Zeit bis 8 = mehr als drei Stunden)

	Fernsehen		Hörfunk		Tageszeitung	
	West	Ost	West	Ost	West	Ost
Keine Zeit	3	2	8	6	6	7
Weniger als 0,5 Std.	37	35	54	53	71	70
0,5 bis 1 Std.	41	42	25	26	19	20
Mehr als 1 bis 1,5 Std.	11	11	8	7	3	3
Mehr als 1,5 Std.	7	9	5	8	1	0
Mittelwert	2,9	3,0	2,6	2,7	2,2	2,2

Quelle: eigene Berechnungen (European Social Survey 2002/2003).

163

Tab. 3.1.2-3: **Medienimages bezüglich politischer Information 1964-1995**
(mittlere Zustimmung zu vier Aussagen)

	1964	1970	1974	1980	1985	1990	1995
Fernsehen	66	69	60	55	48	52	48
Hörfunk	61	59	58	49	47	47	41
Tageszeitung	49	38	38	36	34	37	36

Quelle: Berg/Kiefer 1996: 241.

Der Vorsprung des Fernsehens vor den anderen Medien wird dadurch gestützt, dass die Bürger ihm eine Reihe von Eigenschaften zuschreiben, die für die Erfüllung der politischen Informationsfunktion wesentlich sind: Das Fernsehen wird als das kritischste, kompetenteste, informativste und glaubwürdigste Medium angesehen. Interessant ist auch, dass das neue Informationsmedium Internet bei allen Eigenschaften mit weitem Abstand am schlechtesten abschneidet (vgl. Tabelle 3.1.2-4). Fernsehen ist jedoch nicht gleich Fernsehen. Differenziert man zwischen den öffentlich-rechtlichen und den privaten Rundfunkanstalten, so wird deutlich, dass die positiven Eigenschaftszuschreibungen sich ganz überwiegend auf das öffentlich-rechtliche Fernsehen beziehen.

Die gravierenden Unterschiede im Image des öffentlich-rechtlichen und des privaten Fernsehens spiegeln sich auch in der Kompetenzbeurteilung der einzelnen Sender im Politikbereich wieder: Fragt man die Bürger danach, welcher Sender die besten Nachrichten anbietet[8], dann entfallen im letzten Jahrzehnt regelmäßig etwa zwei Drittel der Nennungen auf Das Erste, gefolgt vom ZDF (vgl. Abbildung 3.1.2-2). Der am häufigsten genannte Privatsender ist – mit weitem Abstand hinter den öffentlich-rechtlichen Sendern – RTL. ProSieben und SAT.1 landen weit hinten, wobei die beiden Nachrichtensender n-tv und N-24, trotz ihrer geringen Verbreitung, mittlerweile zu ProSieben aufgeschlossen haben.

Analoge Unterschiede zeigen sich im Sehverhalten der Bürger: Die ‚Tagesschau' des Ersten Programms hat unangefochten den größten Marktanteil unter den Hauptnachrichtensendungen, auf dem zweiten Platz liegt ‚heute' (ZDF), dessen Abstand zu ‚RTL aktuell' seit Mitte der Neunzigerjahre allerdings geschrumpft ist. Den dritten Platz nehmen die ‚SAT.1 News' ein und die ‚ProSieben Nachrichten' bilden das Schlusslicht (vgl. Abbildung 3.1.2-3).

---

8 Den Befragten waren bis zu drei Nennungen gestattet, daher addieren sich die Prozentsätze in den nächsten beiden Abbildungen nicht auf 100 Prozent.

Tab. 3.1.2-4: **Medienimages 2000 und 2002**

(Angaben in Prozent)

| | Trifft am ehesten/an zweiter Stelle zu auf | | | | Nur Fernsehen: trifft eher zu auf | |
	Fern-sehen	Hör-funk	Tages-zeitung	Inter-net	ö.-r. Progr.	priv. Progr.
Kritisch						
2000	78	41	70	10	62	26
Kompetent						
2000	74	44	59	22	68	19
Informativ						
2000	72	40	63	25	63	21
2002	69	39	56	30	-	-
Glaubwürdig						
2000	70	53	62	14	74	12
2002	68	52	56	17	-	-
Sachlich						
2000	68	45	69	18	76	13

Quelle: 2000: Ridder/Engel 2001: 113ff., 2002: Blödorn/Gerhards 2004: 11.

Lässt man die konkreten Nachrichtensendungen von den Bürgern nach einer Reihe von Kriterien differenziert bewerten, dann wird deutlich, worauf sich die Unterschiede in der allgemeinen Nachrichtenkompetenzzuweisung stützen. Fragt man nach dem Gesamturteil über die einzelnen Hauptnachrichtensendungen[9], dann landet die ‚Tagesschau' auf Platz eins, gefolgt von ‚heute'. Den dritten Platz erreicht – mit einigem Abstand – ‚RTL aktuell' und die ‚SAT.1 News' sowie die ‚ProSieben Nachrichten' bilden abgeschlagen die Schlusslichter (vgl. Tabelle 3.1.2-5).

9 Da nicht jeder Bürger alle Nachrichtensendungen kennt und daher auch nicht über alle Sendungen ein qualifiziertes Urteil abgeben kann, wurden nur diejenigen Befragten einbezogen, die die jeweiligen Sendungen mindestens einmal in zwei Wochen sehen.

Abb. 3.1.2-2: Kompetenz der Fernsehprogramme in Bezug auf Nachrichten seit 1996 (Angaben in Prozent, Mehrfachnennungen möglich)

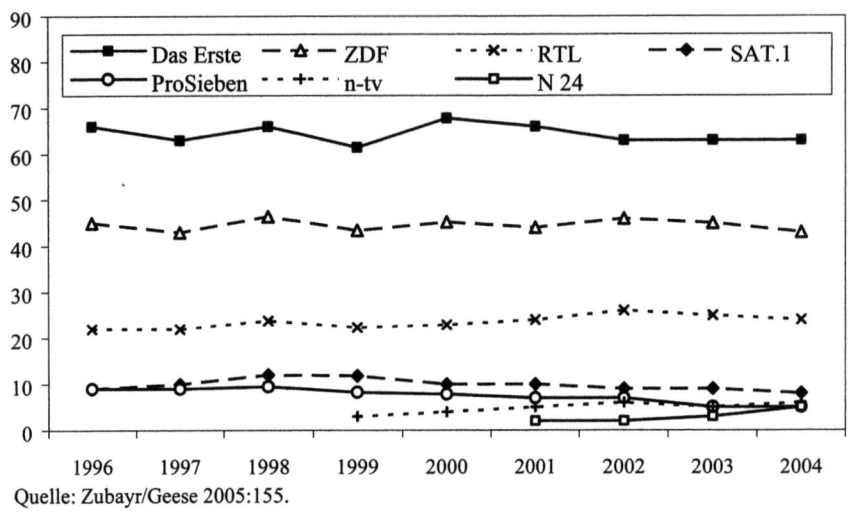

Quelle: Zubayr/Geese 2005:155.

Abb. 3.1.2-3: Marktanteile der Hauptnachrichtensendungen seit 1994 (Angaben in Prozent)

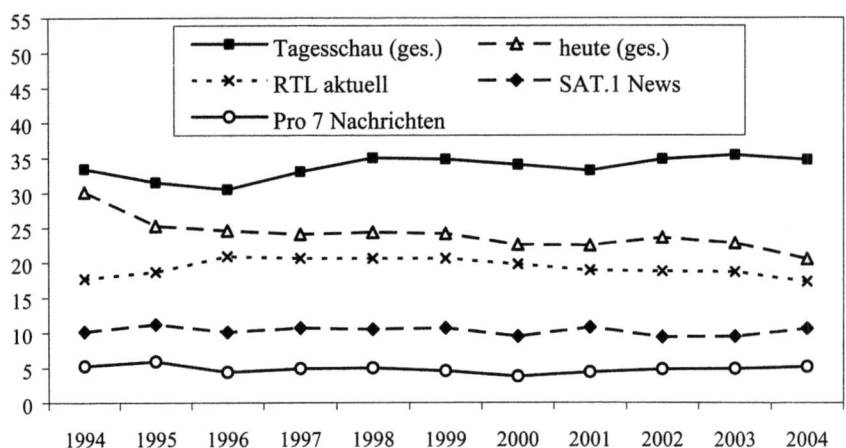

Quelle: Darschin/Frank 1997: 181, Darschin/Kayser 2000: 153, Darschin/Gerhard 2003: 164, Zubayr/Gerhard 2005: 100.

Tab. 3.1.2-5:   **Bewertung ausgewählter Fernsehnachrichten 2004**

(Notenskala von 1 (=sehr gut) bis 6 (=sehr schlecht), Noten 1 und 2 in %)[1]

	Tages -schau	heute	RTL aktuell	Pro7 Nachr.	SAT.1 News
Hat sachkundige Reporter und Korrespondenten	89	85	69	54	51
Ist eine Nachrichtensendung, auf die man sich verlassen kann	87	82	57	47	45
Gibt einen vollständigen Überblick über alle wichtigen Tagesereignisse	91	86	73	61	60
Informiert mich auch über das Wichtigste im Ausland	88	84	70	54	52
Berichtet klar und verständlich	88	87	72	66	63
Gibt die Dinge so wieder, wie sie wirklich sind	82	77	60	47	46
Übertreibt gelegentlich, um den Sensationswert einer Meldung zu steigern	9	10	25	23	26
Ist kritisch und hinterfragt die Dinge	70	68	53	36	39
Trennt klar zwischen Nachricht und Meinung	77	70	52	37	37
Ist eine gute Orientierung für die eigene Meinung	74	69	55	35	40
Ist etwas steif und trocken	29	19	8	9	7
Wirkt locker und frisch	37	45	69	60	56
Gesamtbewertung	88	83	73	54	53

1) Basis: Zuschauer, die die jeweilige Sendung mindestens einmal in zwei Wochen gesehen haben.
Quelle: Zubayr/Geese 2005: 156ff.

Die Gründe für diese unterschiedliche Gesamtbewertung werden deutlich, wenn man die Antworten auf die zwölf Aussagen zur Informationsqualität vergleicht, die den Befragten vorgelegt wurden. Die Zuschauer bescheinigten dabei den öffentlich-rechtlichen Nachrichtensendungen deutlich größere Sachkundigkeit und Verlässlichkeit. Auch bei der Vollständigkeit der Themenauswahl, der Qualität der Auslandsberichterstattung, der Verständlichkeit sowie der Objektivität der Berichterstattung und der journalistischen Distanz im Sinne der realistischen Darstellung, kritischen Hinterfragung und der Trennung zwischen Nachricht und Meinung. Daher bieten die öffentlich-rechtlichen Sender auch in den Augen der Zuschauer eher eine gute Orientierung für die eigene Meinung als die Privaten. „Geht es um die Machart und den Präsentationsstil der Fernsehnachrichten schneiden jedoch die Privatsender besser ab" (Zubayr/Geese 2005: 159).

Die gleiche Reihenfolge der einzelnen Sender wie bei den Nachrichten ergibt sich, wenn nach der Kompetenzzuweisung in Bezug auf nicht tagesaktuelle politische Sendungen, also Politikmagazine und Reportagen, gefragt wird. Allerdings sind hier die Unterschiede zwischen den öffentlich-rechtlichen und den privaten Sendern noch deutlicher: Hier entfallen etwa zwei Drittel der Nennungen auf Das Erste und das ZDF und fünf bis zwanzig Prozent auf die Privaten (vgl. Abbildung 3.1.2-4).

Abb. 3.1.2-4: **Kompetenz der Fernsehprogramme in Bezug auf Politikmagazine und Reportagen seit 1996** (Angaben in Prozent, Mehrfachnennungen möglich)

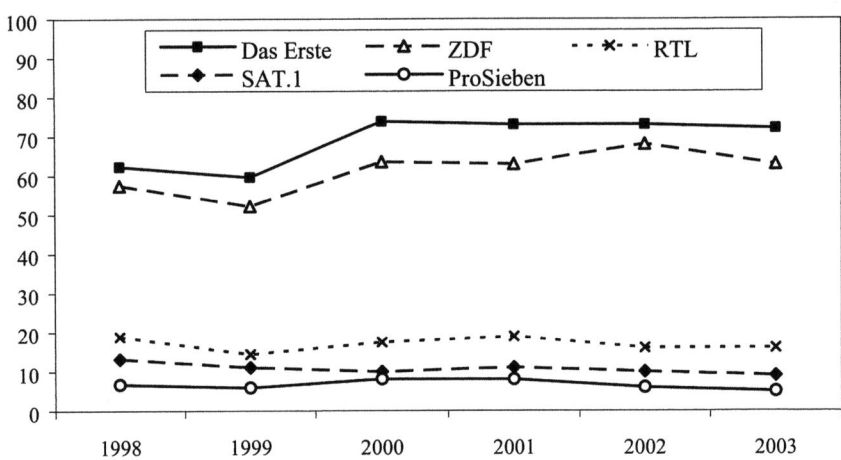

Quelle: 1998: Darschin 1999: 165, 1999/2000: Darschin/Kayser (2000: 158, 2001: 174), 2001: Darschin/Gerhard 2002: 164, 2002/2003: Darschin/Zubayr 2004: 212.

Die verschiedenen Sender kommen der politischen Informationsfunktion allerdings auch in sehr unterschiedlichem Ausmaß nach. Erklärt man das programmstrategische Handeln der privaten Sender allein aus der Beziehung zwischen Sender, Werbewirtschaft und Publikum, dann dient „das Programm als Köder für die von der Werbewirtschaft bevorzugten Zielgruppen" (Kiefer 1997: 216) und das Verlangen der Werbewirtschaft nach einem werbefreundlichen, politische und gesellschaftliche Probleme ausschließenden Umfeld bedingt eine Einschränkung des politischen Informationsangebots zugunsten von Unterhaltungsangeboten. Zudem stößt das Unterhaltungsangebot bei den Zuschauern auf größere Akzeptanz.

Schon kurz nach der Einführung des dualen Rundfunksystems wurde daher postuliert, dass sich aufgrund der Marktlogik unter Konkurrenzbedingungen zwischen den öffentlich-rechtlichen und privaten Sendern eine Entpolitisierung des gesamten Programmangebots ergeben werde: „Denn wenn sich durch die Vermehrung der Unterhaltungsangebote dem Zuschauer mehr Möglichkeiten zum so genannten Unterhaltungsslalom bieten, wird ein großer Teil der Bevölkerung den politischen Informationsangeboten ausweichen und stattdessen Unterhaltungsangeboten vorziehen. Aus der nachfrageorientierten Perspektive gesehen müssten dann alle Sender ihr Politikangebot auf das Maß einrichten, bei dem Angebot und Nachfrage im Gleichgewicht stehen" (Krüger 2005a: 252). Dieses Modell ist jedoch unvollständig, „solange nicht auch der zulässige Spielraum der Programmnormen mit einbezogen wird", denn verfassungsrechtlich sind politische Informationsangebote „nach wie vor ein zentraler Bestandteil des Programmauftrags des öffentlich-rechtlichen Rundfunks, aber sie werden nach den Entscheidungen des Bundesverfassungsgerichts und den Bestimmungen der Rundfunkstaatsverträge auch in begrenztem Ausmaß vom privaten Rundfunk gefordert" (ebd.: 253).

Daher hat sich das Programmangebot auch nicht im Sinne der Entpolitisierungsthese entwickelt: Der Sendezeitanteil der Nachrichtensendungen am Gesamtprogramm ist im Zeitverlauf bei den öffentlich-rechtlichen Sendern sogar etwas gestiegen und beträgt heute etwa 10 Prozent (vgl. Abbildung 3.1.2-5). Die Anteile der Privaten haben sich unterschiedlich entwickelt: RTL hatte sein Nachrichtenangebot in der zweiten Hälfte der Neunzigerjahre deutlich ausgeweitet, ist jedoch in neuester Zeit wieder auf das alte Niveau von etwa 5 Prozent zurückgefallen, bei SAT.1 und ProSieben ist der Nachrichtenanteil heute deutlich geringer als Anfang der Neunzigerjahre. Die gleichen Differenzen zwischen den Sendern werden sichtbar, wenn man auf das Angebot an nichttagesaktuellen Informationssendungen aus Politik, Wirtschaft und Zeitgeschichte abstellt: Während solche Sendungen bei den beiden öffentlich-rechtlichen Sendern zwischen 17 und 1 Uhr etwa ein Drittel der Sendezeit ausmachen, liegt dieser Anteil bei RTL und SAT.1 im Schnitt zwischen 10 und 15 Prozent (vgl. Abbildung 3.1.2-6).

Abb. 3.1.2-5: Nachrichtenangebot seit 1991

(Sendezeitanteil am Gesamtprogramm in Prozent)

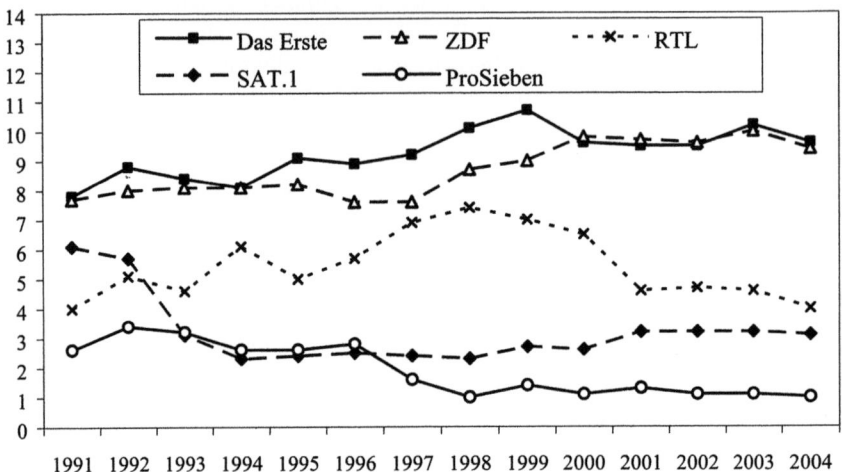

Quelle: bis 2000: Krüger 2005a: 262; 2001-2004: Krüger 2005b: 193f..

Abb. 3.1.2-6: Angebot an nichttagesaktuellen Informationssendungen seit 1997

(Sendezeitanteil am Programm zwischen 17 und 1 Uhr in Prozent)

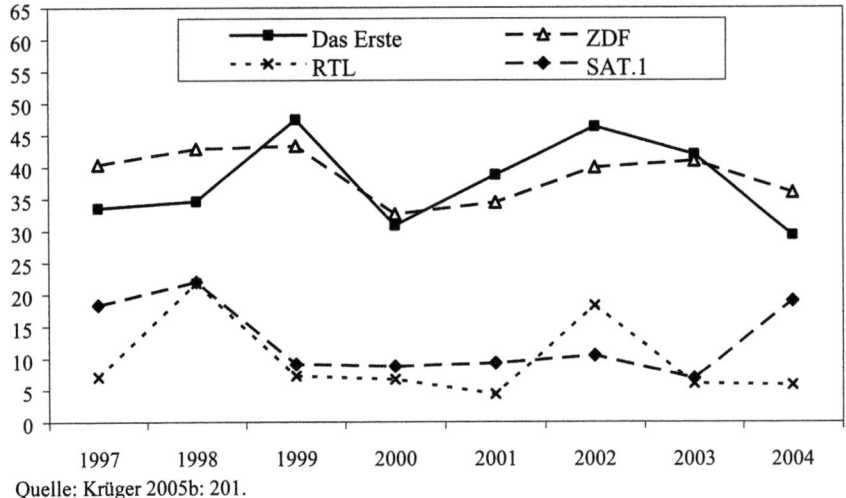

Quelle: Krüger 2005b: 201.

170

Zudem unterscheiden sich die Sender „nicht nur quantitativ, sondern auch quali-
tativ" (Krüger/Zapf-Schramm 2001: 340), wie der Vergleich verschiedener Sendereihen aus dem nichttagesaktuellen Informationsbereich zeigt[10] und wie auch
aus der Themenstruktur der Nachrichtensendungen deutlich wird (vgl. Tabelle
3.1.2-6): Während bei den öffentlich-rechtlichen Sendern deutlich über die Hälfte
der Sendezeit in den Bereich Politik, Wirtschaft und Zeitgeschichte fällt, ist es bei
den Privaten nur gut ein Drittel.

Tab. 3.1.2-6: **Themenstruktur ausgewählter Nachrichtensendungen 2004**
(Sendedauer in Prozent)[1]

	Das Erste	ZDF	RTL	SAT.1
Politik/Wirtschaft/Zeitgeschichte	59,3	54,0	38,2	34,4
Gesellschaft/Justiz/Soziales	10,0	12,4	8,0	10,9
Human Interest/Prominenz/Showbiz	4,3	5,4	5,4	8,2
Kriminalität	2,3	1,6	5,6	6,6
Sport	6,9	8,3	12,4	14,3
Sonstiges	17,2	18,3	30,4	25,6

1) Hauptnachrichten, Nachrichtenmagazine und Nachtmagazine.
Quelle: Krüger 2005b: 202.

Was bedeutet nun die Tatsache, dass die Bürgerinnen und Bürger ihr Politikbild
vor allem aus den Massenmedien und insbesondere aus dem Fernsehen[11] beziehen? Aus der Fülle der im Rahmen der Medienwirkungsforschung untersuchten

---

10 „Bei ARD und ZDF haben die meisten Sendereihen einen hohen Politikanteil" (Krüger/Zapf-
Schramm 2001: 344), während man bei den Privaten politisch und gesellschaftlich relevante Themen nur in den Sendereihen ‚Spiegel TV Magazin' bei RTL und ‚Spiegel TV Reportage' bei
SAT.1 findet. „Alle übrigen Sendereihen der Privaten sind nahezu politikfrei und mit einem hohen
Anteil an Boulevardthemen durchsetzt" (ebd.), d.h. mit Themen aus dem Bereich Human Inte-
rest/Prominenz, Partnerschaft/Erotik, Katastrophen/Unglück und Kriminalität.
11 Das Fernsehen unterscheidet sich von den Printmedien vor allem in der Art und Weise der Politikvermittlung an die Bürgerinnen und Bürger gravierend: „Im Fernsehen wird politische Information
in einem aus Unterhaltung bestehenden Programmumfeld vermittelt", und die Berichterstattung ist
„in stärkerem Maße einer Vielzahl von Produktions- und Selektionszwängen" unterworfen, „die
eine spezifische Konstruktion der politischen Realität (u.a. charakterisiert durch Visualisierung,
Personalisierung, Dramatisierung und Verkürzung) zur Folge hat" (Voltmer/Schabedoth/Schrott
1995: 236).

Zusammenhänge zwischen der Art und Häufigkeit der Mediennutzung und den politischen Orientierungen und Verhaltensweisen der Bevölkerung sollen drei Forschungsbereiche herausgegriffen werden, die sich mit den Auswirkungen der Politikvermittlung durch die Massenmedien auf die kognitiven Orientierungen, die evaluativen Orientierungen und das politische Verhalten der Bürgerinnen und Bürger beschäftigen, nämlich die Wissenskluft-These, die Videomalaise-These und die Wahlentscheidungsthese[12].

Die Wissenskluft-These (Tichenor/Olien/Donohue 1970) befasst sich mit den Auswirkungen steigender Informationsvermittlung durch die Massenmedien auf das politische Wissen verschiedener Bevölkerungssegmente. Sie geht davon aus, dass sich die Bürgerinnen und Bürger mit höherem sozio-ökonomischem Status – insbesondere höherer formaler Bildung – die massenmedial vermittelten Informationen rascher und in größerem Maße aneignen als die Bevölkerungsgruppen mit niedrigerem Status. Begründet wird dies damit, dass vor allem Höhergebildete über eine größere Kompetenz im Umgang mit Medien und ein umfassenderes Vorwissen verfügen, ihre politischen Informationen eher aus den Printmedien beziehen und die Informationen auch effektiver nutzen können. Unterschiede im politischen Wissen zwischen den sozialen Gruppen werden daher durch das zunehmende Informationsangebot der Massenmedien nicht ausgeglichen, sondern noch verstärkt[13]. Im Ergebnis führt „die zunehmende Ungleichverteilung des Wissens … zu etwas Ähnlichem wie einer Teilung der Gesellschaft in zwei Hälften: der Informations-Elite auf der einen und den Nicht-Informierten auf der anderen Seite (Meyn 2001: 311).

Auch in Deutschland hat sich die im Zusammenhang mit der Dualisierung des Rundfunks oft geäußerte Auffassung, die Ausweitung des Mediensektors und der steigende Nutzungsumfang würden dazu beitragen, schichtspezifische Differenzen und Benachteiligungen in den kognitiven politischen Orientierungen auszugleichen, nicht bestätigt. Empirische Studien haben allerdings gezeigt, dass die Wissenskluft sich nicht automatisch mit steigendem Informationsangebot, sondern in Abhängigkeit von der Nutzung und der Qualität der Informationen vergrößert. So konnte insbesondere eine tendenziell zunehmende Kluft „zwischen informations-orientierten, vor allem auch die Druckmedien rezipierenden Mediennutzern und den auf das Fernsehen ausgerichteten unterhaltungsorientierten Publika" (Sarcinelli/Wissel 1998: 414f.) festgestellt werden.

Zudem lassen sich die Bürgerinnen und Bürger „nicht nur hinsichtlich der Quantität des politischen Wissens aus den Medien, sondern mehr noch hinsicht-

---

12 Für einen Überblick über die Medienwirkungsforschung vgl. z.B. Bonfadelli 2004a, 2004b, Schenk 2002 und die Kurzdarstellung in Brettschneider 2005: 716ff.
13 Zur Wissenskluft-Forschung vgl. Bonfadelli 1994, 2002, Horstmann 1991, kritisch: Holst 2000.

lich der Qualität dieses Wissens differenzieren" (Pfetsch 1998: 412): Spektakuläre Ereignisse und groß angelegte Informations- und Mobilisierungskampagnen diffundieren durchaus in alle Bevölkerungsschichten, erreichen also auch die weniger Interessierten und sozial Benachteiligten. Deren Politikbild wird somit auf eine spezifische Weise geprägt, da sich ihr politisches Wissen „auf Krisen und Konflikte, auf einige Protagonisten und auf die eher dramatischen Formen politischen Handelns beschränkt" (Schulz 1987: 135).

Auch durch die verstärkte Nutzung der neuen Informations- und Kommunikationstechnologien wird die Wissenskluft zwischen den verschiedenen sozialen Gruppen bisher noch nicht abgebaut: Zwar nutzten im Jahre 2004 schon über die Hälfte aller Deutschen das Internet – gegenüber einem Fünfzehntel im Jahre 1997 – und auch die Verweildauer im Netz ist gestiegen[14]. Aber trotz eines mit dem Wachstum einhergehenden deutlichen Strukturwandels der Nutzerschaft „zeigt sich, dass die Teilnahme bzw. Nichtteilnahme am Internet weiterhin abhängig ist von den klassischen Faktoren Alter, formaler Bildungsgrad und Berufstätigkeit" (van Eimeren/Gerhard/Frees 2001: 384), d.h. das neue Informations- und Kommunikationsmedium wird immer noch vor allem von Bevölkerungsgruppen mit höherem sozio-ökonomischem Status und von den jüngeren Generationen genutzt (vgl. Tabelle 3.1.2-7)[15]. Eine „Angleichung der Onliner an die Bevölkerungsstruktur zeichnet sich vorläufig nicht ab" (van Eimeren/Gerhard/Frees 2004: 370) und „Gleichgültigkeit und Distanz kennzeichnen zunehmend das Verhältnis der Offliner zum Netz" (Gerhards/Mende 2003: 373). Für die Nutzer sind „drei Säulen des Internets zentral – das Internet als Kommunikationstool, als universeller Infopool und als Shoppingcenter" (ebd. 355). Infolge des reichhaltigen Informationsangebots im Netz mit der Möglichkeit, schnell und zeitsouverän auf die Informationen zugreifen zu können. wäre damit zu rechnen, dass sich bei Internetnutzern der Konsum von Nachrichten- und Informationssendungen in anderen Medien reduziert hat, was jedoch bis vor kurzem nicht der Fall war: Vier Fünftel der Internetnutzer erwarteten 2001 „keine Änderung ihrer Nachrichtenrezeption über die klassischen Medien durch den Informationsabruf im Internet" (van Eimeren/Gerhard/Frees 2001: 389). In neuester Zeit lassen sich jedoch bei einer noch relativ kleinen Gruppe im Informationsbereich Verschiebungen von den klassischen Medien zum Internet nachweisen" (Oehmichen/Schröter 2003: 384).

---

14 Von 1997 bis 2004 ist die Verweildauer an Werktagen von 71 auf 117 Minuten, am Wochenende von 87 auf 158 Minuten gestiegen (van Eimeren/Gerhard/Frees 2004: 360).

15 Auch die neuesten Zahlen zur Schulbildung der Internetnutzer – aus einer anderen Quelle wie die in Tabelle 3.1.2-7 – bestätigen diese Aussage: Im zweiten Quartal 2005 hatten 20 Prozent der Hauptschüler ohne Lehre aber 83 Prozent der Personen mit Hochschulreife Zugang zum Internet (Forschungsgruppe Wahlen: Internet-Strukturdaten. Repräsentative Umfrage, II. Quartal 2005, Mannheim 2005).

Tab. 3.1.2-7: **Internetnutzung nach sozialen Gruppen seit 1997**
(Angaben in Prozent; Personen ab 14 Jahre; gelegentliche Nutzung)

	1997	1998	1999	2000	2001	2002	2003	2004
Gesamt	7	10	18	29	39	44	54	55
Geschlecht								
männlich	10	16	24	37	48	53	63	64
weiblich	3	6	12	21	30	36	45	47
Alter in Jahren								
14-19	6	16	30	49	67	77	92	95
20-29	13	21	33	55	66	80	82	83
30-39	12	19	25	41	50	66	73	76
40-49	8	11	20	32	49	48	67	70
50-59	3	4	15	22	32	35	49	53
60 und älter	0	1	2	4	8	8	13	15
Schulbildung								
Volks-/Hauptschule	1	3	5	8	18	-	-	-
weiterführende Schule	6	8	16	31	45	-	-	-
Abitur	9	26	51	79	60	-	-	-
Studium	15	26	63	86	61	-	-	-
Berufstätigkeit								
in Ausbildung	15	25	38	59	79	81	92	95
berufstätig	9	14	23	38	48	59	70	73
Rentner/nicht berufstätig	1	2	4	7	15	15	21	23

Quelle: van Eimeren/Gerhard/Frees 2001: 383; dies. 2004: 352.

Fragt die Wissenskluft-These nach den Auswirkungen der Medien auf das politische Wissen der Bevölkerung, so stellt die Videomalaise-These (Robinson 1976) die Folgen der politischen Berichterstattung der Medien auf das inhaltliche Politikverständnis der Bürgerinnen und Bürger in den Mittelpunkt. Die These behauptet einen Zusammenhang zwischen Mediennutzung und Politikverdrossenheit, wobei „insbesondere die politische Berichterstattung des Fernsehens – wegen ihrer Negativität, wegen der hohen Glaubwürdigkeit des Mediums insgesamt und weil das Fernsehen ein Publikum erreiche, das sich sonst wenig mit politischen Informationen auseinandersetzt – für Erscheinungen politischer Entfremdung verantwortlich gemacht wird" (Holtz-Bacha 1998: 735). Die amerikanischen empirischen Studien zur Überprüfung dieser These waren allerdings in der Untersuchungsanlage und der Operationalisierung des Untersuchungsgegenstandes sehr heterogen und kamen zu sehr unterschiedlichen Ergebnissen[16].

In Deutschland beschäftigte sich die Kommunikationsforschung ab Mitte der Achtzigerjahre mit diesem Konzept, und auch hier sind die Befunde sehr unterschiedlich. Die Untersuchung von Holtz-Bacha (1989, 1990) trennte zwischen der Informations- und der Unterhaltungsfunktion von Medien und kam zu dem Ergebnis, dass nicht die Mediennutzung als solche, sondern die Art der Nutzung eine wesentliche Rolle spielt: Politische Entfremdung war bei denjenigen besonders stark verbreitet, die die Printmedien und das Fernsehen vor allem zur Unterhaltung nutzten[17]. Politische Entfremdung wird in den Studien zur Videomalaise meist durch das Konzept des staatsbürgerlichen Selbstbewusstseins operationalisiert, wobei viele Studien nicht zwischen den beiden Dimensionen dieses Konzepts – der politischen Kompetenz (internal efficacy) und dem politischen Responsivitätsgefühl (external efficacy)[18] differenzierten. Dies ist jedoch notwendig, da für die beiden Dimensionen unterschiedliche Zusammenhänge mit der Mediennutzung angenommen werden müssen: Politisches Kompetenzbewusstsein „wird vermutlich zu einem großen Teil Reflexion des eigenen Wissens über Politik sein", sodass es sich beim Zusammenhang zwischen politischer Kompetenz und Mediennutzung „um einen wechselseitigen Prozess von einem aus politischem Wissen resultierenden Informationsbedürfnis und durch politische Information verursachten Wissenszuwachs handelt" (Schulz 1995: 321, 325). Der Einfluss von politischer Information auf das Kompetenzbewusstsein ist somit „keinesfalls als Wirkung bestimmter Medieninhalte auf die Wahrnehmung von Politik zu sehen" (ebd.), wie es die These der Videomalaise unterstellt. Bei der zweiten Dimension lässt sich im Sinne der Videomalaise-These argumentieren,

---

16 Vgl. die kurze Zusammenfassung in Schulz 1995.
17 Vgl. auch die Ergebnisse von Pfetsch 1991 und Schmitt-Beck/Schrott 1992.
18 Vgl. hierzu Kapitel 2.1.

dass sich die Art der Medienberichterstattung auf das politische Responsivitätsgefühl auswirkt, aber es ist auch möglich, dass eine Person, die von der geringen Responsivität der Politik gegenüber den Interessen der Bürger überzeugt ist, es nicht mehr für nötig hält, sich über Politik zu informieren. Einige empirische Studien, die die beiden Dimensionen trennen, kommen jedoch zu dem Ergebnis, dass zwar Zusammenhänge zwischen Mediennutzung und politischer Kompetenz, nicht jedoch zwischen Mediennutzung und politischem Responsivitätsgefühl bestehen (Brettschneider 1997, etwas abgeschwächt auch Schulz 1995).

Dennoch sieht Kepplinger (1993: 23) in der „Darstellung von Politik in den Massenmedien ... eine Ursache der Politik- und Parteienverdrossenheit", und nach Holtz-Bacha (1998: 735) belegen einige neuere Arbeiten „ebenfalls Zusammenhänge zwischen der Intensität der Nutzung von Information in Fernsehen und Radio ... und einem negativen Politikbild"[19]. Das Fazit der Untersuchung von Wolling (1999: 226) hingegen lautet: „Anders als von der Videomalaise-Hypothese vorhergesagt, erweist sich die Nutzung des Fernsehens für alle hier untersuchten Einstellungsdimensionen als relativ unbedeutend".

Neben möglichen Wirkungen der Mediennutzung auf politische Orientierungen werden im Rahmen der Kommunikationsforschung Medienwirkungen auf das politische Verhalten analysiert. Insbesondere die Untersuchung der Frage, ob und wie Massenmedien das Wahlverhalten beeinflussen, hat eine lange Tradition, die zu sehr unterschiedlichen Antworten führte (Schmitt-Beck 1994): In den frühen amerikanischen Studien der Dreißigerjahre dominierte die Auffassung von den mächtigen Massenmedien, deren Berichterstattung durch wertende Aussagen direkte, so genannte persuasive Wirkungen auf die politischen Orientierungen und Verhaltensweisen der Bürger ausüben. Dies änderte sich nachhaltig in den Vierziger- und Fünfzigerjahren durch die Studien der Forschergruppe um Paul Lazarsfeld. Deren Ergebnisse verdeutlichten, dass die Wähler mit intensiver Mediennutzung von vornherein starke politische Neigungen besaßen und dazu tendierten, vor allem solche Medieninhalte aufzunehmen, die ihre politischen Vorstellungen bekräftigten, während die ungebundenen Wähler die Medien wenig zur Kenntnis nahmen, sodass den Medien insgesamt nur begrenzte Effekte zugeschrieben wurden.

Medienwirkungsforschung schien unter dem Eindruck dieser Ergebnisse eher überflüssig, sodass erst in den frühen Siebzigerjahren unter dem Eindruck tief greifender sozialer Wandlungsprozesse eine Renaissance dieses Forschungs-

---

19 So kommen z.B. Darschin/Zubayr (2001) in ihrer Analyse zu dem Ergebnis, dass bei den exklusiven Zuschauern Nachrichtensendungen von RTL/SAT.1/ProSieben das Misstrauen in die Politik und das Gefühl politischer Ohnmacht größer sind als bei den Zuschauern der öffentlich-rechtlichen Nachrichten.

zweigs begann. Persuasive Medienwirkungen standen als Erkenntnisproblem allerdings weiterhin im Hintergrund: Die Forschung konzentrierte sich, orientiert an Konzepten wie ‚Agenda-Setting‘, ‚Priming‘ oder ‚Meinungsklima‘, auf indirekte, über politische Orientierungen vermittelte Wirkungen der Medienberichterstattung auf das Wahlverhalten.

Die ‚Agenda-Setting‘-These (McCombs/Shaw 1972) besagt, dass die Massenmedien zwar nicht bestimmen, was die Wähler denken, wohl aber, worüber sie nachdenken[20], d.h.: Durch Betonung bestimmter Themen in der Berichterstattung beeinflussen die Medien die politischen Themenschwerpunkte bei den Wählern, wobei das Ausmaß dieser Thematisierungs- oder Tagesordnungsfunktion von den jeweiligen Medien, Themen und Merkmalen der Wähler abhängt[21].

Relevant für das Wahlverhalten wird das Agenda-Setting vor allem durch den Folgeeffekt des ‚Priming‘ (Iyengar/Kinder 1987)[22]. Zu den kurzfristig wirksamen Bestimmungsfaktoren des Wahlverhaltens gehören die Orientierungen gegenüber den politischen Sachproblemen und Streitfragen, wobei sowohl die Relevanz der Themen als auch die den politischen Akteuren zugemessene Problemlösungskompetenz eine Rolle spielen. Mit Priming wird der Effekt bezeichnet, dass die Wähler bei der Beurteilung der konkurrierenden Parteien und Kandidaten nicht alle verfügbaren Informationen berücksichtigen, sondern vor allem diejenigen Problembereiche, die vor der Wahl gedanklich verfügbar sind, weil sie durch die Medien ins Bewusstsein gehoben werden. Diese einseitige Aktualisierung beeinflusst die Meinungsbildung und Wahlentscheidung[23].

Das dritte Konzept, das ‚Meinungsklima‘ (Noelle-Neumann 1977), wurde unter dem Aspekt der Beeinflussung der von den Wählern wahrgenommenen Wahlchancen der Parteien durch die Fernsehberichterstattung kontrovers diskutiert. Zum Politikum wurde die These durch die Behauptung, das öffentlich-rechtliche Fernsehen habe bei der Bundestagswahl 1976 durch eine politisch einseitig die sozialliberale Koalition begünstigende Berichterstattung einen falschen Eindruck von der tatsächlichen Verteilung der Parteipräferenzen in der Wählerschaft erzeugt und damit letztendlich die Opposition um den Wahlsieg gebracht. Die Frage: „Werden Wahlen im Fernsehen entschieden?" (Schulz 1995)[24] wird in der Wahrnehmung der politischen Entscheidungsträger zunehmend bejaht[25].

---

20 Ausgangspunkt der Agenda-Setting-Forschung war die Studie von Cohen (1963), der zu dem Ergebnis kam: „The press ... may not be successful much of the time in telling people what to think, but it is stunningly successful in telling its readers what to think about" (ebd.: 13). Einen Überblick über diese Forschungstradition liefern

21 Vgl. den Überblick über diesen Forschungsbereich bei Eichhorn 1996 und Rogers/Hart/Dearing 1997.

22 Einen Überblick über den Forschungsstand geben z.B. Miller/Krosnick 1997.

23 Zu Priming-Effekten bei der Bundestagswahl 2002 vgl. Schoen 2004.

24 Vgl. auch Kepplinger/Brosius/Dahlem 1994.

Die Folge ist eine zunehmende Mediatisierung der Wahlkampagnen, d.h. ein immer stärkeres Zurücktreten der parteiorganisatorischen gegenüber den massenmedialen Politikvermittlungsformen im Rahmen der Werbekampagnen und eine wachsende Bedeutung der Medienkampagnen, in deren Rahmen versucht wird, die von den Medien – insbesondere vom Fernsehen – verantwortete tagesaktuelle Berichterstattung im Sinne der Ziele des Kampagnenmanagements der Parteien zu beeinflussen (Niedermayer 2000). Auch in der Wissenschaft ist eine Wiederbelebung der Idee direkter Einflüsse der Massenmedien auf die Richtung der Wahlentscheidungen zu beobachten, die allerdings in Deutschland bisher erst in wenigen empirischen Studien aufgegriffen wurde. Diese beruhen zum Teil auf Aggregatdaten, in denen der Zusammenhang zwischen Mediennutzung und Wahlverhalten nicht direkt aufgezeigt werden kann (vgl. z.B. Kepplinger/Brosius 1990 und Zeh/Hagen 1999). Auch eine auf Individualdaten gestützte international vergleichende, die Bundestagswahl 1990 einschließende Analyse, die einen umfangreichen Satz von sonstigen möglichen Einflussfaktoren auf das Wahlverhalten berücksichtigte und die Möglichkeit einer wechselseitigen Neutralisierung von Medienwirkungen infolge parteipolitisch gegenläufiger Botschaften weitgehend ausschloss, kam jedoch zu dem Ergebnis, dass „in allen vier untersuchten Kontexten individuelle Wahlentscheidungen durch den Kontakt mit Massenmedien zumindest mitgeprägt wurden" (Schmitt-Beck 2000a: 274; vgl. auch Schmitt-Beck 2000b).

Der Umgang mit den Medien, die Intensität und Art ihrer Nutzung, beeinflusst somit in vielerlei Hinsicht nicht nur die politischen Orientierungen der Bürgerinnen und Bürger, sondern auch ihr politisches Verhalten.

Weiterführende Literatur:

Berg, Klaus/Kiefer, Marie-Luise (Hrsg.) (1996): Massenkommunikation V. Baden Baden: Nomos.

Blödorn, Sascha/Gerhards, Maria (2004): Informationsverhalten der Deutschen, in: Media Perspektiven, 1, S. 2-14.

Bonfadelli, Heinz (1994): Die Wissenskluft-Perspektive. Massenmedien und gesellschaftliche Information. UVK-Verlagsgesellschaft.

Bonfadelli, Heinz (2002): Die Wissenskluftforschung, in: Schenk, Michael: Medienwirkungsforschung. Tübingen: Mohr Siebeck, S. 568-601.

Bonfadelli, Heinz (2004a): Medienwirkungsforschung 1: Grundlagen und theoretische Perspektiven. Konstanz: UVK-verlagsgesellschaft (3., überarb. Aufl.).

Bonfadelli, Heinz (2004b): Medienwirkungsforschung 2: Anwendungen in Politik, Wirtschaft und Kultur. Konstanz: UVK-Verlagsgesellschaft (2., überarb. Aufl.).

---

25 „Wahlkämpfe können im Fernsehen gewonnen oder verloren werden" (Peter Radunski, ehemaliger CDU-Bundesgeschäftsführer, 1996: 37).

Brettschneider, Frank (1997): Mediennutzung und interpersonale Kommunikation in Deutschland, in: Gabriel, Oscar W. (Hrsg.): Politische Orientierungen und Verhaltensweisen im vereinigten Deutschland. Opladen: Leske + Budrich, S. 265-289.

Brettschneider, Frank (2005): Massenmedien und politische Kommunikation in Deutschland, in: Gabriel, Oscar W./Holtmann, Everhard (Hrsg.): Handbuch politisches System der Bundesrepublik Deutschland. München: Oldenbourg (3. Aufl.), S. 687-725.

Cohen, Bernard C. (1963): The Press and Foreign Policy. Princeton, N.J.: Princeton University Press.

Darschin, Wolfgang (1999): Tendenzen im Zuschauerverhalten, in: Media Perspektiven, 4, S. 154-166.

Darschin, Wolfgang/Frank, Bernward (1997): Tendenzen im Zuschauerverhalten, in: Media Perspektiven, 4, S. 174-185.

Darschin, Wolfgang/Gerhard, Heinz (2002): Tendenzen im Zuschauerverhalten, in: Media Perspektiven, 4, S. 154-165.

Darschin, Wolfgang/Gerhard, Heinz (2003): Tendenzen im Zuschauerverhalten, in: Media Perspektiven, 4, S. 158-166.

Darschin, Wolfgang/Kayser, Susanne (2000): Tendenzen im Zuschauerverhalten, in: Media Perspektiven, 4, S. 146-158.

Darschin, Wolfgang/Zubayr, Camille (2001): Die Informationsqualität der Fernsehnachrichten aus Zuschauersicht, in: Media Perspektiven, 5, S. 238-246.

Darschin, Wolfgang/Zubayr, Camille (2004): Anders oder gleich? Öffentlich-rechtliche und private Sender im Urteil der Fernsehzuschauer, in: Media Perspektiven, 5, S. 208-216.

Eichhorn, Wolfgang (1996): Agenda-Setting-Prozesse: eine theoretische Analyse individueller und gesellschaftlicher Themenstrukturierung. München: R. Fischer.

Gerhards, Maria/Mende, Annette (2003): Offliner 2003: Stabile Vorbehalte gegenüber dem Internet, in: Media Perspektiven, 8, S. 359-373.

Holst, Isabella-Afra (2000): Realitätswahrnehmung in politischen Konflikten. Grundlagen einer Theorie der Wissenskluft. Konstanz: UVK-Verlagsgesellschaft.

Holtz-Bacha, Christina (1989): Verleidet uns das Fernsehen die Politik? Auf den Spuren der "Videomalaise", in: Kaase, Max/Schulz, Winfried (Hrsg.): Massenkommunikation. Theorien, Methoden, Befunde. Opladen: Westdeutscher Verlag, S. 239-252.

Holtz-Bacha, Christina (1990): Ablenkung oder Abkehr von der Politik? Mediennutzung im Geflecht politischer Orientierungen. Opladen: Westdeutscher Verlag.

Holtz-Bacha, Christina (1998): Videomalaise, in: Jarren, Otfried/Sarcinelli, Ulrich/Saxer, Ulrich (Hrsg.): Politische Kommunikation in der demokratischen Gesellschaft. Opladen: Westdeutscher Verlag, S. 734-735.

Horstmann, Reinhold (1991): Medieneinflüsse auf politisches Wissen. Zur Tragfähigkeit der Wissenskluft-Hypothese. Wiesbaden: Deutscher Universitäts-Verlag.

Iyengar, Shanto/Kinder, Donald R. (1987): News That Matters. Chicago: University of Chicago Press.

Jarren, Otfried/Donges, Patrick (2002): Politische Kommunikation in der Mediengesellschaft. Eine Einführung. Wiesbaden: VS Verlag für Sozialwissenschaften.

Jarren, Otfried/Sarcinelli, Ulrich/Saxer, Ulrich (Hrsg.) (1998): Politische Kommunikation in der demokratischen Gesellschaft. Opladen: Westdeutscher Verlag.

Kepplinger, Hans Mathias (1993): Medien und Politik. Fünf Thesen zu einer konflikthaltigen Symbiose, in: Bertelsmann Briefe, S. 20-23.

Kepplinger, Hans Mathias/Brosius, Hans-Bernd (1990): Der Einfluß der Parteibindung und der Fernsehberichterstattung auf die Wahlabsichten der Bevölkerung, in: Kaase, Max/Klingemann, Hans-Dieter (Hrsg.): Wahlen und Wähler. Analysen aus Anlaß der Bundestagswahl 1987. Opladen: Westdeutscher Verlag, S. 675-686.

Kepplinger, Hans Mathias/Brosius, Hans-Bernd/Dahlem, Stefan (Hrsg.) (1994): Wie das Fernsehen die Wahlen beeinflußt. Theoretische Modelle und empirische Analysen. München: R. Fischer.

Kiefer, Marie Luise (1997): Das Publikum als Kunde. Programmleistung und Programmfinanzierung, in: ARD und ZDF (Hrsg.): Was Sie über Rundfunk wissen sollten. Berlin: Vistas, S. 190-229.

Klingemann, Hans-Dieter/Voltmer, Katrin (1989): Massenmedien als Brücke zur Welt der Politik. Nachrichtennutzung und politische Beteiligungsbereitschaft, in: Kaase, Max/Schulz, Winfried (Hrsg.): Massenkommunikation. Theorien, Methoden, Befunde (SH 30 der Kölner Zeitschrift für Soziologie und Sozialpsychologie). Opladen: Westdeutscher Verlag, S. 221-238.

Krüger, Udo Michael (2005a): Entwicklung des Politikangebots im Fernsehprogramm, in: Ridder, Christa-Maria/Langenbucher, Wolfgang/Saxer, Ulrich/Steininger, Christian (Hrsg.): . Wiesbaden: VS verlag für Sozialwissenschaften, S. 252-271.

Krüger, Udo Michael (2005b): Sparten, Sendungsformen und Inhalte im deutschen Fernsehangebot, in: Media Perspektiven, 5, S. 190-204.

Krüger, Udo Michael/Zapf-Schramm, Thomas (2001): Die Boulevardisierungskluft im deutschen Fernsehen, in: Media Perspektiven, 7, S. 326-344.

McCombs, Maxwell E./Shaw, Donald L. (1972): The Agenda-Setting Function of Mass Media, in: Public Opinion Quarterly, 36, S. 176-187.

Meyn, Hermann (2001): Massenmedien in Deutschland. Konstanz: UVK-Verlagsgesellschaft (Neuaufl.).

Miller, Joanne M./Krosnick, Jon A. (1997): Anatomy of News Media Priming, in: Iyengar, Shanto/Reeves, Richard (Hrsg.): Do the Media Govern? Politicians, Voters, and Reporters in America. Thousand Oaks: Sage, S. 258-275.

Niedermayer, Oskar (2000): Modernisierung von Wahlkämpfen als Funktionsentleerung der Parteibasis, in: Niedermayer, Oskar/Westle, Bettina (Hrsg.): Demokratie und Partizipation. Opladen: Westdeutscher Verlag, S. 192-210.

Noelle-Neumann, Elisabeth (1977): Das doppelte Meinungsklima. Der Einfluss des Fernsehens im Wahlkampf 1976, in: Politische Vierteljahresschrift, 18, S. 408-451.

Oehmichen, Ekkehardt/Schröter, Christian (2003): Funktionswandel der Massenmedien durch das Internet?, in: Media Perspektiven, 8, S. 374-384.

Pfetsch, Barbara (1991): Politische Folgen der Dualisierung des Rundfunksystems in der Bundesrepublik Deutschland. Baden Baden: Nomos.

Pfetsch, Barbara (1998): Bürger - Publikum, in: Jarren, Otfried/Sarcinelli, Ulrich/Saxer, Ulrich (Hrsg.): Politische Kommunikation in der demokratischen Gesellschaft. Opladen: Westdeutscher Verlag, S. 406-413.

Radunski, Peter (1996): Politisches Kommunikationsmanagement. Die Amerikanisierung der Wahlkämpfe, in: Bertelsmann Stiftung (Hrsg.): Politik überzeugend vermitteln. Wahlkampfstrategien in Deutschland und den USA. Gütersloh: Verlag Bertelsmann Stiftung, S. 33-52.

Ridder, Christa-Maria/Engel, Bernhard (2001): Massenkommunikation 2000: Images und Funktionen der Massenmedien im Vergleich, in: Media Perspektiven , 3, S. 102-125.

Robinson, Michael J. (1976): Public Affairs Television and the Growth of the Political Malaise: The Case of "The Selling of the Pentagon", in: American Political Science Review, 70, S. 409-432.

Rogers, Everett M./Hart, William B./Dearing, James W. (1997): A Paradigmatic History of Agenda-Setting Research, in: Iyengar, Shanto/Reeves, Richard (Hrsg.): Do the Media Govern? Politicians, Voters, and Reporters in America. Thousand Oaks: Sage, S. 225-236.

Sarcinelli, Ulrich/Wissel, Manfred (1998): Mediale Politikvermittlung, politische Beteiligung und politische Bildung: Medienkompetenz als Basisqualifikation in der demokratischen Gesellschaft, in: Sarcinelli, Ulrich (Hrsg.): Politikvermittlung und Demokratie in der Mediengesellschaft. Bonn: Bundeszentrale für politische Bildung, S. 408-427.

Schenk, Michael (2002): Medienwirkungsforschung. Tübingen: Mohr Siebeck (2., vollst. überarb. Aufl.).

Schmitt-Beck, Rüdiger (1994): Eine „vierte Gewalt"? Medieneinfluß im Superwahljahr 1994, in: Bürklin, Wilhelm/Roth, Dieter (Hrsg.): Das Superwahljahr. Köln: Bund, S. 266-292.

Schmitt-Beck, Rüdiger (2000a): Politische Kommunikation und Wählerverhalten. Wiesbaden: Westdeutscher Verlag.

Schmitt-Beck, Rüdiger (2000b): Alle reden davon, doch was ist dran? Medieneinflüsse auf Wahlentscheidungen im internationalen Vergleich, in: van Deth, Jan W./Rattinger, Hans/Roller, Edeltraud (Hrsg.): Die Republik auf dem Weg zur Normalität?. Opladen: Leske + Budrich, S. 251-280.

Schmitt-Beck, Rüdiger/Schrott, Peter R. (1992): Dimensionen der Mediennutzung in West- und Ostdeutschland. Eine vergleichende Untersuchung von Rezeptionsmustern von Tageszeitung und Fernsehen, in: Media Perspektiven, 6, S. 376-392.

Schoen, Harald (2004): Der Kanzler, zwei Sommerthemen und ein Foto-Finish. Priming-Effekte bei der Bundestagswahl 2002, in: Brettschneider, Frank/van Deth, Jan W./Roller, Edeltraud (Hrsg.): Die Bundestagswahl 2002. Analysen der Wahlergebnisse und des Wahlkampfes. Wiesbaden: VS Verlag für Sozialwissenschaften, S. 23-50.

Schulz, Winfried (1987): Politikvermittlung durch Massenmedien, in: Sarcinelli, Ulrich (Hrsg.): Politikvermittlung. Beiträge zur politischen Kommunikationskultur. Bonn: Bundeszentrale für politische Bildung, S. 129-144.

Schulz, Winfried (1995): Werden Wahlen im Fernsehen entschieden? Die These von der Macht der Medien im Lichte der neueren Forschung, in: Schachtschneider, Karl Albrecht (Hrsg.): Wirtschaft, Gesellschaft und Staat im Umbruch. Berlin: Duncker & Humblot, S. 645-653.

Schulz, Wolfram (1995): Mediennutzung und Einstellungen zur Politik, in: Klingemann, Hans Dieter/Erbring, Lutz/Diederich, Nils (Hrsg.): Zwischen Wende und Wiedervereinigung. Opladen: Westdeutscher Verlag, S. 304-332.

Tichenor, Philliph J./Olien, Clarice N./Donohue, George A. (1970): Mass Media Flow and Differential Growth in Knowledge, in: Public Opinion Quarterly, 34, S. 159-170.

van Deth, Jan W./Elff, Martin (2004): Politicisation, economic development and political interest in Europe, in: European Journal of Political Research, 43, S. 477-508.

van Eimeren, Birgit/Gerhard, Heinz/Frees, Beate (2001): ARD/ZDF-Online-Stuide 2001: Internetnutzung stark zweckgebunden, in: Media Perspektiven, 8, S. 382-397.

van Eimeren, Birgit/Gerhard, Heinz/Frees, Beate (2004): Internetverbreitung in Deutschland: Potenzial vorerst ausgeschöpft?, in: Media Perspektiven, 8, S. 350-370.

Voltmer, Katrin/Schabedoth, Eva/Schrott, Peter R. (1995): Individuelle Teilnahme an politischer Kommunikation. Zur Bedeutung von interpersonaler und massenmedialer Kommunikation im Prozeß der deutschen Vereinigung, in: Klingemann, Hans Dieter/Erbring, Lutz/Diederich, Nils (Hrsg.): Zwischen Wende und Wiedervereinigung. Opladen: Westdeutscher Verlag, S. 230-259.

Wolling, Jens (1999): Politikverdrossenheit durch Massenmedien?. Opladen: Westdeutscher Verlag.

Zeh, Reimar/Hagen, Lutz M. (1999): "Nun zum Sport..." und andere kurzfristige Effekte von Fernsehnachrichten auf die Wahlabsicht im Bundestagswahlkampf 1998, in: Holtz-Bacha, Christina (Hrsg.): Wahlkampf in den Medien - Wahlkampf mit den Medien. Ein Reader zum Wahljahr 1998. Opladen: Westdeutscher Verlag, S. 188-217.

Zubayr, Camille/Geese, Stefan (2005): Die Informationsqualität der Fernsehnachrichten aus Zuschauersicht, in: Media Perspektiven, 4, S. 152-162.

Zubayr, Camille/Gerhard, Heinz (2005): Tendenzen im Zuschauerverhalten, in: Media Perspektiven, 3, S. 94-104.

3.2 Entscheidungskonformes Handeln

Das (nicht)entscheidungskonforme Handeln, d.h. das Befolgen oder Verletzen von Verhaltensregeln, die von politischen Entscheidungen gesetzt wurden, ist nur selten Gegenstand der sozialwissenschaftlichen Umfrageforschung. Die Gründe hierfür liegen auf der Hand: Nichtentscheidungskonformes – also gesetzeswidriges – Handeln widerspricht den gesellschaftlichen Normen und wird mit Strafe bedroht. Daher ist zu erwarten, dass viele Befragte im Rahmen einer Umfrage ein solches Handeln nicht offen legen werden, weil sie ihre Antworten am ‚sozial erwünschten' Handeln ausrichten oder, trotz Anonymitätszusicherung, Sanktionen befürchten. Zudem ist – selbst wenn alle wahrheitsgemäß antworten würden – die Anzahl der betreffenden Personen in einer normalen Bevölkerungsumfrage für die meisten Kategorien von illegalen Handlungen so gering, dass sinnvolle Analysen nicht möglich sind.

Besser erforscht sind die Orientierungen der Bürgerinnen und Bürger gegenüber nichtentscheidungskonformem Handeln und insbesondere die subjektive Einschätzung der Bedrohung, die von den verschiedenen Formen der Kriminalität ausgeht[1]. Da in diesem Kapitel jedoch nicht Orientierungen, sondern Verhaltensweisen im Mittelpunkt stehen, soll im Folgenden nur kurz auf einige wesentliche Ergebnisse aus diesem Bereich eingegangen werden.

Die Tabellen 3.2-1 bis 3.2-3 verdeutlichen die Orientierungen der Bevölkerung gegenüber verschiedenen Formen illegalen Verhaltens. Erwartungsgemäß erscheinen den Bürgerinnen und Bürgern die schweren Gewalttaten wie Mord und Totschlag sowie Vergewaltigung als die gravierendsten Straftaten, aber auch die Kindesmisshandlung liegt auf dem gleichen Niveau, gefolgt von Überfällen, terroristischen Anschlägen und dem Rauschgifthandel (vgl. Tabelle 3.2-1). Am Ende der Rangreihe liegen „solche Delikte, die sich gegen anonyme Großfirmen, Staat oder Allgemeinheit richten" (Dörmann/Remmers 2000: 90), z.B. Steuerhinterziehung und Ladendiebstahl.

In diesen Bereichen ist bei einem Teil der Bevölkerung durchaus eine gewisse Akzeptanz zu erkennen: Dass man die verschiedenen Sozialleistungen des Staates unter keinen Umständen ungerechtfertigterweise in Anspruch nehmen darf, wird nur von zwei Dritteln (Ost) bzw drei Vierteln (West) der Befragten bejaht (vgl. Tabelle 3.2-2), und Schwarzfahren in öffentlichen Verkehrsmitteln sowie Steuerhinterziehung stoßen bei fast der Hälfte der Bevölkerung durchaus auf Verständnis (vgl. die Tabellen 3.2-2 und 3.2-3).

---

1 Vgl. z.B. Bilsky/Wetzels 1996, Boers 1994, Dörmann/Remmers 2000, Kury 1996, Noll/Weick 2000, Reuband 1994 und Schweer/Thies 2000.

Tab. 3.2-1: Haltung gegenüber verschiedenen Straftaten 1984 und 1998
(Mittelwerte; Skala: 1 = besonders schlimm, 4 = überhaupt nicht schlimm)

	1984	1998	
	W	W	O
Mord und Totschlag	1,1	1,1	1,0
Vergewaltigung	1,2	1,1	1,0
Kindesmisshandlung	1,2	1,1	1,0
Überfälle auf einzelne Bürger	1,3	1,2	1,2
Terroristische Anschläge	1,3	1,2	1,2
Rauschgifthandel	1,2	1,3	1,2
Tierquälerei	1,6	1,4	1,4
Einbrüche in Wohnungen	1,7	1,4	1,4
Großbetrügereien, Wirtschaftskriminalität	1,6	1,5	1,5
Alkohol am Steuer	1,8	1,6	1,4
Vandalismus	1,9	1,6	1,5
Umweltdelikte	1,4	1,6	1,6
Steuerhinterziehung	2,1	2,0	1,9
Ladendiebstahl	2,3	2,0	2,0

Quelle: Dörmann/Remmers 2000: 89.

Beim Steuerbetrug und dem Schwarzfahren ist eine deutliche Abhängigkeit sowohl von der Bildung als auch vom Alter festzustellen: Je höher die Bildung der Befragten ist und je jünger sie sind, desto eher sind sie der Meinung, dass diese Delikte tolerierbare Verhaltensweisen darstellen. Am stärksten ist die Abhängigkeit vom Alter: So ist etwa die Hälfte der jüngeren Befragten der Meinung, dass Steuerbetrug „weniger bzw. überhaupt nicht schlimm" sei, während nur ein Viertel der Befragten ab 75 Jahren dieser Meinung ist. Schwarzfahren halten fast drei Viertel der Jüngeren und nur etwa ein Drittel der Älteren für tolerierbar (vgl. Tabelle 3.2-3).

Tab. 3.2-2: **Haltung gegenüber gesetzeswidrigem Handeln seit 1990**
(Angaben in Prozent)

	1990		1994		2001		2004	
Das darf man unter keinen Umständen tun ...	W	O	W	O	W	O	W	O
Ein Auto, das einem nicht gehört, öffnen und damit eine Spritztour machen	88	93	91	94	-	-	-	-
Waren kaufen, von denen man weiß, dass sie gestohlen wurden	69	86	70	80	-	-	-	-
Einen Schaden, den man an einem parkenden Auto verursacht hat, nicht melden	61	67	71	66	-	-	-	-
Krankengeld, Arbeitslosenunterstützung oder andere soziale Vergünstigungen in Anspruch nehmen, auf die man kein Recht hat	56	73	69	69	68	62	75	67
Kein Fahrgeld in öffentlichen Verkehrsmitteln zahlen, schwarz fahren	52	74	56	61	56	60	56	65
Steuern hinterziehen, wenn man die Möglichkeit hat	39	67	42	46	47	51	53	57

Quelle: 1990-94: Noelle-Neumann/Köcher 1997: 770ff.; 2001-04: Daten vom IfD zur Verf. gestellt.

Im Zeitablauf lässt sich für Westdeutschland eine etwas strengere Beurteilung der meisten Typen von Straftaten durch die Bevölkerung feststellen (vgl. die Tabellen 3.2-1 und 3.2-2). Im Ost/West-Vergleich wird deutlich, dass sich die Haltung der Bevölkerung in beiden Teilen Deutschlands gegenüber einer Reihe von Gesetzesverstößen nicht wesentlich unterscheidet, während bei anderen die Akzeptanz illegalen Verhaltens in Ostdeutschland geringer ausgeprägt ist als im Westen (vgl. Tabelle 3.2-1 und 3.2-2).

Bemerkenswert am zeitlichen Verlauf der Orientierungen in Ostdeutschland ist die zwischenzeitliche Abnahme der Verurteilung des ungerechtfertigten Beziehens von staatlichen Sozialleistungen, des Schwarzfahrens in öffentlichen Verkehrsmitteln und der Steuerhinterziehung. In der Bewertung dieser gegen den Staat gerichteten illegalen Verhaltensweisen, die 1990 sehr unterschiedlich ausfiel, hatte sich die Bevölkerung in West- und Ostdeutschland daher angenähert, auch wenn die Akzeptanz im Osten immer noch etwas geringer war als im Westen. In neuester Zeit verringert sich die Akzeptanz jedoch in beiden Landesteilen wieder (vgl. die Tabellen 3.2-2 und 3.2-3).

Tab. 3.2-3: **Haltung gegenüber Steuerbetrug und Schwarzfahren 2002**
(Angaben in Prozent; Zeilenprozente)[1]

	Steuerbetrug		Schwarzfahren	
	sehr/ ziemlich schlimm	weniger/ überh. nicht schlimm	sehr/ ziemlich schlimm	weniger/ überh. nicht schlimm
Gesamt	55	44	45	54
Bildung				
Volks-/Hauptschulabschluss	60	39	55	45
Mittlere Reife/Realschulabschl.	54	46	45	55
Abitur/Hochschulreife	51	48	31	69
Alter				
18-24 J.	50	49	27	72
24-34 J.	48	51	29	71
35-44 J.	48	51	37	63
45-54 J.	54	45	47	53
55-64 J.	61	38	58	42
65-74 J.	65	34	71	29
75 J. u. älter	73	25	66	34

1) Zu 100 Prozent fehlende Werte: weiß nicht/keine Antwort.
Quelle: eigene Berechnungen (Allbus).

Wie stark sich die Bürgerinnen und Bürger allgemein durch Kriminalität bedroht fühlen, zeigt Abbildung 3.2-1[2]: Kurz nach der Vereinigung war das subjektive Bedrohungsgefühl durch Kriminalität bei der ostdeutschen Bevölkerung wesentlich höher als im Westen, ging im Laufe der Neunzigerjahre jedoch deutlich zurück und glich sich damit dem sich ab Ende der Neunzigerjahre ebenfalls verringernden Bedrohungsgefühl im Westen an. In den letzten Jahren gibt es zwischen Ost- und Westdeutschland keinerlei Unterschiede mehr: Fühlten sich 1992 drei

2 Gefragt wurde: „Fühlen Sie sich durch die Kriminalität bei uns bedroht?"

185

Viertel der Ostdeutschen gegenüber knapp der Hälfte der Westdeutschen durch Kriminalität bedroht, so besteht dieses Gefühl im Jahre 2004 bei nur noch gut jedem Dritten Ost- und Westdeutschen.

Abb. 3.2-1: **Bedrohungsgefühl durch Kriminalität seit 1992**
(Angaben in Prozent)

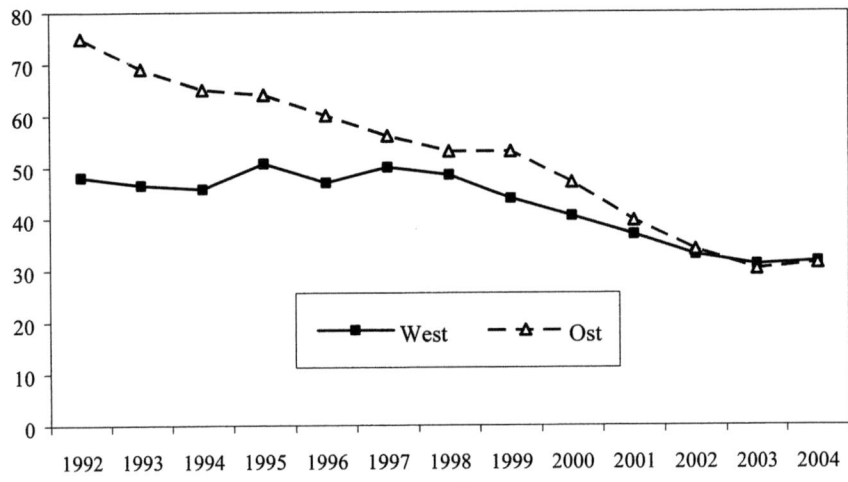

Quelle: Eigene Berechnungen (FGW-Politbarometer).

Das gestiegene subjektive Sicherheitsgefühl der Bevölkerung zeigt sich auch, wenn man statt des allgemeinen Bedrohungsgefühls durch Kriminalität die Furcht der Befragten betrachtet, persönlich Opfer bestimmter Arten von Verbrechen zu werden. Die – wenigen – verfügbaren empirischen Ergebnisse deuten darauf hin, dass diese ‚Viktimisierungserwartungen' in Bezug auf jene Straftatenkategorien, die für das Sicherheitsgefühl der Bürger im Alltag die größte Rolle spielen, ausnahmslos deutlich gesunken sind: Im Jahre 2004 war die Angst, überfallen und beraubt zu werden, Opfer eines Wohnungseinbruchs zu werden, bestohlen zu werden und von einem Betrüger um die Ersparnisse gebracht zu werden wesentlich geringer als zu Beginn der Neunzigerjahre, wobei die Angst vor einem Wohnungseinbruch am deutlichsten zurückgegangen ist (vgl. Tabelle 3.2-4).

Die Entwicklung des allgemeinen Bedrohungsgefühls in der Bevölkerung ist nicht nur durch persönliche Erfahrungen, sondern vor allem durch die Kriminalitätsberichterstattung in den Massenmedien geprägt. Sie steht daher auch nicht immer im Einklang mit der realen Entwicklung der Kriminalität[3].

Tab. 3.2-4: **Angst vor spezifischen Formen von Kriminalität 1992 und 2004** (Angaben in Prozent)

	1992	2004
Dass ich überfallen und beraubt werde	42	29
Dass bei mir zu Hause eingebrochen wird	49	28
Dass ich bestohlen werde	33	25
Dass ich von einem Betrüger um meine Ersparnisse gebracht werde	16	12

Quelle: allensbacher berichte, Nr. 21/2004.

Die Gesamtzahl der registrierten Straftaten in der alten Bundesrepublik – bezogen auf die Einwohnerzahl – stieg von Anfang der Siebziger- bis Anfang der Achtzigerjahre deutlich und erhöhte sich auch im Verlauf der Achtzigerjahre noch geringfügig (vgl. Abbildung 3.2-2). Die Vereinigung brachte zunächst einen weiteren wesentlichen Anstieg der Kriminalität mit sich, da die Kriminalitätsrate in Ostdeutschland anfangs deutlich über den westdeutschen Werten lag: Im Jahre 1993[4] wurden in den fünf neuen Bundesländern über 9700 Straftaten auf 100.000 Einwohner registriert, in den alten Bundesländern einschließlich Gesamt-Berlin waren es etwa 8000. Im Laufe der Neunzigerjahre ist die gesamtdeutsche Kriminalitätsrate jedoch von 8337 (1993) auf 7625 (2000) Straftaten pro 100.000 Einwohner gesunken und es hat eine Angleichung zwischen Ost und West stattgefunden. Auch im Jahre 2000 wurden jedoch im Osten Deutschlands bezogen auf die Einwohnerzahl noch etwa 15 Prozent mehr Straftaten registriert (8533) als in Westdeutschland (7439). Seither steigt die gesamtdeutsche Kriminalitätsrate jedoch wieder an und 2003 wurden 7963 Straftaten pro 100.000 Einwohner registriert, 7822 in Westdeutschland (einschließlich Berlin) und knapp 11 Prozent mehr (8673) in Ostdeutschland.

---

3 Zur Kriminalitätsentwicklung vgl. die Darstellungen im Rahmen der jährlichen Polizeilichen Kriminalstatistik des Bundeskriminalamtes.

4 Wegen erheblicher Anfangsschwierigkeiten in der Datenerfassung fielen die Werte für Ostdeutschland in den Jahren 1991 und 1992 viel zu niedrig aus, um eine brauchbare Vergleichsbasis für die Folgejahre darzustellen. Daher werden die Zahlen erst ab 1993 für Gesamtdeutschland ausgewiesen.

Abb. 3.2-2: Gesamtzahl der registrierten Straftaten seit 1970
(Fälle pro 100.000 Einwohner)

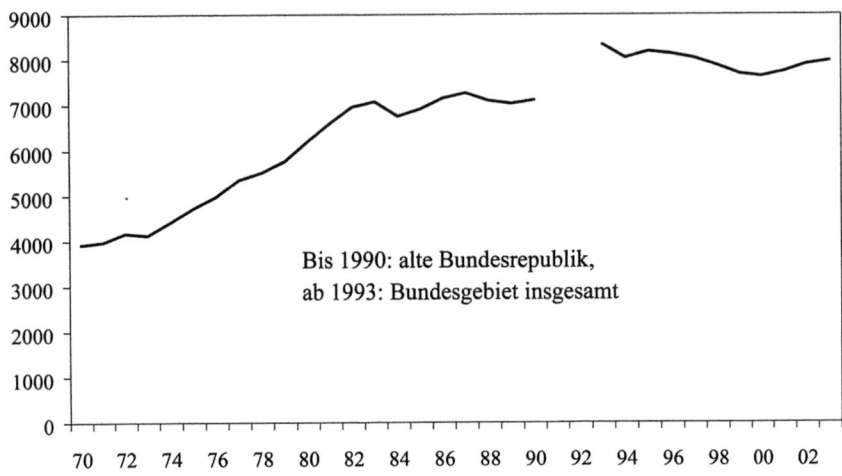

Bis 1990: alte Bundesrepublik,
ab 1993: Bundesgebiet insgesamt

Quelle: Polizeiliche Kriminalstatistik des Bundeskriminalamts.

Eine Aufteilung der Gesamtheit der registrierten Straftaten nach Gemeindegrößen zeigt, dass in Großstädten dreimal mehr Straftaten verübt werden als in kleinen Gemeinden (vgl. Tabelle 3.2-5).

Tab. 3.2-5: Registrierte Straftaten nach Gemeindegrößenklassen seit 1994
(erfasste Fälle pro 100 000 Einwohner; Index)[1]

Einwohnerzahl der Gemeinden	Fälle 1994	Index 1994	Fälle 1997	Index 1997	Fälle 2000	Index 2000	Fälle 2003	Index 2003
500.000 und mehr	13886	2,8	14514	3,0	13829	3,1	14338	3,1
100.000 - < 500.000	10257	2,1	10229	2,1	9990	2,2	10696	2,3
20.000 - < 100.000	8135	1,7	8097	1,7	7555	1,7	8079	1,8
Unter 20.000	4878	1,0	4768	1,0	4533	1,0	4604	1,0

1) Der Index zeigt an, wie viel mal mehr Straftaten in größeren Gemeinden im Vergleich zu Gemeinden mit weniger als 20 000 Einwohnern verübt werden.
Quelle: eigene Berechnungen (Daten aus der Polizeilichen Kriminalstatistik des Bundeskriminalamts).

Die wesentlich höhere Kriminalitätsrate in Großstädten führt bei einer Aufteilung der Straftaten nach Bundesländern dazu, dass die Stadtstaaten Berlin, Hamburg und Bremen die Statistik anführen. Bei den Flächenstaaten werden, bezogen auf die Einwohnerzahl, in Mecklenburg-Vorpommern und Brandenburg die meisten, in Bayern und Baden-Württemberg die wenigsten Straftaten registriert (vgl. Tabelle 3.2-6).

Tab. 3.2-6: **Registrierte Straftaten nach Bundesländern seit 1994**
(erfasste Fälle pro 100 000 Einwohner)[1]

	1994		1997		2000		2003	
	Fälle	R	Fälle	R	Fälle	R	Fälle	R
Berlin	15850	1	17134	2	16447	2	16622	1
Hamburg	15293	2	17420	1	16675	1	15698	2
Bremen	14818	3	14386	3	13996	3	14361	3
Mecklenburg-Vorpommern	11874	5	11617	4	10200	4	10762	4
Brandenburg	12945	4	11257	5	9849	5	9515	5
Schleswig-Holstein	9705	7	9011	7	8864	7	9348	6
Sachsen-Anhalt	10846	6	10802	6	9327	6	8992	7
Nordrhein-Westfalen	7496	11	7538	10	7377	9	8287	8
Sachsen	8380	8	8041	8	7815	8	8114	9
Hessen	7919	9	7589	9	6936	11	7462	10
Niedersachsen	7689	10	7382	11	7146	10	7438	11
Rheinland-Pfalz	6239	13	6662	13	6703	12	7091	12
Saarland	5837	14	6243	14	6000	14	7011	13
Thüringen	6486	12	6926	12	6367	13	6917	14
Bayern	5742	15	5816	15	5620	15	5709	15
Baden-Württemberg	5701	16	5770	16	5389	16	5456	16

1) R = Rang; Bundesländer geordnet nach ihrem Rang im Jahr 2003.
Quelle: Polizeiliche Kriminalstatistik des Bundeskriminalamts.

Schlüsselt man die Straftaten nach einzelnen Gruppen auf, so wird deutlich, dass die Veränderung der Gesamtheit der registrierten Straftaten im Beobachtungszeitraum auf sehr unterschiedlichen Entwicklungen in den einzelnen Kategorien basiert (vgl. Tabelle 3.2-7).

Tab. 3.2-7: **Häufigkeit und Anteile ausgewählter Straftatengruppen seit 1994**
(1. Zeile: Fälle pro 100.000 Einwohner; 2. Zeile: Prozent)

	1994	1997	2000	2003
Diebstahl ohne Wohnungseinbrüche	4 440	4 037	3 404	3 461
	55,2	50,3	44,6	43,5
Betrug	722	818	939	1 061
	9,0	10,2	12,3	13,3
Sachbeschädigung	717	768	817	870
	8,9	9,6	10,7	10,9
Körperverletzung	371	427	490	567
	4,6	5,3	6,4	7,1
Rauschgiftdelikte	169	250	301	310
	2,1	3,1	3,9	3,9
Wohnungseinbrüche	313	277	227	210
	3,9	3,4	3,0	2,6
Straftaten g. AuslG und AsylverfG	273	260	235	186
	3,4	3,2	3,1	2,3
Raubdelikte	71	85	72	72
	0,9	1,1	0,9	0,9
Vergewaltigungen	7	8	9	11
	0,1	0,1	0,1	0,1

Quelle: Polizeiliche Kriminalstatistik des Bundeskriminalamts (Daten dankenswerterweise vom BKA zur Verfügung gestellt).

Der Rückgang der Straftaten im gesamten Bundesgebiet in den Neunzigerjahren ist primär auf die rückläufige Entwicklung bei den Diebstählen (ohne Wohnungseinbrüche) zurückzuführen, die sich in neuester Zeit jedoch nicht fortgesetzt hat.

Die Diebstähle machen, auch wenn ihr Anteil im Beobachtungszeitraum deutlich gesunken ist, immer noch mit Abstand den größten Teil aller Straftaten aus. Auch bei den Wohnungseinbrüchen und bei den Straftaten gegen das Ausländergesetz und Asylverfahrensgesetz, die zusammen heute etwa fünf Prozent aller Straftaten ausmachen, ist ein deutlicher Rückgang festzustellen. Mit Ausnahme der Raubdelikte haben alle anderen relevanten Straftatengruppen – Betrug, Sachbeschädigung, Körperverletzung, Rauschgiftdelikte, Raub und Vergewaltigungen – jedoch zum Teil deutlich zugenommen. Es bleibt abzuwarten, ob und inwieweit sich diese Entwicklungen – vermittelt durch die Medienberichterstattung – zukünftig in der Bedrohungsperzeption der Bevölkerung niederschlagen.

Weiterführende Literatur

Bilsky, Wolfgang/Wetzels, Peter (1996): Steigende Kriminalitätsfurcht - Gesichertes Wissen oder Trugschluss, in: Kriminologisches Journal, 28, S. 284-286.

Boers, Klaus (1994): Kriminalität und Kriminalitätsfurcht im sozialen Umbruch. Über offizielle Kriminalitätsdaten, Kriminalitätsfurcht - und wie beides kriminalpolitisch benutzt wird, in: Neue Kriminalpolitik, 6, S. 27-31.

Bundeskriminalamt (Hrsg.) (div. Jg.): Polizeiliche Kriminalstatistik. Wiesbaden: BKA.

Dörmann, Uwe/Remmers, Martin (2000): Sicherheitsgefühl und Kriminalitätsbewertung. Neuwied: Luchterhand.

Kury, Helmut (1996): Kriminalitätsentwicklung und Verbrechensfurcht in Ost- und Westdeutschland, in: Deutschland Archiv, 29, S. 380-390.

Noelle-Neumann, Elisabeth/Köcher, Renate (Hrsg.) (1997): Allensbacher Jahrbuch der Demoskopie 1993-1997. München: K. G. Saur.

Noll, Heinz-Herbert/Weick, Stefan (2000): Bürger empfinden weniger Furcht vor Kriminalität. Indikatoren zur öffentlichen Sicherheit, in: Informationsdienst Soziale Indikatoren, 23, S. 1-5.

Reuband, Karl-Heinz (1994): Steigende Kriminalitätsfurcht - Mythos oder Realität, in: Gewerkschaftliche Monatshefte, 45, S. 214-220.

Schweer, Martin K.W./Thies, Barbara (2000): Kriminalität und Kriminalitätsfurcht, in: Kriminalistik, 54, S. 336-342.

3.3 Politische Beteiligung

Zu den wichtigsten Merkmalen einer demokratischen Staatsform gehört die Beteiligung der Bürger am politischen Prozess. Die Bundesrepublik ist eine repräsentative Demokratie, die den Bürgerinnen und Bürgern nur in begrenztem Maße direkte politische Entscheidungskompetenzen einräumt, die Möglichkeiten zur Partizipation am politischen Geschehen im Sinne der Einflussnahme auf politische Entscheidungen sind jedoch vielfältig[1].

Zur Systematisierung verschiedener Formen politischer Partizipation – hier verstanden als Aktivitäten, „die Bürger freiwillig mit dem Ziel unternehmen, Entscheidungen auf den verschiedenen Ebenen des politischen Systems zu beeinflussen" (Kaase 1995: 521)[2], – können unterschiedliche Kriterien herangezogen werden (Kaase 1997, Westle 1994):

- Institutionalisiertheit/Verfasstheit: Institutionalisierte Formen politischer Beteiligung sind verfassungsmäßig, gesetzlich oder über sonstige allgemeine Regelungen explizit vorgesehene, nach allgemeinverbindlichen Regeln ablaufende Aktivitäten, während die nicht institutionalisierten Formen durch offene Zugangs- und Rahmenbedingungen gekennzeichnet sind und damit vom Bürger stärker selbst gestaltet werden können.
- Legalität/Illegalität: Legale Partizipation umfasst die gesetzesmäßigen Formen der politischen Beteiligung, illegale Partizipation die gesetzeswidrigen. Dieses Kriterium überschneidet sich mit dem der Verfasstheit insofern, als alle verfassten Formen politischer Beteiligung zugleich legal sind. Umgekehrt besteht jedoch keine Identität, d.h.: Nicht verfasste Partizipationsformen müssen nicht illegal sein, da sie auch in einem rechtsfreien Raum angesiedelt sein können (z.B. ist die Mitarbeit in einer Bürgerinitiative eine nicht verfasste, aber keineswegs illegale Beteiligungsform).
- Legitimität: Dieses Kriterium stellt auf die subjektive Bewertung politischer Beteiligungsformen durch die Bürger ab. Als legitim können solche Partizipationsformen angesehen werden, die – im Idealfall von allen Bürgern – als moralisch gerechtfertigt betrachtet werden.

In der empirischen Partizipationsforschung wurden diese Kriterien in unterschiedlicher Weise aufgegriffen und kombiniert. Frühe Arbeiten konzentrierten sich auf

---

1 Vgl. auch die zusammenfassende Bestandaufnahme bei Glaab/Kießling 2001.
2 Diese Definition, in der Partizipation als freiwilliges, auf politische Ziele gerichtetes Verhalten verstanden wird, grenzt sich sowohl von einem weiten, auf jede mentale oder im Verhalten sichtbare Beschäftigung mit Politik zielenden Begriffsverständnis (z.B. Radtke 1976) als auch von einer engen, nur auf den Wahlakt bezogenen Sichtweise (z.B. Campbell u.a. 1960) ab.

die institutionalisierte Ausübung des Stimmrechts bei Wahlen bzw. die damit verbundenen Aktivitäten. Eine Zusammenfassung der frühen Studien ordnete die verschiedenen Beteiligungsformen hierarchisch nach ihrem ‚Schwierigkeitsgrad', d.h. nach dem mit ihnen verbundenen Aufwand, und gliederte die Bevölkerung in ‚Apathische', die überhaupt nicht am politischen Geschehen teilnehmen, ‚Zuschauer', die den politischen Prozess beobachten ohne aktiv zu werden, und ‚Gladiatoren', die aktiv in das politische Leben eingreifen (Milbrath 1965). Diese Eindimensionalität wurde jedoch zunehmend in Zweifel gezogen, und auf der Basis nationaler und international vergleichender Analysen (Verba/Nie 1972, Verba/Nie/Kim 1978) gelangte man in der Folgezeit zu vier Dimensionen, die nicht nur mehr oder weniger aufwändig waren, sondern auch qualitative Unterschiede aufwiesen: Wählen, wahlkampfbezogene Aktivitäten, gemeindebezogene Gruppenaktivitäten und Einzelkontakte mit Politikern. All diese Dimensionen umfassten jedoch nur Aktivitäten, die auf den institutionalisierten politischen Prozess bezogen waren.

Dies änderte sich erst mit der nationenübergreifenden Zunahme neuer politischer Artikulationsformen im Rahmen der Protestbewegungen der späten Sechziger- und Siebzigerjahre. In einer weiteren international vergleichenden Studie (Barnes/Kaase et al. 1979)[3] wurde die Unterscheidung in konventionelle und unkonventionelle Partizipation vorgenommen, die die Kriterien der Institutionalisiertheit und Legitimität verband. Als konventionell wurden Partizipationsformen bezeichnet, die sich mit hoher Legitimitätsgeltung auf institutionalisierte Elemente des politischen Prozesses (insbesondere die Wahlen) beziehen, unkonventionelle Formen stellten hingegen auf unverfasste, unmittelbare Einflussnahme auf den politischen Prozess ab, die in den Augen der Bürger eine eher geringe Legitimitätsgeltung besitzen.

Problematisch an dieser heute noch oft verwendeten Einteilung ist, dass die unkonventionelle Dimension legale und illegale Beteiligungsformen vermischt. Auch erweist sie sich „unter längsschnittlichem Blickwinkel als zunehmend problematisch, weil sie zu wenig antizipiert hat, in welchem Maße nicht verfasste Partizipationsformen ihren Weg in das normale Beteiligungsrepertoire der Bürger ... gefunden haben" (Kaase 1997: 163). Spätere Studien orientierten sich daher zum Teil stärker an der Legalitätsdimension als Ordnungskriterium, z.B. in Form der Unterscheidung zwischen demokratischer und aggressiver Partizipation (Muller 1982) und der Unterteilung demokratischer Beteiligung in konventionelle und legal unkonventionelle Beteiligung sowie der aggressiven Beteiligung in zivilen Ungehorsam und politische Gewalt (Fuchs 1984). Darauf aufbauend wurden von Uehlinger (1988) auf empirischer Grundlage fünf Dimensionen identifiziert:

---

3 Vgl. auch die Nachfolgestudie: Jennings/van Deth et al. 1989.

Staatsbürgerrolle, problemspezifische Partizipation, parteiorientierte Partizipation, ziviler Ungehorsam und politische Gewalt. Auch Fuchs (1995) schlug fünf Dimensionen vor (konventionelles, parteibezogenes, demonstratives, konfrontatives und gewaltsames Handeln), während Gabriel/Keil (2005: 532) sechs Formen unterscheiden: Teilnahme an Wahlen und Abstimmungen, partei- und wahlbezogene Aktivitäten, Mitarbeit in Interessenverbänden, legalen Protest, zivilen Ungehorsam und politische Gewalt.

Auch wir teilen die Gesamtheit partizipativer Aktivitäten der Bürger in sechs Formen ein (vgl. Abbildung 3.3-1):

- Teilnahme an Wahlen und Abstimmungen: Die Mitwirkung an der Auswahl des politischen Führungspersonals durch die Ausübung des Stimmrechts bei Wahlen ist das Kernelement der Staatsbürgerrolle in repräsentativen Demokratien wie der Bundesrepublik. Darüber hinaus bestehen in Deutschland auf Länder- und Gemeindeebene durch das Instrument des Volksentscheids auch direkte Mitwirkungsrechte der Bürger an politischen Entscheidungen über Sachfragen.

- Parteibezogene Aktivitäten: Hierzu zählt der Eintritt und die Mitarbeit in Parteien: Über das Wählen hinausgehend, stellt die Mitgliedschaft und aktive Mitarbeit in politischen Parteien die traditionelle, im Grundgesetz, dem Parteiengesetz und den Parteistatuten institutionalisierte Form politischer Mitwirkung dar. Auch die Mitarbeit in Verbänden ist in ähnlicher Weise institutionalisiert, ihr Status als politische Partizipation ist jedoch umstritten. Wir zählen diese Form der Beteiligung zur sozialen Partizipation (vgl. auch die späteren Ausführungen).

- Gemeinde-, wahlkampf- und politikerbezogene Aktivitäten: Hierunter werden nur teilweise institutionalisierte, meist zeitlich begrenzte Partizipationsformen verstanden, die sich auf die Mitarbeit an lokalen Problemlösungen, auf die Teilnahme an Wahlkämpfen und auf Kontakte mit Politikern beziehen.

- Legaler Protest: Diese Partizipationsform umfasst legale, nicht institutionalisierte Beteiligungsarten – wie z.B. genehmigte Demonstrationen – deren Legitimität von einem Teil der Bevölkerung zunächst in Frage gestellt wurde, die aber mit der Zeit zunehmend Legitimitätsgeltung erlangten.

- Ziviler Ungehorsam: Hierzu zählen alle nicht gewaltsamen partizipativen Aktivitäten, die gegen geltendes Recht verstoßen und von einer breiten Mehrheit der Bevölkerung nicht als legitime Art der Beteiligung am politischen Prozess verstanden werden.

- Politische Gewalt: Die extremste Form politischer Partizipation umfasst die Anwendung von Gewalt gegen Sachen oder Personen.

194

Abb. 3.3-1: **Formen und Dimensionen politischer Partizipation**

	Legitimität	Legalität	Verfasstheit
Teilnahme an Wahlen/Abstimmungen	hoch	ja	ja
Parteibezogene Aktivitäten	hoch	ja	ja
Gemeinde-, wahlkampf- und politikerbezogene Aktivitäten .	hoch	ja	teilweise
Legaler Protest	variierend	ja	nein
Ziviler Ungehorsam	gering	nein	nein
Politische Gewalt	gering	nein	nein

Im Rahmen der wissenschaftlichen Diskussion über das von Putnam (1993, 1995) in die internationale Debatte eingeführte Konzept des ‚Sozialkapitals'[4] weitete sich der Forschungsgegenstand der Partizipationsforschung aus und die ‚soziale Partizipation' geriet zunehmend in das Blickfeld. In Deutschland geschah dies vor allem im Umfeld des 1998 vom Bundesministerium für Familie, Senioren, Frauen und Jugend in Auftrag gegebenen Freiwilligensurveys (BMFSFJ 2000), der – unter Einbeziehung verschiedener Formen wie ehrenamtlicher Tätigkeit, Freiwilligenarbeit und Engagement in Initiativen, Projekt- und Selbsthilfegruppen – einen Gesamtüberblick zum freiwilligen Engagement in Deutschland geben sollte[5]. „Allerdings bleiben die Begriffe der sozialen Partizipation oder des ehrenamtlichen oder bürgerschaftlichen Engagements häufig unscharf. Oft fehlt eine eindeutige Abgrenzung von der politischen Partizipation" (Gabriel/Völkl 2005: 529). Eine solche Abgrenzung ist jedoch notwendig, um die auf die Beeinflussung politischer Entscheidungen gerichtete und damit den politischen Verhaltensweisen zugeordnete Beteiligung von gesellschaftlichen Beteiligungsaktivitäten vielfältigster Art zu trennen und damit z.b. auch deren Beziehungsstruktur untersuchen zu können. Wir folgen daher der Definition von Gabriel/Völkl (2005: 529), und verstehen „als soziale Partizipation alle individuell oder gemeinsam mit anderen ausgeführten freiwilligen Aktivitäten, die nicht unter die Erwerbstätigkeit fallen und das Ziel verfolgen, sich selbst oder anderen unentgeltlich materielle oder immaterielle Güter wie Geld, Pflege, Wohlbefinden, Unterhaltung oder

---

4 Vgl. hierzu z.B. auch Gabriel/Kunz/Roßteutscher/van Deth 2002 und Portes 1998.
5 Zum wissenschaftlichen und politischen Diskurs über das bürgerschaftliche Engagement vgl. z.B. Braun 2001 und Deutscher Bundestag 2002.

soziale Kontakte zur Verfügung zu stellen". Diese auf soziale Integration und Unterstützung gerichteten Aktivitäten, zu denen die Mitgliedschaft bzw. Mitarbeit in Vereinen und Verbänden, das ehrenamtliche Engagement sowie das Erbringen sozialer Hilfsleistungen gehören, hängen zwar in der Regel positiv mit der politischen Partizipation zusammen[6], sind als solche jedoch nicht zu den politischen Verhaltensweisen zu zählen und werden daher hier auch nicht näher analysiert.

Die folgende Analyse der verschiedenen Ausprägungen der politischen Partizipation geht zunächst auf die Teilnahme der Bürgerinnen und Bürger an Wahlen ein (Abschnitt 3.3.1), wobei nur die Wahlbeteiligung, nicht das Wahlverhalten in Bezug auf die Wahl einzelner Parteien analysiert wird[7]. Auch Abstimmungen werden – da in der Bundesrepublik auf nationaler Ebene nicht vorgesehen – nicht behandelt. Den zweiten Bereich bildet die Mitgliedschaft und Mitarbeit in Parteien (Abschnitt 3.3.2). Alle anderen Partizipationsformen werden – gegliedert nach den vier unterschiedlichen Formen – zusammenfassend im Abschnitt 3.3.3 behandelt.

3.3.1 Wahlbeteiligung

Die Nichtwähler waren lange Zeit ein Stiefkind der empirischen Sozialforschung. Eine Wahlbeteiligungsrate von 85-90 Prozent in den Fünfziger- und Sechzigerjahren, die bei der Bundestagswahl von 1972[8] sogar auf den absoluten Höchststand von 91,1 Prozent kletterte, bot der Wissenschaft kaum Anlass, sich mit der

---

6 Van Deth (2001: 216) kommt aufgrund einer empirischen Analyse der Beziehungsstruktur in West- und Ostdeutschland zu dem Schluss: „Politische und soziale Beteiligung hängen durchaus eng miteinander zusammen, allerdings müssen sowohl die Formen politischer Partizipation als auch die Formen sozialer Beteiligung in ihrem spezifischen kulturellen Kontext berücksichtigt werden".

7 Eine Darstellung der Ergebnisse der empirischen Wahlforschung in Deutschland in Bezug auf die Frage, wer warum welche Partei wählt, ist in diesem Band aus Platzgründen nicht möglich. Zur theoretischen und empirischen Analyse des Wahlverhaltens in Deutschland vgl. z.B. die Kurzdarstellungen von Falter/Schoen 1999, Falter/Schumann/Winkler 1990, Gabriel/Keil 2005, Gabriel/Thaidigsmann 2000, Kaase 2000 und Schultze 2000, die Einführungen in die Wahlforschung von Bürklin/Klein 1998 und Roth 1998, die Sammelbände von Kaase und Klingemann zu den einzelnen Bundestagswahlen (in den Neunzigerjahren: Kaase/Klingemann 1990, 1998, Klingemann/Kaase 1994, 2001), die Publikationsreihe des DVPW-Arbeitskreises Wahlen und politische Einstellungen (Brettschneider/van Deth/Roller 2002, 2004, Falter/Rattinger/Troitzsch 1989, Gabriel/Falter 1996, Gabriel/Troitzsch 1993, Plasser/Gabriel/Falter/Ulram 1999, Rattinger/Gabriel/Jagodzinski 1994, Schmitt 1990, van Deth/Rattinger/Roller 2000) und den Sammelband zum 50-jährigen Bestehen der Empirischen Wahlforschung in Deutschland (Klein/Jagodzinski/Mochmann/Ohr 2000).

8 Diese vorgezogene Wahl stand im Zeichen des – gescheiterten – konstruktiven Misstrauensvotums gegen Bundeskanzler Willy Brandt und der kontroversen Diskussion um die neue Ostpolitik. Beides führte zu einer außerordentlichen Mobilisierung der Wähler.

Beteiligung der Bürger an Wahlen zu beschäftigen[9]. Ab Mitte der Siebzigerjahre ging die Wahlbeteiligung bei Bundestagswahlen jedoch kontinuierlich zurück und erreichte bei der ersten gesamtdeutschen Wahl von 1990 mit 77,8 Prozent ihren absoluten Tiefpunkt. Danach stieg die Beteiligungsrate wieder leicht an und pendelte in den drei folgenden Wahlen um die 80-Prozent-Marke (vgl. Abbildung 3.3.1-1).

Abb. 3.3.1-1: Wahlbeteiligung seit 1946
(Angaben in Prozent)

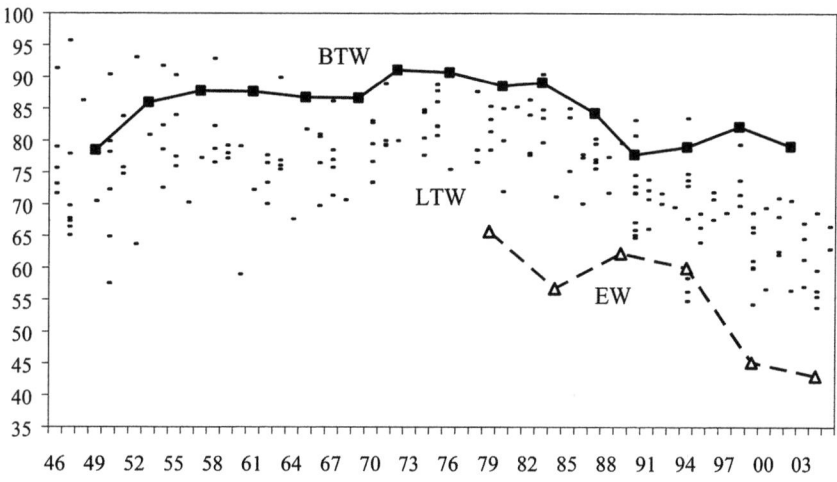

Quelle: amtliche Wahlstatistik.

Im internationalen Vergleich bewegt sich Deutschland damit im Mittelfeld, wie Tabelle 3.3.1-1 anhand der Wahlbeteiligungsraten aller westeuropäischen Länder bei nationalen Parlamentswahlen von 1999 bis 2003 zeigt. In Großbritannien z.B., dem ‚Mutterland' der parlamentarischen Demokratie, beteiligen sich die Bürger in weit geringerem Maße und beim Spitzenreiter Belgien besteht – wie auch in Italien – Wahlpflicht[10].

Im Gegensatz zur Entwicklung auf der Bundesebene gingen die Beteiligungsraten auf der Landesebene bis heute insgesamt weiter zurück: Die höchste durchschnittliche Wahlbeteiligung bei den Landtagswahlen wurde in der Wahlperiode 1971-1975 mit 82,9 Prozent erzielt, danach ging es bergab und in der letzten

---

9 Zu den wenigen Ausnahmen gehörten Golzem/Liepelt 1977, Lavies 1973 und Radtke 1972.
10 Die Sanktionen bei Nichtwahl sind allerdings geringfügig.

Wahlperiode vor der Vereinigung waren es noch 76,2 Prozent. Seither hat sich die Wahlbeteiligung auf Landesebene weiter kontinuierlich verringert und betrug in der letzten Wahlperiode (2001-2005) gesamtdeutsch nur noch 62,6 Prozent (vgl. Tabelle 3.3.1-2).

Tab. 3.3.1-1: Wahlbeteiligung in Westeuropa 1999-2003
(Angaben in Prozent)

Belgien 2003	91,6	Griechenland 2000	78,3
Dänemark 2001	87,1	Norwegen 2001	75,5
Luxemburg 1999	85,8	Spanien 2000	68,7
Österreich 2002	84,3	Finnland 2003	66,7
Island 1999	84,1	Frankreich 2002	64,4
Italien 2001	81,2	Irland 2002	62,7
Schweden 2002	80,1	Portugal 2002	61,5
Deutschland 2002	79,1	Großbritannien 2001	59,4
Niederlande 2002	79,1	Schweiz 1999	43,3

Quelle: Political Data Yearbooks des European Journal of Political Research, div. Jg.

Noch niedriger fielen die Beteiligungsraten bei den Wahlen zum Europäischen Parlament aus: Nach einem dramatischen Absturz um mehr als 15 Prozentpunkte von 1994 auf 1999 ging die Wahlbeteiligung 2004 nochmals zurück und erreichte mit 43 Prozent einen historischen Tiefststand. Die traditionell niedrige Wahlbeteiligung bei Europawahlen ist auf mehrere Gründe zurückzuführen (Niedermayer 2005a: 9): das Interesse an Europapolitik ist deutlich geringer als das politische Interesse allgemein, die Bürger sehen das Europäische Parlament im Vergleich zu den Parlamenten auf Bundes-, Landes- und kommunaler Ebene als das mit Abstand unwichtigste Gremium an, bei der Europawahl wird keine Regierung gewählt, so dass für die Bürger nicht ersichtlich ist, was ihre Stimmabgabe bewirkt, und da keine bekannten Politiker zur Wahl stehen, fehlt zudem die sonst übliche Personalisierung von Politik[11]. Bei dieser Wahl kam hinzu, dass viele Bürgerinnen und Bürger ihre Unzufriedenheit mit der SPD-geführten Bundesregierung

---

11 Die Beteiligung 2004 wäre noch niedriger ausgefallen, wenn nicht in sechs Bundesländern gleichzeitig Kommunalwahlen und in Thüringen die Landtagswahl stattgefunden hätten.

durch Wahlenthaltung zum Ausdruck brachten. Wie Tabelle 3,3,1-2 zeigt, besteht zudem ein systematischer Unterscheid in der Wahlbeteiligung der West- und Ostdeutschen: In Ostdeutschland sind die Beteiligungsraten bei Bundestags-, Landtags- und Europawahlen über die gesamte Zeit hinweg systematisch geringer als im Westen.

Tab. 3.3.1-2: Wahlbeteiligung seit 1990
(Angaben in Prozent)

	Gesamt	West	Ost
Bundestagswahlen[1]			
1990	77,8	78,4	74,5
1994	79,0	80,6	72,6
1998	82,2	82,8	80,0
2002	79,1	80,6	72,8
Landtagswahlen[2]			
1. Wahlperiode (West: 1986-90; Ost: 1990)	74,3	76,2	68,3
2. Wahlperiode (1991-1995)	68,6	70,5	63,4
3. Wahlperiode (1996-2000)	66,8	67,5	65,2
4. Wahlperiode (2001-2005)	62,6	64,0	59,4

1) West = Wahlgebiet West, d.h. alte Bundesrepublik und West-Berlin, O = Wahlgebiet Ost, d.h. ehemalige DDR.
2) Durchschnittliche Wahlbeteiligung. West = alte Bundesländer einschl. Berlin, Ost = fünf neue Bundesländer.
Quelle: eigene Berechnungen (amtliche Wahlstatistiken).

Der Rückgang der Wahlbeteiligung löste eine wissenschaftliche Diskussion um deren Ursachen aus, in der sich anfangs zwei Thesen gegenüberstanden: Die ‚Normalisierungsthese' interpretierte den Rückgang als Normalisierungsprozess, d.h. als Anpassung an den demokratischen Standard westlicher Demokratien, und sah in einer hohen Wahlbeteiligung „eher ein Krisensymptom als ein(en) Ausdruck der Systemzufriedenheit" (Roth 1992: 61). Für die ‚Krisenthese' hingegen war der Wahlbeteiligungsrückgang „ein Signal für vielfältig motivierte politische

Unzufriedenheit" (Feist 1992a: 57) und eine niedrige Wahlbeteiligung daher ein Krisensymptom[12].

In der Folgezeit zeigten eine ganze Reihe von empirischen Analysen[13] vor allem eines: ‚Den' Nichtwähler als einen von seiner sozialstrukturellen Verortung, seinen Werthaltungen und seinen politischen Orientierungen her klar umrissenen Typus gibt es nicht (Niedermayer 2002a), sodass die Frage, ob die Wahlenthaltung eher als Normalisierung oder Krise zu betrachten ist, als „falsch gestellt" (Renz 1997: 591) erscheint. Wie die verschiedenen Studien zeigten, lassen sich die relevanten Einflüsse auf das Wahlverhalten der Bürger in drei große Gruppen einteilen:

- Die erste Gruppe bilden die institutionalisierten Rahmenbedingungen des politischen Systems – insbesondere in Gestalt des Wahlsystems und der technischen Ausgestaltung des Wahlvorgangs. Diese Faktoren ändern sich im Zeitverlauf nur selten und sind daher in der Regel nur für international vergleichende Studien relevant.

- Die zweite Gruppe wird durch Faktoren gebildet, die sich der „Gelegenheitsstruktur des Wählens" zurechnen lassen, also denjenigen „Bedingungen, die beschreiben, was genau die Optionen sind, zwischen denen der Wähler entscheiden kann" (Zelle 1995: 44). Hierzu gehören z.B. das Vorhandensein zusätzlicher, als effektiv angesehener Formen politischer Einflussnahme und bestimmte Eigenschaften des Parteiensystems, die die jeweilige spezifische Angebotskonstellation beschreiben, der sich die Wähler gegenüber sehen (Dalton 2001).

- Die dritte Gruppe von Einflussfaktoren, auf die sich die Forschung konzentriert, wird durch individuelle Eigenschaften der Bürger gebildet. Abbildung 3.3.1-2 fasst die Charakteristika der Bürger zusammen, die sich in empirischen Studien als mehr oder weniger relevante Einflussgrößen auf die Wahlbeteiligung erwiesen haben.

Im Folgenden sollen vier Typen von Nichtwählern unterschieden werden, in denen sich die unterschiedlichen Erklärungsfaktoren der Wahlbeteiligung verdichten lassen: der unechte, der politikferne, der protestierende und der rational-abwägende Nichtwähler.

---

12 Zum weiteren Verlauf der Diskussion um diese beiden Thesen vgl. Renz 1997 und Völker/Völker 1998.

13 Vgl. Armingeon 1994, Becker 2002, 2004, Eilfort 1991, 1994, 1995, Falter/Schumann 1993, 1994, Feld/Kirchgässner 2001, Feist 1992b, 1994a, 1994b, Gabriel/Völkl 2004, Hoffmann-Jaberg/Roth 1994, Kaase/Bauer-Kaase 1998, Kersting 2004, Kirchgässner 1990, Kirchgässner/Meyer zu Himmern 1994, Kirchgässner/Schneider 1979, Kleinhenz 1995, 1996, Klingemann/Lass 1995a, Krimmel 1996, 1997, Kühnel 2001, Kühnel/Fuchs 1998, 2000, Rattinger 1994, Rattinger/Krämer 1995, Renz 1997, Schoen/Falter 2003, Schumann 1998, Völker/Völker 1998 und Weßels 2002.

Abb. 3.3.1-2: Individuelle Erklärungsfaktoren für die Wahlbeteiligung

Sozio-ökonomischer Status:	Bildung, Beruf, Einkommen
Werte und Normen:	Geschlecht (stellv.), religiöse Werthaltungen, Wahlnorm
Sozio-politische Integration:	Alter, Familienstand, Gewerkschaftsmitgliedschaft, Kirchenbindung, Vereinsmitgliedschaft, Parteiidentifikation
Politische Orientierungen:	politisches Interesse und politisches Selbstbewusstsein, Parteiidentifikation, Orientierungen gegenüber dem politischen Führungspersonal, den politischen Institutionen und der politischen Ordnung
Wahlbezogene Faktoren:	Nutzen und Kosten des Wählens, Wahrscheinlichkeit der Wahlentscheidung durch die eigene Stimme, perzipierte Wichtigkeit der Wahl, Knappheit des Wahlausgangs, Kandidaten- und Sachfragenpräferenz
Politische Kommunikation:	Mediennutzung, Gespräche über Politik

Unechte Nichtwähler sind Personen, die in der Wahlstatistik als Nichtwähler auftauchen, ohne dass sie überhaupt die Möglichkeit hatten, sich willentlich für oder gegen eine Wahlteilnahme zu entscheiden. Als Nichtwähler wird in der Wahlstatistik jeder im Wählerverzeichnis aufgenommene Wahlberechtigte gezählt, der weder durch Briefwahl noch durch persönliches Erscheinen an der Wahlurne seine Stimme abgegeben hat. Können wahlberechtigten Personen die beantragten Briefwahlunterlagen oder die Wahlbenachrichtigung nicht bzw. nicht rechtzeitig zugestellt werden – z.B. weil sie kurz vor dem Wahltermin verzogen sind – oder gehen Briefwahlunterlagen zu spät beim Wahlamt ein bzw. kommt die Rückmeldung zu spät an, so werden diese Personen in der Statistik als Nichtwähler gezählt. Das Gleiche gilt auch für kurz vor dem Wahltag Verstorbene, wenn die Wahlämter hiervon nicht rechtzeitig erfahren. Hinzu kommen Bürgerinnen und Bürger, die kurz vor dem Wahltag erkranken bzw. einen Unfall haben, und daher nicht zur Wahl gehen können. Durch die unechten Nichtwähler, die nach Schätzungen bis zu 5 Prozent der Wahlberechtigten ausmachen (Kleinhenz 1995, Feist 1992b), kann in der Realität bei einer Wahl die theoretisch mögliche Wahlbeteiligungsrate von 100 Prozent nie erreicht werden.

Die drei folgenden Typen der ‚echten' Nichtwähler sind jeweils mit einer bestimmten theoretischen Perspektive verbunden: der politikferne Nichtwähler mit den soziologischen und sozialpsychologischen Theorien des Wahlverhaltens und den theoretischen Ansätzen der allgemeinen Partizipationsforschung, der unzufriedene Nichtwähler mit der Protestthese und der rational-abwägende Nichtwähler mit dem Rational-Choice-Ansatz.

Politikferne Nichtwähler zeichnen sich durch den geringen Stellenwert aus, den sie der Politik und der eigenen politischen Rolle zumessen. Sie sind in bestimmten sozialen Gruppen stärker zu finden als in anderen, da – nach dem erweiterten Erklärungsmodell politischer Partizipation[14] – der sozio-ökonomische Status, im Sozialisationsprozess erworbene Normen und Werte sowie der Grad an sozialer Integration einer Person seine politische Beteiligung beeinflussen. Gemessen werden diese Faktoren durch eine ganze Reihe von Indikatoren, wozu das Geschlecht, das Alter, das Bildungsniveau, der Beruf, sowie die Wahlnorm und die Kirchen- und Parteibindung gehören (vgl. auch Kapitel 1).

Zur Überprüfung des Zusammenhangs zwischen Geschlecht bzw. Alter und Wahlbeteiligung steht in Form der seit 1953 durchgeführten repräsentativen Wahlstatistik, in der die Wahlberechtigten und die tatsächliche Wahlbeteiligung sowie das Wählervotum nach Geschlecht und Altersgruppen in repräsentativ ausgewählten Wahlbezirken erhoben werden[15], eine sehr gute Datenbasis zur Verfügung. Allerdings wurde die Erhebung für die Bundestagswahlen 1994 und 1998 aufgrund von befürchteten Gefährdungen des Wahlgeheimnisses ausgesetzt und erst 1999 auf der Grundlage des Wahlstatistikgesetzes vom 21. Mai 1999 wieder eingeführt[16].

Alle anderen Erkenntnisse über mögliche Einflussfaktoren auf die Wahlbeteiligung müssen über Bevölkerungsumfragen ermittelt werden, was mit einer Reihe von methodischen Problemen verbunden ist: Generell hat die Nichtwählerforschung mit dem Problem des ‚overreporting‘ zu kämpfen, d.h. mit der Tatsache, dass die in Umfragen ermittelte Wahlbeteiligung höher ist als die tatsächliche, weil ein Teil der interviewten Nichtwähler angibt, an der Wahl teilgenommen zu haben bzw. teilnehmen zu wollen. Zum großen Teil können die falschen Angaben einem Effekt zugeschrieben werden, den man mit sozial erwünschtem Antworten umschreibt: Da das Wählen, wie noch gezeigt werden wird, von der überwiegenden Mehrheit als staatsbürgerliche Pflicht angesehen wird, neigen nicht wenige der eigentlichen Nichtwähler dazu, die sozial erwünschte Antwort zu geben und

---

14 Zum ursprünglichen, auf den sozio-ökonomischen Status (socioeconomic resource level) bezogenen Modell vgl. Verba/Nie 1972 und Verba/Nie/Kim 1978.

15 Dies geschieht durch die Ausgabe von Stimmzetteln mit dem passenden Unterscheidungsaufdruck.

16 Das ursprüngliche Wahlstatistikgesetz sah noch keine Einbeziehung der Briefwahlstimmen in die Repräsentative Wahlstatistik vor. Auf dem Hintergrund des steigenden Anteils der Briefwähler an der Gesamtwählerschaft wurde am 17. Januar 2002 das 1. Gesetz zur Änderung des Wahlstatistikgesetzes erlassen, das die Einbeziehung ausgewählter Briefwahlbezirke in die Statistik vorsieht, so dass ab diesem Zeitpunkt alle Wähler einbezogen sind.

sich als Wähler hinzustellen. Werden die Nichtwähler anhand der Frage ermittelt, ob sie an der letzten jeweiligen Wahl teilgenommen haben, so kann zusätzlich ein ‚bandwagon'-Effekt auftreten, d.h. ein Teil der Befragten schlägt sich in der Interviewsituation auf die Seite des Wahlsiegers, obwohl man gar nicht gewählt hat. Um diesen Effekt zu vermeiden, können die Nichtwähler anhand einer Frage ermittelt werden, die auf die Beteiligungsabsicht bei einer zukünftigen Wahl abstellt (die berühmte ‚Sonntagsfrage'). Dies hat bei zeitlich weit von der letzten Wahl entfernten Befragungen zusätzlich den Vorteil, dass Vergesslichkeit oder irregeleitetes Erinnerungsvermögen der Befragten in Bezug auf die zurückliegende Wahl keine Rolle spielen und zwischenzeitlich eingetretene Veränderungen in politischen Orientierungen, die die Wahlbeteiligung bei der zurückliegenden Wahl nicht, die momentane Wahlbeteiligungsabsicht aber sehr wohl beeinflussen, erfasst werden.

Ein letztes Problem besteht in der Frage, ob – wie in den folgenden Analysen – nur die „bekennenden" oder auch die „potenziellen" Nichtwähler (Falter/Schumann 1994: 175) in die Analyse eingehen sollen, d.h. ob als Nichtwähler nur solche Befragte angesehen werden, die die Frage nach der Wahlbeteiligungsabsicht verneinen, oder zusätzlich auch solche, die hierauf mit ‚weiß nicht' antworten, was einerseits möglicherweise das overreporting etwas ausgleicht und den für statistische Analysen erwünschten Effekt hat, die Fallzahlen zu erhöhen, andererseits aber mit hoher Wahrscheinlichkeit Personen in die Analyse einbezieht, die letztlich doch gewählt haben.

Wenden wir uns zunächst der über die repräsentative Wahlstatistik erhobenen Wahlbeteiligung nach Geschlecht und Alter zu[17]. Abbildung 3.3.1-3 zeigt, dass es bei den Bundestagswahlen bis Ende der Sechzigerjahre eine relativ geringe, aber systematische geschlechtsspezifische Differenz der Wahlbeteiligungen in Form einer um 2,5 bis 3,5 Prozentpunkte niedrigeren Beteiligungsrate der Frauen gab. In den Siebziger- und Achtzigerjahren betrug diese Differenz – mit Ausnahme der Wahl von 1987 – nur noch etwa 1 Prozentpunkt und bei der Bundestagswahl 2002 haben sich die Beteiligungsraten von Männern und Frauen fast vollständig angeglichen. Bei den Europawahlen gab es anfangs sehr unterschiedliche Entwicklungen: 1979 waren die Beteiligungsraten exakt gleich, 1984 lag die Wahlbeteiligung der Frauen etwas höher, 1989 deutlich niedriger als die der Männer. Seit den Neunzigerjahren gibt es jedoch auch auf dieser Wahlebene kaum noch geschlechtsspezifische Unterschiede.

---

17 Zur Beschreibung der Daten der repräsentativen Wahlstatistik vgl. z.B. Jesse 1975 und 1987, Auswertungen dieser Daten sind z.B. zu finden in Hofmann-Göttig 1984 und Metje 1991, 1994, eine methodisch aufwendige Schätzung von Perioden-, Kohorten- und Alterseffekten nimmt Rattinger 1994 vor.

Abb. 3.3.1-3: Differenz der Wahlbeteiligung von Frauen und Männern seit 1953
(Beteiligung der Frauen - Beteiligung der Männer in Prozentpunkten)

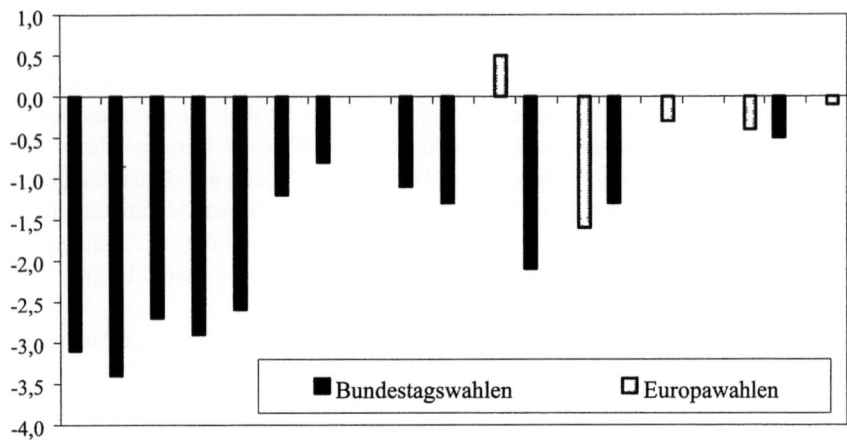

53 57 61 65 69 72 76 79 80 83 84 87 89 90 94 98 99 02 04
Quelle: Statistisches Bundesamt 1989: 24; Werner 2003: 176, EW 2004: Bundeswahlleiter.

Sehr viel größere Unterschiede als beim Geschlecht zeigen sich schon immer bei der Wahlbeteiligung der verschiedenen Altersgruppen, wie Abbildung 3.3.1-4 für alle Bundestagswahlen seit 1972[18] (ohne 1994 und 1998) und alle Europawahlen verdeutlicht, wobei hier jede Kurve eine Wahl repräsentiert, sodass die Unterschiede in der Wahlbeteiligung der verschiedenen Altersgruppen deutlich werden. Für alle Wahlen gilt ein so genannter kurvilinearer Zusammenhang: Die Wahlbeteiligung sinkt von den Erstwählern zur nächsten Altersgruppe etwas ab, steigt danach deutlich an und sinkt bei den Ältesten wieder ab. Bei den Erstwählern kann die etwas höhere Wahlbeteiligung durch den Neuigkeitseffekt der erstmaligen Möglichkeit einer Wahlteilnahme sowie die noch vorhandene soziale Kontrolle durch das Elternhaus erklärt werden. Bei den Bundestagswahlen beteiligen sich die 50-59-Jährigen, bei den Europawahlen die 60-69-Jährigen am stärksten, die geringste Beteiligung ist immer bei den 21-24-Jährigen zu finden.

Insgesamt wird das Ansteigen der Beteiligungsraten mit zunehmendem Alter und ihr Absinken bei den Ältesten primär als „Ergebnis der langsamen Integration der jungen in die und der langsamen Desintegration der alten Bürger aus der Gesellschaft" (Kaase 1987: 125) gedeutet, wobei für die geringere Wahlbeteili-

---

18 Vor 1965 gab es eine andere Altersgruppeneinteilung und die 18-20-Jährigen können erst seit 1972 wählen, sodass die Vergleichbarkeit mit den früheren Wahlen nicht gegeben ist.

gung im hohen Alter auch Krankheit und Gebrechlichkeit verantwortlich sind (Gehring/Wagner 1999).

Abb. 3.3.1-4: Wahlbeteiligung nach Altersgruppen seit 1972
(Angaben in Prozent)

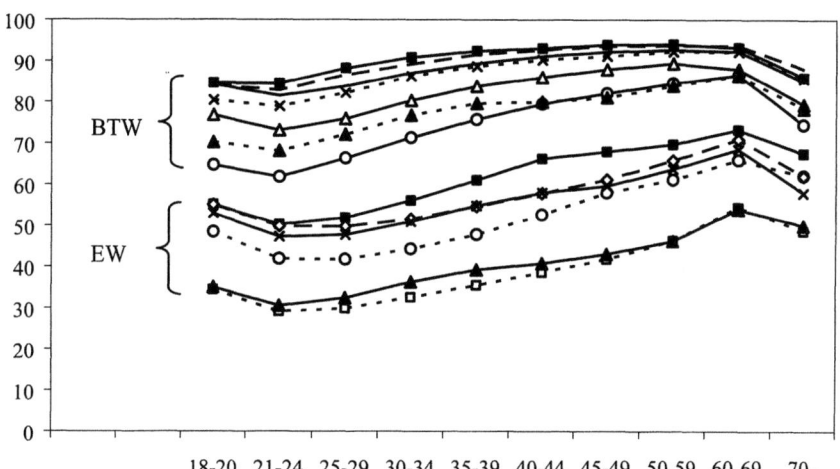

Quelle: Statistisches Bundesamt 1989: 24; Werner 2003: 176, EW 2004: Bundeswahlleiter.

Abbildung 3.3.1-4 macht auch deutlich, dass die Stärke des Alterseffekts von der Wählermobilisierung bei den verschiedenen Wahlen abhängt: Je größer die an der Gesamtwahlbeteiligung ablesbare Mobilisierung ist, desto geringer fällt die Differenz zwischen der Altersgruppe mit der höchsten und der mit der niedrigsten Wahlbeteiligung aus. Die Wahlbeteiligungsdiffferenz zwischen diesen beiden Altersgruppen liegt bei Bundestagswahlen – mit Ausnahme der Wahl von 1990 – zwischen 10 und 18 Prozentpunkten und damit generell sehr viel geringer als bei den Europawahlen, wo die Differenz zwischen 21 und 25 Prozentpunkten liegt. Zudem nimmt sie im Vergleich der Bundestagswahlen untereinander mit steigender Gesamtwahlbeteiligung deutlich ab.

Auch das Bildungsniveau der Bürger hat einen Einfluss auf ihre Wahlbeteiligung: Je höher die formale Bildung, desto geringer ist der Anteil an Nichtwählern. Dies lässt sich vor allem durch die Tatsache erklären, dass Bildung eine wesentliche partizipationsrelevante Ressource darstellt, da durch Bildung eine Reihe von Kenntnissen und Fähigkeiten vermittelt wird, die politische Beteiligung erleichtern bzw. fördern.

Tab. 3.3.1-3: **Wahlbeteiligung nach Bildung 2003**
(Angaben in Prozent)[1]

	Niedrige B.	Mittlere B.	Hohe B.
Ja	79	83	91
Nein	16	14	7
Weiß nicht/k.A.	6	4	2

1) Niedrige Bildung = kein Schulabschluss/Volks-/Hauptschulabschluss/8-klassige Schule, mittlere
   Bildung = Mittlere Reife/POS, hohe Bildung = mindestens Abitur/EOS.
Quelle: eigene Berechnungen (FGW-Politbarometer).

Dies gilt auch für die Arbeit in bestimmten Berufen, wobei allerdings die unterschiedlichen Beteiligungsraten nach Berufsgruppen (vgl. Tabelle 3.3.1-4) auch die Bildungsabhängigkeit vieler Berufslaufbahnen widerspiegeln.

Tab. 3.3.1-4: **Wahlbeteiligung nach Beruf 2003**
(Angaben in Prozent)[1]

	uaA	FaM	eA	glA	emB	ghB	Se
Ja	75	78	80	88	86	94	89
Nein	20	17	15	9	12	5	8
Weiß nicht/k.A.	5	5	5	3	2	1	3

1) uaA = un-/angelernte Arbeiter, FaM = Facharbeiter/Meister, eA = einfache Angestellte, glA =
   gehobene/leitende Angestellte, emB = Beamte, einfacher/mittlerer Dienst, ghB = Beamte, geho-
   bener/höherer Dienst, Se = Selbstständige.
Quelle: eigene Berechnungen (FGW-Politbarometer).

Das zentrale Kennzeichen des politikfernen Nichtwählers ist jedoch nicht seine sozio-ökonomische Ressourcenausstattung bzw. sein sozialer Status, sondern sein – von diesen Faktoren wesentlich beeinflusstes[19] – geringes Interesse am politischen Geschehen. Schon in den Sechzigerjahren wurde davon ausgegangen, dass die Wahlbeteiligung wesentlich vom politischen Interesse abhängt (Radtke 1972), was in neuerer Zeit durch eine Vielzahl empirischer Studien bestätigt werden

---

19 Vgl. hierzu Kapitel 2.1.

konnte[20]. Auch in unseren Daten zeigt sich dieser Zusammenhang eindrucksvoll: Unter den Bürgern und Bürgerinnen mit geringem politischem Interesse ist der Nichtwähleranteil mehr als dreimal so hoch wie unter denen mit hohem Interesse (vgl. Tabelle 3.3.1-5)[21].

Tab. 3.3.1-5: **Wahlbeteiligung nach politischem Interesse 2003**
(Angaben in Prozent)[1]

	Gering	Mäßig	Hoch
Ja	63	83	89
Nein	30	13	9
Weiß nicht/k.A.	6	5	2

1) Gering: gar nicht/kaum interessiert; mäßig: etwas interessiert; hoch: stark/sehr stark interessiert.
Quelle: eigene Berechnungen (FGW-Politbarometer).

Die Abhängigkeit der Wahlbeteiligung vom politischen Interesse kann aber den allgemeinen Beteiligungsrückgang ab Mitte der Siebzigerjahre nicht erklären, da das politische Interesse in diesem Zeitraum nicht zurückgegangen ist[22]. Es müssen also zusätzliche Erklärungsfaktoren hinzukommen, die vor allem in der soziopolitischen Integration der Bürgerinnen und Bürger gesehen werden. Allgemein wird davon ausgegangen, dass die Wahrscheinlichkeit der Wahlteilnahme mit der Stärke der gesellschaftlichen Integration eines Individuums zunimmt. Insbesondere gilt dies für die Stärke der Integration in sozio-politische Netzwerke (Finkel/Opp 1991). Soziale Kontrolle erweist sich als beteiligungsfördernder Faktor, wie verschiedene Indikatoren der allgemeinen sozialen Integration – z.B. Familienstand, Vereinszugehörigkeit und Wohnortgröße – zeigen (Falter/Schumann 1994, Kleinhenz 1995). Am wirksamsten sind die sozialen Kontrollmechanismen in sozialen Milieus, d.h. in alltagsweltlich begründeten, durch ein umfassendes Gefüge von Verbänden und Vereinen gestützten Gesinnungsgemeinschaften.

---

20 Vgl. z.B. Armingeon 1994, Falter/Schumann 1993, 1994, Gabriel/Völkl 2004, Kaase/Bauer-Kaase 1998, Kleinhenz 1995, 1996, Krimmel 1996, 1997, Renz 1997 und Schoen/Falter 2003.
21 Vom politischen Interesse hängen auch wesentlich die Höhe der Mediennutzung und die Häufigkeit der interpersonalen Kommunikation ab (vgl. Kapitel 3.1), beides Faktoren, die die Wahlbeteiligung positiv beeinflussen (Falter/Schumann 1994, Kaase/Bauer-Kaase 1998). Zudem zeigt sich ein positiver Zusammenhang mit der Wahlbeteiligung nicht nur beim politischen Interesse, sondern auch bei der anderen Dimension des Selbstverständnisses des Individuums als politischer Akteur, nämlich bei dem staatsbürgerlichen Selbstbewusstsein in Form des politischen Kompetenzgefühls (Schoen/Falter 2003).
22 Vgl. Kapitel 2.1.

Zudem werden die sich dort herausbildenden politischen Verhaltensnormen durch Sozialisationsprozesse auch stark verinnerlicht, sodass sie zur Verhaltenswirksamkeit gar keines äußeren Drucks und keiner Sanktionen bedürfen. Im Rahmen der soziologischen Wahlverhaltenstheorien spielen vor allem zwei soziale Milieus eine herausragende Rolle: das sozialistische und das katholische Milieu, wobei die Milieuzugehörigkeit eines Individuums über die Bindung an die jeweilige zentrale Milieuorganisation erfasst wird – mit der Gewerkschaftsmitgliedschaft und der Kirchgangshäufigkeit als konkrete Indikatoren. In der Sichtweise des sozialpsychologischen Ansatzes ist es die vom Individuum durch Sozialisationsprozesse erworbene Identifikation mit einer Partei, die zu einer psychologischen Einbindung in das politische System (Kaase 1979) und damit zu einer höheren Wahlbereitschaft führt. Tabelle 3.3.1-6 verdeutlicht, dass die Kirchenbindung durchaus den theoretisch erwarteten Effekt auf die Wahlbeteiligung hat: Unter den Personen mit hoher Kirchenbindung ist der Nichtwähleranteil wesentlich geringer als bei den kirchenfernen oder konfessionslosen Befragten[23].

Tab. 3.3.1-6: **Wahlbeteiligung nach Kirchenbindung 2003**
(Angaben in Prozent)[1]

	ohne Konfession	Kirchenfern	schwache Kirchenbind.	starke Kirchenbind.
Ja	79	81	88	91
Nein	17	15	9	5
Weiß nicht/k.A.	4	4	3	4

1) Starke Kirchenbindung: Kirchgang jeden/fast jeden Sonntag; schwache Kirchenbindung = Kirchgang ab und zu/einmal im Jahr, kirchenfern: Kirchgang seltener/nie.
Quelle: eigene Berechnungen (FGW-Politbarometer).

Stärker noch ist jedoch der Einfluss der Parteiidentifikation[24]: Der Nichtwähleranteil bei Personen ohne bzw. mit schwacher Parteibindung ist fünf- bis sechsmal so hoch wie bei denen mit starker Bindung an eine Partei (vgl. Tabelle 3.3.1-7).

23 Dies zeigen auch andere Studien (vgl. z.B. Falter/Schumann 1994, Kaase/Bauer-Kaase 1998 und Renz 1997). Dasselbe gilt, wenn auch nicht immer so eindeutig, für die Gewerkschaftsmitgliedschaft (vgl. Falter/Schumann 1994, Kühnel/Fuchs 2000, Renz 1997).
24 Alle empirischen Studien, die die Parteiidentifikation als Erklärungsvariable der Wahlbeteiligung einbeziehen, kommen zum Ergebnis, dass eine starke Beziehung vorliegt (vgl. Armingeon 1994, Falter/Schumann 1993, 1994, Gabriel/Völkl 2004, Kaase/Bauer-Kaase 1998, Kleinhenz 1995, 1996, Krimmel 1996, 1997, Rattinger/Krämer 1995, Renz 1997, Schoen/Falter 2003).

Tab. 3.3.1-7: Wahlbeteiligung nach Parteibindung 2003
(Angaben in Prozent)[1]

	Nein	Schwach	Mäßig	Stark
Ja	74	70	87	94
Nein	20	24	10	4
Weiß nicht/k.A.	6	6	3	2

1) Starke Parteibindung: stark/sehr stark gebunden, mäßige Parteibindung: mäßig gebunden,
   schwache Parteibindung = sehr/ziemlich schwach gebunden.
   Quelle: eigene Berechnungen (FGW-Politbarometer).

Über die Abhängigkeit der Wahlbeteiligung von den Integrationsleistungen der Milieu- und Parteibindungen lässt sich auch der Beteiligungsrückgang erklären, da sich seit Ende der Sechzigerjahre aufgrund einer Reihe von sozialen, ökonomischen und kulturellen Wandlungsprozessen deutliche Erosionsprozesse der sozialen Milieus zeigen und von Mitte der Siebziger- bis Mitte der Neunzigerjahre ein Rückgang der Parteiidentifikation zu konstatieren ist[25]. Insbesondere dieser Prozess des ‚Dealignment', der zunehmenden mentalen Abkopplung von Wählern und Parteien, wird daher als wesentlicher Erklärungsfaktor für den Wahlbeteiligungsrückgang seit Mitte der Siebzigerjahre angesehen (Kleinhenz 1995, Kaase/Bauer-Kaase 1998).

Ein analoges Erklärungsmuster findet sich unter Bezug auf die nachlassende Bindungsfunktion der allgemeinen Wahlnorm. Hier stehen nicht gruppen- und milieuspezifische Verhaltensnormen im Mittelpunkt, sondern das Argument, dass „die Chance der politischen Mitwirkung als Staatsbürgerpflicht, die in der unter dem Einfluss der westlichen Besatzungsmächte 1949 installierten ‚neuen' Demokratie eine große symbolische Bedeutung erlangt hatte" (Kaase/Bauer-Kaase 1998: 87), mit der Normalisierung und Festigung des demokratischen Systems der Bundesrepublik an Bedeutung verloren habe[26]. Die wenigen verfügbaren Daten zu der Frage, inwieweit die Bürgerinnen und Bürger das Wählen als staatsbürgerliche Pflicht ansehen, bestätigen die nachlassende Akzeptanz der Wahl-

---

25 Zum Rückgang der Parteiidentifikation vgl. Kapitel 2.3.
26 Die Abschwächung staatsbürgerlicher Pflichtauffassungen lässt sich darüber hinaus auch mit sich verändernden Wertprioritäten erklären (Renz 1997). Werte spielen zudem die Hauptrolle beim Wahlverhalten bestimmter religiöser Gruppen, wie z.B. bei den – immerhin etwa ein Prozent der Bevölkerung umfassenden – Zeugen Jehovas, deren Kirche ihnen vorschreibt, politisch absolut abstinent zu sein (Roth 1992).

norm zwischen Mitte der Sechziger- und Mitte der Neunzigerjahre. Seither ist jedoch kein weiterer Rückgang zu verzeichnen, wie Tabelle 3.3.1-8 zeigt[27].

Tab. 3.3.1-8: Entwicklung der Wahlnorm seit 1961
(Wählen als staatsbürgerliche Pflicht, Angaben in Prozent)

	61	65	87	1994			1998			2002		
	W	W	W	G	W	O	G	W	O	G	W	O
Überwiegend/voll und ganz	93	93	80	-	-	-	-	-	-	-	-	-
Eher/voll und ganz	-	-	-	74	76	67	81	82	75	81	84	72
Teils ja, teils nein	-	-	-	14	14	14	11	11	14	10	9	15
Eher/überhaupt nicht	-	-	-	10	8	16	6	5	10	6	6	10
Weiß nicht/keine Antwort	-	-	-	3	2	4	2	2	2	3	2	4

1) G = Gesamt, W = West, O = Ost.
Quelle: 1961-1987: Kleinhenz 1996: 75; 1994/98/02: eigene Berechnungen (EPW-Studien).

Zwischen Wahlnorm und Stimmabgabe besteht, wie alle diesbezüglichen empirischen Studien zeigen[28], ein enger Zusammenhang. Zudem besitzt die Wahlnorm eine „wichtige Bindungsfunktion, indem sie politisch wenig Interessierte zur Stimmabgabe bewegt" (Kleinhenz 1995: 132). Entfällt die beteiligungsfördernde Funktion der Wahlnorm, bleiben diese Bevölkerungsteile eher den Wahlurnen fern.

Beide Erklärungsmuster der sinkenden Wahlbeteiligung stellen somit darauf ab, dass – durch den Rückgang der Parteiidentifikation bzw. der allgemeinen Wahlnorm – politisch nicht sehr interessierte Bürgerinnen und Bürger immer weniger daran gehindert wurden, den Wahlurnen fernzubleiben. Da im letzten Jahrzehnt keine der beiden Größen – weder die Parteiidentifikation noch die Wahlnorm – weiter abgesunken ist, steht die Entwicklung der Wahlbeteiligung auf Bundesebene in diesem Zeitraum mit diesem Erklärungsmuster im Einklang,

---

27 Die Tabelle bezieht sich nur auf Wahljahre, d.h. auf Zeiträume, in denen die Wahlnorm über Mobilisierungsprozesse der Medien und politischen Akteure aktualisiert wird. In Jahren ohne Bundestagswahl ist der Anteil derjenigen, die Wählen als staatsbürgerliche Pflicht ansehen, geringer: Im Jahre 1992 (1993) stimmten 70 (68) Prozent der Westdeutschen und 52 (57) Prozent der Ostdeutschen einer diesbezüglichen Aussage zu (Rattinger/Krämer 1995: 270, Prozentsätze auf der Basis aller Befragten berechnet).

28 Vgl. Falter/Schumann 1993, Gabriel/Völkl 2004, Kleinhenz 1995, 1996, Krimmel 1997, Radke 1972, Rattinger/Krämer 1995 und Schoen/Falter 2003.

nicht jedoch das weitere Absinken der Wahlbeteiligung auf Landesebene bzw. bei den Europawahlen. Hier wäre es interessant, herauszufinden, ob die Bürger bei der Wahlnorm Unterschiede zwischen den Wahlebenen dergestalt machen, dass die Sicht des Wählens als staatsbürgerliche Pflicht vor allem für Bundestagswahlen gilt und weniger für die in den Augen der Wähler weniger wichtigen ‚Nebenwahlen'.

Ganz anders wird die zurückgehende Wahlbeteiligung durch die Vertreter der Protestthese erklärt[29]. Hier wird argumentiert, dass ein wachsender Anteil der Nichtwähler einem neuen Typ angehöre, der sich durch zwei Eigenschaften auszeichne: politisches Interesse und politische Unzufriedenheit. Dieser Typ, hier als protestierender Nichtwähler bezeichnet, sei am politischen Geschehen interessiert, gleichzeitig jedoch politiker- und parteienverdrossen bzw. mit dem Funktionieren des bestehenden demokratischen Systems generell unzufrieden und bringe seine politische Unzufriedenheit durch Nichtwahl – im Sinne einer expliziten Protestbekundung – zum Ausdruck. Wahlenthaltung sei demnach „mehr und mehr eine bewusste und wohl überlegte Entscheidung, nicht bloß Resultat von politischer Apathie und Desinteresse" (Feist 1994a: 45, vgl. auch Hoffmann-Jaberg/Roth 1994: 138).

Zum Zusammenhang zwischen politischer Unzufriedenheit und Wahlbeteiligung liegen mittlerweile genügend empirische Forschungsergebnisse vor, die sich vor allem auf die Orientierungen gegenüber der politischen Ordnung in Gestalt der Beurteilung des Funktionierens der Demokratie beziehen, aber auch die Orientierungen gegenüber dem politischen Führungspersonal und den politischen Institutionen – insbesondere den Parteien – einbeziehen[30]. Diese Studien kommen fast alle zu dem Ergebnis, dass politische Unzufriedenheit – für sich alleine betrachtet – die Wahlbeteiligung durchaus negativ beeinflusst. Dies zeigt sich auch in unseren Daten.

Tabelle 3.3.1-9 gibt die Wahlbeteiligung der verschiedenen Politikerorientierungstypen an, die wir im Kapitel 2.2 unterschieden haben. Unter denjenigen Bürgern, die der politischen Führungsspitze mit pauschaler Begeisterung bzw. wenigstens mit Wohlwollen gegenüberstehen, finden sich wenig Nichtwähler. Höher ist der Nichtwähleranteil bei den Skeptikern, und unter den Verdrossenen, die kein einziges Mitglied der politischen Führungsspitze positiv beurteilen, wollen zwei Fünftel nicht zur Wahl gehen.

---

29 Diese These wird insbesondere von Feist (1992a, b, 1994a, b) und Eilfort (1994, 1995) vertreten.
30 Vgl. Falter/Schumann 1993, 1994, Gabriel/Völkl 2004, Kaase/Bauer-Kaase 1998, Kleinhenz 1995, 1996, Klingemann/ Lass 1995a, Krimmel 1996, 1997, Rattinger/Krämer 1995, Renz 1997 und Schoen/Falter 2003.

Tab. 3.3.1-9: **Wahlbeteiligung nach Politikerorientierung 2003**
(Angaben in Prozent)[1]

	Verdrossenheit	Skepsis	Wohlwollen	Begeisterung
Ja	53	83	90	88
Nein	40	13	7	9
Weiß nicht/k.A.	7	4	3	4

1) Zu den Orientierungstypen vgl. Kapitel 2.2.
Quelle: eigene Berechnungen (FGW-Politbarometer).

Auch wenn die Orientierungen gegenüber den Parteien betrachtet werden, zeigt sich das gleiche Bild: Die Verdrossenen, die keine der im Bundestag vertretenen Parteien positiv bewerten, weisen einen wesentlich höheren Nichtwähleranteil auf als die anderen drei Orientierungstypen (vgl. Tabelle 3.3.1-10).

Tab. 3.3.1-10: **Wahlbeteiligung nach Parteienorientierung 2003**
(Angaben in Prozent)[1]

	Verdrossenheit	Skepsis	Wohlwollen	Begeisterung
Ja	60	88	90	85
Nein	33	10	7	13
Weiß nicht/k.A.	7	3	3	3

1) Zu den Orientierungstypen vgl. Kapitel 2.3.
Quelle: eigene Berechnungen (FGW-Politbarometer).

Schließlich bestätigen unsere Daten auch die in anderen Studien gefundene Beziehung zwischen der Wahlbeteiligung und der Zufriedenheit mit dem Funktionieren der Demokratie, also der Orientierung gegenüber der Performanzebene der politischen Ordnung (vgl. Kap. 2.4): Unter den mit dem Funktionieren der Demokratie unzufriedenen ist der Anteil der Nichtwähler mehr als doppelt so hoch wie unter den Zufriedenen (vgl. Tabelle 3.3.1-11). Allerdings ist die Zufriedenheit mit dem Funktionieren der Demokratie von Mitte der Siebziger- bis Ende der Achtzigerjahre nur unwesentlich zurückgegangen (vgl. Kapitel 2.4), sodass dieser Faktor allein für den deutlichen Rückgang der Wahlbeteiligung in diesem Zeitraum nur schwerlich verantwortlich gemacht werden kann. Zusammen mit der Parteibindung und der Wahlnorm liefert er jedoch eine plausible Erklärung dafür, dass die Wahlbeteiligung in Ostdeutschland systematisch geringer ist als in Westdeutschland (vgl. Tabelle 3.3.1-2), da in Ostdeutschland ein geringerer Teil der Bürgerinnen und Bürger eine Parteibindung aufweist (vgl. Kapitel 2.3), die Wahlnorm nicht so stark ausgeprägt ist (vgl. Tabelle 3.3.1-8) und eine deutlich größere Unzufriedenheit mit dem Funktionieren der Demokratie herrscht als im Westen (vgl. Kapitel 2.4).

Tab. 3.3.1-11: Wahlbeteiligung nach Demokratiezufriedenheit 2003
(Angaben in Prozent)

	Eher unzufrieden	Eher zufrieden
Ja	77	90
Nein	18	8
Weiß nicht/k.A.	5	3

Quelle: eigene Berechnungen (FGW-Politbarometer).

Bisher wurden ausschließlich bivariate Beziehungen betrachtet, indem jeweils eine Erklärungsvariable mit der Wahlbeteiligung in Beziehung gesetzt wurde. Um die Krisenthese mit der Annahme der zunehmenden Verbreitung der ‚Nichtwähler neuen Typs' empirisch zu überprüfen, müssen jedoch die politische Unzufriedenheit und das politische Interesse in ihrer Auswirkung auf das Wahlverhalten gemeinsam betrachtet werden, denn die Nichtwähler neuen Typs werden als „gut gebildete, materiell abgesicherte gut informierte, stark interessierte und politisch selbstbewusste, aber mit den Ergebnissen der Politik und mit den Parteien und Politikern unzufriedene Bürger" charakterisiert, die Politik „an neuen Maßstäben messen" und auf „eine Diskrepanz zwischen ihren Erwartungen und dem Output des politischen Systems durch verschiedene Arten von Protest" reagieren (Gabriel/Völkl 2004: 12). Neuere Analysen zeigen, dass „das Phänomen des politisierten, unzufriedenen Nichtwählers in Teilen der Literatur überschätzt" wird. „Zar gibt es in Deutschland den Typ des politisch interessierten, nicht vertrauenden Nichtwählers, jedoch bildet diese Gruppe innerhalb der Nichtwählerschaft nur eine Minderheit insbesondere in Westdeutschland. Noch schwerer wiegt allerdings der Umstand, dass sich die Kombination von politischem Interesse und Unzufriedenheit bei den Wählern ebenso häufig findet wie bei den Nichtwählern" (Gabriel/Völkl 2004: 21).

Bezieht man eine ganze Reihe möglicher Erklärungsfaktoren der Nichtwahl gleichzeitig in die Analyse ein, so zeigen die neuesten Analysen, dass von den bisher betrachteten Faktoren vor allem das politische Interesse, die internalisierte Wahlnorm und eine starke Parteibindung eine eigenständige Wirkung auf die Wahlbeteiligung entfalten (Schoen/Falter 2003: 38, Gabriel/Völkl 2004: 18).

Die bisherigen Ansätze können – mehr oder weniger gut – erklären, warum Bürger den Wahlen generell fernbleiben. Mit der Erklärung von systematischen Wahlbeteiligungsunterschieden je nach Wahlebene – Bundestags-, Landtags-, Europa-, Kommunalwahlen – und insbesondere von Unterschieden zwischen zeitnah abgehaltenen Wahlen der gleichen Ebene tun sie sich jedoch schwer. Hier setzt eine dritte theoretische Sichtweise an, die die Entscheidungssituation des Wählers bei einer spezifischen Wahl in den Mittelpunkt stellt: der Rational-Choice-Ansatz[31]. Diese Theorietradition beschäftigt sich generell mit dem Handeln rationaler Akteure, wobei die enge Version das Handeln ausschließlich über die objektiv messbare Ressourcenausstattung der Akteure und die jeweils vorliegenden Handlungsrestriktionen zu erklären sucht[32], während die weite, eher sozialpsychologisch orientierte Version, auf die wir uns hier stützen, die subjektiven Wahrnehmungen, Wertorientierungen und Präferenzen der Akteure mit einbezieht (Opp 1999).

Die Grundannahme dieses Ansatzes zur Erklärung der Wahlbeteiligung ist: „Ein rationaler Wähler geht dann und nur dann zur Wahl, wenn der Nutzen, den er sich aus seiner Teilnahme an der Wahl verspricht, die ihm dabei entstehenden Kosten übersteigt" (Feld/Kirchgässner 2001: 415)[33].

Beim Aufwand oder den Kosten der Wahl lässt sich zwischen Entscheidungs-, Beteiligungs- und Opportunitätskosten unterscheiden. Die Entscheidungskosten ergeben sich daraus, dass der Wähler Zeit und andere Ressourcen aufwenden muss, um sich über das politische Angebot der verschiedenen Parteien zu informieren, wenn er keine zufällige Entscheidung treffen will. Die Beteiligungskosten umfassen vor allem die Transportkosten zum Wahllokal. Zudem muss für den Wahlakt Zeit aufgewendet werden, wodurch dem Wahlberechtigten so genannte Opportunitätskosten in Form des Nutzens entstehen, der ihm dadurch entgeht, dass er an der Wahl teilnimmt, statt die hierfür benötigte Zeit für andere Handlungsalternativen zu verwenden. Da in Deutschland Wahlen an Sonntagen stattfinden und die für den Wahlakt aufzuwendende Zeit wegen der Menge der Wahl-

---

31 Zur Begründung dieses Ansatzes in der Politikwissenschaft vgl. Downs 1957.
32 In Deutschland z.B. vertreten durch Zintl 1989, 1994.
33 Zur Erklärung der Wahlbeteiligung in Deutschland anhand dieses Ansatzes vgl. z.B. die Arbeiten von Kühnel 2001, Kühnel/Fuchs (1998, 2000) und Kirchgässner u. a. (Feld/Kirchgässner 2001, Kirchgässner 1990, Kirchgässner/Schneider 1979, Kirchgässner/Meyer zu Himmern 1994), auf die sich die folgende Argumentation stützt.

lokale relativ gering ist, sind diese Kosten allerdings als gering zu veranschla-gen[34]. Auch die Entscheidungskosten können relativ niedrig gehalten werden, z.b. durch Orientierungen an Erfahrungen mit Parteien und Politikern in der Ver-gangenheit, ideologische Orientierungsschemata wie die Links-Rechts-Dimension oder Bewertungen von Politikern aufgrund ihres Aussehens bzw. Auftretens[35].

Den Kosten einer Wahlteilnahme steht ihr erwarteter Nutzen gegenüber, der zunächst einmal aus dem Nutzengewinn besteht, den der Wähler dadurch erhält, dass die von ihm bevorzugte Partei die Wahl gewinnt. Ein solcher Nutzengewinn setzt natürlich voraus, dass der Wähler eine Partei (oder zumindest eine Gruppe von Parteien) bei einer bestimmten Wahl eindeutig bevorzugt, was sich in Form einer klaren Präferenz für einen der Spitzenkandidaten und/oder in Form einer eindeutigen Zuweisung von Problemlösungskompetenzen an eine bestimmte Partei äußern kann. Wenn alle Kandidaten und Sachkompetenzen der Parteien vollkommen gleich beurteilt werden, gibt es keinerlei Anlass, zur Wahl zu ge-hen[36].

Den Nutzen aus der Tatsache, dass die von ihm präferierte Partei die Wahl gewinnt, muss ein rationaler Akteur jedoch mit der Wahrscheinlichkeit gewich-ten, dass seine eigene Stimme die Wahl entscheidet und damit der Nutzengewinn durch die eigene Handlung beeinflusst wird. Wenn diese Wahrscheinlichkeit gegen Null geht, weil die von ihm präferierte Partei auf jeden Fall auch ohne seine Stimme gewinnt, erreicht er seinen Nutzengewinn auch ohne eigenes Zutun; wenn sie gegen Null geht, weil die favorisierte Partei trotz seiner Stimme gar nicht gewinnen kann, kann sein Nutzengewinn auf keinen Fall realisiert werden. Bei Abstimmungen mit einer großen Zahl von Teilnehmern – bei der Bundes-tagswahl 2002 gab es über 61 Millionen Wahlberechtigte – ist die Wahrschein-lichkeit, dass eine einzelne Stimme den Ausschlag gibt, äußerst gering. Damit tendiert der mit dieser Wahrscheinlichkeit gewichtete erwartete Nutzen gegen Null. Auch bei geringen Kosten dürften diese somit den Nutzen übersteigen, sodass sich eigentlich niemand an einer Wahl beteiligen dürfte[37]. Der Rational-Choice-Ansatz sieht sich daher mit dem ‚Paradox des Wählens‘ konfrontiert, d.h.

---

34 Diese Annahme wird durch eine Landtagswahlstudie in Nordrhein-Westfalen 1995 bestätigt. Auf die Frage, ob die Teilnahme an der anstehenden Landtagswahl sie von wichtigeren Dingen abhalte, antworteten 92 Prozent der Befragten, dies träfe überhaupt nicht zu (Kühnel/Fuchs 1998: 332).

35 Vgl. hierzu z.B. die Analyse der Bundestagswahl 1990 von Fuchs/Kühnel (1994).

36 Daher nehmen Personen, die einen der Spitzenkandidaten eindeutig präferieren oder einer Partei eine hohe Sachkompetenz zuschreiben, „deutlich häufiger an der Wahl teil", als Bürger, die sich im personellen und inhaltlichen Angebot der Parteien nicht wiederfinden (Schoen/Falter 2003: 37).

37 Wenn niemand zur Wahl geht, wäre es für den einzelnen Wähler wieder lohnend, doch zur Wahl zu gehen, weil dann seine Stimme die Wahl entscheidet. Je mehr Wähler jedoch dieser Überlegung folgen, desto geringer wird für den Einzelnen wieder die Wahrscheinlichkeit, die wahlentschei-dende Stimme abzugeben, und damit der Anreiz, wählen zu gehen.

mit dem Widerspruch zwischen der durch seine theoretischen Annahmen hergeleiteten Schlussfolgerung, dass für einen rationalen Akteur das Nichtwählen die bessere Handlungsalternative zu sein scheint, und der empirisch beobachtbaren Tatsache, dass die überwiegende Mehrheit der Bürgerinnen und Bürger dennoch wählen geht[38].

Will man aus diesem Dilemma nicht den Schluss ziehen, die gesamte Rational-Choice-Theorie sei unangemessen bzw. die Wahlbeteiligung falle nicht in ihren Anwendungsbereich, so bleibt als Alternative, die Annahmen über die Handlungsmotive und Kalkulationsgrundlagen rationaler Akteure gegenüber dem klassischen Ansatz auszuweiten, was auf vielfältige Weise geschehen ist.

Das Paradox des Wählens kann nur aufgelöst werden, wenn die Stimme des einzelnen Wählers größere Bedeutung auf den Wahlausgang hat als bisher angenommen, sodass das Produkt aus Entscheidungswahrscheinlichkeit und erwartetem individuellem Nutzengewinn durch den Wahlgewinn der präferierten Partei deutlich größer als Null wird, oder wenn dem Wähler durch die Wahlteilnahme ein zusätzlicher Nutzen entsteht, der gar nicht vom Ausgang der Wahl abhängig ist.

Objektiv besitzt eine einzelne Stimme eine praktisch zu vernachlässigende Wahrscheinlichkeit, den Wahlausgang zu entscheiden. In das Handlungskalkül des Wählers geht jedoch nicht diese Größe ein, sondern seine subjektive Einschätzung der Wichtigkeit seiner eigenen Stimme, und die könnte durchaus höher ausfallen – gerade auch weil in der Mobilisierungsphase vor der Wahl die Medien und Parteien die Wichtigkeit jeder einzelnen Stimme betonen. Eine höhere subjektive Entscheidungswahrscheinlichkeit dürfte insbesondere dann gegeben sein, wenn ein knapper Wahlausgang erwartet wird, sodass die Knappheit des Wahlausgangs eine weitere wichtige Einflussgröße darstellt.

Auch bei knappem Wahlausgang ist – von extremen Ausnahmefällen wie der Bundestagswahl 2002 abgesehen[39] – die objektive Entscheidungswahrscheinlichkeit einer einzelnen Stimme zumindest bei nationalen Wahlen in der Realität jedoch sehr gering. Eine wesentlich höhere subjektive Wahrscheinlichkeit anzunehmen, hieße dem rationalen Wähler eine realitätsferne Einschätzung zu unterstellen. Allerdings kann die perzipierte Wichtigkeit, die seine Stimme für den Wähler hat, auch noch anders interpretiert werden, nämlich in Richtung des Ausmaßes an politischem Einfluss, den der Wähler durch das Wählen zu haben glaubt. Dieser Einfluss muss „nicht im Sinne einer Entscheidung des Wahlausgangs durch die eigene Stimme gedeutet werden, wohl aber im Sinne der Koope-

---

38 Dieses Paradox wird von Kritikern als zentrales Beispiel für die ‚Pathologien' des Rational-Choice-Ansatzes angesehen (vgl. Green/Shapiro 1994; ähnlich in Deutschland: Mensch 1996).
39 Bei dieser Wahl trennten die beiden großen Parteien nur 6000 Stimmen.

ration bei der Herstellung eines (politischen) Kollektivguts" (Kühnel 2001: 40), weil die Wähler wissen, dass sie ihr politisches Ziel nur gemeinsam mit anderen Wählern erreichen können.

Eine weitere Möglichkeit, das Dilemma aufzulösen, ist die Einführung einer zusätzlichen, vom Wahlausgang unabhängigen Nutzenkomponente, d.h. eines Nutzens, der immer – und nur – dann anfällt, wenn sich ein Akteur an einer Wahl beteiligt, und zwar unabhängig davon, ob die von ihm präferierte Partei die Wahl gewinnt oder nicht. Für die Realisierung dieses Nutzens spielt daher die Höhe der Wahrscheinlichkeit, mit der eigenen Stimme die Wahl zu entscheiden, keine Rolle. Ein solcher Nutzen kann bestehen in[40]

- der Vermeidung von Sanktionen, die dem Akteur bei Nichtteilnahme an der Wahl drohen. So sehen z.B. Länder mit Wahlpflicht unterschiedliche – allerdings sehr moderate – Sanktionen bei einer Nichtteilnahme vor. Zudem kann ein mit möglichen Sanktionen verbundener Teilnahmedruck von wichtigen Bezugspersonen bzw. Bezugsgruppen des Akteurs ausgehen;
- dem langfristigen Nutzengewinn, der durch die Existenz und Aufrechterhaltung eines demokratischen Systems gegeben ist;
- der Befriedigung, die das Befolgen einer verinnerlichten Wahlnorm verschafft;
- der Befriedigung, durch das Wahlverhalten die eigenen politischen Vorstellungen zum Ausdruck bringen zu können (expressiver Nutzen).

Die – trotz des Rückgangs immer noch hohen – Wahlbeteiligungsraten in Deutschland lassen keinen Zweifel daran, dass die vom Wahlausgang unabhängige Nutzenkomponente einen Einfluss auf die Wahlbeteiligung hat. Es ist zu vermuten, dass dieser Einfluss umso größer ist, je mehr Bedeutung die Wähler – und/oder ihre Bezugsgruppen – einer bestimmten Wahl zumessen. Empirisch nachgewiesen ist, dass die Bevölkerung eine klare Abstufung der perzipierten Wichtigkeit der verschiedenen Wahlebenen vornimmt, wobei die Bundesebene an der Spitze steht, gefolgt von der Landes- und Kommunalebene, und die europäische Ebene das Schlusslicht bildet (Roth 1992). Die Wahlbeteiligungsraten bei den Wahlen auf diesen unterschiedlichen Ebenen entsprechen exakt dieser Rangfolge (vgl. Abbildung 3.3.1-1), d.h. die Einschätzung der Wichtigkeit einer Wahl durch die Bürgerinnen und Bürger ist ein wesentlicher Faktor zur Erklärung der Wahlbeteiligung.

Mehr oder weniger wichtig ist eine Wahl aber nicht nur für die Bürger, sondern auch für die politischen Akteure, d.h. die Parteien und Kandidaten. Auch deren Aufwand zur Wählermobilisierung wird umso größer sein, je bedeutsamer

---

40 Vgl. hierzu z.B. Brennan/Lomasky 1993, Downs 1957, Riker/Ordeshook 1968 und die Zusammenfassung bei Kühnel/Fuchs 2000.

für sie diese Wahl ist. Für die politischen Akteure ist aber nicht nur entscheidend, wie wichtig die Wahl ist, sondern vor allem, welchen Einfluss ihre Aktivitäten auf das Wahlergebnis haben können, und dies hängt von der erwarteten Knappheit des Wahlausgangs ab: Je offener das Rennen ist, desto eher werden die politischen Akteure „an die staatsbürgerlichen Pflichten ihrer Wähler appellieren und desto mehr werden sie auch bereit sein, für diese die Kosten der Wahlbeteiligung zu reduzieren" (Feld/Kirchgässner 2001: 417), d.h.: Sowohl die vom Wahlausgang unabhängige Nutzenkomponente als auch die Kosten der Wahlteilnahme für die Bürger sind von der erwarteten Knappheit des Wahlausgangs abhängig, und zwar deshalb, weil die politischen Akteure sich bei knappem Wahlausgang mehr um die Mobilisierung ihrer Wähler bemühen werden[41].

Durch die Ausweitung der klassischen Annahmen des Rational-Choice-Ansatzes lässt sich das Paradox des Wählens tendenziell auflösen, sodass diese Theorie durchaus einen Beitrag zur Erklärung der Wahlbeteiligung zu leisten vermag. Die Umsetzung einiger ihrer theoretischen Konzepte in konkrete Forschungsinstrumente ist jedoch noch nicht optimal gelungen[42], was ihrem Beitrag zur empirischen Analyse der Wahlbeteiligung in Deutschland momentan noch Grenzen setzt. Ein wesentlicher Verdienst dieses Ansatzes ist jedoch das Abstellen auf die spezifische Entscheidungssituation bei jeder einzelnen Wahl. Damit rückt der temporäre Nichtwähler in den Mittelpunkt der Analyse, der seine Teilnahmeentscheidung rational-abwägend von Wahl zu Wahl neu – und je nach dem jeweiligen Nutzen/Kosten-Verhältnis unterschiedlich – trifft, während vor allem der politikferne, aber auch der protestierende Nichtwähler eher permanente Nichtwähler sind.

---

41 Zum empirischen Nachweis des Einflusses der erwarteten Knappheit des Wahlausgangs auf die Höhe der Wahlbeteiligung vgl. Feld/Kirchgässner 2001, Kirchgässner 1990, Kirchgässner/Schneider 1979 und Kirchgässner/Meyer zu Himmern 1994.

42 Vgl. die Probleme bei der Operationalisierung der subjektiven Entscheidungswahrscheinlichkeit (Anm. 35). Andere Beispiele sind die Schwierigkeit, sauber zwischen langfristigem Beteiligungsnutzen, von außen herangetragener und verinnerlichter Wahlnorm zu unterscheiden, sowie die unterschiedlichen Sichtweisen bei der Operationalisierung des expressiven Wählens (so werden z.B. klassische Einflussfaktoren des sozialpsychologischen Ansatzes der Wahlforschung – die Parteiidentifikation und die Sachthemenorientierungen – von Kühnel/Fuchs 1998 als Indikatoren für expressiven Nutzen verwendet, während Brennan/Lomasky 1968 darauf hinweisen, dass diese Indikatoren sowohl als Hilfsgrößen für instrumentellen wie auch für expressiven Nutzen gedeutet werden können.

3.3.2 Parteibezogene Aktivitäten

Über die Teilnahme an Wahlen hinausgehend, stellt die Mitgliedschaft und aktive Mitarbeit in politischen Parteien die traditionelle, im Grundgesetz, dem Parteiengesetz und den Parteistatuten institutionalisierte Form politischer Mitwirkung der Bevölkerung dar[1]. Zu den innerparteilichen Aktivitäten der Bürgerinnen und Bürger liegen jedoch nur relativ wenige Daten in Form bundesweiter Parteimitgliederbefragungen vor, die es insbesondere nicht erlauben, Entwicklungen über längere Zeiträume hinweg abzubilden[2]. Aus den Analysen zur innerparteilichen Partizipation bis Anfang der Neunzigerjahre kann abgeleitet werden, dass etwa ein Fünftel bis ein Viertel der Parteimitglieder mehr oder minder aktiv am Parteigeschehen teilnahmen (Niedermayer 1993). Daran hat sich auch in neuerer Zeit nichts geändert: Im Jahre 1998 gaben vier von zehn Mitgliedern der im Bundestag vertretenen Parteien an, keinerlei Zeit für die Partei aufzubringen, und von denjenigen, die Zeit für die Partei aufbrachten, gab über die Hälfte einen Zeitaufwand von unter 5 Stunden im Monat an (Heinrich/Lübker/Biehl 2002: 27ff.). Zu beachten ist zudem, dass bei Weitem nicht jede innerparteiliche Aktivität als politische Partizipation angesehen werden kann, da Parteien für ihre Mitglieder auch andere – z.B. soziale – Funktionen erfüllen, auf die sich die innerparteilichen Aktivitäten beziehen können. Eine detaillierte Analyse des Aktivitätsprofils ergab, dass „die wenigsten Mitglieder Beteiligungsofferten an(nehmen), die mit einer kontinuierlichen Mitarbeit verbunden sind" (Heinrich/Lübker/Biehl 2002: 31).

Die Beweggründe für das Engagement in einer Partei sind vielfältig. Im Rahmen einer systematischen Klassifikation von Motiven (Niedermayer 1989: 130ff.) können zunächst expressive und instrumentelle Motive unterschieden werden. Bei den expressiven Motiven besitzt die Parteibindung selbst einen Eigenwert,

---

1 Vgl. die Ausführungen am Anfang dieses Kapitels.
2 CDU-Mitgliederbefragungen wurden 1977 und 1992/1993 vom Sozialwissenschaftlichen Forschungsinstitut der Konrad-Adenauer-Stiftung durchgeführt (vgl. Falke 1982, Veen/Neu 1995 und Bürklin/Neu/Veen 1997). SPD-Befragungen wurden 1977 und 1991 (in den alten Bundesländern) durchgeführt. Zu beiden Umfragen steht nur internes Material zur Verfügung. Die FDP führte 1977 eine Mitgliederbefragung durch (vgl. Michael Buse, Ergebnisse der Mitgliederbefragung vom Februar 1977, FNS-Inland, Wissenschaftlicher Dienst, 3.5.1977). Mitgliederbefragungen der CSU existieren nicht. Die PDS-Mitgliedschaft wurde 1991 und 2000 untersucht (vgl. Institut für Sozialdatenanalyse 1991, Chrapa/Wittich 2001). Im Jahre 1998 wurden im Rahmen eines von Wilhelm P. Bürklin geleiteten Projekts die Mitglieder der CDU, SPD, CSU, FDP, der Grünen und der PDS befragt (für eine Kurzfassung des Abschlussberichts vgl. Heinrich/Lübker/Biehl 2002, zur Sozialstruktur und den Bindungsmotiven der Mitglieder vgl. Biehl 2004). Neben diesen bundesweiten Mitgliederumfragen existiert eine ganze Reihe lokaler und regionaler Befragungen (vgl. die Zusammenstellung bis Ende der Achtzigerjahre bei Niedermayer 1989, an neueren regionalen Analysen vgl. z.B. Boll/Holtmann 2001, Hallermann 2003 und Patzelt/Algasinger 1996.

die instrumentellen Motive sind durch einen Mittelcharakter der Parteibindung gekennzeichnet, d.h. das Engagement in einer Partei wird als Instrument zur Erreichung individueller Zwecke angesehen. Expressive Motive lassen sich nach der Quelle des Eigenwerts der Bindung weiter differenzieren in affektive und normative Motive, bei den instrumentellen Motive können nach der Art der damit angestrebten Zwecke politische und materielle Motive unterschieden werden. Ob sich die Motive für das Engagement in Parteien im Zeitablauf systematisch in der Weise verändert haben, dass die traditionelle Sicht der Partei als politische Lebensgemeinschaft, in der man sich gesinnungs- und gefühlsmäßig aufgehoben fühlt, zugunsten einer instrumentellen Sicht der Partei als politischer Zweckorganisation an Bedeutung verliert, wird in der Forschung kontrovers diskutiert[3].

Im Vergleich zur innerparteilichen Partizipation ist die Entwicklung und soziale Zusammensetzung der Parteimitgliedschaften über die Zeit hinweg besser dokumentiert[4]. Die folgende Abbildung gibt die Mitgliederentwicklung der relevanten Parteien bis 1989 wieder[5]. Es wird deutlich, dass die Hochzeit der Mitgliederrekrutierung in der alten Bundesrepublik für die beiden großen Parteien zum einen in den ersten Nachkriegsjahren und zum anderen in der Zeitspanne von Ende der Sechziger- bis zur Mitte der Siebzigerjahre lag.

In der SPD der unmittelbaren Nachkriegszeit schien sich der vom Parteivorsitzenden Kurt Schumacher vehement geforderte Neubeginn in Form einer sozialen und mentalen Öffnung anzubahnen, und die Mitgliederzahlen schnellten in die Höhe (Lösche/Walter 1992). Die Partei zog so unterschiedliche Gruppen wie wirtschaftlich benachteiligte Flüchtlinge und Teile der Jugend an und diente manchem auch als Karrierevehikel. Bald machte sich jedoch erneut der Weimarer ‚Stallgeruch' breit, der das Parteileben für neue, insbesondere jüngere Mitglieder wenig attraktiv erscheinen ließ. Zudem verließen viele Flüchtlinge nach der Zulassung von Vertriebenenparteien die SPD wieder, und auch inhaltlich-programmatisch wirkte die Partei in dieser Zeit auf potenzielle Mitglieder nicht gerade anziehend. Der Verlust eines Drittels der Mitgliedschaft zwischen 1947/48 und Mitte der Fünfzigerjahre war daher sicherlich nicht nur auf Parteiaustritte aus finanziellen Motiven im Zuge der Auswirkungen der Währungsreform zurückzuführen. Das nächste Jahrzehnt war durch mäßige Veränderungen geprägt, von

---

3 Vgl. z.B. Biehl 2004, Boll 2001, Bürklin/Neu/Veen 1997 und Niedermayer 2002b.
4 Zum Folgenden vgl. auch Gabriel/Niedermayer 2002 sowie Niedermayer 2001, 2005b und 2005c.
5 Lückenlose Mitgliederzahlen (jeweils zum 31.12. eines jeden Jahres) für alle relevanten Parteien liegen erst ab Mitte der Sechzigerjahre vor. Die Daten vor 1990 sind zu finden in Boyer/Kössler 2005, Franz/Gnad 2005 und Gnad u.a. 2005. Für den Zeitraum ab 1990 wurde die Dokumentation von Parteimitgliederdaten verwendet, die der Verfasser in Zusammenarbeit mit den Parteigeschäftsstellen erstellt und zusammengefasst jährlich im Heft 2 der Zeitschrift für Parlamentsfragen publiziert (zu den neuesten Daten vgl. Niedermayer 2005b). Zudem werden zusätzliche Daten und Schaubilder im Internet verfügbar gemacht (Niedermayer 2005c).

Ende 1968 bis Ende 1976 jedoch konnte die Partei ihre Mitgliederzahl um 40 Prozent steigern. In dieser Zeit gelang ihr der Durchbruch zur Volkspartei, die sozialliberale Koalition von 1969 wurde als Aufbruchsignal in eine von Reformen geprägte Zukunft angesehen, und die SPD konnte aus bis dahin nicht angesprochenen Schichten (Anhänger der APO, die den ‚Marsch durch die Institutionen' antraten, Vertreter der neuen Mittelschichten, welche die SPD als Partei der Modernisierung ansahen) neue Mitglieder gewinnen. Die weitaus meisten Neuzugänge waren anlässlich der vorgezogenen Bundestagswahl von 1972 zu verzeichnen, bei der die SPD durch das angezielte Vertrauensvotum für Willy Brandt und die thematische Ausrichtung auf die neue Ostpolitik die Bevölkerung extrem mobilisieren konnte.

Abb. 3.3.2-1:   Mitgliederentwicklung der Parteien 1946-1989
(Anzahl der Mitglieder, Stand jeweils 31.12.)

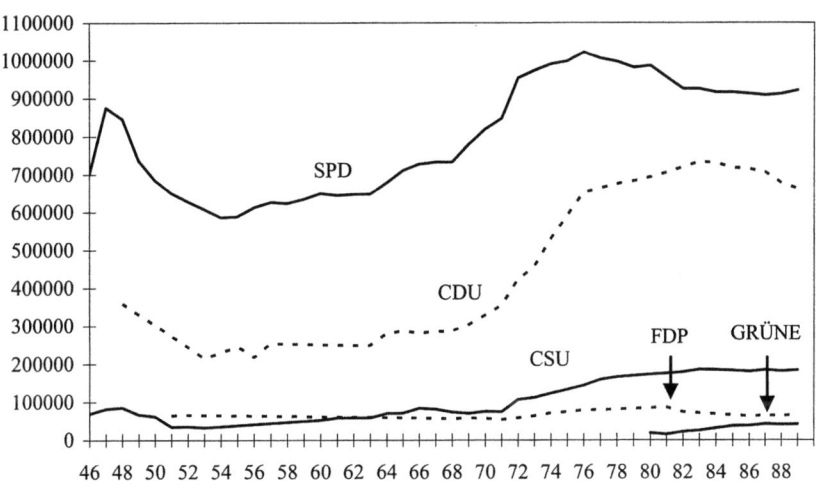

Quelle: Niedermayer 2005c: 14.

Auch für die CDU wird im Vergleich zwischen 1948 und den für die Mitte der Fünfzigerjahre vorliegenden Zahlen ein Mitgliederrückgang von etwa einem Drittel deutlich. Die Mitgliederschwäche in den Fünfzigerjahren wird auch dort auf die Folgen der Währungsreform zurückgeführt, daneben spielen aber auch die traditionelle Parteienaversion bürgerlicher Schichten, die geringen innerparteilichen Partizipationsmöglichkeiten und die Abschottungstendenzen lokaler Honoratioren- bzw. Milieuparteiorganisationen eine wesentliche Rolle (Schönbohm 1985). Erst nach dem Machtverlust von 1969 leitete die CDU eine umfassende Modernisierung und Parteireform ein, die mit einem erheblichen Mitgliederzuwachs einherging: Von Ende 1969 bis Ende 1976 konnte die Partei ihre Mitgliedschaft weit mehr als verdoppeln. Während die CDU noch bis in die Achtzigerjahre hinein Mitgliederzuwächse verzeichnen konnte, dann jedoch einen Rückgang hinnehmen musste, verlor die SPD schon ab der zweiten Hälfte der Siebzigerjahre an Mitgliedern.

Bei den kleinen Parteien konnte die CSU in der unmittelbaren Nachkriegszeit ihre Mitgliedschaft deutlich steigern, verlor jedoch im Rahmen der von paralysierenden Flügelkämpfen und innerer Rebellion geprägten Parteikrise, die engstens mit dem rapiden Aufschwung der 1946 gegründeten Bayernpartei verbunden war, von 1948 bis 1951 fast 60 Prozent ihrer Mitglieder (Mintzel 1986a, 1986b). Nach einer wechselvollen Entwicklung in den nächsten beiden Jahrzehnten profitierte auch die CSU von der allgemeinen Mobilisierungsphase Ende der Sechziger- bis Mitte der Siebzigerjahre. Sie konnte von Ende 1971 bis Ende 1977 ihren Mitgliederstand mehr als verdoppeln, verzeichnete noch bis etwa Mitte der Achtzigerjahre permanent Zuwächse und verlor danach nur geringfügig an Mitgliedern. Die Mitgliederentwicklung der FDP ist geprägt von den beiden Koalitionswechseln (Dittberner 1987). Im Zuge ihrer ersten koalitionspolitischen Umorientierung von der CDU/CSU zur SPD verlor die Partei einen Großteil der dem nationalliberalen Flügel zuzurechnenden Mitglieder, was aber durch einen Zustrom von Neumitgliedern zum Teil kompensiert wurde, so dass die Partei zwischen 1970 und 1971 insgesamt 8 Prozent ihrer Mitglieder einbüßte. Danach zeigte sich ein deutlicher Aufwärtstrend, der Bruch der sozialliberalen Koalition und der erneute Wechsel zur Koalition mit der CDU/CSU kostete die Partei jedoch allein 1982 ein Siebtel ihrer Mitgliedschaft, und bis Ende 1986 hatte sie weit mehr als ein Viertel ihrer Mitglieder verloren.

Die Grünen, in ihrer Gründungsphase 1979/80 eine links-rechts übergreifende Sammlungspartei, verloren durch die Abspaltung der konservativen Kräfte zunächst an Mitgliedern (Klotzsch/Stöss 1986), konnten ihre Mitgliedschaft in den bewegungsintensiven Jahren bis 1987 dann jedoch weit mehr als verdoppeln. Auch sie verzeichneten 1988 allerdings einen Mitgliederrückgang.

Insgesamt mussten, gemessen an ihrem jeweiligen Mitgliederhöchststand[6], bis zum Ende der alten Bundesrepublik alle Parteien Mitgliederverluste hinnehmen: CDU und SPD verloren jeweils etwa ein Zehntel, die FDP fast ein Viertel, die Grünen drei und die CSU ein Prozent ihrer Mitglieder.

---

6   SPD 1976: 1.022.191, CDU 1983: 734.555, CSU 1983: 185.428, FDP 1981: 86.073, Grüne 1987: 42.419.

Der Beitritt der DDR-Parteien bzw. ihrer Landesverbände zu ihren bundesdeutschen Schwesterparteien ab August 1990, durch den die staatliche Vereinigung auf der Parteienebene vorweggenommen wurde (Niedermayer/Stöss 1994), bescherte allen Parteien – mit Ausnahme der auf Bayern begrenzten CSU – mehr oder minder große Mitgliederzuwächse, die jedoch bald wieder aufgezehrt waren (vgl. die Tabellen 3.3.2-1 bis 3.3.2-3):

Tab. 3.3.2-1: Mitgliederentwicklung der Parteien seit 1990
(Stand jeweils 31.12.)

	CDU[1]	SPD[2]	CSU	FDP	GRÜNE[3]	PDS[4]
1990	(658.411)	943.402	186.198	178.625	41.316	280.882
1991	751.163	919.871	184.513	137.853	38.873	172.579
1992	713.846	885.958	181.757	103.488	36.320	146.742
1993	685.343	861.480	177.289	94.197	39.761	131.406
1994	671.497	849.374	176.250	87.992	43.899	123.751
1995	657.643	817.650	179.647	80.431	46.410	114.940
1996	645.786	792.773	179.312	75.038	48.034	105.029
1997	631.700	776.183	178.457	69.621	48.980	98.624
1998	626.342	775.036	179.520	67.897	51.812	94.627
1999	638.056	755.066	181.873	64.407	49.488	88.594
2000	616.722	734.667	178.347	62.721	46.631	83.475
2001	604.135	717.513	177.036	64.063	44.053	77.845
2002	594.391	693.894	177.667	66.560	43.881	70.805
2003	587.244	650.798	176.950	65.192	44.052	65.753
2004	579.526	605.807	172.855	64.146	(44.344)	(61.567)

1) Am 31.12.1990 waren erst wenige ostdeutsche Mitglieder in der Zentralen Mitgliederkartei der CDU erfasst, die Erfassung wurde im September 1991 abgeschlossen. Verlässliche Zahlen liegen daher erst zum 31.12.1991 vor. Die Veränderung wird somit seit 1991 angegeben.
2) Durch EDV-Umstellung Anfang 1998 sind insges. 5240 Mitglieder verlorengegangen.
3) 1993 Vereinigung mit Bündnis 90; 2004: vorläufige Zahlen.
4) 1990 bestanden noch keine westdeutschen Landesverbände; Schätzung der westdeutschen Mitgliederzahl (etwa 600); Daten für 2004 sind vorläufig.
Quelle: Niedermayer 2005b: 384; PDS 2004: vom PDS-Parteivorstand zur Verfügung gestellt.

Die FDP gewann durch die Vereinigung prozentual am meisten hinzu, verlor jedoch von 1990 bis 2004 in Ostdeutschland über neun Zehntel und im Westen fast ein Viertel ihrer Mitglieder, sodass sich ihre Mitgliedschaft insgesamt um fast zwei Drittel reduzierte und die Partei 2004 wieder unter ihren Mitgliederstand in Westdeutschland Ende 1989 gefallen ist.

Ganz anders verlief die Entwicklung bei der SPD: Der Zugewinn 1990 durch ihr Ost-Pendant hielt sich in engen Grenzen und im weiteren Verlauf bis 2004 konnte die Partei in Ostdeutschland ihre Mitgliedschaft leicht erhöhen, was allerdings nicht darüber hinwegtäuschen darf, dass die Partei ihre Organisationsaufbauprobleme und Rekrutierungsschwächen im Osten noch lange nicht überwunden hat: Mit 3.000-7.000 Mitgliedern bilden die ostdeutschen Landesverbände mit Abstand die mitgliederschwächsten regionalen Organisationseinheiten der Partei. Im Westen verlor die SPD allerdings im Zeitraum von 1990-2004 fast 37 Prozent ihrer Mitglieder, davon allein 13 Prozent in den Jahren 2003 und 2004, was mit hoher Wahrscheinlichkeit auf die Auseinandersetzungen um die Reform der sozialen Sicherungssysteme (insbesondere Hartz IV) zurückgeführt werden kann.

Die CDU konnte durch das Hinzukommen der neuen Bundesländer ihre Mitgliedschaft um etwa ein Sechstel steigern, verlor bis 2004 in den ostdeutschen Landesverbänden jedoch wieder über die Hälfte und in Westdeutschland fast ein Fünftel ihrer Mitglieder. Selbst die CSU verzeichnete seit 1990 deutlichere Verluste als in den Achtzigerjahren.

Den dramatischsten Mitgliederschwund musste jedoch die PDS hinnehmen. Während die SED gegen Ende der DDR-Zeit noch etwa 2,3 Mill. Mitglieder hatte, verzeichnete ihre Nachfolgepartei Ende 1990 einen Bestand von gut 280.000, der sich bis Ende 2003 um über drei Viertel reduzierte, sodass sie jetzt gesamtdeutsch weniger Mitglieder aufweist als die FDP. Dies liegt vor allem daran, dass die PDS im Westen zwar seit 1990 prozentual überall gewaltig zulegen konnte, absolut gesehen mit knapp 4.400 Mitgliedern (ohne Berlin) jedoch immer noch eine marginale Partei ist.

Die einzige Partei, die in der betrachteten Zeit gesamtdeutsch Mitgliederzuwächse verbuchen konnte, waren die Grünen. Trotz hoher prozentualer Zuwachsraten im Osten Deutschlands sind die Grünen mit 2.700 Mitgliedern in den neuen Bundesländern allerdings immer noch organisatorisch extrem schwach und präsentieren sich als mehr oder minder reine Westpartei.

Tab. 3.3.2-2: **Veränderung der Parteimitgliedschaften 1990 bis 2004**
(PDS: 1990-2003; Angaben in Prozent)

	CDU[1]	SPD	FDP	GRÜNE[2]	PDS[3]
Baden-Württemberg	-14,0	-32,3	-5,3	10,5	331,2
Bayern	-7,2	-31,5	-29,1	1,9	852,1
Berlin	-16,7	-38,2	-61,5	11,0	-79,3
Brandenburg	-47,9	18,6	-89,8	113,7	-74,5
Bremen	-6,4	-53,4	-37,0	17,9	220,0
Hamburg	-24,3	-45,7	-33,4	-41,4	234,3
Hessen	-19,8	-37,5	-19,3	-15,2	553,4
Mecklenburg-Vorpommern	-54,1	-2,8	-91,5	9,8	-77,2
Niedersachsen	-19,6	-32,3	-18,7	-1,5	196,4
Nordrhein-Westfalen	-21,5	-41,6	-20,9	13,7	1143,9
Rheinland-Pfalz	-22,8	-31,4	-4,7	14,7	987,0
Saarland	-15,1	-31,2	-54,0	120,2	400,0
Sachsen	-52,9	-19,4	-90,2	-8,5	-77,7
Sachsen-Anhalt	-57,9	-6,4	-90,3	44,1	-82,6
Schleswig Holstein	-16,5	-39,7	-23,6	-19,3	1147,4
Thüringen	-50,8	42,8	-92,2	16,8	-77,5
Gesamt (einschl. A. u. b.)	-22,8	-35,8	-64,1	7,3	-76,6
Ost (5 neue BL)	-52,9	4,4	-90,9	116,5	-77,9
West (einschl. Berlin)	-19,4	-36,8	-24,3	3,9	-70,6

1) Bayern: CSU; CDU: Neue Bundesländer und gesamt: Veränderung seit 1991 (1990 waren erst wenige ostdeutsche Mitglieder in der Zentralen Mitgliederkartei erfasst, die Erfassung wurde im September 1991 abgeschlossen. Verlässliche Zahlen liegen daher erst zum 31.12.1991 vor).
2) Sachsen: Veränderung seit 1993 (vorher kein LV).
3) Westdeutsche LV (ohne Berlin): Veränderung seit 1991, NS und HB seit 1994, da 1991 bis 1993 gemeinsamer LV. Veränderung West ohne Berlin seit 1991: 665,4%, Berlin seit 1990: -79,3%.
Quelle: Niedermayer 2005c: 8.

Tab. 3.3.2-3: **Parteimitglieder nach Bundesländern 2004**
(PDS 2003[1])

	CDU[2]	SPD	FDP	GRÜNE[3]	PDS
Baden-Württemberg	78.961	44.948	7.095	6.640	470
Bayern	172.855	79.728	4.529	6.085	457
Berlin	12.917	16.764	2.701	3.515	10.385
Brandenburg	7.148	6.785	1.612	624	10.894
Bremen	3.496	5.697	377	526	160
Hamburg	10.591	12.320	1.324	1.196	341
Hessen	51.377	75.726	6.264	3.755	477
Mecklenburg-Vorpommern	6.749	3.050	1.121	279	7.534
Niedersachsen	79.378	77.936	6.463	4.568	667
Nordrhein-Westfalen	183.529	167.547	16.337	10.249	1.219
Rheinland-Pfalz	55.532	49.879	5.124	2.242	250
Saarland	22.185	27.869	1.323	1.431	100
Sachsen	15.098	4.453	2.483	915	15.969
Sachsen-Anhalt	9.351	4.745	2.343	438	7.631
Schleswig Holstein	29.815	23.569	2.506	1.394	237
Thüringen	13.276	4.791	2.208	487	8.778
Ausland/bundesunmittelbar	123	-	336	-	184

1) Daten für 2004 bei Redaktionsschluss noch nicht vorhanden.
2) Bayern: CSU.
3) Vorläufige Zahlen.
Quelle: Niedermayer 2005b: 385.

Zur Beurteilung der gesellschaftlichen Verankerung der einzelnen Parteien, also des Ausmaßes, in dem die Parteien Mitglieder aus der Bevölkerung rekrutieren, ist ein alleiniges Abstellen auf die absoluten Mitgliederzahlen allerdings irreführend, weil

-   die regionalen Grundgesamtheiten, aus denen Parteimitglieder rekrutiert werden können, bei den einzelnen Parteien unterschiedlich sind, da die CDU nur außerhalb Bayerns und die CSU nur in Bayern agiert, während für die anderen Parteien die Wohnbevölkerung der gesamten Bundesrepublik als Rekrutierungsbasis dient;

- Unterschiede in der Rekrutierungsbasis zwischen den Parteien auch dadurch bestehen, dass die SPD das Beitrittsalter 1998 auf 14 Jahre herabgesetzt hat, während bei allen anderen Parteien die Bevölkerung ab 16 Jahren parteibeitrittsberechtigt ist;
- diese unterschiedlichen Grundgesamtheiten durch den demographischen Wandel, der den Altersaufbau der Bevölkerung verändert, im Zeitablauf variieren.

Um die Vergleichbarkeit sowohl zwischen den Parteien als auch über die Zeit hinweg herzustellen, ist es daher notwendig, die absoluten Mitgliederzahlen auf die durch die einzelnen Parteien zu einem bestimmten Zeitpunkt erreichbare Bevölkerungsgruppe zu beziehen, also die Rekrutierungsfähigkeit der einzelnen Parteien zu berechnen, indem die Parteimitglieder als Prozentsatz der jeweils Parteibeitrittsberechtigten ausgedrückt werden[7].

Insgesamt waren im Jahre 2003 2,27 Prozent der beitrittsberechtigten Bevölkerung Mitglied in einer der betrachteten Parteien, 1991 waren es noch 3,32 Prozent. Die Relationen zwischen den Parteien verändern sich gegenüber der Betrachtung der absoluten Zahlen wesentlich. Abbildung 3.3.2-2 macht deutlich, dass von allen Parteien die CSU die mit Abstand größte Rekrutierungsfähigkeit besitzt, also am stärksten gesellschaftlich verankert ist. Zudem verschieben sich die Gewichte bei den beiden Großparteien: In absoluten Zahlen ist die SPD immer noch die mitgliederstärkste Partei, in Bezug auf die Rekrutierungsfähigkeit wurde sie jedoch von der CDU schon 1999 überholt. Bei den drei kleinen Parteien bestanden 1990 wesentliche Unterschiede in der gesellschaftlichen Verankerung, die sich im Laufe der Zeit durch den dramatischen Rückgang der Rekrutierungsfähigkeit der FDP und der PDS jedoch weitgehend angeglichen haben: FDP und PDS liegen jetzt gleichauf, die Grünen haben noch eine etwas geringere Verankerung (vgl. Abbildung 3.3.2-3).

Betrachtet man die Rekrutierungsfähigkeit der Parteien in den einzelnen Bundesländern, dann zeigen sich die Mitgliederrekrutierungsprobleme einiger Parteien in Ostdeutschland noch deutlicher als bei dem Vergleich der absoluten Zahlen (vgl. Tabelle 3.3.2-4)[8].

---

7 Bei der SPD ist diese Bezugsgröße die Wohnbevölkerung der gesamten Bundesrepublik ab 14 Jahren (vor 1998: ab 16 Jahren), bei der CDU, der FDP, den Grünen und der PDS die Wohnbevölkerung der gesamten Bundesrepublik ab 16 Jahren und bei der CSU die Wohnbevölkerung Bayerns ab 16 Jahren.
8 Insgesamt ist der Prozentsatz an Parteimitgliedern (alle Parteien) im Westen fast doppelt so hoch (2,84) wie im Osten (1,47).

Abb. 3.3.2-2: Rekrutierungsfähigkeit: CSU, CDU und SPD seit 1990
(Parteimitglieder in Prozent der Parteibeitrittsberechtigten)

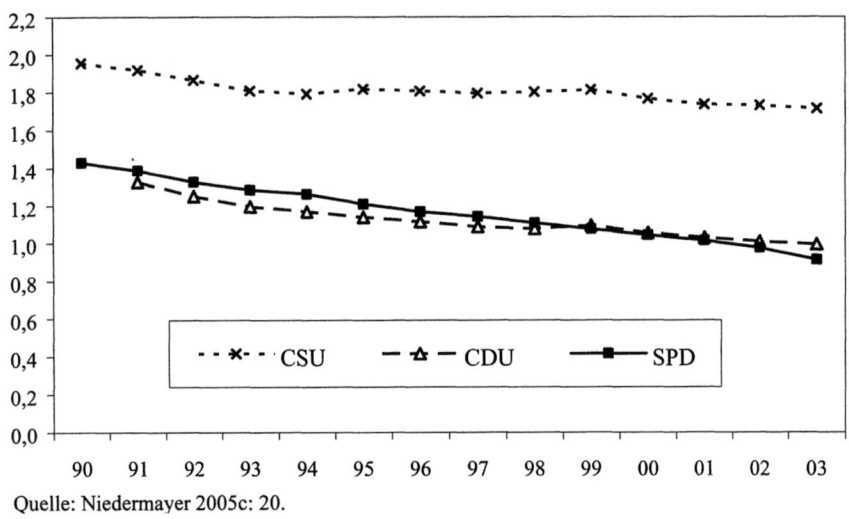

Quelle: Niedermayer 2005c: 20.

Abb. 3.3.2-3: Rekrutierungsfähigkeit: PDS, FDP und GRÜNE seit 1990
(Parteimitglieder in Prozent der Parteibeitrittsberechtigten)

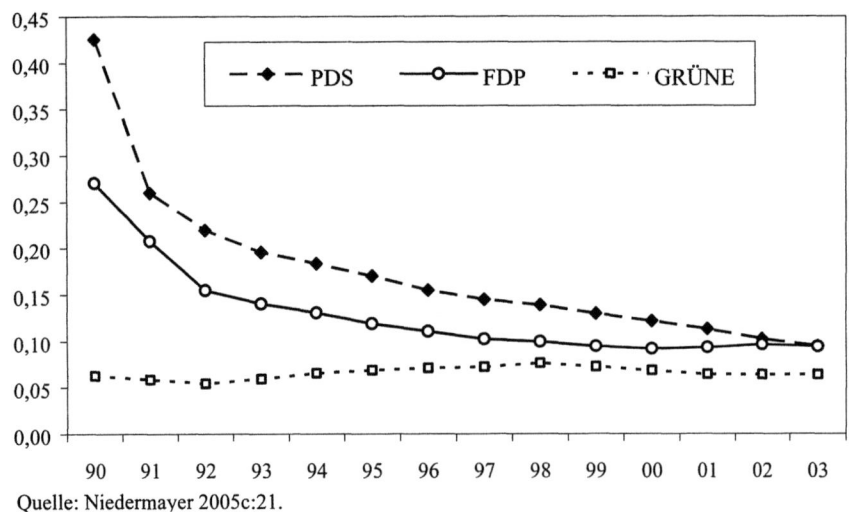

Quelle: Niedermayer 2005c:21.

228

Tab. 3.3.2-4: **Rekrutierungsfähigkeit der Parteien nach Bundesländern 2003**
(Parteimitglieder in Prozent der Parteibeitrittsberechtigten)[1]

	CDU[2]	SPD	FDP	GRÜNE	PDS[3]
Baden-Württemberg	0,90	0,52	0,08	0,08	0,01
Bayern	-	0,81	0,05	0,06	0,00
Berlin	0,45	0,60	0,09	0,12	0,35
Brandenburg	0,33	0,31	0,07	0,03	0,49
Bremen	0,63	1,05	0,07	0,09	0,03
Hamburg	0,70	0,85	0,09	0,08	0,02
Hessen	1,03	1,56	0,12	0,08	0,01
Mecklenburg-Vorpommern	0,46	0,21	0,08	0,02	0,50
Niedersachsen	1,24	1,23	0,10	0,07	0,01
Nordrhein-Westfalen	1,23	1,17	0,11	0,07	0,01
Rheinland-Pfalz	1,66	1,54	0,15	0,06	0,01
Saarland	2,45	3,29	0,14	0,15	0,01
Sachsen	0,41	0,12	0,07	0,02	0,42
Sachsen-Anhalt	0,43	0,23	0,11	0,02	0,34
Schleswig Holstein	1,30	1,05	0,11	0,06	0,01
Thüringen	0,64	0,24	0,11	0,02	0,42
Gesamt[4]	0,99	0,91	0,09	0,06	0,09
Ost (5 neue BL)	0,45	0,21	0,09	0,02	0,43
West (einschl. Berlin)	1,13	1,06	0,10	0,07	0,03

1) D. h. der Bevölkerung ab 16 Jahren – SPD ab 14 Jahren – im jeweiligen Bundesland.
2) CSU in Bayern: 1,71. Rekrutierungsfähigkeit CDU/CSU: 1,10.
3) Rekrutierungsfähigkeit Westdeutschland ohne Berlin: 2003: 0,01.
4) Einschließlich Ausland und bundesunmittelbare Mitglieder.
Quelle: Niedermayer 2005b: 386.

Bei der SPD und den Grünen bilden die fünf neuen Länder mit deutlichem Abstand zu allen alten Bundesländern das Schlusslicht, und bei der CDU weisen nur die Stadtstaaten Berlin und Bremen ähnlich niedrige Rekrutierungsgrade auf wie die neuen Bundesländer. Lediglich bei der im Westen traditionell mitglieder-schwachen FDP und der ostdeutschen Regionalpartei PDS gehören die neuen Bundesländer zu den Mitgliederhochburgen. Allerdings erreicht die PDS in Ost-deutschland nirgendwo auch nur annähernd die Rekrutierungsfähigkeit der SPD, CDU und CSU in ihren westdeutschen Hochburgen.

Fragt man nach den Ursachen für die Entwicklung der Mitgliederzahlen der politischen Parteien in den letzten Jahrzehnten und die deutlichen West-Ost-Unterschiede, so lassen sich, betrachtet man jede Partei für sich, jeweils partei-spezifische Gründe finden. So ist z.B. die wesentliche Ursache für den dramati-schen Mitgliederrückgang der SPD 2003/2004 in den Auseinandersetzungen um die Reform der sozialen Sicherungssysteme zu sehen.

Darüber hinaus gibt es jedoch für den allgemeinen Rückgang der Parteimit-gliedschaften in Deutschland eine Reihe von Erklärungsfaktoren, die sowohl auf der Nachfrage- als auch auf der Angebotsseite des Parteienwettbewerbs zu finden sind, also sowohl in Veränderungen der politischen Orientierungen und Verhal-tensweisen der Bevölkerung als auch im politischen Verhalten der Parteien wur-zeln.

Die allgemeine Abnahme sozialer Integration und insbesondere die in Ab-schnitt 3.3.1 schon angesprochene allmähliche Auflösung der traditionellen, die soziale Basis des deutschen Parteiensystems von Anfang an prägenden Milieus hat nicht nur Auswirkungen auf die Wählerschaften der Parteien, sondern auch auf die Entwicklung der Parteimitgliedschaften. Zum einen verschwindet mit dem Abnehmen des durch das eindimensionale Sozialisationsumfeld der Milieus auf-gebauten politischen Konformitätsdrucks auch ein wesentlicher Bestimmungsfak-tor des Eintritts in die jeweilige politische Partei. Zum anderen verringert der mit diesem Erosionsprozess einhergehende Wandel der vorherrschenden Parteibin-dungsmotive der Mitglieder – von einer gesinnungs- und gefühlsmäßigen, grup-penvermittelten Bindung zu einer instrumentellen Sicht der Partei als politischer Zweckorganisation – die bei einem Parteiaustritt zu überwindende Hemmschwel-le. Ein deutliches Indiz hierfür ist z.B. die Tatsache, dass die in neuerer Zeit ein-getretenen, jüngeren Parteimitglieder – also eher die Mitglieder ‚neuen Typs' – unter den Austritten überdimensional vertreten sind. Zudem sind vor allem die Großparteien durch die Schrumpfung ihrer traditionellen sozialen Basis zuneh-mend gezwungen, sich die Mehrheit ihrer Mitglieder in anderen gesellschaftli-chen Gruppen zu suchen. Dadurch wird ihre Gesamtmitgliedschaft in ihren Inte-ressen jedoch immer heterogener und es wird zunehmend schwieriger, ein für alle akzeptables personelles wie inhaltliches Politikangebot zu entwickeln, das die Mitglieder an die Partei bindet.

Ein zweites Ursachenbündel ist in dem „Auseinanderdriften von allgemeinen gesellschaftlichen Partizipationsnormen und -formen und einer anachronistischen Organisationskultur" (Mielke 1994: 241) in den Basiseinheiten der Parteien zu sehen, das viele Bürgerinnen und Bürger – vor allem die jüngere Generation – vor einem Parteibeitritt zurückschrecken lässt. Die Bevölkerung ist in ihrem politischen Beteiligungsstreben seit geraumer Zeit nicht mehr allein auf die Parteien angewiesen, denn die Ausdifferenzierung des Repertoires politischer Beteiligung durch die „partizipatorische Revolution" (Kaase 1984: 299)[9] Ende der Sechzigerjahre hat die politischen Parteien in eine zunehmende Konkurrenzsituation mit anderen Beteiligungsformen wie Bürgerinitiativen und neuen sozialen Bewegungen gebracht. Dies erschwert den Parteien die Mitgliederrekrutierung, da vielen Bürgern thematisch begrenzte, zeitlich befristete Formen politischer Einflussnahme attraktiver erscheinen als die langfristige organisatorische Bindung an eine Partei. Zudem bietet die vielfach immer noch verkrustete, in eingeschliffenen Ritualen funktionierende Organisationskultur der lokalen Parteiorganisationen oft nicht genügend attraktive Beteiligungsmöglichkeiten für die anspruchsvoller gewordenen potenziellen Mitglieder.

Einen dritten wesentlichen Einflussfaktor bildet das politische Verhalten der Parteien und ihrer Funktionäre. An Anlässen für Verdrossenheit seitens der Bürger herrschte in den letzten Jahren in dieser Beziehung kein Mangel. Die nicht abreißende Kette von Affären und Skandalen verschonte keine der etablierten Parteien und erreichte mit dem CDU-Spendenskandal in neuerer Zeit einen weiteren Höhepunkt.

Für Ostdeutschland kommen eine Reihe zusätzlicher Faktoren hinzu. Zunächst muss an die Fragwürdigkeit der Mitgliederdaten der unmittelbaren Nachwendezeit erinnert werden. Dennoch lässt sich nicht bestreiten, dass die Mitgliedersituation der gesamtdeutschen Parteien in Ostdeutschland deutlich schwieriger ist als im Westen. Dies liegt zunächst an den gesellschaftlichen Voraussetzungen: In der ehemaligen DDR konnte die traditionelle Milieubindung der Arbeiterschaft nicht überdauern, da eine klare Abgrenzung zu anderen Werktätigen fehlte und die freie Interessenartikulation und -repräsentation durch Gewerkschaften unterdrückt wurde. Die SPD hat in den neuen Bundesländern daher immer noch Probleme, die Arbeiterschaft für sich zu rekrutieren, was noch dadurch erschwert wird, dass die Gründergeneration der Ost-SPD aus anderen gesellschaftlichen Schichten stammt. Für die CDU gilt, dass ihre Mitgliedschaft eine eher protestantisch geprägte konfessionelle Komponente aufweist, da in Ostdeutschland die Zugehörigkeit zu einer Konfession eher die Ausnahme darstellt, die Kirchenzugehörigkeit als solche schon eine starke religiöse Bindung anzeigt und der Katholikenanteil

---

9 Vgl. hierzu auch Abschnitt 3.3.3.

sehr gering ist. Zudem bilden sich soziale Gruppen wie Selbstständige, Beamte und Freiberufler, aus denen sich die Mitgliedschaft der CDU und auch der FDP traditionell zum Teil rekrutiert, in den neuen Bundesländern erst allmählich heraus.

Weitere Faktoren lassen sich aus den spezifischen politischen Hinterlassenschaften des DDR-Systems und den Folgeproblemen des Transformationsprozesses ableiten[10]. Auf der Nachfrageseite des Parteienwettbewerbs wird die gerade in den ersten Jahren nach der Vereinigung verbreitet zu beobachtende Parteimüdigkeit bzw. -aversion der ostdeutschen Bürger und ihre Flucht ins Private verständlich, wenn man sie zum einen als Reaktion auf die Entlastung von Zwangspolitisierung, d.h. von zu DDR-Zeiten aufgezwungenen politischen Partizipationsformen, zum anderen als Reaktion auf die Belastung durch die persönlichen und beruflichen Folgen der ökonomischen und sozialen Umwälzungen versteht. Auf der Angebotsseite kommt hinzu, dass vor allem in den Anfangsjahren bei CDU und FDP zuweilen heftige innerparteiliche Auseinandersetzungen zwischen ‚Blockflöten‘ und ‚Erneuerern‘ ein für die Mitgliederrekrutierung hinderliches Klima schufen, während bei den von Blockparteien-Vergangenheitsproblemen unbelasteten Grünen und SPD in vielen lokalen Organisationseinheiten Vorbehalte der Gründergeneration gegenüber der Aufnahme neuer Mitglieder und ein viele potenzielle Mitglieder eher abschreckender moralischer Rigorismus herrschten.

Die beschriebenen Prozesse des sozio-ökonomischen Wandels und der Veränderung des Partizipationsverhaltens beeinflussen nicht nur die Entwicklung der Parteimitgliedschaften, sondern auch deren sozialstrukturelle Zusammensetzung. Hypothesen zur Sozialstruktur der Parteimitgliedschaften lassen sich sowohl aus partizipationstheoretischen Ansätzen als auch aus der Parteientheorie ableiten. Aus partizipationstheoretischer Sicht wird die parteibezogene politische Beteiligung einer Person von ihrem sozio-ökonomischen Status, von im Sozialisationsprozess erworbenen Normen und Werten sowie vom Ausmaß an sozialer Integration beeinflusst (vgl. Kapitel 1 und Abschnitt 3.3.1). Der sozio-ökonomische Status wird über die Indikatoren Berufstätigkeit, Bildung und Einkommen gemessen. Mit dem Status eng verbunden sind die Sozialisationseinflüsse, denen ein Individuum ausgesetzt ist. Seine politischen Verhaltensweisen hängen wesentlich von den im Sozialisationsprozess erworbenen Werten und Normen ab, die in der Forschungspraxis oft nicht direkt, sondern über sozialstrukturelle Stellvertretervariablen gemessen werden, wozu die Generationszugehörigkeit, das Bildungsniveau und das Geschlecht gehören. Darüber hinaus prägt auch das Ausmaß an sozialer Integration der Bürgerinnen und Bürger, das mit dem Verlauf des Lebenszyklus in Beziehung steht und über die Indikatoren Alter, Familienstand,

---

10 Vgl. hierzu die Beiträge über die einzelnen Parteien in Niedermayer 1996.

Zahl der Kinder und Berufstätigkeit erfasst wird, ihr Verhältnis zur Politik. Insgesamt lässt sich aus partizipationstheoretischer Sicht vermuten, dass die Wahrscheinlichkeit parteipolitischer Aktivität umso größer ist, je mehr beteiligungsrelevante Ressourcen (Zeit, Information, materielle Mittel) einer Person zur Verfügung stehen, je stärker sie politisch-partizipativ sozialisiert wurde und je besser sie sozial integriert ist.

Diese Merkmale stellen allgemeine Bestimmungsfaktoren der Mitgliedschaft in politischen Parteien dar. Sie entscheiden darüber, ob man einer Partei beitritt oder nicht und wie aktiv man sich in ihr betätigt, liefern aber keine Information darüber, zu Gunsten welcher Partei diese Entscheidung ausfällt. Aufschluss über die soziale Herkunft der Mitglieder einzelner Parteien gibt eher der parteientheoretische Zugang, insbesondere in Gestalt der von Lipset und Rokkan (1967) entwickelten Theorie politischer Konfliktstrukturen ('Cleavage Theorie').

Nach Lipset und Rokkan repräsentieren die politischen Parteien in Westeuropa Koalitionen zwischen politischen Eliten und gesellschaftlichen Großgruppen, die aus dauerhaften, organisierten, interessen- oder wertmäßig begründeten sozialen Konflikten des neunzehnten Jahrhunderts hervorgegangen sind. Die Übertragung dieser Sichtweise auf die Untersuchung von Parteimitgliedschaften geht von der Annahme aus, dass nicht nur die soziale Zusammensetzung der Wähler-, sondern auch die der Mitgliedschaft der Parteien die für das deutsche Parteiensystem strukturbestimmenden Konflikte widerspiegelt. Es ist sogar zu erwarten, dass bestimmte soziale Gruppen unter den Parteimitgliedern noch stärker repräsentiert sind als in der Wählerschaft, weil der Parteieintritt eine engere und dauerhaftere Bindung an eine Partei anzeigt als die Stimmabgabe bei Wahlen. Die zentralen gesellschaftlichen Konfliktlinien, die das deutsche Parteiensystem seit dem Kaiserreich geprägt haben, sind der Klassenkonflikt, der die soziale Allianz der Industriearbeiterschaft mit der SPD begründete, und der konfessionell-religiöse Konflikt, der zu einer Koalition der Katholiken mit dem Zentrum führte, die auch bei der CDU/CSU trotz ihrer prinzipiell überkonfessionellen Ausrichtung nachwirkt. Auf der sozio-ökonomischen Konfliktlinie müssten sich demnach die SPD-Mitglieder von den Mitgliedern der bürgerlichen Parteien (CDU/CSU, FDP) durch einen überproportionalen Anteil von Arbeitern absetzen, während die bürgerlichen Parteien die Selbstständigen als ihr besonderes Mitgliederreservoir betrachten könnten. Auf der religiös-konfessionellen Konfliktlinie ist gemäß den Annahmen der Konflikttheorie mit einer Überrepräsentation der Katholiken unter den Unionsmitgliedern zu rechnen. Insbesondere kirchenferne Personen müssten dementsprechend stärker zur FDP und zur SPD tendieren.

Die Konflikttheorie Lipsets und Rokkans enthält allerdings keine Aussagen über die Zusammensetzung solcher Parteien, die erst nach der Herausbildung der westeuropäischen Parteiensysteme entstanden sind. Dies betrifft zunächst einmal die Grünen. Als Kinder der sich entwickelnden postindustriellen Gesellschaft sind die Grünen-Mitglieder und -Wähler in sozialen Kontexten beheimatet, die in Lipsets und Rokkans Überlegungen keine Rolle gespielt hatten. Die Bindung an diese Partei wird durch andere Faktoren bestimmt, als wir sie von den etablierten Parteien kennen: Eine besondere Affinität zu ihr weisen junge, formal gut gebildete Bürgerinnen und Bürger sowie Personen mit postmaterialistischen Wertorientierungen auf.

Ein zweites Problem stellt die Anwendung der Konflikttheorie auf die Rekrutierung der Parteimitglieder in den neuen Bundesländern dar. Da in diesem Teil Deutschlands zwischen 1933 und 1990 keine Möglichkeit zur freien Artikulation unterschiedlicher Interessen und Wertvorstellungen bestand und diejenige Generation, die Ansätze zur Bildung eines mehr oder minder freien Parteienwettbewerbs noch bewusst erlebte, zwischenzeitlich weitgehend ausgestorben ist, liefert die Konflikttheorie für diesen Teil Deutschlands keine begründeten Annahmen über Muster der Rekrutierung von Parteimitgliedern. Allenfalls die Etablierung der PDS als Ostpartei kann als Ausdruck eines Interessen- und Wertekonflikts zwischen der Bevölkerung der alten und der neuen Bundesländer gedeutet werden.

Interessanterweise enthalten die beiden theoretischen Zugänge einige divergierende Erwartungen über die Zusammensetzung der Parteimitgliedschaften. In partizipationstheoretischer Perspektive steht der Unterschied zwischen Parteimitgliedern und Nichtmitgliedern im Vordergrund, wobei sich Erstere eher aus ressourcenstarken, demokratisch-partizipativ sozialisierten und sozial integrierten Bevölkerungsgruppen zusammensetzen als Letztere. Die Konflikttheorie dagegen stellt die Unterschiede zwischen den politischen Parteien in den Vordergrund und begründet die Erwartung, dass historisch gewachsene Rekrutierungsmuster der einzelnen Parteien im Laufe der Zeit nicht völlig verschwunden sind. Das Postindustrialismuskonzept schließlich betont die Abschwächung traditioneller Parteiloyalitäten und die Möglichkeit der Bildung neuer Konfliktstrukturen. Jeder dieser Ansätze enthält plausible Annahmen, sodass eine Entscheidung über ihre aktuelle Bedeutung der empirischen Analyse überlassen bleiben muss.

Da die einzelnen Ansätze auf teilweise identische Faktoren abstellen, erscheint es im Rahmen der folgenden empirischen Betrachtung nicht sinnvoll, eine Gruppierung nach theoretischen Zugängen vorzunehmen. Stattdessen wird bei der Behandlung der einzelnen Variablen auf die einschlägigen Begründungsansätze verwiesen. Bevor jedoch etwas über die sozialstrukturelle Zusammensetzung der Parteimitgliedschaften ausgesagt wird, soll auf die bestehenden Datenprobleme hingewiesen werden.

Auf den ersten Blick scheint die Untersuchung der sozialen Herkunft der Parteimitglieder keine besonderen Probleme aufzuwerfen, denn die Parteien sammeln in ihren Mitgliederkarteien entsprechende Grundinformationen, und in einigen regelmäßigen Umfragen wird die Mitgliedschaft in politischen Parteien erfragt. Zudem liegen einige Parteimitgliederstudien vor (vgl. Anm. 2). Bei genauerem Hinsehen erweist sich die auf den ersten Blick komfortable Datenlage jedoch als unbefriedigend bzw. lückenhaft. Hierfür sind mehrere Gründe ausschlaggebend:

- Probleme treten vor allem bei der Untersuchung der langfristigen Entwicklung der Mitgliederstruktur auf. Derartige Daten liegen nur für die CDU, die CSU und die SPD vor.

- Es gibt bis heute nur eine veröffentlichte Parteimitgliederstudie, die Daten über alle relevanten Parteien enthält (Heinrich/Lübker/Biehl 2002).

- Die zentralen Mitgliederkarteien enthalten bei weitem nicht alle unter theoretischen Gesichtspunkten wichtigen Informationen. Zudem sind einige Daten nicht verlässlich, weil die Parteien die Karteien nicht in regelmäßigen Abständen aktualisieren. Selbst bei den wichtigsten Strukturdaten klaffen Lücken: Über das Bildungsniveau und das Einkommen der Parteimitglieder liegen keine Trenddaten vor. Abgesehen von der CDU und der CSU fehlen auch Angaben über die Konfessionszugehörigkeit. Andere Probleme ergeben sich bei der Untersuchung der Berufsgruppenzugehörigkeit. Diese wird zwar anlässlich des Parteibeitritts erfasst, jedoch gibt es – vor allem aus Kostengründen – keine kontinuierliche und systematische Aktualisierung dieser Angaben. Da sich die Berufstätigkeit vieler Personen im Verlaufe des Lebens ändert und die Berufsgruppenzugehörigkeit der Neumitglieder im Zeitablauf ebenfalls Veränderungen unterworfen ist, sind die betreffenden Daten mit wesentlichen Fehlern behaftet. Lediglich die Daten über die Altersstruktur und den Frauenanteil – sowie für die CDU und CSU über die Konfessionszugehörigkeit – dürften ohne größere Vorbehalte verwendbar sein.

- Der nahe liegende Ausweg aus den beschriebenen Problemen, der Rückgriff auf Umfragedaten, stellt keine völlig zufriedenstellende Lösung des Problems dar. Zunächst sind alle Umfragedaten mit einem bei der Dateninterpretation zu berücksichtigenden systematischen Fehler und einem Auswahlfehler behaftet. Zudem erlaubt die Stichprobengröße im Allgemeinen keine zuverlässigen Aussagen über die Struktur der Parteimitgliedschaft, da in den üblichen Bevölkerungsumfragen zu wenige Parteimitglieder unter den Befragten sind.

Die folgenden Ausführungen stützen sich auf die Mitgliederkarteien der politischen Parteien sowie auf die Daten der Potsdamer Parteimitgliederstudie ((Heinrich/Lübker/Biehl 2002).

Da die Berufstätigkeit sowohl im partizipationstheoretischen Ansatz (Indikator für den sozio-ökonomischen Status) als auch in der Konflikttheorie (Indikator für die Allianzen im Klassenkonflikt) eine wichtige Rolle spielt, soll ihre Untersuchung am Anfang stehen. Wie aus Tabelle 3.3.2-5 hervorgeht, sind vor allem die Arbeiter aber auch die Angestellten (Wirtschaft) unter den Parteimitgliedern gegenüber der Bevölkerung deutlich unter- und Selbstständigen sowie vor allem die Angehörigen des Öffentlichen Dienstes deutlich überrepräsentiert. Die deutliche Unterrepräsentation der Arbeiter gilt auch für die SPD, auch wenn sie unter allen Parteien noch den höchsten Arbeiteranteil aufweist. Etwas stärker zeigt sich die noch vorhandene Einbindung der Parteien in die von der Konflikttheorie beschriebenen Traditionen beim Anteil der Selbstständigen, der bei den bürgerlichen Parteien am höchsten ist.

Tab. 3.3.2-5: **Erwerbstätigkeit der Parteimitglieder 1998**
(Angaben in Prozent)

	Bev.	PM	CDU	SPD	CSU	FDP	GRÜ	PDS
Arbeiter	14	6	3	8	7	2	4	4
Angestellte (Wirtschaft)	20	14	15	15	15	17	17	7
Beamte/Öffentl. Dienst	6	20	18	23	20	20	37	6
Selbstständige/Landwirte	4	10	13	4	15	16	10	3
Akademiker/Freiberufler	1	3	4	2	3	7	6	1
Arbeitslose	7	4	2	5	2	3	6	6
(Schul-)Ausbildung	4	2	2	2	2	3	6	0
Mutterschaft/Hausfrauen	13	5	5	5	5	4	5	0
Rentner	30	34	34	34	29	25	5	71
Sonst.	0	3	4	2	4	3	5	2

Quelle: Heinrich/Lübker/Biehl 2002: 12.

Hier nicht wiedergegebene Daten aus den Mitgliederkarteien von SPD, CDU und CSU, die – mit erheblichen Lücken und dem angeführten Problem der unterbleibenden Aktualisierung – die längerfristige Entwicklung der Parteimitgliedschaften nach Berufsgruppen dokumentieren, stützen die These von der allmählichen Ablösung der politischen Parteien von ihren traditionellen sozialen Milieus. Gemessen an der beruflichen Zusammensetzung ihrer Mitgliedschaft hat sich die SPD von einer Arbeiter- zu einer Arbeitnehmerpartei gewandelt, während die Union zwar nach wie vor einen überdurchschnittlichen Anteil an Selbstständigen aufweist, von dieser Gruppe aber bereits seit mehr als zwanzig Jahren nicht mehr dominiert wird. Trotz dieser sozialstrukturellen Angleichung haben sich die Parteien aber nicht völlig von ihren Ursprungsmilieus gelöst.

Das hervorstechendste Merkmal der heutigen Berufsstruktur der Parteimitgliedschaften ist die deutliche Überrepräsentation des Öffentlichen Dienstes, der – mit Ausnahme der PDS – in allen Parteien die größte Gruppe stellt. Die Ursachen hierfür liegen darin, dass (1) öffentlich Bedienstete häufig in politiknahen Bereichen tätig und mit öffentlichen Angelegenheiten betraut sind, (2) diese Gruppe über ihre zeitlichen Ressourcen häufig besser verfügen kann als andere Berufsgruppen und (3) als Folge des Parteienwettbewerbs um die Besetzung öffentlicher Ämter eine personale Verschränkung zwischen den Parteiorganisationen und der Staatsverwaltung existiert (Biehl 2004: 689).

Die Daten über den zweiten wesentlichen Indikator des sozio-ökonomischen Status, die Bildung, belegen überzeugend die Annahmen des partizipationstheoretischen Ansatzes, der die parteibezogene politische Beteiligung in Abhängigkeit von der Ausstattung eines Individuums mit beteiligungsrelevanten Ressourcen in Form von über Bildung vermittelten Kenntnissen und Fähigkeiten sieht: Höhergebildete sind in allen Parteien sehr stark überrepräsentiert, wobei der höchste Anteil bei der FDP und den Grünen erreicht wird (vgl. Tabelle 3.3.2-6).

Tab. 3.3.2-6: Bildung der Parteimitglieder 1998
(Angaben in Prozent)[1]

	Bev.	PM	CDU	SPD	CSU	FDP	GRÜ	PDS
Studium	9	37	38	33	30	54	58	53
Abitur	6	10	10	11	6	13	22	5
Mittlere Reife	32	20	24	17	21	18	14	10
Hauptschule	50	31	28	37	39	14	6	27
Ohne Abschluss	3	2	1	3	4	1	1	4

Quelle: Heinrich/Lübker/Biehl 2002: 17.

Einflüsse des sozio-ökonomischen Status, der im Sozialisationsprozess erworbenen Werte und Normen sowie einer Reihe anderer Faktoren bündeln sich in den geschlechtsspezifischen Unterschieden politischer Beteiligung. Das Geschlecht stellt nur eine ‚Stellvertretervariable' für eine Reihe von gesellschaftlichen Bedingungen dar, die – trotz wesentlicher Angleichungsprozesse – immer noch in vielen Bereichen zu einer größeren Politikferne von Frauen führen. Zu diesen Bedingungen gehören insbesondere die traditionelle gesellschaftliche Rollenverteilung (‚Politik als Männersache'), die Mehrfachbelastung durch Haushalt, Kindererziehung und Berufsleben, die den Frauen für politische Betätigung weniger Zeit lässt, konkrete Diskriminierungen von Frauen in männlich dominierten Formen politischer Beteiligung und der in einigen Bereichen – insbesondere im Berufsleben – oft noch höhere sozio-ökonomische Status von Männern. Vom partizipationstheoretischen Ansatz her ist somit ein relativ geringer Anteil an Frauen unter den Parteimitgliedschaften zu erwarten. Abbildung 3.3.2-4 bestätigt dies – allerdings mit einer generell positiven Tendenz und deutlichen Unterschieden zwischen den Parteien.

Der Frauenanteil unter den Mitgliedschaften der CDU, SPD und CSU ist seit Ende der Sechzigerjahre deutlich gestiegen, bei den anderen Parteien, wo Daten erst seit Mitte der Neunzigerjahre vorliegen, hat sich im Frauenanteil nicht viel verändert. Um einen Eindruck von dem Ausmaß an Über- oder Unterrepräsentation der Frauen in den Parteien zu bekommen, zeigt die nächste Abbildung die Entwicklung des Proportionalitätsquotienten. Diese Messgröße gibt das Ausmaß wieder, in dem eine spezifische Personengruppe unter den Parteimitgliedern im Vergleich zur parteibeitrittsberechtigten Bevölkerung unter- oder überproportional vertreten, also unter- oder überrepräsentiert ist[11]. Werte unter 1 bedeuten Unterrepräsentation, bei einem Wert von genau 1 ist die jeweilige Gruppe unter den Parteimitgliedern exakt mit dem selben Prozentanteil vertreten wie in der beitrittsberechtigten Bevölkerung und Werte über 1 bedeuten eine Überrepräsentation.

Abbildung 3.3.2-5 zeigt, dass Frauen auch heute noch in allen Parteien unterrepräsentiert sind. Allerdings bestehen zwischen den Parteien deutliche Unterschiede. Unter der CSU-Mitgliedschaft erreicht der Frauenanteil nur gut ein Drittel des Anteils der Frauen an der beitrittsberechtigten Bevölkerung, bei der CDU und der FDP etwas weniger als die Hälfte und bei der SPD etwas mehr als die Hälfte.

---

11 Für den Proportionalitätsquotient beim Frauenanteil wird somit der Prozentanteil der Frauen unter den jeweiligen Parteimitgliedschaften dividiert durch den Prozentanteil der Frauen unter der Bevölkerung ab 16 Jahren (SPD ab 1998: ab 14 Jahren), wobei bei der CDU nur die Bevölkerung außerhalb Bayerns, bei der CSU nur die Bevölkerung Bayerns berücksichtigt wird.

Abb. 3.3.2-4: **Anteil weiblicher Parteimitglieder seit 1946**
(Angaben in Prozent)

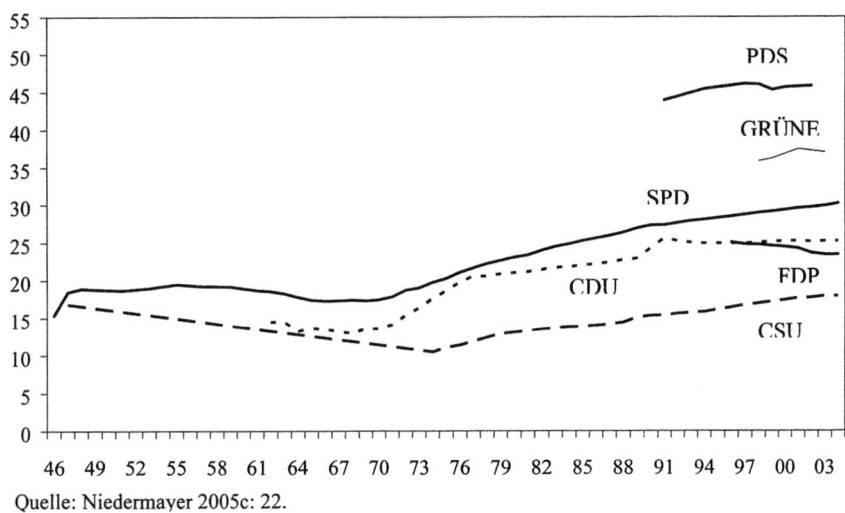

Quelle: Niedermayer 2005c: 22.

Abb. 3.3.2-5: **Repräsentation weiblicher Parteimitglieder seit 1990**
(Proportionalitätsquotient; 1 = proportionale Repräsentation)

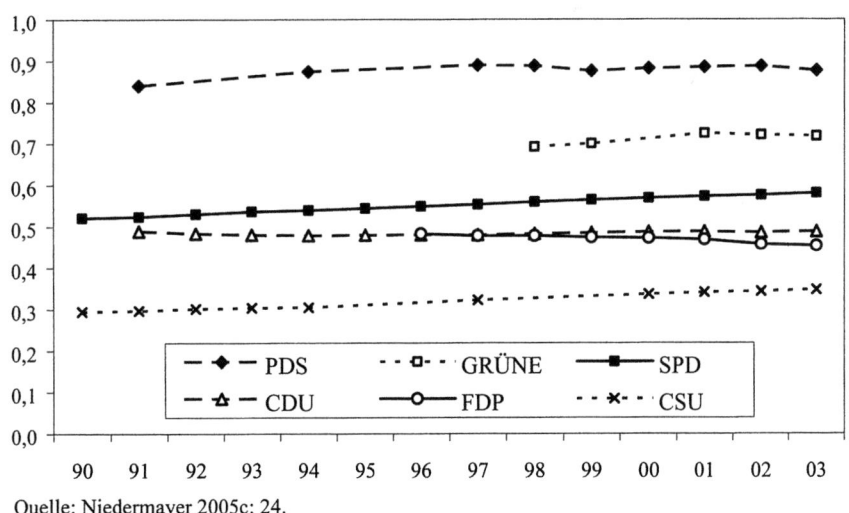

Quelle: Niedermayer 2005c: 24.

Sogar unter der Grünen-Mitgliedschaft sind die Frauen mit einem Proportionalitätsquotient von 0,7 noch deutlich unterrepräsentiert. Den weitaus höchsten Frauenanteil unter der Parteimitgliedschaft weist die PDS auf obwohl auch dort die Frauen noch leicht unterrepräsentiert sind.

Den vielfältigen Versuchen der Parteien, die Unterrepräsentation von Frauen unter den Mitgliedern zu beseitigen, war somit vor allem bei CDU, SPD, CSU und FDP bisher nur ein bescheidener Erfolg beschieden, und am Beispiel der Grünen zeigt sich, dass selbst Quotierungsbeschlüsse die Unterrepräsentation von Frauen zwar abschwächen, aber nicht beseitigen.

Während die aus der Partizipationsforschung ableitbaren theoretischen Erwartungen in Bezug auf die Geschlechtsverteilung der Parteimitgliedschaften eindeutig sind, ist dies für die Altersstruktur nicht der Fall. Argumentiert man mit dem lebenszyklischen Effekt eines unterschiedlichen Ausmaßes an allgemeiner sozialer Integration, so müssten die jüngsten und ältesten Jahrgänge unter den Parteimitgliedern unter- und die mittleren Jahrgänge überrepräsentiert sein (vgl. auch Abschnitt 3.3.1). Geht man von generationsspezifischen Einflüssen der politischen Sozialisation aus, so müssten die oben angesprochenen Veränderungen im Partizipationsverhalten der Bevölkerung dazu führen, dass die Jüngeren schon seit längerer Zeit immer weniger in die Parteien eintreten und diese somit einem permanenten Alterungsprozess unterliegen. Kombiniert man beide Thesen und berücksichtigt zudem, dass Personen, die einmal in eine Partei eingetreten sind und dort mitgearbeitet haben, meist auch weiterhin (als so genannte ‚Karteileiche') in der Partei verbleiben, obwohl sie sich nicht mehr aktiv betätigen, so lässt sich folgende These formulieren: Unter den Parteimitgliedschaften müssten:

- die jüngeren Jahrgänge im Vergleich zur Bevölkerung unterrepräsentiert sein, und diese Unterrepräsentation müsste mit der Zeit noch zunehmen;
- die mittleren Jahrgänge überrepräsentiert sein, diese Überrepräsentation müsste jedoch in neuerer Zeit abnehmen;
- die älteren Jahrgänge in neuerer Zeit eher überrepräsentiert sein, und diese Überrepräsentation müsste mit der Zeit noch zunehmen.

Die nächsten drei Abbildungen zeigen die Entwicklung des Anteils der verschiedenen Altersgruppen an den Parteimitgliedschaften seit 1970. Längerfristige Altersstrukturdaten stehen – mit Lücken – allerdings nur für CDU, SPD und CSU zur Verfügung, und zudem sind die Daten nicht vollständig vergleichbar, weil die Parteien keine einheitliche Zusammenfassung zu Altersgruppen vornehmen. Dennoch lassen sich die Trends eindeutig erkennen. Der Anteil jüngerer Altersgruppen (bis 29/30 Jahren) bei der SPD, der CDU und der CSU hat seit den Siebzigerjahren bis Mitte (SPD: Ende) der Neunzigerjahre deutlich abgenommen, konnte seither aber stabilisiert werden (vgl. Abbildung 3.3.2-6).

Abb. 3.3.2-6: Anteil jüngerer Parteimitglieder (bis 29/30 J.) seit 1970
(Angaben in Prozent)

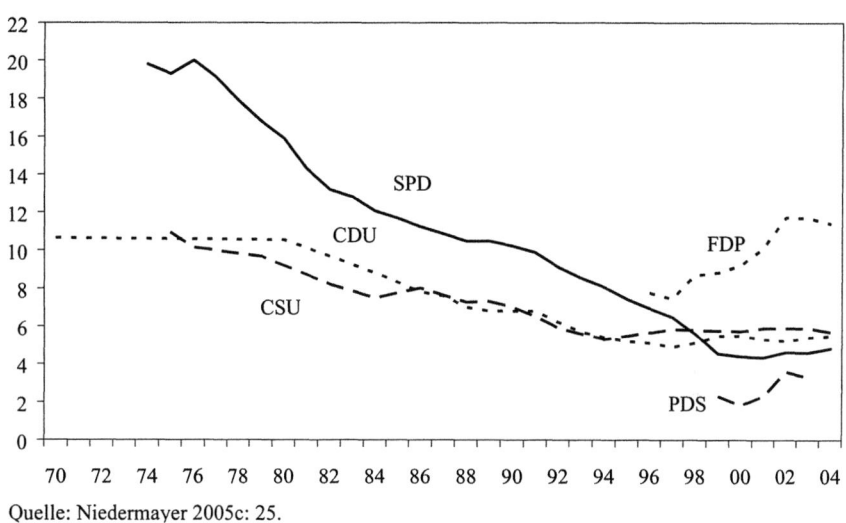

Quelle: Niedermayer 2005c: 25.

Abb. 3.3.2-7: Anteil mittlerer Jahrgänge (30/31 bis 59/60 J.) seit 1970
(Angaben in Prozent)

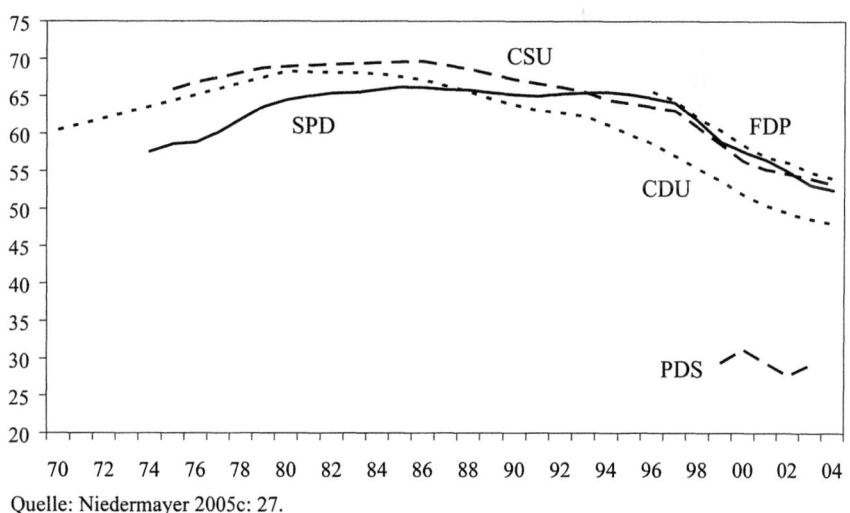

Quelle: Niedermayer 2005c: 27.

241

Abb. 3.3.2-8: Anteil älterer Parteimitglieder (60/61 J. und älter) seit 1970
(Angaben in Prozent)

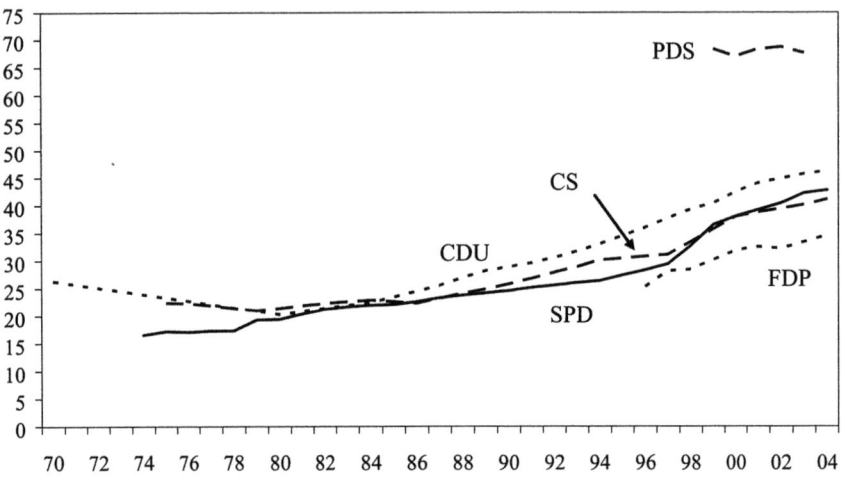

Quelle: Niedermayer 2005c: 29.

Am dramatischsten war die Entwicklung bei der SPD: Mitte der Siebzigerjahre war noch etwa ein Fünftel der SPD-Mitglieder zwischen 16 und 29 Jahre alt, im Jahre 2000 betrug der Anteil der 14-29-Jährigen weniger als ein Zwanzigstel der Mitgliedschaft. Seither hat sich der Anteil allerdings geringfügig erhöht. Bei der CDU und der CSU wurde der Negativtrend schon seit der Mitte der Neunziger-jahre gestoppt und es zeigt sich bei der CDU ein leichter Aufwärtstrend. Deutlich stärker ist der positive Trend bei der FDP, die den Anteil der 16-29-Jährigen von etwas über 7 auf etwas über 11 Prozent steigern konnte. Den mit Abstand ge-ringsten Anteil jüngerer Parteimitglieder verzeichnet die PDS: Trotz eines Auf-wärtstrends in den letzten Jahren waren 2003 nur 3,3 Prozent der PDS-Mitglieder zwischen 16 und 30 Jahre alt.

Der Anteil der mittleren Jahrgänge hat bei den Parteien, für die längerfristige Daten vorliegen, im Zeitablauf zunächst zugenommen, ist jedoch in neuerer Zeit bei allen Parteien rückläufig (vgl. Abbildung 3.3.2-7). Den Alterungsprozess der Parteien verdeutlicht Abbildung 3.3.2-8: Im Jahre 1980 war ein Fünftel der CDU-Mitglieder 60 Jahre oder älter, im Jahre 2004 ist dieser Anteil mit 46,2 Prozent weit mehr als doppelt so hoch. Bei der SPD ist der Anteil der Älteren von Mitte der Siebzigerjahre bis heute von etwa 17 Prozent auf fast 43 Prozent, also um das Zweieinhalbfache, gestiegen. Auch bei der FDP stieg der Anteil deutlich an. Mit großem Abstand zu allen anderen Parteien[12] hat die PDS den höchsten Anteil an älteren Mitgliedern: Im Jahre 2003 waren über zwei Drittel der PDS-Mitglieder älter als 60 Jahre.

Zur empirischen Überprüfung der obigen Thesen über die Altersstruktur der Parteimitgliedschaften genügen jedoch die absoluten Zahlen nicht, da aus ihnen nicht hervorgeht, ob die jeweiligen Altersgruppen im Vergleich mit den gleichen Gruppen in der jeweiligen beitrittsberechtigten Bevölkerung über- oder unterrepräsentiert sind. Dies geben die Proportionalitätsquotienten an, die in den Abbildungen 3.3.2-9 bis 3.3.2-11 wiedergegeben sind. Zudem wird durch diese Art der Darstellung der Tatsache Rechnung getragen, dass sich der Altersaufbau der Bevölkerung im Zeitverlauf verändert.

Wie Abbildung 3.3.2-9 zeigt, sind die jüngeren Jahrgänge in allen Parteien deutlich unterrepräsentiert[13]. Seit Ende der Neunziger Jahre hat sich der Grad der Unterrepräsentation bei der Union und der SPD nicht mehr verändert: In der SPD beträgt der Anteil der Jüngeren etwa ein Fünftel des Anteils der Jüngeren in der beitrittsberechtigten Bevölkerung, in der Union etwa 30 Prozent. In der PDS ist er, trotz einer positiven Entwicklung, immer noch am geringsten, während die FDP mit einem Anteil an Jüngeren, der etwa drei Fünftel des Anteils in der Bevölkerung beträgt, mit Abstand die geringste Unterrepräsentation dieser Altersgruppe aufweist. Hier scheint die neue Kommunikationsstrategie der letzten Jahre, sich als moderne Spaßpartei zu präsentieren, bei einem Teil der Jugendlichen verfangen zu haben. Es bleibt jedoch abzuwarten, ob diese Verjüngung auch mittelfristig trägt, insbesondere auf dem Hintergrund der Tatsache, dass die Partei in neuester Zeit ihre Präsentationsstrategie wieder geändert hat.

Die mittleren Jahrgänge waren – mit Ausnahme der PDS – in allen Parteien bis Ende der Neunziger überrepräsentiert, in neuester Zeit entspricht ihr Anteil in etwa dem der Bevölkerung (vgl. Abbildung 3.3.2-10). Die mittleren Altersgruppen bilden zwar immer noch die Mehrheit in den Parteien (vgl. Abbildung 3.3.2-7), erweisen sich aber immer weniger als ihre personellen Stützen. Immer stärker in den Vordergrund treten hingegen die Älteren, die heute in allen Parteien überproportional vertreten sind (vgl. Abbildung 3.3.2-11). Bei der FDP ist die Überrepräsentation am geringsten. SPD, CDU und CSU haben sich in dieser Hinsicht mittlerweile angeglichen: Der Anteil der Älteren an der Parteimitgliedschaft ist in allen drei Parteien eineinhalbmal so hoch wie in der Bevölkerung. Besonders gravierend ist die Überrepräsentation der Älteren in der PDS, wo der Anteil der über 60-Jährigen fast zweieinhalbmal so groß ist wie in der Bevölkerung.

---

12 Für die Grünen stehen keine Altersstrukturdaten über die Zeit hinweg zur Verfügung.
13 Für eine ausführliche Analyse des Verhältnisses zwischen Jugend und Parteien vgl. Niedermayer 2005d.

Abb. 3.3.2-9: Repräsentation jüngerer Parteimitglieder seit 1990
(Proportionalitätsquotient; 1 = proportionale Repräsentation)

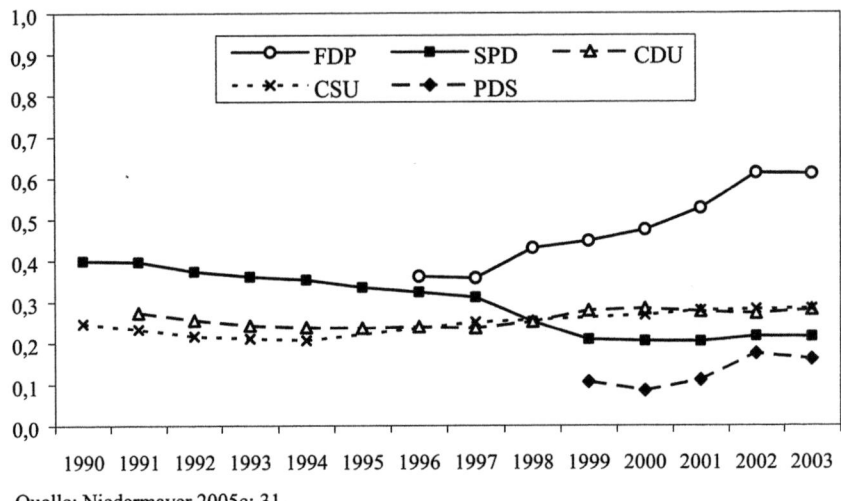

Quelle: Niedermayer 2005c: 31.

Abb. 3.3.2-10: Repräsentation von Parteimitgliedern mittleren Alters seit 1990
(Proportionalitätsquotient; 1 = proportionale Repräsentation)

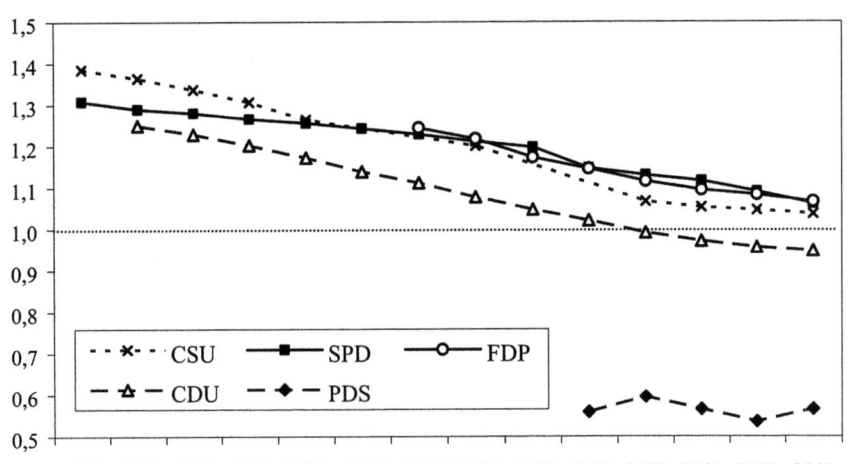

Quelle: Niedermayer 2005c: 32.

Abb. 3.3.2-11: Repräsentation von älteren Parteimitgliedern seit 1990
(Proportionalitätsquotient; 1 = proportionale Repräsentation)

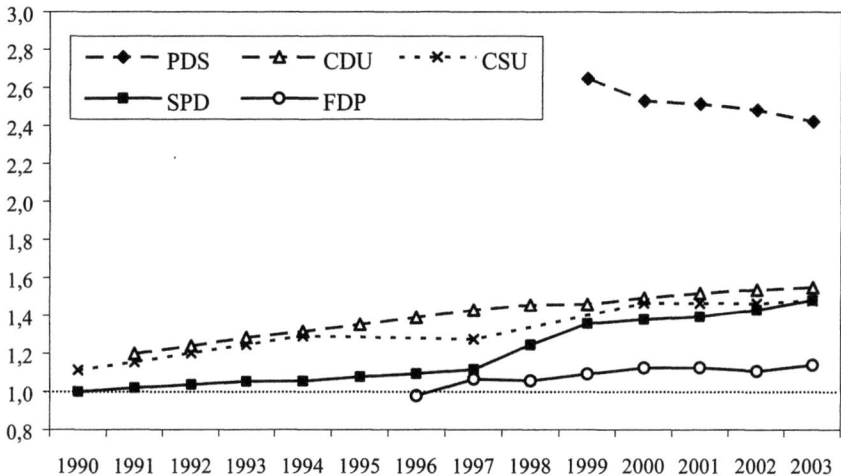

Quelle: Niedermayer 2005c: 33.

Die theoretischen Überlegungen zur Altersstruktur der Parteimitgliedschaft und deren zeitlicher Entwicklung konnten somit durch die empirische Analyse bestätigt werden; allerdings mit einer Modifikation: Der Trend zur immer größeren Unterrepräsentation der Jüngeren ist in den letzten Jahren gestoppt worden. Inwieweit diese Entwicklung bestehen bleibt und den Alterungsprozess der Parteien vielleicht sogar längerfristig umzukehren vermag, bleibt abzuwarten.

Im konflikttheoretischen Ansatz zur Erklärung von sozialstrukturellen Unterschieden zwischen den Mitgliedschaften der verschiedenen Parteien spielt neben der schon behandelten Berufsstruktur die Konfession eine wichtige Rolle, da sie die sozialstrukturelle Basis der religiös-konfessionellen Konfliktlinie darstellt. Gemäß dieser Theorie ist mit einer Überrepräsentation der Katholiken unter den Unionsmitgliedern zu rechnen. Insbesondere Kirchenferne müssten dementsprechend stärker zur FDP und zur SPD tendieren. Leider lässt sich diese These nur sehr eingeschränkt empirisch überprüfen, da nur die beiden christlichen Parteien in ihren Mitgliederkarteien Angaben über die Konfessionszugehörigkeit ihrer Mitglieder enthalten, wobei die Daten bis zu den Neunzigerjahren sehr lückenhaft sind.

Abbildung 3.3.2-12 gibt die Entwicklung des Katholikenanteils der Parteimitgliedschaften der Unionsparteien seit 1962 wieder.

245

Abb. 3.3.2-12: Mitglieder der Unionsparteien nach Konfession seit 1962
(Angaben in Prozent)

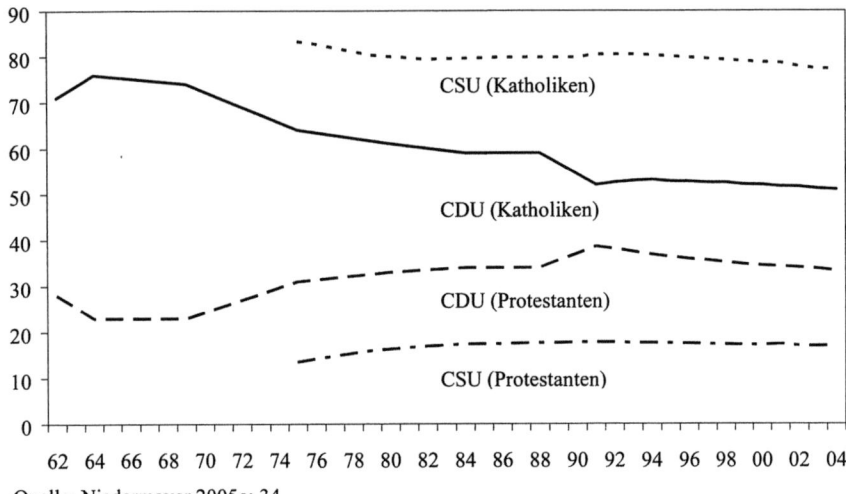

Quelle: Niedermayer 2005c: 34.

Trotz ihrer Gründung als überkonfessionelle Partei war die CDU zunächst von Katholiken dominiert, von Mitte der Sechziger- bis Ende der Achtzigerjahre wandelte sich die konfessionelle Zusammensetzung der CDU-Mitgliedschaft jedoch deutlich: Im Jahre 1964 lag das Verhältnis Katholiken-Protestanten bei 76 zu 23 Prozent, zwei Jahre vor der Vereinigung Deutschlands bei 59 zu 34 Prozent. Diese Entwicklung signalisiert den Wandel der CDU von einer katholischen Milieupartei zu einer interkonfessionellen Volkspartei. Das Hinzukommen der Mitglieder der Ost-CDU im Rahmen der Vereinigung verstärkte die beschriebenen Tendenzen[14]: Der Katholikenanteil ging von 1988 auf 1991[15] nochmals um sieben Prozentpunkte zurück und blieb seither in etwa konstant, der Protestantenanteil erhöhte sich durch die Parteienvereinigung um fast 5 Prozentpunkte, ging

---

14 Das Gebiet der ehemaligen DDR war historisch schon immer katholische Diaspora. Die Jahrzehnte der SED-Herrschaft verstärkten dies noch, sodass 1990 in den fünf neuen Bundesländern der Anteil der Katholiken an der Bevölkerung 5,3 Prozent betrug, während in der alten Bundesrepublik (einschließlich Gesamt-Berlin) 42,3 Prozent Katholiken verzeichnet wurden. Die Daten über die Katholikenanzahl in den einzelnen Bundesländern wurden dem Verfasser dankenswerterweise vom Referat Statistik der Deutschen Bischofskonferenz zur Verfügung gestellt.

15 Für 1989 liegen keine Daten vor, am 31.12.1990 waren erst wenige ostdeutsche Mitglieder in der Zentralen Mitgliederkartei der CDU erfasst, die Erfassung wurde im September 1991 abgeschlossen, sodass verlässliche Zahlen über den Katholikenanteil nach der Vereinigung erst zum 31.12.1991 vorliegen.

bis 2004 jedoch wieder auf das Ausgangsniveau zurück. Im Zeitverlauf öffnete sich die CDU auch allmählich für die kirchlich nicht gebundenen Bevölkerungsgruppe: Der Anteil derjenigen, die beim Eintritt „ohne Konfession" angaben bzw. überhaupt keine Angaben machten – worunter sich größtenteils Mitglieder ohne Konfession verbergen dürften – war Mitte der Sechzigerjahre verschwindend gering (1 Prozent), steigerte sich jedoch kontinuierlich und erreichte 2004 den Wert von 15 Prozent.

Auch das Profil der Schwesterpartei CSU als Katholikenpartei schwächte sich seit Mitte der Siebzigerjahre ab, allerdings bei Weitem nicht so stark wie das der CDU: Lag die Relation zwischen Katholiken und Protestanten Mitte der Siebziger bei 83 zu 14 Prozent, so verringerte sie sich bis zum Jahre 2004 auf 77 zu 17 Prozent. Zudem beträgt der Anteil derjenigen, die auf die Frage nach der Konfession „sonstige", „ohne" oder überhaupt nichts angaben, bei der CSU 2004 nur 6 Prozent.

Der Eindruck über das Ausmaß der Rekrutierung von Katholiken durch die beiden Unionsparteien, der durch die Betrachtung der Mitgliederanteile entsteht, wandelt sich gravierend, wenn man berücksichtigt, dass die CSU nur in Bayern und die CDU nur außerhalb Bayerns existiert, wobei sich die Rekrutierungsbasis der beiden Parteien in Bezug auf die Konfessionsverteilung deutlich unterscheidet: 2003 betrug der Katholikenanteil in Bayern 58,5 Prozent, im übrigen Bundesgebiet jedoch nur 27 Prozent.

In Abbildung 3.3.2-13 wird die unterschiedliche Rekrutierungsbasis der beiden Parteien berücksichtigt, indem der auf die Katholiken bezogene Proportionalitätsquotient für die CDU und die CSU wiedergegeben wird. In beiden Parteien sind die Katholiken unter den Mitgliedern im Vergleich zur jeweiligen Bevölkerung überproportional vertreten. Die Überrepräsentation ist jedoch in der CDU weitaus stärker als in der CSU, d.h. die CDU rekrutiert die für sie prinzipiell erreichbaren Katholiken in weit stärkerem Maße als ihre Schwesterpartei. Dies gilt für die CDU im Westen wie im Osten; in Ostdeutschland ist die CDU bei der Rekrutierung jedoch noch wesentlich erfolgreicher: Im Jahre 2003 war der Katholikenanteil unter der ostdeutschen CDU-Mitgliedschaft mehr als viermal so hoch wie in der ostdeutschen Bevölkerung ab 16 Jahren[16]. Im Westen der Republik ist er 1,7-mal so hoch, während in der CSU die Überrepräsentation der Katholiken bei 1,3 liegt.

---

16 Die Steigerung des Proportionalitätsquotienten von 2003 zu 2004 ist auf eine wesentliche Verbesserung der Datenerfassung in Ostdeutschland zurückzuführen, die die Anzahl der Katholiken jetzt weitaus genauer angibt.

Abb. 3.3.2-13: Repräsentation von Katholiken in den Unionsparteien seit 1996
(Proportionalitätsquotienten)

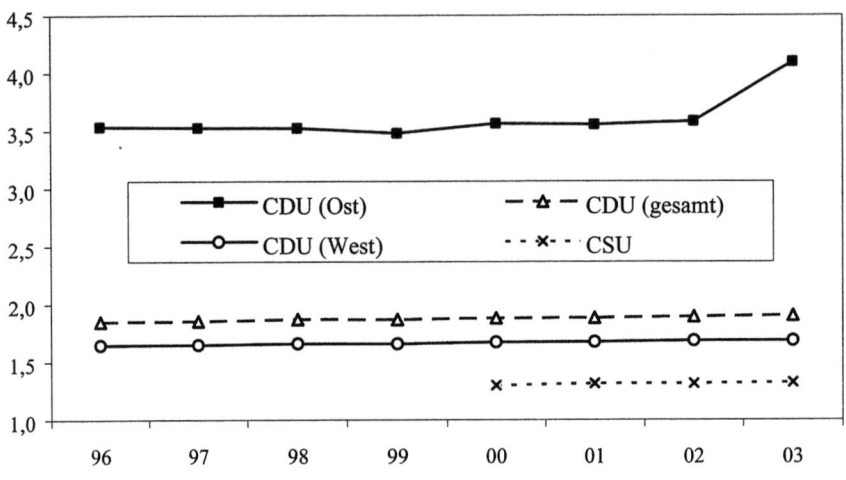

Quelle: Niedermayer 2005c: 37.

Fasst man die Ergebnisse der Analyse zusammen, so scheint sich die Entwicklung der Mitgliedschaften der Parteien seit den Siebzigerjahren als Beleg für die in der deutschen Parteienforschung so beliebten Krisenszenarien geradezu aufzudrängen: Dass fast alle Parteien im vergangenen Vierteljahrhundert unter einem Mitgliederrückgang litten, lässt sich nicht bestreiten. Besonders dramatisch stellt sich diese Entwicklung bis Mitte/Ende der Neunzigerjahre in den jüngeren Altersgruppen dar. Was liegt also näher, als den Mitgliederschwund als Indiz einer Akzeptanzkrise der Parteien zu interpretieren, zumal weitere Indikatoren wie z.B. der Rückgang der Parteiidentifikation (vgl. Kapitel 2.3) eine ähnliche Entwicklung zu belegen scheinen?

Bei genauerem Hinsehen ergibt sich allerdings ein wesentlich differenzierteres Bild. Zunächst einmal ist zu berücksichtigen, dass dem unbestreitbaren Mitgliederschwund ein starker Anstieg der Mitgliederzahlen vorausging, der zudem von einer Stärkung der Organisationsdichte der Parteien begleitet war. Die SPD war in Deutschland traditionell eine Mitgliederpartei, was sie ungeachtet des Mitgliederrückgangs bis heute geblieben ist. Allerdings hat sie gegenüber ihrem Höchststand Mitte der Siebzigerjahre mittlerweile über 40 Prozent ihrer Mitglieder verloren und ist in neuester Zeit fast wieder auf ihren historischen Tiefststand Mitte der Fünfzigerjahre zurückgefallen. Bei den anderen Parteien stellt sich das Problem weit weniger gravierend dar: Die CDU entwickelte sich nach dem Verlust der Regierungsmacht im Jahre 1969 von einer Honoratioren- zu einer Mitgliederpartei, eine Eigenschaft, die der Rückgang der Mitgliederzahlen um gut 20 Prozent seit Mitte der Achtzigerjahre nicht ernsthaft in Frage stellt. Die FDP und die Grünen kann man nicht an den Maßstäben einer Massenpartei messen, weil sie diesem Modell niemals entsprachen, und der dramatische Mitgliederverlust der PDS erklärt sich aus den spezifischen Bedingungen der Wende- und Nachwendezeit in Ostdeutschland.

Wenn man vordergründige Interpretationen der Mitgliederentwicklung der Parteien vermeiden will, muss man das auf den ersten Blick so eindeutige Bild genauer betrachten. Hierzu gehören detaillierte Analysen von Ein- und Austrittsmotiven der Mitglieder ebenso wie eine Einordnung der Parteimitgliedschaft und der parteibezogenen Aktivitäten in den Gesamtzusammenhang der sich wandelnden gesellschaftlichen Verhältnisse und der in Deutschland bestehenden Beteiligungsmöglichkeiten. Die Abnahme sozialer Integration, die Erosion der traditionellen sozialen Milieus sowie die beträchtliche Verbreiterung und Ausdifferenzierung alternativer Beteiligungsangebote dürften mindestens ebenso wichtige Ursachen für den Mitgliederrückgang der Parteien darstellen wie das zu Parteienverdruss führende Verhalten mancher Mitglieder der Parteieliten.

Mit der Größe veränderte sich auch die Sozialstruktur der Parteimitgliedschaft. Betrachtet man die Mitgliederstruktur der Parteien aus partizipationstheoretischer Perspektive, dann weist sie fast alle aus anderen Untersuchungen traditioneller politischer Beteiligung bekannten Merkmale auf: Männer sind trotz gewisser Angleichungstendenzen immer noch stärker vertreten als Frauen, die Jüngeren sind überall unterrepräsentiert und Personen mit höherer Bildung sind in allen Parteien in hohem Maße überrepräsentiert. Die Entwicklung der Berufs- und Konfessionsstruktur zeigt, dass sich die etablierten Parteien in den letzten dreißig Jahren zunehmend von ihren Herkunftsmilieus lösen. Die SPD ist keine Partei der Arbeiter mehr, auch wenn der Arbeiteranteil unter ihren Mitgliedern immer noch höher ausfällt als bei den anderen Parteien, und überall dominieren heute die Angehörigen des Öffentlichen Dienstes. Die Konfessionsstruktur der CDU hat sich gewandelt, allerdings gelingt es der Partei immer noch in hohem Maße, ihre traditionelle katholische Klientel zu rekrutieren. Das Zusammenspiel von Kontinuität und Wandel in der Mitgliederstruktur der Parteien zeigt, dass die Wirklichkeit viel differenzierter ausfällt als viele Krisenszenarien glauben machen wollen. Dennoch mehren sich die Anzeichen, dass die Parteien über ihre Mitgliedschaften ressourcenschwache Bevölkerungskreise – insbesondere die Niedriggebildeten – immer weniger erreichen und diese sich daher zunehmend von den Parteien abwenden, was aus demokratietheoretischer Sicht zum Nachdenken Anlass gibt.

3.3.3 Sonstige Partizipationsformen

Die Mitwirkung an der Auswahl des politischen Führungspersonals durch die Ausübung des Stimmrechts bei Wahlen sowie die parteibezogenen Aktivitäten bilden die traditionellen Kernelemente der Ausübung der Staatsbürgerrolle in repräsentativen Demokratien wie der Bundesrepublik. Darüber hinaus existiert jedoch eine Vielfalt weiterer Partizipationsformen, die sich nach den Kriterien Institutionalisiertheit, Legalität und Legitimität systematisieren und in die folgenden vier Gruppen aufteilen lässt[1]:

- Gemeinde-, wahlkampf- und politikerbezogene Aktivitäten: Hierunter werden legale, teilweise institutionalisierte, meist zeitlich begrenzte Partizipationsformen mit hohem Legitimitätsstatus verstanden, die sich auf die Mitarbeit an lokalen Problemlösungen, die Teilnahme an Wahlkämpfen und Kontakte mit Politikern beziehen.
- Legaler Protest: Diese Partizipationsform umfasst legale, nicht institutionalisierte Beteiligungsarten – wie z.B. genehmigte Demonstrationen – deren Legitimität von einem Teil der Bevölkerung zunächst in Frage gestellt wurde, die aber mit der Zeit zunehmend Legitimitätsgeltung erlangten.
- Ziviler Ungehorsam: Hierzu zählen alle nicht gewaltsamen partizipativen Aktivitäten, die gegen geltendes Recht verstoßen und von einer breiten Mehrheit der Bevölkerung nicht als legitime Art der Beteiligung am politischen Prozess verstanden werden.
- Politische Gewalt: Die extremste Form politischer Partizipation umfasst die Anwendung von Gewalt gegen Sachen oder Personen.

Da die Bürgerinnen und Bürger dem politischen Bereich in ihrem Leben einen relativ geringen Stellenwert zumessen (vgl. Kapitel 2.1), ist nicht zu erwarten, dass ein großer Anteil der Bevölkerung diese Vielzahl von Beteiligungsmöglichkeiten permanent nutzt[2]. Dies bestätigt sich, wenn man sich die Verbreitung unterschiedlicher Freizeitaktivitäten der Deutschen ansieht (vgl. Tabelle 3.3.3-1). Unter vierundzwanzig möglichen Aktivitäten wurde die politische Partizipation – zusammen mit dem Besuch von Oper, Konzert und Theater – am wenigsten genannt: Nur zwei Prozent der Bürgerinnen und Bürger gaben 1998 an, sich wöchentlich oder öfter politisch zu beteiligen. An der Spitze steht die Entspannung vom beruflichen und sonstigen Stress, indem man Zeitschriften liest, spazieren geht und Musik hört.

---

1 Vgl. hierzu die Ausführungen und Literaturhinweise in der Einleitung zu diesem Kapitel.
2 Deutschland ist in Bezug auf die politische Beteiligung seiner Bürgerinnen und Bürger keine Ausnahmeerscheinung. Schon im Laufe der Sechziger- und Siebzigerjahre wurde deutlich, dass das Niveau und die Struktur politischer Partizipation in der Bundesrepublik und anderen demokratischen Ländern nahezu identisch sind (Barnes/Kaase et al. 1979).

Tab. 3.3.3-1: Verbreitung von Freizeitaktivitäten 1998
(Angaben in Prozent „wöchentlich und öfter")

Zeitschriften lesen	69	Videokassetten	16
Spazieren, Wandern	57	Kirchgang, Religion	14
LP, CD, Kassette hören	47	Gesellschaftsspiele	13
Bekannte besuchen	46	Yoga, Meditation	11
Faulenzen, Nichts tun	43	Kunst, Musisches	10
Basteln, Reparieren	40	Sport zusehen	7
Verwandte besuchen	38	Ausflüge, Kurzreisen	7
Bücher lesen	38	Internet, Online	7
Sport treiben	28	Ehrenamtliches	7
Essen-, trinken gehen	26	Kino, Pop, Jazz, Tanz	6
Computer	21	Oper, Konzert, Theater	2
Private Weiterbildung	21	Politische Beteiligung	2

Quelle: Terwey 2000: 122 (Auszug aus Schaubild 2; Allbus).

Dies heißt allerdings nicht, dass die Bevölkerung politisch abstinent ist. Engt man die Betrachtung nicht auf den harten Kern der Daueraktivisten ein, sondern nimmt auch diejenigen, die sich nur manchmal politisch engagieren, so ergibt sich insbesondere in Bezug auf die gemeinde-, wahlkampf- und politikerbezogenen Aktivitäten ein anderes Bild. Da auch diese Aktivitäten mit einem größeren Aufwand verbunden sind als die reine Wahlteilnahme, aber kein permanentes, organisationsgebundenes Engagement erfordern wie die Mitarbeit in Parteien, liegen diese Partizipationsformen von ihrer Verbreitung her zwischen den beiden anderen.

Über ein viertel Jahrhundert hinweg gab, mit einigen Schwankungen, gut ein Sechstel der Bürger an, oft oder manchmal eine politische Versammlung besucht bzw. sich an Aktivitäten zur Lösung von Gemeindeproblemen beteiligt zu haben, wobei die Versammlungsbesuche rückläufig sind (vgl. Abbildung 3.3.3-1)[3].

---

3 Die Daten für die Abbildungen 3.3.3-1 bis 3.3.3-5 wurden dem Verfasser freundlicherweise von Oscar W. Gabriel und Kerstin Völkl zur Verfügung gestellt. Sie bilden die Grundlage der Abbildungen in Gabriel/Völkl 2005: 544ff. Verwendet wurden die Daten für das „enge Potenzial".

Abb. 3.3.3-1: Gemeindebezogene Aktivitäten seit 1974
(Angaben in Prozent: oft/manchmal bzw. ja)

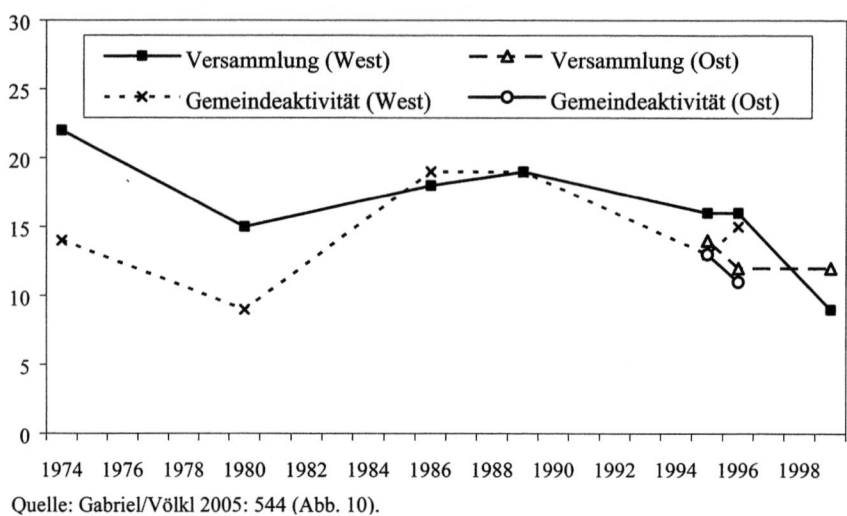

Quelle: Gabriel/Völkl 2005: 544 (Abb. 10).

Abb. 3.3.3-2: Wahlkampf- und politikerbezogene Aktivitäten seit 1974
(Angaben in Prozent: oft/manchmal bzw. ja)

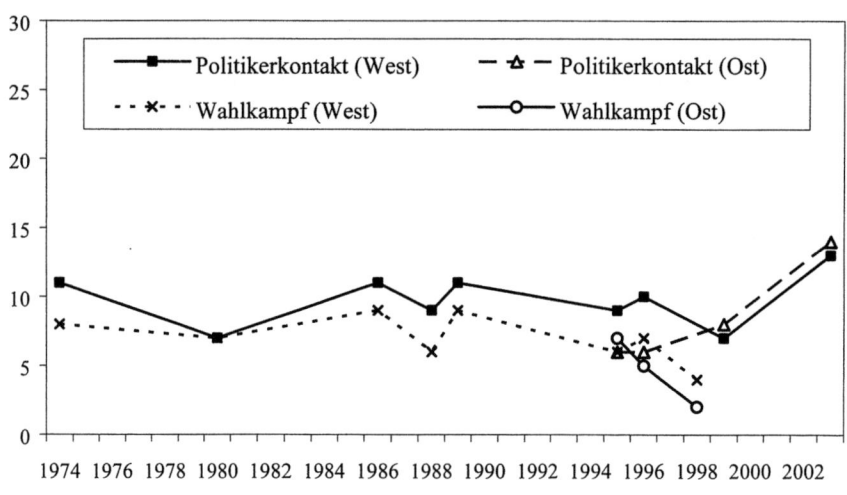

Quelle: Gabriel/Völkl 2005: 544 (Abb. 10).

Weniger verbreitet sind Politikerkontakte und Wahlkampfaktivitäten, an denen sich knapp ein Zehntel der Bürger beteiligt (vgl. Abb. 3.3.3-2). Zwischen Ost- und Westdeutschen gibt es in Bezug auf diese Art von politischer Beteiligung keine nennenswerten Unterschiede (vgl. auch van Deth 2001).

Die partizipatorische Revolution (Kaase 1984) der späten Sechzigerjahre führte zu einem Wandel des Beteiligungsverhaltens der Bevölkerung, der durch „die Entinstitutionalisierung politischer Beteiligung und die Erweiterung des politischen Beteiligungsrepertoires gekennzeichnet war" (van Deth 1997: 294). Die ‚konventionelle' Partizipation wurde ergänzt durch ‚unkonventionelle' Formen politischer Beteiligung (vgl. auch die Einleitung zu diesem Kapitel). Sofern diese Protestaktivitäten legale Beteiligungsformen umfassten[4], wurden sie im Zeitverlauf von einer wachsenden Mehrheit der Bevölkerung auch als legitim anerkannt, illegale Proteste in Gestalt des zivilen Ungehorsams werden jedoch von der breiten Mehrheit der Deutschen nicht als legitime Mittel zur Interessendurchsetzung angesehen[5].

Diese Differenzierung schlägt sich auch im Beteiligungsniveau nieder. Legale Protestaktivitäten fanden, nach einem Rückgang Anfang der Achtzigerjahre, in der alten Bundesrepublik bis 1990 zunehmend Verbreitung, wobei sich die Bürger deutlich stärker an Unterschriftenaktionen als an legalen Demonstrationen beteiligten (vgl. Abbildung 3.3.3-3). In den ersten Jahren nach der Vereinigung verblieb die Beteiligung an Unterschriftenaktionen in Westdeutschland zunächst auf hohem Niveau, ging dann deutlich zurück und stieg Ende der Neunzigerjahre wieder an. Im Jahre 2003 haben die Ostdeutschen, die sich vorher etwas weniger an solchen Aktionen beteiligten, die Westdeutschen erstmals übertroffen. Die Beteiligung an legalen Demonstrationen hingegen, die ihre Hochzeit Anfang bis Mitte der Neunzigerjahre hatte[6], war in den neuen Bundesländern immer schon etwas stärker verbreitet als in Westdeutschland.

Die gegen geltende Rechtsvorschriften verstoßenden und von der breiten Mehrheit der Bürger nicht als legitime Formen der Interessendurchsetzung angesehenen Aktivitäten des zivilen Ungehorsams spielen, mit Ausnahme von Boykotten, die in Westdeutschland mit einer Beteiligung von einem Zehntel der Bevölkerung 1990 einen Höhepunkt erfuhren – im Beteiligungsrepertoire der Gesamtbevölkerung keine Rolle (vgl. die Abbildungen 3.3.3-4 und 3.3.3-5).

---

4 Es sei daran erinnert, dass viele Protestformen durch die Grundrechte – insbesondere durch die Meinungs- und Versammlungsfreiheit – geschützt sind.
5 Dies gilt auch für andere europäische Länder (Westle 1994). Für einen anderen Zugang zur quantitativen Analyse des politischen Protests, die auf den Printmedien berichteten Protestereignissen beruht, vgl. z.B. Rucht 2003.
6 Das Jahr 2004, zu dem noch keine Daten vorliegen, wird wegen der Anti-Hartz IV-Demonstrationen in dieser Hinsicht möglicherweise einen neuen Höhepunkt bringen.

Abb. 3.3.3-3: Legaler Protest seit 1974

(Angaben in Prozent: schon getan)

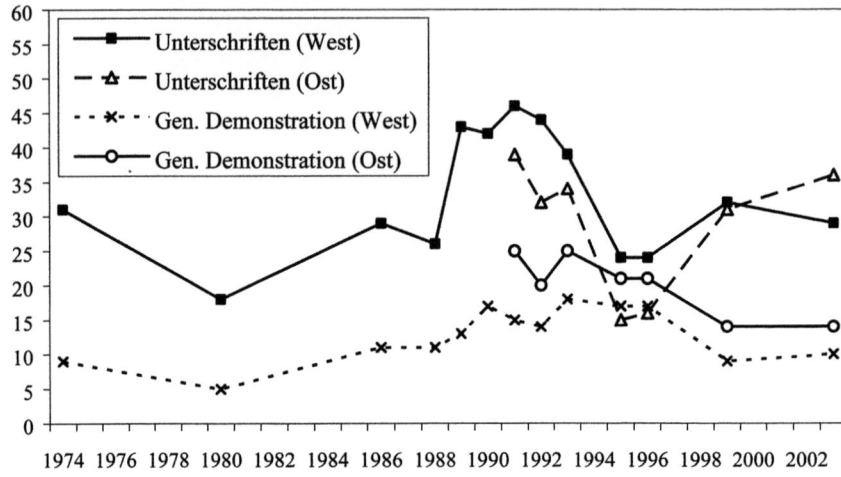

Quelle: Gabriel/Völkl 2005: 546 (Abb. 11).

Abb. 3.3.3-4: Boykotte und wilde Streiks seit 1974

(Angaben in Prozent: schon getan)

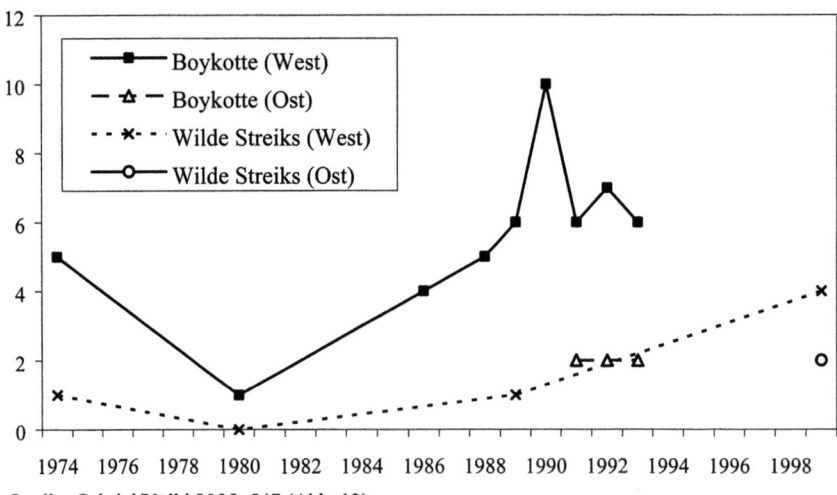

Quelle: Gabriel/Völkl 2005: 547 (Abb. 12).

254

Abb. 3.3.3-5: **Sit-ins und Protestaktivitäten seit 1974**
(Angaben in Prozent: schon getan)

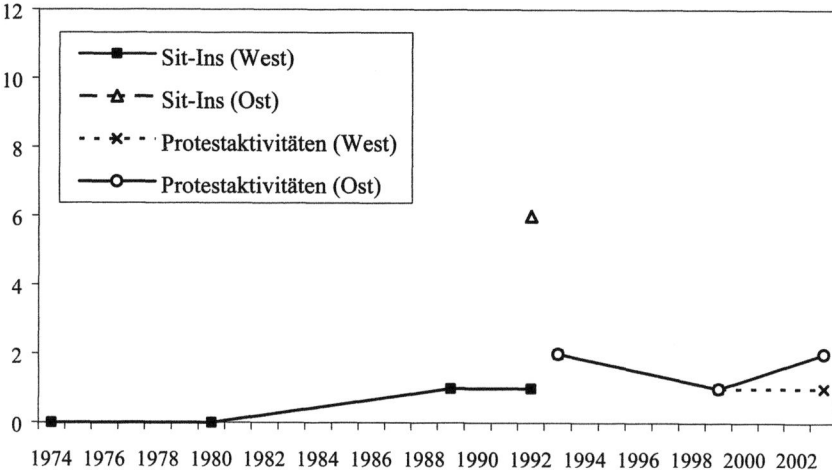

Quelle: Gabriel/Völkl 2005: 547 (Abb. 12).

Eine Beteiligung der Bürgerinnen und Bürger an der extremsten Form politischer Partizipation, der Anwendung von Gewalt gegen Sachen oder Personen, ist in allgemeinen Bevölkerungsumfragen kaum mehr nachweisbar (vgl. Tabelle 3.3.3-2). Allerdings sind Bevölkerungsumfragen ein untaugliches Mittel zur Erfassung politischer Gewalt in einer Gesellschaft.

Tab. 3.3.3-2: **Politische Gewalt 1995 und 1998**
(Angaben in Prozent: schon einmal gemacht)

	1995		1998	
	W	O	W	O
Bei einer Demonstration mal richtig Krach schlagen, auch wenn dabei einiges zu Bruch geht (1995: Teilnahme an einer gewaltsamen Demonstration)	1	1	0	1
Für eine Sache kämpfen, auch wenn dazu Gewalt gegen Personen notwendig ist (1995: Gewalt gegen polit. Verantwortliche)	1	0	0	0

Quelle: 1995: Schmitt-Beck/Weins 1997: 342, 1998: eigene Berechnungen (Allbus).

Verlässlicher – obwohl auch nicht ohne Probleme – sind in diesem Bereich Ereignisdaten, d.h. die Zusammenstellungen von politisch motivierten Gewalttaten[7]. In den letzten dreißig Jahren hat sich der politische Hintergrund der Anwendung von Gewalt deutlich verändert. In den Siebzigerjahren wurde Gewalt vornehmlich von linksextremen Gruppierungen angewendet[8]. Auch in der zweiten Hälfte der Achtzigerjahre waren die Gewalttaten mit linksextremistischen Hintergrund noch weitaus zahlreicher als die rechtsextremistischen, allerdings mit rapide abnehmender Tendenz (vgl. Abbildung 3.3.3-6).

Im Jahre 1991 und 1992 schnellten die rechtsextremistisch motivierten Gewalttaten, die sich in der alten Bundesrepublik bis dahin in engen Grenzen gehalten hatten, dramatisch in die Höhe: Wurden 1990 etwas mehr als 300 Gewalttaten verübt, waren es 1992 über 2.600. „Dieser explosionsartige Anstieg muss als neue Qualität im Bereich des gewalttätigen Rechtsextremismus angesehen werden. Er ist eine Begleiterscheinung der deutschen Einheit" (Stöss 2000: 153). Im Jahre 1991 kamen durch die rechtsextreme Gewalt drei Personen ums Leben, 1992 waren es 17, die bis dahin schwersten Ausschreitungen fanden im August 1992 in Rostock-Lichtenhagen statt, wo sich „bis zu 1.200 Gewalttäter" (ebd.: 156) an den brutalen Krawallen um die Zentrale Aufnahmestelle für Asylbewerber beteiligten

Seit 1993 bildete sich die rechtsextreme Gewalt wieder zurück und in der zweiten Hälfte der Neunzigerjahre lagen rechts- und linksextremistisch motivierte Gewalttaten gleichauf. Während die rechtsextremistisch motivierte Gewalt auch im neuen Jahrtausend in etwa auf demselben Niveau verblieb, sank ihr Pendant auf der linken Seite im Jahre 2002 deutlich ab, sodass – trotz eines allmählichen Wiederansteigens der linksextremistischen Gewalt – die rechtsextremistisch motivierte Gewalt momentan stärker ausgeprägt ist.

Betrachtet man die Verteilung der extremistisch motivierten Gewalttaten auf die einzelnen Bundesländer, so fällt zunächst auf, dass die linksextremistisch motivierte Gewalt sehr stark auf Berlin mit seiner ausgeprägten Autonomenszene konzentriert ist, während die rechtsextremistische Gewalt flächendeckender auftritt (vgl. Tabelle 3.3.3-3)[9].

7　Die Probleme bei dieser Art der Datengewinnung bestehen zum einen in der Schwierigkeit, die einer Gewalttat zugrunde liegenden Motivstrukturen zweifelsfrei festzustellen, und zum anderen in der Tatsache, dass in diesem Bereich mit einer beträchtlichen Dunkelziffer zu rechnen ist.

8　Durch spektakuläre Gewaltaktionen, beginnend mit der Anschlagserie von 1972, erregte die „Rote Armee Fraktion" (RAF) das bei weitem größte Aufsehen in der Öffentlichkeit (zu den terroristischen Gruppen dieser Zeit vgl. Backes/Jesse 1993).

9　In der Tabelle werden nicht die absoluten Zahlen der Gewalttaten ausgewiesen, sondern zur Einwohnerzahl der einzelnen Länder in Beziehung gesetzt, um zu sinnvollen Vergleichen zwischen den Bundesländern zu kommen.

Abb. 3.3.3-6: Gewalttaten mit extremistischem Hintergrund seit 1985
(Anzahl der Gewalttaten)

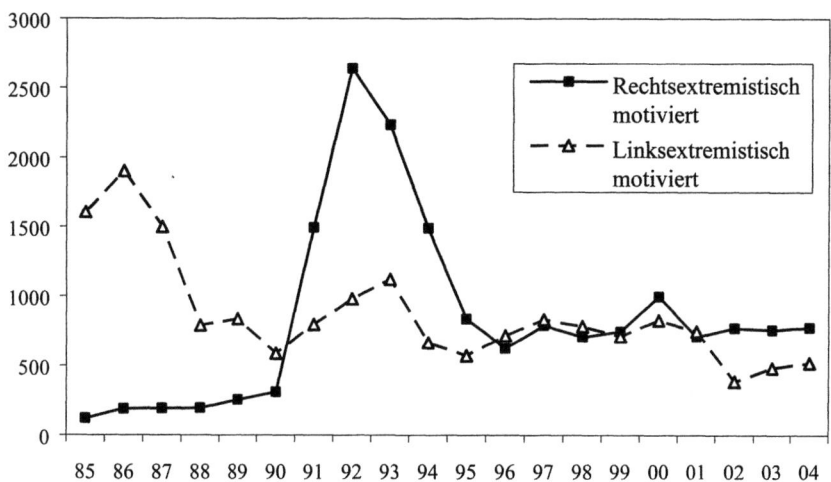

Quelle: Bundesministerium des Innern (Hrsg.) (div. J.): Verfassungsschutzberichte. Bonn.

Berlin liegt auch im Bereich der rechtsextremistischen Gewalt weit vorne, mit Abstand am stärksten betroffen ist jedoch Brandenburg, aber auch die vier anderen ostdeutschen Bundesländer liegen 2003 und 2004 über dem Durchschnitt. Am wenigsten betroffen von rechtsextremistisch motivierter Gewalt waren in diesen beiden Jahren Bremen, Bayern und Hamburg, wobei die ersten beiden genannten Länder auch in Bezug auf die linksextremistische Gewalt zu den Schlusslichtern zählten.

Wenden wir uns nun dem Verhältnis zwischen den institutionalisierten und den nichtinstitutionalisierten Formen der politischen Beteiligung zu, wobei wir den Sonderfall der politisch motivierten Gewalt außer Acht lassen. Das Aufkommen nichtinstitutionalisierter Partizipationsformen wurde zunächst als Bedrohung des traditionellen demokratischen Prozesses angesehen, weil man befürchtete, dass die neuen Formen als Ersatz für die herkömmliche Art und Weise der politischen Beteiligung genutzt würden. Diese Befürchtung wurde jedoch schon sehr früh empirisch widerlegt (Barnes, Kaase et al. 1979), und auch die neueren Studien (z.B. Westle 2000) zeigen, dass die verschiedenen Partizipationsformen sich nicht ausschließen, sondern einander eher ergänzen, sodass es sich tatsächlich um eine Ausweitung des Partizipationsrepertoires der Bevölkerung und nicht um das Ersetzen institutionalisierter durch nichtinstitutionalisierte Partizipation handelt.

Tab. 3.3.3-3: Extremistische Gewalttaten in den Bundesländern 2003 und 2004 (pro 1000.000 Einwohner)[1]

	Linksextremistisch				Rechtsextremistisch			
	2003	R	2004	R	2003	R	2004	R
Baden-Württemberg	0,5	9	0,3	12	0,5	11	0,6	11
Bayern	0,1	16	0,2	14	0,4	14	0,3	15
Berlin	3,9	1	4,6	1	2,0	3	1,7	3
Brandenburg	0,5	7	0,9	6	3,4	1	4,1	1
Bremen	0,2	14	0,0	16	0,3	15	0,2	16
Hamburg	0,6	6	0,9	5	0,2	16	0,5	12
Hessen	0,5	8	0,3	11	0,5	12	0,4	14
Mecklenburg-Vorpommern	0,7	5	1,3	3	1,8	6	1,2	8
Niedersachsen	1,2	3	1,0	4	1,0	8	1,3	7
Nordrhein-Westfalen	0,1	15	0,3	13	0,5	10	0,6	10
Rheinland-Pfalz	0,3	12	0,2	15	0,4	13	0,4	13
Saarland	0,3	11	0,4	10	0,9	9	0,7	9
Sachsen	0,4	10	1,3	2	1,6	7	1,5	4
Sachsen-Anhalt	0,9	4	0,5	7	2,0	5	2,8	2
Schleswig-Holstein	1,6	2	0,4	8	2,3	2	1,5	5
Thüringen	0,3	13	0,4	9	2,0	4	1,4	6

1) R = Rangplatz.
Quelle: Bundesministerium des Innern 2005: 38 und 129.

Betrachtet man diejenigen Faktoren, die partizipative Aktivitäten der Bürgerinnen und Bürger fördern, so muss dennoch etwas differenziert werden. Zur Erklärung der hier analysierten Partizipationsformen lassen sich zunächst diejenigen Faktoren heranziehen, die schon bei der Wahlbeteiligung und der parteibezogenen Partizipation eine wesentliche Rolle gespielt haben (vgl. Abschnitt 3.3.1 und

3.3.2): der sozio-ökonomische Status, die im Sozialisationsprozess erworbenen Normen und Werte sowie das Ausmaß an sozialer Integration[10].

Das ‚sozio-ökonomische Standardmodell' politischer Beteiligung, wonach ein höherer sozio-ökonomischer Status – operationalisiert über Schulbildung, Beruf und Einkommen – zu stärkerem politischem Engagement führt, wurde schon früh sowohl für die konventionelle Beteiligung als auch für den legalen Protest und den zivilen Ungehorsam nachgewiesen[11]. Auch die neueren Studien bestätigen diesen Zusammenhang, wobei seine Erklärungskraft im Rahmen von multivariaten Modellen, die gleichzeitig noch eine Reihe von anderen Faktoren berücksichtigen, allerdings sehr gering ist[12].

Das als Stellvertretervariable u.a. für im Sozialisationsprozess erworbene Normen benutzte Geschlecht[13] zeigt hingegen unterschiedliche Wirkungen: Frauen weisen „bei den unkonventionellen Formen der Partizipation regelmäßig ein geringeres ‚Defizit' im Vergleich zu den Männern auf als bei den konventionellen Formen" (Westle 2000: 137), was traditionell auf frauenfeindlichere Strukturen der konventionellen Partizipation zurückgeführt wird.

Auch in Bezug auf den Beitrag der sozialen Integration in Form der Einbindung in soziale Netzwerke ist zwischen den beiden Partizipationsformen zu differenzieren: Die Einbindung von Individuen in einen politisch mobilisierenden Gruppenkontext trägt im unkonventionellen Bereich deutlicher zur politischen Beteiligung bei als im konventionellen Bereich (ebd.), obwohl sie auch dort eine Rolle spielt (van Deth 1997).

Als Indikator für die allgemeine soziale Integration wird das Alter – interpretiert als Stellung im Lebenszyklus – angesehen. Bei der Wahlbeteiligung hat sich ein kurvilinearer Zusammenhang mit dem Alter gezeigt – bei den Jüngeren ist die Beteiligungsrate relativ niedrig, steigt dann deutlich an und sinkt bei den Ältesten

---

10 In den Studien zum legalen Protest und zivilen Ungehorsam wird – vor allem aufgrund von Fallzahlenproblemen wegen der geringen Verbreitung mancher dieser Aktivitäten – oft mit Operationalisierungen gearbeitet, die nicht das (berichtete) Verhalten, sondern konative Orientierungen (Verhaltensabsichten) messen (vgl. schon die erste große Studie in diesem Bereich – Barnes/Kaase et al. 1979 – sowie an neueren Studien Klingemann/Lass 1995b, Krimmel 2000 und Schmitt-Beck/Weins 1997). Diejenigen Studien, die beide Operationalisierungen berücksichtigen (Bauer 1993, Kaase 1989), zeigen, dass in Bezug auf eine Reihe von Bestimmungsfaktoren durchaus Unterschiede in der Art und Weise der Beeinflussung der Verhaltensabsicht und des Verhaltens bestehen. Da wir hier auf das Verhalten abstellen, werden im Folgenden Zusammenhänge nur berichtet, wenn sie (auch) auf der Verhaltensebene bestehen.

11 Vgl. Barnes/Kaase et al. 1979, Verba/Nie 1972, Verba/Nie/Kim 1978. Daraus wurde der Schluss gezogen, die neuen Partizipationsmöglichkeiten würden die bisher beobachteten Ungleichheiten in der politischen Einflussnahme durch verschiedene gesellschaftliche Gruppen nicht reduzieren, sondern eher verschärfen (Kaase 1981).

12 Vgl. Bauer 1993, Kaase 1989, Klingemann/Lass 1995b, Krimmel 2000, van Deth 1997.

13 Vgl. hierzu ausführlicher Abschnitt 3.3.2.

wieder ab –, was als Ergebnis der langsamen Integration der jungen in die und der langsamen Desintegration der alten Bürger aus der Gesellschaft gedeutet wird. Für die hier untersuchten Partizipationsformen ergeben sich im konventionellen Bereich keine eindeutigen Zusammenhänge, der legale Protest und der zivile Ungehorsam sind jedoch in der Regel eher die Domäne der Jüngeren[14].

Wichtiger als die sozialstrukturellen Bestimmungsfaktoren sind jedoch Einflüsse aus dem Bereich der Wert- und sonstigen politischen Orientierungen[15]. Unter den Wertorientierungen werden die Links-Rechts-Einstufung und ‚postmaterialistische‘[16] Orientierungen mit politischer Partizipation in Zusammenhang gebracht, weil „die Änderungsforderungen der links orientierten Personen als Anreiz für ein überdurchschnittlich hohes Niveau politischer Beteiligung betrachtet" werden und „die individuell motivierten Gestaltungswünsche der Postmaterialisten ... zu einer hohen politischen Aktivität" führen sollten (van Deth 1997: 305). Einige multivariate Analysen zeigen, dass „sowohl Werte als auch Ideologie jeweils einen unabhängigen Einfluss" auf die politische Partizipation haben, „wobei die Wertedimension sich ... als etwas einflussreicher als die Ideologiedimension erweist" (Bauer 1993: 187) und beide für die konventionellen Partizipationsformen geringere Bedeutung haben[17]. Andere Analysen widersprechen diesen Befunden jedoch: In der Analyse unkonventioneller Partizipation durch Schmitt-Beck/Weins (1997) wirkten sich postmaterialistische Wertorientierungen nur in Ostdeutschland auf die Partizipationsbereitschaft förderlich aus, van Deth (2001) hingegen kommt zu den Ergebnis, dass politische Partizipation generell in Ostdeutschland weder durch die links-rechts-Platzierung noch durch postmaterialistische Wertorientierungen beeinflusst wird und in Westdeutschland nur ein Einfluss der Wertorientierungen festzustellen ist. Den größten Erklärungsbeitrag für die politische Beteiligung der Bürgerinnen und Bürger aus diesem Variablenbereich liefert ihr politisches Interesse und ihr staatsbürgerliches Selbstvertrauen (van Deth 1997, 2001, Bauer 1993).

Trotz der sich teilweise widersprechenden empirischen Ergebnisse in Bezug auf die Erklärungsfaktoren der institutionalisierten und nichtinstitutionalisierten Partizipationsformen lässt sich zusammenfassend feststellen, dass die ‚Aktivbür-

---

14 Vgl. Bauer 1993, Kaase 1989, Klingemann/Lass 1995b und Krimmel 2000
15 Ein weiterer Bereich, die Unzufriedenheit mit den politischen, ökonomischen und sozialen Verhältnissen, hat sich in multivariaten Analysen nicht als relevanter Bestimmungsfaktor politischer Partizipation erwiesen (Krimmel 2000, van Deth 1997). Unzufriedenheit kann ihre Wirkung auf das politische Geschehen nur in Zusammenhang mit der Wahrnehmung individueller Einflussmöglichkeiten entfalten (Opp 1997).
16 Zu den materialistischen/postmaterialistischen Wertorientierungen vgl. Inglehart 1977, 1989.
17 Vgl. Krimmel 2000, Klingemann/Lass 1995a und van Deth 1997.

gerschaft' keinen Querschnitt der Gesamtbevölkerung bildet, sondern sich von ihr in vielfältiger Weise unterscheidet.

Weiterführende Literatur

Armingeon, Klaus (1994): Gründe und Folgen geringer Wahlbeteiligung, in: Kölner Zeitschrift für Soziologie und Sozialpsychologie, 46, S. 43-64.

Backes, Uwe/Jesse, Eckhard (1993): Politischer Extremismus in der Bundesrepublik Deutschland. Bonn: Bundeszentrale für politische Bildung (3., völlig überarb. u. aktual. Aufl.).

Barnes, Samuel H./Kaase, Max et al. (1979): Political Action. Mass Participation in Five Western Democracies. Beverly Hills/London: Sage.

Bauer, Petra (1993): Ideologie und politische Beteiligung in der Bundesrepublik Deutschland. Opladen: Westdeutscher Verlag.

Becker, Rolf (2002): Voter Participation in the 1998 Bundestag Elections: A Theoretical Modification and Empirical Application of Downs' Theory of Voter Participation, in: German Politics, 11, S. 39-87.

Becker, Rolf (2004): Political Efficacy and Voter Turnout in East and West Germany, in: German Politics, 13, S. 317-340.

Boll, Bernhard (2001): Beitrittsmotive von Parteimitgliedern, in: Boll, Bernhard/Holtmann, Everhard (Hrsg.): Parteien und Parteimitglieder in der Region. Wiesbaden: Westdeutscher Verlag, S. 19-30.

Boll, Bernhard/Holtmann, Everhard (2001): Parteien und Parteimitglieder in der Region. Wiesbaden: Westdeutscher Verlag.

Boyer, Josef/Kössler, Till (Bearb.) (2005): SPD, KPD und kleinere Parteien des linken Spektrums sowie DIE GRÜNEN. Mitgliedschaft und Sozialstruktur 1945-1990 (Handbuch zur Statistik der Parlamente und Parteien in den westlichen Beatzungszonen und in der Bundesrepublik Deutschland, Bd. 12/IV). Düsseldorf: Droste.

Braun, Sebastian (2001): Bürgerschaftliches Engagement - Konjunktur und Ambivalenz einer gesellschaftspolitischen Debatte, in: Leviathan, 29, S. 83-109.

Brennan, Geoffrey/Lomasky, Loren (1993): Democracy and Decision. The Pure Theory of Electoral Preference. Cambridge: Cambridge University Press.

Brettschneider, Frank/van Deth, Jan W./Roller, Edeltraud (Hrsg.) (2002): Das Ende der politisierten Sozialstruktur?. Opladen: Leske + Budrich.

Brettschneider, Frank/van Deth, Jan W./Roller, Edeltraud (Hrsg.) (2004): Die Bundestagswahl 2002. Wiesbaden: VS Verlag für Sozialwissenschaften.

Bürklin, Wilhelm P./Neu, Viola/Veen, Hans-Joachim (1997): Die Mitglieder der CDU. Interne Studien, Nr. 148. St. Augustin: Konrad-Adenauer-Stiftung.

Bürklin, Wilhelm P./Klein, Markus (1998): Wahlen und Wählerverhalten. Eine Einführung. Opladen: Leske + Budrich (2. Aufl.).

Bundesministerium für Familie, Senioren, Frauen und Jugend (2000): Freiwilliges Engagement in Deutschland. Ergebnisse der Repräsentativbefragung zu Ehrenamt, Freiwilligenarbeit und bürgerschaftlichem Engagement, 3 Bände. Stuttgart.

Bundesministerium des Innern (Hrsg.) (2005): Verfassungsschutzbericht 2004. Vorabfassung. Berlin.

Campbell, Angus/Converse, Philiph E./Miller, Warren E./Stokes, Donald E. (1960): The American Voter. New York: Wiley.

Chrapa, Michael/Wittich, Dietmar (2001): Die Mitgliedschaft, dere große Lümmel.... Studie zur Mitgliederbefragung 2000 der PDS. Berlin: PDS.

Dalton, Russell J. (2001): Citizen Politics in Western Democracies. Public Opinion and Political Parties in the United States, Great Britain, West Germany, and France. Chatham, N.J.: Chatham House (new. ed.).

Deutscher Bundestag. Enquete-Kommission "Zukunft des Bürgerschaftlichen Engagements" (Hrsg.) (2002): Bürgerschaftliches Engagement und Zivilgesellschaft. Opladen: Westdeutscher Verlag.

Dittberner, Jürgen (1987): F.D.P. - Partei der zweiten Wahl. Opladen: Westdeutscher Verlag.

Downs, Anthony (1957): An Economic Theory of Democracy. New York: Harper and Row.

Eilfort, Michael (1991): Die Nichtwähler, in: Wahlverhalten (Redaktion: Hans-Georg Wehling). Stuttgart u.a.: Kohlhammer, S. 224-241.

Eilfort, Michael (1994): Die Nichtwähler. Paderborn: Schöningh

Eilfort, Michael (1995): Krise oder Normalisierung? Nichtwähler im "Superwahljahr" - soviel Konfusion wie Klarheit, in: Zeitschrift für Parlamentsfragen, 26, S. 183-192.

Falke, Wolfgang (1982): Die Mitglieder der CDU. Berlin: Duncker u. Humblot.

Falter, Jürgen W./Rattinger, Hans/Troitzsch, Klaus G (Hrsg.) (1989): Wahlen und politische Einstellungen in der Bundesrepublik Deutschland: Neuere Entwicklungen der Forschung. Frankfurt a.M.: Peter Lang.

Falter, Jürgen W./Schoen, Harald (1999): Wahlen und Wählerverhalten, in: Ellwein, Thomas/Holtmann, Everhard (Hrsg.): 50 Jahre Bundesrepublik Deutschland (Sonderheft 30 der PVS). Opladen: Westdeutscher Verlag, S. 454-470.

Falter, Jürgen W./Schumann, Siegfried (1993): Nichtwahl und Protestwahl. Zwei Seiten einer Medaille, in: Aus Politik und Zeitgeschichte, B 11, S. 36-49.

Falter, Jürgen W./Schumann, Siegfried (1994): Der Nichtwähler - das unbekannte Wesen, in: Klingemann, Hans-Dieter/Kaase, Max (Hrsg.): Wahlen und Wähler. Analysen aus Anlaß der Bundestagswahl 1990. Opladen: Westdeutscher Verlag, S. 161-213.

Falter, Jürgen W./Schumann, Siegfried/Winkler, Jürgen R. (1990): Erklärungsmodelle von Wahlverhalten, in: Aus Politik und Zeitgeschichte, B 37-38, S. 3-13.

Feld, Lars P./Kirchgässner, Gebhard (2001): Erwartete Knappheit und die Höhe der Wahlbeteiligung: Empirische Ergebnisse für die neunziger Jahre, in: Klingemann, Hans-Dieter/Kaase, Max (Hrsg.): Wahlen und Wähler. Analysen aus Anlaß der Bundestagswahl 1998. Opladen: Westdeutscher Verlag, S. 413-439.

Feist, Ursula (1992a): Niedrige Wahlbeteiligung. Normalisierung oder Krisensymptom der Demokratie in Deutschland?, in: Starzacher, Karl/Schacht, Konrad/Friedrich, Bernd/Leif, Thomas (Hrsg.): Protestwähler und Wahlverweigerer. Krise der Demokratie?. Köln: Bund Verlag, S. 40-57.

Feist, Ursula (1992b): Die Partei der Nichtwähler, in: Gegenwartskunde, 41, S. 425-436.

Feist, Ursula (1994a): Nichtwähler 1994. Eine Analyse der Bundestagswahl 1994, in: Aus Politik und Zeitgeschichte, B 51-52, S. 35-46.

Feist, Ursula (1994b): Die Macht der Nichtwähler. München: Knaur.

Finkel, Steven E./Opp, Karl-Dieter (1991): Party Identification and Participation in Collective Political Action, in: Journal of Politics, 53, S. 339-371.

Franz, Corinna/Gnad, Oliver (Bearb.) (2005): CDU und CSU. Mitgliedschaft und Sozialstruktur 1945-1990 (Handbuch zur Statistik der Parlamente und Parteien in den westlichen Beatzungszonen und in der Bundesrepublik Deutschland, Bd. 12/II). Düsseldorf: Droste.

Fuchs, Dieter (1984): Die Aktionsformen der neuen sozialen Bewegungen, in: Falter, Jürgen W. /Fenner, Christian/Greven, Michael Th. (Hrsg.): Politische Willensbildung und Interessenvermittlung. Opladen: Westdeutscher Verlag, S. 621-234.

Fuchs, Dieter (1995): Die Struktur politischen Handelns in der Übergangsphase, in: Klingemann, Hans-Dieter/Erbring, Lutz/Diederich, Nils (Hrsg.): Zwischen Wende und Wiedervereinigung. Analysen zur politischen Kultur in West- und Ost-Berlin. Opladen: Westdeutscher Verlag, S. 135-147.

Fuchs, Dieter/Kühnel, Steffen (1994): Wählen als rationales Handeln: Anmerkungen zum Nutzen des Rational-Choice-Ansatzes in der empirischen Wahlforschung, in: Klingemann, Hans-Dieter/Kaase, Max (Hrsg.): Wahlen und Wähler. Analysen aus Anlaß der Bundestagswahl 1990. Opladen: Westdeutscher Verlag, S. 305-364.

Gabriel, Oscar W./Falter, Jürgen W. (Hrsg.) (1996): Wahlen und politische Einstellungen in westlichen Demokratien. Frankfurt a.M.: Peter Lang.

Gabriel, Oscar W./Keil, Silke I. (2005): Wählerverhalten, in: Gabriel, Oscar W.; Holtmann, Everhard (Hrsg.): Handbuch politisches System der Bundesrepublik Deutschland. München: Oldenbourg (3. Aufl.), S. 575-621.

Gabriel, Oscar W./Kunz, Volker/Roßteutscher, Sigrid/van Deth, Jan W. (2002): Sozialkapital und Demokratie. Zivilgesellschaftliche Ressourcen im Vergleich. Wien: WUV-Universitäts-Verlag.

Gabriel, Oscar W./Niedermayer, Oskar (2002): Parteimitgliedschaften: Entwicklung und Sozialstruktur, in: Gabriel, Oscar W./Niedermayer, Oskar/Stöss, Richard (Hrsg.): Parteiendemokratie in Deutschland. Wiesbaden: Westdeutscher Verlag (2., akt. u. erw. Aufl.), S. 274-296.

Gabriel, Oscar W./Thaidigsmann, Isabell (2000): Stand und Probleme der Wahlforschung in Deutschland, in: Politische Bildung, 33, S. 6-19.

Gabriel, Oscar W./Troitzsch, Klaus G. (Hrsg.) (1993): Wahlen in Zeiten des Umbruchs. Frankfurt a.M.: Peter Lang.

Gabriel, Oscar W./Völkl, Kerstin (2004): Auf der Suche nach dem Nichtwähler neuen Typs - Eine Analyse aus Anlass der Bundestagswahl 2002, in: Brettschneider, Frank/van Deth, Jan W./Roller, Edeltraud (Hrsg.): Die Bundestagswahl 2002. Wiesbaden: VS Verlag für Sozialwissenschaften, S. 221-248.

Gabriel, Oscar W./Völkl, Kerstin (2005): Politische und soziale Partizipation, in: Gabriel, Oscar W./Holtmann, Everhard (Hrsg.): Handbuch politisches System der Bundesrepublik Deutschland. München: Oldenbourg (3. Aufl.), S. 523-573.

Gehring, Uwe W./Wagner, Michael (1999): Wahlbeteiligung im hohen und sehr hohem Alter, in: Kölner Zeitschrift für Soziologie und Sozialpsychologie, 51, S. 681-705.

Glaab, Manuela/Kießling, Andreas (2001): Legitimation und Partizipation, in: Korte, Karl-Rudolf/Weidenfeld, Werner (Hrsg.): Deutschland-TrendBuch. Bonn: Bundeszentrale für politische Bildung, S. 571-611.

Gnad, Oliver/Gniss, Daniela/Hausmann, Marion/Reibel, Carl-Wilhelm (Bearb.) (2005): FDP sowie kleinere bürgerliche und rechte Parteien. Mitgliedschaft und Sozialstruktur 1945-1990 (Handbuch zur Statistik der Parlamente und Parteien in den westlichen Beatzungszonen und in der Bundesrepublik Deutschland, Bd. 12/III). Düsseldorf: Droste.

Golzem, Friederike/Liepelt, Klaus (1977): Wahlenthaltung als Regulativ: Die sporadischen Nichtwähler, in: Böhret, Carl u.a. (Hrsg.): Wahlforschung. Sonden im politischen Markt (transfer 2). Opladen: Westdeutscher Verlag (2. Aufl.), S. 140-175.

Green, Donald P./Shapiro, Ian (1994): Pathologies of Rational Choice Theory. A Critique of Applications in Political Science. New Haven: Yale University Press.

Hallermann, Andreas (2003): Partizipation in politischen Parteien. Vergleich von fünf Parteien in Thüringen. Baden-Baden: Nomos.

Hoffmann-Jaberg, Birgit/Roth, Dieter (1994): Politische Normalität oder wachsende Distanz zu den Parteien?, in: Bürklin, Wilhelm P./Roth, Dieter (Hrsg.): Das Superwahljahr. Köln: Bund, S. 132-159.

Hofmann-Göttig, Joachim (1984): Die jungen Wähler. Frankfurt a.M.: Campus.

Inglehart, Ronald (1977): The Silent Revolution. Princeton: Princeton University Press.

Inglehart, Ronald (1989): Kultureller Umbruch - Wertewandel in der westlichen Welt. Frankfurt a.M./New York: Campus.

Institut für Sozialdatenanalyse e.V. (Hrsg.) (1991): Strukturen, politische Aktivitäten und Motivationen in der PDS. Berlin: Institut für Sozialdatenanalyse e.V.

Jennings, M. Kent/van Deth, Jan W. et al. (Hrsg.) (1989): Continuities in Political Action. Berlin/New York: deGruyter.

Jesse, Eckhard (1975): Die Bundestagswahlen von 1953 bis 1972 im Spiegel der repräsentativen Wahlstatistik, in: Zeitschrift für Parlamentsfragen, 6, S. 310-322.

Jesse, Eckhard (1987): Die Bundestagswahlen von 1972 bis 1987 im Spiegel der repräsentativen Wahlstatistik, in: Zeitschrift für Parlamentsfragen, 18, S. 232-242.

Kaase, Max (1979): Legitimitätskrise in westlichen demokratischen Industriegesellschaften, in: Klages, Helmut/Kmieciak, Peter (Hrsg.): Wertewandel und gesellschaftlicher Wandel. Frankfurt a.M./New York: Campus, S. 328-350.

Kaase, Max (1981): Politische Beteiligung und politische Ungleichheit - Betrachtungen zu einem Paradoxon, in: Albertin, Lothar/Link, Werner (Hrsg.): Politische Parteien auf dem Weg zur parlamentarischen Demokratie in Deutschland. Düsseldorf: Droste, S. 363-378.

Kaase, Max (1984): The Challenge of the "Participatory Revolution" in Pluralist Democracies, in: International Political Science Review, 5, S. 299-318.

Kaase, Max (1987): Jugend und Politik, in: Reimann, Helga/Reimann, Horst (Hrsg.): Die Jugend. Einführung in die interdisziplinäre Juventologie. Opladen: Westdeutscher Verlag (2. Aufl.), S. 112-139.

Kaase, Max (1989): Mass Participation, in: Jennings, M. Kent/van Deth, Jan W. et al. (Hrsg.): Continuities in Political Action. Berlin: deGruyter, S. 23-64.

Kaase, Max (1995): Partizipation, in: Nohlen, Dieter (Hrsg.): Wörterbuch Staat und Politik. Bonn: Bundeszentrale für politische Bildung, S. 521-527.

Kaase, Max (1997): Vergleichende Politische Partizipationsforschung, in: Berg-Schlosser, Dirk/Müller-Rommel, Ferdinand (Hrsg.): Vergleichende Politikwissenschaft. Opladen: Leske + Budrich (3. Aufl.), S. 159-174.

Kaase, Max (2000): Entwicklung und Stand der Empirischen Wahlforschung in Deutschland, in: Klein, Markus/Jagodzinski, Wolfgang/Mochmann, Ekkehard/Ohr, Dieter (Hrsg.): 50 Jahre Empirische Wahlforschung in Deutschland. Opladen: Westdeutscher Verlag, S. 17-40.

Kaase, Max/Bauer-Kaase, Petra (1998): Zur Beteiligung an der Bundestagswahl 1994, in: Kaase, Max/Klingemann, Hans-Dieter (Hrsg.): Wahlen und Wähler. Analysen aus Anlaß der Bundestagswahl 1994. Opladen: Westdeutscher Verlag, S. 85-112.

Kaase, Max/Klingemann, Hans-Dieter (Hrsg.) (1990): Wahlen und Wähler. Analysen aus Anlaß der Bundestagswahl 1987. Opladen: Westdeutscher Verlag.

Kaase, Max/Klingemann, Hans-Dieter (Hrsg.) (1998): Wahlen und Wähler. Analysen aus Anlaß der Bundestagswahl 1994. Opladen: Westdeutscher Verlag.

Kersting, Norbert (2004): Nichtwähler. Diagnose und Therapieversuche, in: Zeitschrift für Politikwissenschaft, 14, S. 403-427.

Kirchgässner, Gebhard (1990): Hebt ein knapper Wahlausgang die Wahlbeteiligung? Eine Überprüfung der ökonomischen Theorie der Wahlbeteiligung anhand der Bundestagswahl 1987, in: Kaase, Max/Klingemann, Hans-Dieter (Hrsg.): Wahlen und Wähler. Analysen aus Anlaß der Bundestagswahl 1987. Opladen: Westdeutscher Verlag, S. 445-477.

Kirchgässner, Gebhard/Meyer zu Himmern, Anne (1994): Erwartete Knappheit und Höhe der Wahlbeteiligung bei der Bundestagswahl 1990: Unterschiedliche Ergebnisse für die alten und neuen Bundesländer, in: Rattinger, Hans/Gabriel, Oscar W./Jagodzinski, Wolfgang (Hrsg.): Wahlen und politische Einstellungen im vereinigten Deutschland. Frankfurt a. M.: Peter Lang, S. 235-263.

Kirchgässner, Gebhard/Schneider, Friedrich (1979): Politisch-ökonomische Modelle: Theoretische Ansätze und empirische Ergebnisse, in: Hillinger, Claude/Holler, Manfred J. (Hrsg.): Ökonomische Theorie der Politik. München: Verlag Moderne Industrie, S. 86-125.

Klein, Markus/Jagodzinski, Wolfgang/Mochmann, Ekkehard/Ohr, Dieter (Hrsg.) (2000): 50 Jahre Empirische Wahlforschung in Deutschland. Opladen: Westdeutscher Verlag.

Kleinhenz, Thomas (1995): Die Nichtwähler. Opladen: Westdeutscher Verlag.

Kleinhenz, Thomas (1996): Abstimmung mit den Füßen. Eine Längsschnittanalyse der sinkenden Wahlbeteiligung in der Bundesrepublik von 1980 bis 1995, in: Forschungsjournal Neue Soziale Bewegungen, 9, S. 70-83.

Klingemann, Hans-Dieter/Kaase, Max (Hrsg.) (1994): Wahlen und Wähler. Analysen aus Anlaß der Bundestagswahl 1990. Opladen: Westdeutscher Verlag.

Klingemann, Hans-Dieter/Kaase, Max (Hrsg.) (2001): Wahlen und Wähler. Analysen aus Anlass der Bundestagswahl 1998. Opladen: Westdeutscher Verlag.

Klingemann, Hans-Dieter/Lass, Jürgen (1995a): Nichtwählen in der Bundesrepublik heute: Krise oder demokratische Normalität?, in: Reuband, Karl-Heinz/Pappi, Franz U./Best, Heinrich (Hrsg.): Die deutsche Gesellschaft in vergleichender Perspektive. Festschrift für Erwin K. Scheuch. Opladen: Westdeutscher Verlag, S. 45-63.

Klingemann, Hans-Dieter/Lass, Jürgen (1995b): Bestimmungsgründe politischer Beteiligung in Ost- und West-Berlin, in: Klingemann, Hans-Dieter/Erbring, Lutz/Diederich, Nils (Hrsg.): Zwischen Wende und Wiedervereinigung. Opladen: Westdeutscher Verlag, S. 148-163.

Klotzsch, Lilian/Stöss, Richard (1986): Die Grünen, in: Stöss, Richard (Hrsg.): Parteien-Handbuch. Sonderausgabe, Bd. 3. Opladen: Westdeutscher Verlag, S. 1509-1598.

Krimmel, Iris (1996): Politische Einstellungen als Determinanten des Nichtwählens, in: Gabriel, Oscar W./Falter, Jürgen W. (Hrsg.): Wahlen und politische Einstellungen in westlichen Demokratien. Frankfurt a. M.: Peter Lang, S. 321-341.

Krimmel, Iris (1997): Die Beteiligung an Wahlen auf verschiedenen Ebenen des politischen Systems, in: Gabriel, Oscar W. (Hrsg.): Politische Orientierungen und Verhaltensweisen im vereinigten Deutschland. Opladen: Leske + Budrich, S. 353-376.

Krimmel, Iris (2000): Politische Beteiligung in Deutschland - Strukturen und Erklärungsfaktoren, in: Falter, Jürgen W./Gabriel, Oscar W./Rattinger, Hans (Hrsg.): Wirklich ein Volk? Die politischen Orientierungen von Ost- und Westdeutschen im Vergleich. Opladen: Leske + Budrich, S. 609-639.

Kühnel, Steffen (2001): Kommt es auf die Stimme an? Determinanten von Teilnahme und Nichtteilnahme an politischen Wahlen, in: Koch, Achim/Wasmer, Martina/Schmidt, Peter (Hrsg.): Politische Partizipation in der Bundesrepublik Deutschland. Opladen: Leske + Budrich, S. 11-42.

Kühnel, Steffen/Fuchs, Dieter (1998): Nichtwählen als rationales Handeln: Anmerkungen zum Nutzen des Rational-Choice Ansatzes in der empirischen Wahlforschung II, in: Kaase, Max/Klingemann, Hans-Dieter (Hrsg.): Wahlen und Wähler. Analysen aus Anlaß der Bundestagswahl 1994. Opladen: Westdeutscher Verlag, S. 317-356.

Kühnel, Steffen/Fuchs, Dieter (2000): Instrumentelles oder expressives Wählen? Zur Bedeutung des Rational-Choice-Ansatzes in der empirischen Wahlforschung, in: Klein, Markus/Jagodzinski, Wolfgang/Mochmann, Ekkehard/Ohr, Dieter (Hrsg.): 50 Jahre Empirische Wahlforschung in Deutschland. Opladen: Westdeutscher Verlag, S. 340-360.

Lavies, Ralf-Rainer (1973): Nichtwählen als Kategorie des Wahlverhaltens. Düsseldorf: Droste.

Lipset, Seymour Martin/Rokkan, Stein (1967): Cleavage Structures, Party Systems, and Voter Alignments: An Introduction, in: Lipset, Seymour Martin/Rokkan, Stein (Hrsg.): Party Systems and Voter Alignments. Cross-national Perspectives. New York: The Free Press, S. 1-64.

Lösche, Peter/Walter, Franz (1992): Die SPD. Klassenpartei- Volkspartei - Quotenpartei. Darmstadt: Wissenschaftliche Buchgesellschaft.

Mensch, Kirsten (1996): Internalistische versus externalistische Erklärungsprinzipien in Rational-Choice-Ansätzen, oder: Wie erklärt die Rational-Choice-Theorie die Höhe der Wahlbeteiligung, in: Politische Vierteljahresschrift, 37, S. 80-99.

Metje, Matthias (1991): Die Beteiligung von Frauen und Männern an Bundestagswahlen. Eine Untersuchung der Alters- und Generationseffekte, in: Zeitschrift für Parlamentsfragen, 22, S. 358-376.

Metje, Matthias (1994): Wählerschaft und Sozialstruktur im Generationenwechsel. Wiesbaden: Deutscher Universitätsverlag.

Mielke, Gerd (1994): Parteiensystem in der Krise oder Annäherung an die demokratische Normalität? Mutmaßungen zur Amerikanisierung der deutschen Parteien, in: Jäger, Wolfgang/Mühleisen, Hans-Otto/Veen, Hans-Joachim (Hrsg.): Republik und Dritte Welt (Festschrift für Dieter Oberndörfer zum 65. Geburtstag). Paderborn: Schönigh, S. 231-242.

Milbrath, Lester W. (1965): Political Participation. Chicago: Rand McNally.

Mintzel, Alf (1986a): Die Bayernpartei, in: Stöss, Richard (Hrsg.): Parteien-Handbuch. Sonderausgabe, Bd. 1. Opladen: Westdeutscher Verlag, S. 395-489.

Mintzel, Alf (1986b): Die Christlich-Soziale Union in Bayern e.V., in: Stöss, Richard (Hrsg.): Parteien-Handbuch. Sonderausgabe, Bd. 2. Opladen: Westdeutscher Verlag, S. 661-718.

Muller, Edward N. (1982): An Explanatory Model for Differing Types of Participation, in: European Journal of Political Research, 10, S. 1-16.

Niedermayer, Oskar (1989): Innerparteiliche Partizipation. Opladen: Westdeutscher Verlag.

Niedermayer, Oskar (1993): Innerparteiliche Demokratie, in: Niedermayer, Oskar/Stöss, Richard (Hrsg.): Stand und Perspektiven der Parteienforschung in Deutschland. Opladen: Westdeutscher Verlag, S. 230-250.

Niedermayer, Oskar (Hrsg.) (1996): Intermediäre Strukturen in Ostdeutschland. Opladen: Leske + Budrich.

Niedermayer, Oskar (2001): Entwicklung und Sozialstruktur der Parteimitgliedschaften im ersten Jahrzehnt nach der Vereinigung, in: Zeitschrift für Parlamentsfragen, 32, S. 434-439

Niedermayer, Oskar (2002a): „Den" Nichtwähler gibt es nicht, in: Blickpunkt Bundestag, 6, S. 3.

Niedermayer, Oskar (2002b): Beweggründe des Engagements in politischen Parteien, in: Gabriel, Oscar W./Niedermayer, Oskar/Stöss, Richard (Hrsg.): Parteiendemokratie in Deutschland. Wiesbaden: Westdeutscher Verlag (2., akt. u. erw. Aufl.), S. 297-311.

Niedermayer, Oskar (2005a): Die Wahl zum Europäischen Parlament vom 13. Juni 2004 in Deutschland: Ein schwarzer Tag für die SPD, in: Zeitschrift für Parlamentsfragen, 36, S. 3-19.

Niedermayer, Oskar (2005b): Parteimitgliedschaften im Jahr 2004, in: Zeitschrift für Parlamentsfragen, 36, S. 382-389.

Niedermayer, Oskar (2005c): Parteimitglieder seit 1990. Version I/2005. Berlin: Freie Universität Berlin (www.polwiss.fu-berlin.de/osi/osz/forschng.htm#Mitglieder).

Niedermayer, Oskar (2005d): Jugend und Parteien, in: Brettschneider, Frank/van Deth, Jan W./Roller, Edeltraud (Hrsg.): Jugend und Politik: "Voll normal!". Wiesbaden: VS Verlag für Sozialwissenschaften (im Druck).

Niedermayer, Oskar/Stöss, Richard (1994): DDR-Regimewandel, Bürgerorientierungen und die Entwicklung des gesamtdeutschen Parteiensystems, in: Niedermayer, Oskar/Stöss, Richard (Hrsg.): Parteien und Wähler im Umbruch. Opladen: Westdeutscher Verlag, S. 11-33.

Opp, Karl-Dieter (1997): Die enttäuschten Revolutionäre. Politisches Engagement vor und nach der Wende. Opladen: Leske + Budrich.

Opp, Karl-Dieter (1999): Contending Conceptions of the Theory of Rational Action, in: Theoretical Politics, 11, S. 171-202.

Patzelt, Werner J./Algasinger, Karin (1996): Das Parteiensystem Sachsens, in: Niedermayer, Oskar (Hrsg.): Intermediäre Strukturen in Ostdeutschland. Opladen: Leske + Budrich, S. 237-262.

Plasser, Fritz/Gabriel, Oscar W./Falter, Jürgen W./Ulram, Peter A. (Hrsg.) (1999): Wahlen und politische Einstellungen in Deutschland und Österreich. Frankfurt a.M.: Peter Lang.

Portes, Alejandro (1998): Social Capital: Its Origins and Applications in Modern Sociology, in: Annual Review of Sociology, 24, S. 1-24.

Putnam, Robert D. (1993): Making Democracy Work: Civic Traditions in Modern Italy. Princeton: Princeton University Press.

Putnam, Robert D. (1995): Bowling alone: America's Declining Social Capital, in: Journal of Democracy, 6, S. 65-78.

Radtke, Günter D. (1976): Teilnahme an der Politik. Bestimmungsgründe der Bereitschaft zur politischen Partizipation. Leverkusen: Heggen.

Radtke, Günter D. (1972): Stimmenthaltung bei politischen Wahlen in der Bundesrepublik Deutschland. Meisenheim: Hain.

Rattinger, Hans (1994): Demographie und Politik in Deutschland: Befunde der repräsentativen Wahlstatistik 1953-1990, in: Klingemann, Hans-Dieter/Kaase, Max (Hrsg.): Wahlen und Wähler. Analysen aus Anlaß der Bundestagswahl 1990. Opladen: Westdeutscher Verlag, S. 73-122.

Rattinger, Hans/Krämer, Jürgen (1995): Wahlnorm und Wahlbeteiligung in der Bundesrepublik Deutschland: Eine Kausalanalyse, in: Politische Vierteljahresschrift, 36, S. 267-285.

Rattinger, Hans/Gabriel, Oscar W./Jagodzinski, Wolfgang (Hrsg.) (1994): Wahlen und politische Einstellungen im vereinigten Deutschland. Frankfurt a.M.: Peter Lang.

Renz, Thomas (1997): Nichtwähler zwischen Normalisierung und Krise: Zwischenbilanz zum Stand einer nimmer endenden Diskussion, in: Zeitschrift für Parlamentsfragen, 28, S. 572-591.

Riker, William H./Ordeshook, Peter C. (1968): A Theory of the Calculus of Voting, in: American Political Science Review, 62, S. 675-689.

Roth, Dieter (1992): Sinkende Wahlbeteiligung - eher Normalisierung als Krisensymptom, in: Starzacher, Karl/Schacht, Konrad/Friedrich, Bernd/Leif, Thomas (Hrsg.): Protestwähler und Wahlverweigerer. Krise der Demokratie?. Köln: Bund-Verlag, S. 58-68.

Roth, Dieter (1998): Empirische Wahlforschung. Opladen: Leske + Budrich.

Rucht, Dieter (2003): Zum Wandel politischen Protests in der Bundesrepublik. Verbreiterung, Professionalisierung, Trivialisierung, in: vorgänge, 42, S. 4-11.

Schmitt, Karl (Hrsg.) (1990): Wahlen, Parteieliten, politische Einstellungen. Neuere Forschungsergebnisse. Frankfurt a.M.: Peter Lang.

Schmitt-Beck, Rüdiger/Weins, Cornelia (1997): Gone with the wind (of change). Neue soziale Bewegungen und politischer Protest im Osten Deutschlands, in: Gabriel, Oscar W. (Hrsg.): Politische Orientierungen und Verhaltensweisen im vereinigten Deutschland. Opladen: Leske + Budrich, S. 321-351.

Schoen, Harald/Falter, Jürgen W. (2003): Nichtwähler bei der Bundestagswahl 2002, in: Politische Studien, 54, S. 34-43.

Schönbohm, Wulf (1985): Die CDU wird moderne Volkspartei. Stuttgart: Klett-Cotta.

Schultze, Rainer-Olaf (2000): Wählerverhalten bei Bundestagswahlen: Bekannte Muster mit neuen Akzenten, in: Poltische Bildung, 33, S. 34-56.

Schumann, Siegfried (1998): Unzufriedenheit und Bindungslosigkeit als Ursache für die Neigung zur Wahl rechtsextremer Parteien und zur Stimmenthaltung, in: Kaase, Max/Klingemann, Hans-Dieter (Hrsg.): Wahlen und Wähler. Analysen aus Anlaß der Bundestagswahl 1994. Opladen: Westdeutscher Verlag, S. 571-598.

Statistisches Bundesamt (Hrsg.) (1989): 40 Jahre Wahlen in der Bundesrepublik Deutschland, Sonderheft der Fachserie 1: Bevölkerung und Erwerbstätigkeit. Stuttgart: Metzler-Poeschel.

Stöss, Richard (1996): Parteimitglieder und Wähler im „Superwahljahr" 1994. Daten zur Sozialstruktur, zu Einstellungen und Wertorientierungen. Berlin: Otto-Stammer-Zentrum der Freien Universität Berlin.

Stöss, Richard (2000): Rechtsextremismus im vereinten Deutschland. Bonn: Friedrich-Ebert-Stiftung (3., überarb. Aufl.).

Terwey, Michael (2000): Auf der Suche nach Besinnung, Sport und Spaß? Neue Daten zu Freizeitgestaltungen in Deutschland, in: ZA-Information, Nr. 46, S. 115-142.

Uehlinger, Hans-Martin (1988): Politische Partizipation in der Bundesrepublik. Strukturen und Erklärungsmodelle. Opladen: Westdeutscher Verlag.

van Deth, Jan W. (1997): Formen konventioneller politischer Partizipation. Ein neues Leben alter Dinosaurier?, in: Gabriel, Oscar W. (Hrsg.): Politische Orientierungen und Verhaltensweisen im vereinigten Deutschland. Opladen: Leske + Budrich, S. 291-319.

van Deth, Jan W. (2001): Soziale und politische Beteiligung: Alternativen, Ergänzungen oder Zwillinge?, in: Koch, Achim/Wasmer, Martina/Schmidt, Peter (Hrsg.): Politische Partizipation in der Bundesrepublik Deutschland. Opladen: Leske + Budrich, S. 195-219.

van Deth, Jan W./Rattinger, Hans/Roller, Edeltraud (Hrsg.) (2000): Die Republik auf dem Weg zur Normalität?. Opladen: Leske + Budrich.

Veen, Hans-Joachim/Neu, Viola (1995): Politische Beteiligung in der Volkspartei. Interne Studien, Nr. 113. St. Augustin: Konrad-Adenauer-Stiftung.

Verba, Sidney/Nie, Norman H. (1972): Participation in Amerika. Political Democracy and Social Equality. New York: Harper & Row.

Verba, Sidney/Nie, Norman H./Kim, Jae-on (1978): Participation and Political Equality. Cambridge: Cambridge University Press.

Völker, Marion/Völker, Bernd (1998): Wahlenthaltung. Normalisierung oder Krisensymptom. Wiesbaden: Westdeutscher Verlag.

267

Werner, Tim C. (2003): Wählerverhalten bei der Bundestagswahl 2002 nach Geschlecht und Alter. Ergebnisse der Repräsentativen Wahlstatistik, in: Statistisches Bundesamt - Wirtschaft und Statistik, 3, S. 171-188.

Weßels, Bernhard (2002): Wählen und politische Ungleichheit: Der Einfluss von individuellen Ressourcen und politischem Angebot, in: Fuchs, Dieter/Roller, Edeltraud/Weßels, Bernhard (Hrsg.): Bürger und Demokratie in Ost und West. Wiesbaden: Westdeutscher Verlag, S. 145-168.

Westle, Bettina (1994): Politische Partizipation, in: Gabriel, Oscar W./Brettschneider, Frank (Hrsg.): Die EU-Staaten im Vergleich. Bonn: Bundeszentrale für politische Bildung (2., erw. u. überarb. Aufl.), S. 137-173.

Westle, Bettina (2000): Politische Partizipation: Mobilisierung als Faktor geschlechtsspezifischer Ungleichheit, in: Niedermayer, Oskar/Westle, Bettina (Hrsg.): Demokratie und Partizipation. Opladen: Westdeutscher Verlag, S. 136-159.

Zelle, Carsten (1995): Der Wechselwähler. Opladen: Westdeutscher Verlag.

Zintl, Reinhard (1989): Der Homo-Oeconomicus: Ausnahmeerscheinung in jeder Situation oder Jedermann in Ausnahmesituationen?, in: Analyse und Kritik, 11, S. 52-69.

Zintl, Reinhard (1994): Die Kriterien der Wahlentscheidung in Rational-Choice-Modellen, in: Rattinger, Hans/Gabriel, Oscar W./Jagodzinski, Wolfgang (Hrsg.): Wahlen und politische Einstellungen im vereinigten Deutschland. Frankfurt a.M.: Peter Lang, S. 501-523.

4. Fazit

Die Deutschen sind, was ihr Verhältnis zur Politik betrifft, im Großen und Ganzen ein ganz normales Volk (geworden). Diese Feststellung erscheint trivial, ist aber angesichts der deutschen Vergangenheit und der aktuellen Herausforderungen durch die Vereinigung nicht selbstverständlich.

Stark vereinfacht lassen sich die politischen Orientierungen der Bürgerinnen und Bürger wie folgt charakterisieren: Sie sind durchaus an Politik interessiert, messen diesem Bereich jedoch einen relativ geringen Stellenwert in ihrem Leben zu, halten sich für einigermaßen politisch kompetent, schätzen ihre eigenen politischen Einflussmöglichkeiten aber als relativ gering ein. Sie sind nicht in hohem Maße ‚politikerverdrossen‘, sondern beurteilen ihre politische Führungsspitze in einer differenzierten Weise. Dies trifft auch auf die Orientierungen gegenüber den verschiedenen politischen Institutionen zu, wobei die parteienstaatlichen Institutionen in neuerer Zeit immer kritischer beurteilt werden. Die gesamte politische Ordnung stößt auf eine breite Akzeptanz, wobei die Zustimmung zur Idee der Demokratie im Allgemeinen und zu den sie tragenden grundlegenden Prinzipien am stärksten ausgeprägt ist, aber auch die durch das Grundgesetz festgelegte spezifische Form von Demokratie von der überwiegenden Mehrheit bejaht und selbst das Funktionieren der Demokratie im alltäglichen demokratischen Prozess in der Regel noch mehrheitlich positiv gesehen wird. Der Nationalstolz hält sich aufgrund der nationalsozialistischen Vergangenheit in Grenzen, und es kam auch nach der Vereinigung nicht zu nationalistischen Auswüchsen. Inhaltlich werden die politischen Orientierungen stark von sozialstaatlichen Themenbereichen mit einer klaren Präferenz für einen relativ umfassenden Wohlfahrtsstaat bestimmt, wobei in neuerer Zeit ein allmählicher Aufweichungsprozess des wohlfahrtsstaatlichen Konsenses im Gange ist.

Das Kommunikationsverhalten der Bürgerinnen und Bürger wird sehr stark von der Nutzung der Massenmedien, insbesondere des Fernsehens, geprägt. Ihr partizipatives Verhalten hat sich im Zeitablauf deutlich gewandelt: Die Wahlbeteiligung ist seit Mitte der Siebzigerjahre auf allen Wahlebenen rückläufig und hat sich in den Neunzigern nur auf der Bundesebene wieder etwas erholt. Vieles spricht dafür, dass die sinkende Wahlbeteiligung vor allem darauf beruht, dass durch den Rückgang der Parteibindungen bzw. der allgemeinen Wahlnorm politisch nicht sehr interessierte Bürgerinnen und Bürger immer weniger daran gehindert werden, den Wahlurnen fernzubleiben. Die Gegenthese von einem starken Anwachsen protestierender Nichtwähler, die am politischen Geschehen interessiert, gleichzeitig jedoch politiker- und parteienverdrossen sind, bestätigt sich nicht. Auch die Entwicklung der parteibezogenen politischen Beteiligung kann mit einer undifferenzierten Verdrossenheits- und Krisenthese nicht adäquat erklärt werden. Zwar litten fast alle Parteien im vergangenen Vierteljahrhundert unter einem Mitgliederrückgang, diesem Mitgliederschwund ging jedoch ein starker Anstieg der Mitgliederzahlen voraus, und der Rückgang ist wesentlich auf sozio-ökonomische Wandlungsprozesse wie die Abnahme sozialer Integration und die Erosion der traditionellen sozialen Milieus sowie auf die beträchtliche Verbreiterung und Ausdifferenzierung alternativer politischer Beteiligungsmöglichkeiten zurückzuführen. Diese neuen Formen politischer Partizipation fanden, sofern sie legale Aktivitäten umfassten, zunehmende Verbreitung. Gegen Rechtsnormen verstoßende Beteiligungsformen werden jedoch auch heute noch von der breiten Mehrheit der Deutschen nicht als legitime Mittel zur Interessendurchsetzung angesehen und nur von einer verschwindend kleinen Minderheit praktiziert.

Das Verhältnis der Bürgerinnen und Bürger zur Politik wird von einer Reihe von Bestimmungsfaktoren beeinflusst. Hierzu gehören der sozio-ökonomische Status, die im Sozialisationsprozess erworbenen Werte und Normen und das Ausmaß an sozialer Integration. Zudem werden die jeweils untersuchten politischen Orientierungen und Verhaltensweisen eines Individuums auch von anderen, vorgelagerten Orientierungen beeinflusst, und darüber hinaus lässt sich politisches Verhalten nicht nur auf politische Orientierungen und sonstige Prädispositionen zurückführen, sondern wird auch von situativen, ständig wechselnden Faktoren bestimmt.

Zu den Bestimmungsfaktoren einiger politischer Orientierungen gehört auch der Unterschied zwischen West und Ost. Dies zeigt sich vor allem in den Orientierungen gegenüber den politischen Institutionen, der politischen Ordnung und der politischen Gemeinschaft. Die Bürgerinnen und Bürger in Ostdeutschland stehen fast allen politischen Institutionen skeptischer gegenüber als die Westdeutschen und fühlen sich von ihnen auch in geringerem Maße vertreten. Auch auf allen drei Ebenen der Orientierungen gegenüber der politischen Ordnung lässt sich ein deutliches West/Ost-Gefälle feststellen. Ein demokratischer Grundkonsens ist in Deutschland daher noch nicht entstanden. In Anbetracht des Fehlens demokratischer Traditionen in Ostdeutschland, der Asymmetrien des Einigungsprozesses und der schwierigen ökonomischen Rahmenbedingungen wäre dies allerdings auch erstaunlich. Zudem konnte die aus der deutschen Teilung resultierende Distanz zwischen beiden Bevölkerungsgruppen noch nicht überwunden werden. Die Herstellung der inneren Einheit erscheint somit als langwieriger und mühsamer Prozess, der noch einige Zeit dauern wird. Für ein Krisenszenario in Bezug auf die demokratisch-politische Stabilität Gesamtdeutschlands besteht nach den vorliegenden Forschungsergebnissen dennoch wenig Anlass.

Neu im Programm
Politikwissenschaft

Kofi Annan

Die Vereinten Nationen im 21. Jahrhundert
Reden und Beiträge 1997 - 2003
Herausgegeben von Manuel Fröhlich.
2004. 298 S. Br. EUR 24,90
ISBN 3-531-13872-3

Klaus von Beyme

Das politische System der Bundesrepublik Deutschland
Eine Einführung
10. Aufl. 2004. 436 S. Br. EUR 19,90
ISBN 3-531-33426-3

Steffen Dagger / Christoph Greiner /
Kirsten Leinert / Nadine Meliß /
Anne Menzel (Hrsg.)
Politikberatung in Deutschland
Praxis und Perspektiven
2004. 223 S. Br. EUR 24,90
ISBN 3-531-14464-2

Bernhard Frevel / Berthold Dietz
Sozialpolitik kompakt
2004. 241 S. Br. EUR 16,90
ISBN 3-531-13873-1

Andreas Kießling
Die CSU
Machterhalt und Machterneuerung
2004. 380 S. Br. EUR 34,90
ISBN 3-531-14380-8

Herbert Obinger
Politik und Wirtschaftswachstum
Ein internationaler Vergleich
2004. 271 S. mit 16 Abb. und 48 Tab.
Br. EUR 29,90
ISBN 3-531-14342-5

Rudolf Schmidt
Die Türken, die Deutschen und Europa
Ein Beitrag zur Diskussion in Deutschland
2004. 156 S. Br. EUR 21,90
ISBN 3-531-14379-4

Petra Stykow / Jürgen Beyer (Hrsg.)
Gesellschaft mit beschränkter Hoffnung
Reformfähigkeit und die Möglichkeit rationaler Politik. Festschrift für Helmut Wiesenthal
2004. 358 S. mit 3 Abb. und 20 Tab.
Br. EUR 49,90
ISBN 3-531-14039-6

VS VERLAG FÜR SOZIALWISSENSCHAFTEN

Abraham-Lincoln-Straße 46
65189 Wiesbaden
Tel. 0611.7878-722
Fax 0611.7878-400

Neu im Programm
Politikwissenschaft